«PANDORA»

Della stessa autrice
(anche in ebook)

Game of Gods – Discesa agli inferi
Game of Titans – Ascesa al paradiso
Game of Chaos – Redenzione

HAZEL RILEY

GAME OF DESIRE
DEVOZIONE

Sperling & Kupfer

Avvertenza
Questo romanzo contiene la trattazione di tematiche delicate e la descrizione di scene esplicite. Se ne consiglia la lettura a un pubblico maturo e consapevole.

Pubblicato per

Sperling & Kupfer

da Mondadori Libri S.p.A.

GAME OF DESIRE – DEVOZIONE

ISBN 978-88-200-8114-0

I Edizione aprile 2025

Anno 2025-2026-2027 - Edizione 1 2 3 4 5 6 7 8 9 10

Ai realisti che non si concedono di sognare,
e ai sognatori che esprimono desideri anche per loro.

1

AMORE...

La parola «desiderio» in greco antico è «ἐπιθυμία» («epithymía»), che deriva da «ἐπί» («epi-», «sopra») e «θυμός» («thymós», «passione» o «anima»). Nella filosofia e nella mitologia greca, questa parola rappresenta un desiderio forte, spesso legato alle passioni o alle pulsioni.

Aphrodite

Olimpo, 11 giugno 2022

ESISTONO due tipi di persone al mondo: i sognatori e i realisti.

Io ho fatto parte della prima categoria, prima di scivolare dolorosamente verso l'altro estremo. È come se esistessero due persone, dentro di me.

Daisy, la sognatrice. Aphrodite, la realista.

Daisy è la bambina che sognava di essere portata via dalla casa del nonno violento, che immaginava di trovare una famiglia felice per lei e il suo gemello Eli. È la ragazzina che, crescendo con Crono e Rea, ha continuato a sperare di poter essere chi desiderava, sempre con la testa tra le nuvole.

Aphrodite è la giovane adulta che ha poggiato i piedi per terra, si è ancorata al suolo, e ha compreso che l'immaginazione e la speranza, dopo un po', diventano la forma peggiore di autolesionismo.

D'altronde, i realisti sono solo sognatori che la vita ha deluso.

E, per me, è estremamente difficile sognare quando mi ritrovo costretta a vivere la vita che ho, ogni singolo giorno.

«State scherzando, vero?» esclamo. Con uno slancio sono in piedi, rovesciando la sedia dietro di me.

Mia madre non posa nemmeno la forchetta. Infilza un altro bocconcino di pollo e lo mette in bocca. Mastica con cura e, dopo aver deglutito, mi fissa.

«Siediti, Aphrodite. Non essere maleducata.»

Non mi muovo. Stringo la presa sulla forchetta che sto ancora impugnando. La capovolgo in modo che i denti siano rivolti verso il basso e la sbatto contro il tavolo.

«Che schifo» urla Athena, attirando l'attenzione su di sé. Sta sollevando qualcosa da sopra la tovaglia, stretto tra indice e pollice. Non riesco a vedere di cosa si tratti, essendo lei troppo lontana dal mio posto. «Ho trovato un capello di Apollo.»

Apollo si volta, confuso. «Come fai a essere certa che sia mio?»

«Io ce li ho legati, idiota» gli fa notare, indicandosi la coda di cavallo. «E sono più lunghi, i miei. Perché non prendi esempio e ti fai una coda anche tu, prima di sederti a tavola?»

Si libera del capello come se fosse un insetto morto.

Hades, che di norma non interviene e ci lascia battibeccare come bambini, fa una smorfia. «È meglio lasciarli sciolti. L'elastico li stressa parecchio. A meno che non ti faccia una coda morbida e bassa...»

Athena lo incenerisce sul posto. «Piantala con le tue cazzate da guru dei capelli.»

Lui non si lascia scalfire, rimane impassibile. «Ecco perché i tuoi sono rovinati e piatti come l'elettrocardiogramma di uno appena morto di infarto.»

Athena impugna il coltello. «Ripetilo.»

Hades, che sta masticando del cibo, si porta la mano davanti alla bocca e dice: «Fammi ingoiare il boccone e te lo ripeto quante volte vuoi».

«Basta» grido, al limite della sopportazione.

Tutti si voltano verso di me. Io tengo lo sguardo fisso su mio padre, Crono Lively.

«Non mi serve una guardia del corpo. Non voglio che uno sconosciuto mi segua ovunque per proteggermi» ripeto.

Mio padre abbozza un sorrisetto divertito. «Tesoro, tu sei il mio fiore più bello e delicato. Nella tua sala gioco ci sono stati tre omicidi e la cosa mi preoccupa, è mio compito darti tutta la protezione che ti serve.»

«E si può sapere perché nessuno ha chiamato la polizia?»

È mia madre a rispondere, mentre mio padre è troppo impegnato a versarsi altro vino costoso direttamente importato dalla Francia.

«Perché abbiamo degli investigatori privati, prima di tutto, che possono fare un lavoro migliore. Secondo, quello che facciamo in questa isola è perlopiù illegale. Non abbiamo bisogno di idioti in divisa che ficcano il naso ovunque.»

Cerco aiuto nei miei fratelli. Ad Apollo non sembra interessare, Hades è annoiato ed Hermes continua a rimpinzarsi di fette di pane abbrustolito.

Solo Athena è vigile. Con mio orrore, annuisce. «Aphry, è la terza morte che si verifica nel tuo locale nelle ultime tre settimane.»

Allargo le braccia. «Un sacco di clienti muoiono qui, sull'Olimpo, per colpa dei nostri giochi da psicopatici!»

L'Olimpo è un'isola privata, di fronte ad Atene, che i miei genitori possiedono e controllano, con il benestare dei nostri nonni, Urano e Gea. L'isola è un grande casinò, in pratica, con tredici sale gioco per ogni dio dell'Olimpo. Ognuno di noi controlla la propria e ha i suoi giochi. La villa in cui viviamo noi, invece, è separata, per tenere fuori gli estranei, e si erge sul punto più alto dell'isola.

Il posto è frequentato principalmente da uomini d'affari e giovani rampolli di famiglie ricchissime, con tanti milioni da giocare, nel tentativo di diventare ancora più ricchi. Invano. I Lively amano giocare, e soprattutto vincono sempre. Purtroppo, di tanto in tanto qualcuno non ci rimette solo i soldi, ma anche la vita. E lo sa. Tutti firmano un contratto di riservatezza, in cui accettano le conseguenze della loro visita e permanenza. L'ultima persona che ha provato a denunciarci è morta con un proiettile in testa mentre se ne stava andando da Atene. Il suo corpo non è mai stato rinvenuto.

È una tradizione di famiglia giocare in modo pericoloso. Al punto che noi teniamo i nostri giochi anche a Yale, l'università che frequentiamo tutti. I Giochi degli Dèi. Così hanno iniziato a chiamarli gli stessi studenti del college. Sono comunque meno pericolosi di quello che accade qui.

«Non è una conseguenza dei nostri giochi» ribatte Crono. «E ci saresti già arrivata, se avessi fatto attenzione alle vittime. Sono tutte donne, di circa vent'anni.»

«Come te» aggiunge Athena.

«Capelli biondi e occhi azzurri» prosegue nostro padre.

«Come te.»

«Tre volte di seguito, di venerdì. "Venerdì" prende il nome da Venere, che è il pianeta associato alla dea romana Venere. Corrispettivo greco?» chiede mio padre e aspetta una mia risposta.

Afrodite.

Sì, però mi sembra un collegamento un po' forzato.

«Uccise nello stesso modo, per giunta» si mette in mezzo Hades. Non riesco a cancellare dalla mente le immagini dei cadaveri e sono così terribili che un conato mi scuote. L'assassino ha asportato loro il viso, cancellandone la faccia, di cui è rimasto solo un orribile ammasso di muscoli e ossa.

Erano tutte e tre mie ballerine. Arrivate da poco sull'isola, in realtà.

«State dicendo che è una minaccia indiretta nei miei confronti?» domando, alla fine.

Un brivido mi corre lungo la schiena, nonostante sia fine giugno e le temperature arrivino già ai 30 gradi.

Crono fa un cenno di assenso.

«Impossibile. Chi oserebbe venire sulla nostra isola e uccidere mie dipendenti per minacciarmi?»

Il tintinnio delle posate che vengono abbandonate sulla superficie del piatto mi fa voltare verso mio padre. Ha finito la sua cena e si pulisce le labbra con il tovagliolo, per poi appallottolarlo e lasciarlo sul tavolo. «Diglielo tu, Athena.»

Mia sorella sospira. «La prima vittima si chiamava Anthea. La seconda, Peony. La terza, Hayley.»

«Dove vuoi arrivare?» Comincio a perdere la pazienza.

«Per il momento è un'idea un po' azzardata, ma pensiamo che l'assassino stia componendo il tuo nome con le iniziali delle vittime. Dunque, dovremmo aspettarci nove omicidi.»

«Voi siete pazzi.» Faccio per andarmene.

Sorprendentemente Athena mi afferra per il polso. Mi volto verso di lei. «Sei in pericolo, Aphry, e noi siamo tutti preoccupati» dice guardandomi dritto negli occhi con un'espressione che mi mette i brividi.

«Qualcuno vuole uccidermi?» mormoro.

Hermes mi prende per mano. «Dovranno passare sul mio cadavere.»

«E ci riusciranno senza problemi» lo sbeffeggia Hades. «Non sai ammazzare neanche una zanzara. Se sarai tu a proteggerla, potremo star certi di dover ordinare due bare.»

Hermes sbuffa. «Sei ingiusto. Hai visto quanto sono veloci le zanzare? È impossibile acchiapparle.»

Vorrei dirgli che non era quella la parte del discorso su cui concentrarsi, ma mi preme riprendere la questione iniziale.

«Perché ho bisogno di uno sconosciuto che mi difenda, allora? Ho i miei fratelli e Athena. Tutti e tre fanno boxe.»

È vero. Hades è il migliore, perché è quello che conosce la tecnica e colpisce con intelligenza. Apollo non ha tecnica ma forza bruta, e, sebbene sia il più composto di tutti, negli scontri a corpo a corpo diventa una belva. Athena è una via di mezzo tra loro. Avvantaggiata dalla sua velocità e dal fisico minuto ma scattante, da gatta, riesce a mettere al tappeto chiunque.

Hermes... beh, è un bravo motivatore.

«Noi ti terremo sempre d'occhio» promette Apollo. «Ma non potremo farlo in qualsiasi momento della giornata, lo capisci, vero?»

Sì. E no. La famiglia è tutto, per me. Amo i miei fratelli più di quanto amerò mai qualsiasi altro essere vivente. E, in effetti, non vorrei mai che rischiassero la vita per difendere me.

«Puoi giurarci che, se vedo qualcuno provare a farti del male, lo picchio così forte da farlo tornare uno spermatozoo» aggiunge Hades con un sorrisetto, per alleggerire la tensione.

Funziona, perché lo ricambio, divertita.

Hades è sempre stato il mio punto debole. Tutti noi siamo stati adottati. O meglio, Crono e Rea ci hanno scelti, dopo aver girato diversi orfanotrofi, per le nostre qualità. E, per dimostrare di meritare la loro famiglia, ci hanno sottoposto a una dura prova, il Labirinto del Minotauro, che si trova proprio accanto alla villa. Del gioco abbiamo pochi ricordi confusi, però concordiamo tutti sul fatto che non siano per niente belli. Trovare l'uscita era la prova che fossimo degni di diventare dei Lively.

Perciò non abbiamo legami di sangue, tranne Hermes e me, che siamo gemelli. Hermes è la mia metà, sento il suo dolore, sento la sua felicità, sento ogni cosa che sente lui. Se morisse, credo che morirei anche io.

Hades ha un posto speciale nel mio cuore. È l'unico a non essere uscito dal labirinto indenne, ma con una ferita che gli attraversava tutta la parte sinistra del corpo, dalla tempia al piede, di cui porta ancora una lunga cicatrice. Ha sempre sofferto per questa... deformazione. E io mi sono sempre battuta per fargli capire quanto sia bello, dentro e fuori.

«Comunque, è inutile che protesti. Perché ho già assunto la tua guardia del corpo» Crono rompe il flusso dei miei pensieri. «Alloggerà nella camera accanto alla tua e ti seguirà in ogni momento della giornata.»

Spalanco la bocca. Questo mi sembra troppo. Ma non ho il tempo di replicare.

Hermes mi dà una gomitata sul fianco. «Su, Aphry, magari è figo e puoi scopartelo.»

A nostro padre non piace tanto il senso dell'umorismo di Hermes. A volte, non lo capisce proprio. Sbatte la mano sul tavolo con una foga tale da farci sobbalzare tutti. «Questo è severamente proibito.»

Come se stessi pensando di portarmi a letto la piattola che mi seguirà ovunque, convinta che sia una principessina indifesa che ha bisogno di aiuto pure per non spezzarsi un'unghia smaltata. Perché è così che mi vede mio padre, ed è così che sicuramente mi avrà descritta a questa guardia del corpo.

Molti hanno una visione sbagliata di Afrodite, la dea dell'amore, della bellezza e della passione. Afrodite non è vanità, superficialità e fragilità. Afrodite non è un fiorellino delicato che va sfiorato con cura. Afrodite è forza, la forza motrice del mondo, caparbietà e scaltrezza. Un'ammaliatrice che può ottenere tutto quello che vuole.

A essere onesti, è molto più vanitosa Athena di me.

Persino Hades. Hermes sostiene che spetterebbe a lui il ruolo di Aphrodite in questa famiglia.

«Se hai finito di fare i capricci, direi che è tutto» conclude Crono con un sorriso.

Capricci. Sarebbe potuta finire qui, è vero, ma a volte basta un'unica parola fuori posto per rovinare tutto.

«Se qualcuno mi allenasse o mi desse l'opportunità di imparare a difendermi, magari le cose sarebbero diverse!» protesto.

Apollo, che stava rimettendo la sedia a posto, pronto ad andarsene, si blocca. Assottiglia le labbra e, sempre in piedi, incrocia le braccia al petto. Insofferente, come al solito, ai drammi di famiglia, eppure curioso di assistere.

Crono emette una risatina incredula. «Imparare a difenderti? Tu sei la mia bambina delicata e preziosa. Tu devi vivere una vita serena. Il tuo compito è trovare un uomo degno di te e sposarlo, per poi avere dei figli e crescerli. Per quanto mi riguarda, trovo persino stupido che ti sia iscritta al college.»

«Come, prego?» lo incalzo, le mani serrate in due pugni.

Hermes mi si para davanti, temendo il peggio.

Crono sistema la sedia e ringrazia i due camerieri che stanno iniziando a sparecchiare la tavola. «Hai sentito bene. Sposerai un uomo ricco, ma pur sempre meno di te. Cosa te ne fai di una laurea? Non vorrai dirmi che cercherai un lavoro?»

Mi mordo il labbro e ricaccio indietro le lacrime.

Frequento il primo anno di Psicologia, a breve il secondo. Come materia mi piace e mi affascina, anche se non è mai stata la mia prima scelta. È ciò che mio padre mi ha concesso, un corso di studi «da donna».

«Io sono più di un bel viso e un bel corpo» scandisco bene ogni parola. «Sono più del mio nome, che non è nemmeno il mio vero nome, ma quello che mi hai dato tu. Io sono Daisy, prima di ogni cosa. Sono un essere umano e non una bambolina che puoi comandare!»

«Crono.» È mia madre a parlare. Non mi ero accorta che si è avvicinata e ora sta alle mie spalle. Mi accarezza i lunghi capelli biondi, in movimenti delicati e piacevoli. Come quando ero piccola. «Basta così, lasciala in pace.»

«Mamma, non...» provo.

Ma mio padre se ne sta già andando. «Ti aspetto di sopra per presentarti la tua guardia del corpo. Non tardare troppo.»

Sparisce senza darmi l'opportunità di rispondere.

Una lacrima solitaria mi solca il viso. Perché so che non uscirò mai vincitrice da queste discussioni con mio padre. Lui non vede la mia intelligenza, o piuttosto sembra non tenerne minimamente conto. Voleva dei bambini prodigio, e io lo ero, ma mai quanto gli altri. Mai quanto Athena o Apollo. Gli sono stata utile, però, perché la mia «bellezza fenomenale», come la definiva lui stesso, poteva tornargli persino più utile di un cervello brillante. Così sosteneva.

Ora sembra riconoscere in me solo fragilità.

«*Astéri tou ouranoú*» bisbiglia Rea. «Fai come ti dice. Sopporta. Un giorno avrai un cielo tutto per te.»

Astéri tou ouranoú, che in greco significa «stella del cielo». «*Astéri tou ouranoú, un giorno avrai un cielo tutto per te*» è la frase che mia madre mi ripete da quando ho cominciato a crescere. A volte non suona come un incoraggiamento, a volte ha una nota sinistra che non riesco a comprendere bene.

Il nomignolo, invece, deriva dalla mia passione per le stelle e tutto ciò a esse collegato. Sa che è nata da un accordo fatto tra me ed Hermes, da piccoli.

Io e mio fratello siamo stati affidati a nostro nonno materno, che non era precisamente un esempio di bontà e amore. Vivevamo nella sua fattoria di campagna, in mezzo ai prati e lontani dalla città. Ci piaceva arrampicarci sul tetto, ogni notte. Hermes ha sempre amato i giochi d'equilibrio: adorava sfidare la sorte e camminare sul bordo. Io, per occupare il tempo e non disturbarlo, osservavo il cielo.

Una sera, Hermes si era seduto accanto a me e mi aveva chiesto: «Quante stelle ci sono nel cielo?» Gli avevo risposto che non lo sapevo, e in me era già montata la curiosità di scoprirne il numero. Così, gli avevo promesso che le avrei contate per lui e di lì a qualche anno avrei saputo dargli un numero.

Quando ho raccontato a Rea questo piccolo aneddoto sulla nostra infanzia infelice, si è commossa. E da quel momento è nato il nomignolo che usa di tanto in tanto.

Torno alla realtà.

Hermes mi sta tendendo la mano con un sorrisino. «Andiamo?»

A lui non potrei mai dire di no. Saluto mia madre con un bacio sulla guancia e incastro le dita con quelle del mio gemello.

I nostri fratelli escono dalla villa, mentre noi imbocchiamo l'atrio con il soggiorno e cominciamo a salire le scale che portano ai piani di sopra. I piani con le camere da letto.

«Nostro padre è un coglione» dice dopo qualche minuto di silenzio.

Salgo i gradini a rilento, per rimandare il momento in cui dovrò conoscere la mia guardia del corpo. Suona ridicolo anche solo pensarlo.

«Tu sei la persona più intelligente che io conosca» continua, nel tentativo di risollevarmi il morale. «E poco conta che le uniche persone che conosco siate voi, perché siamo troppo strani per avere amici...»

«Herm» lo rimprovero.

Era partito così bene.

Fa una smorfia. «Sì, scusa. Quando ricomincerà l'anno, a Yale, farò amicizia con tantissimi studenti, promesso. Vedrai che comunque penserò ancora che sei la persona più intelligente che conosco.»

Ora va meglio. Stringo la presa sulla sua mano. Ma il malumore ritorna subito.

«Nostro padre ha occhi solo per Athena. È la sua preferita, è ovvio. Pensa che sia l'unica intelligente.»

Imbocchiamo il corridoio con le camere. Siamo tutti vicini. Mi dà un buffetto sul naso. «Tu sei brillante quanto Thena, sul serio.»

Vorrei credergli. Fingo di farlo, perché non voglio che ci resti male e si senta in dovere di continuare a consolare un'anima che è inconsolabile.

Arrivati davanti alla mia porta, sempre a mani unite, mi adagio contro il muro e libero un sospiro.

«Non sarà così male» promette Hermes, facendo un cenno alle mie spalle. «Prima non ero ironico. Magari papino ha scelto un superfigo muscoloso che scopa come una belva.» Ci riflette un attimo. «In quel caso, sarei molto invidioso e chiederei un bodyguard anche per me.»

«Spero solo che finisca presto» mormoro. «È estate. Siamo in pausa dall'università. Dovremmo poterci divertire e goderci il mare, il sole, la frutta fresca della Grecia e tutti quei deficienti che credono di poter vincere i nostri giochi. Non voglio che muoiano altre persone.»

Hermes mi accarezza il viso e mi stampa un bacio rumoroso sulla fronte, facendo ben attenzione a lasciarmi un buon quantitativo di saliva. Sa che lo odio.

«Risolveremo tutto, come sempre. Stai tranquilla, sorellina.»

A malincuore, lascio andare la sua mano, e osservo le sue dita farsi sempre più distanti. «D'accordo. Mi fido di te.»

«Io vado a farmi un bagno, nudo ovviamente.» Indica le scale, segno che vuole riscendere in soggiorno e uscire dalle porte a vetri che ci sono lì. Conducono alla nostra spiaggia privata.

«Divertiti» gli auguro con una punta di invidia.

«Aggiornami su quello che succede.»

2

...E IRA

*Il termine «*thymós*» («*θυμός*») in greco antico ha diversi significati, a seconda del contesto in cui viene utilizzato. Può essere associato a forti sentimenti come il coraggio, la collera, l'ira o l'indignazione. In un senso più profondo, può indicare l'energia vitale, il «soffio» dell'anima, la forza che guida le azioni dell'individuo. Infine, questa parola può anche indicare desideri intensi o impulsi, specialmente quando questi sono mossi da una grande determinazione o volontà.*

Aphrodite

FACCIO un respiro profondo e, quando entro nella mia stanza, sento già due voci maschili che parlano, sul terrazzo.

Una è di Crono. L'altra è profonda e appartiene a una persona che non conosco.

Poi mi appaiono le loro figure. Ignoro mio padre e mi concentro sullo sconosciuto, approfittando di essere nascosta dal buio della mia camera.

Poggiato al parapetto del balcone c'è un uomo molto alto. Indossa una maglia a maniche corte, nera, e dei pantaloni cargo. Le braccia sono tese, e mettono in risalto i muscoli ben delineati dei bicipiti. Risalgo fino alle spalle ampie, e poi su per il collo. La sua pelle è abbronzata, baciata dal sole, e la sua bocca si muove, ma io sono troppo impegnata a tracciarne i contorni per stare ad ascoltare cosa sta dicendo.

Il suo viso... Il suo viso è perfetto. Ha un'espressione dura e distaccata. L'aria così seria che mi chiedo se le sue labbra sarebbero capaci di piegarsi in un sorriso. Non è un uomo adulto come avevo immaginato. Avrà appena trent'anni.

D'improvviso, due iridi castane mi trovano nel buio. Il suo capo scatta nella mia direzione, come se avesse percepito la mia presenza, nonostante io sia stata silenziosissima.

Mi ha vista. Mi sta guardando. *No*. Mi sta studiando con un'intensità che mi fa desiderare di tornare indietro e nascondermi. D'improvviso, mi dimentico come si respira. Sono costretta a schiudere le labbra per far entrare un po' d'aria e non crollare a terra.

L'uomo non dice nulla, però la sua mascella ha un guizzo.

Avanzo piano, fino a quando la luce argentea della luna non illumina anche la mia figura.

Mio padre fa un grande sorriso quando si accorge di me. «Eccola, la mia bambina.»

Mi circonda le spalle con il braccio.

«Ciao» dico come una stupida.

«Lui è Thymós, e avrà l'importante incarico di proteggerti» lo presenta. «Abbiamo già chiarito che non gli perdonerò nemmeno il più piccolo dei graffi.»

Thymós fa un cenno di assenso, la mascella serrata e gli occhi incollati sul mio viso. Per un solo istante, scendono sul vestito lungo e bianco che indosso, e risalgono fulmineamente.

Thymós. È la parola greca che significa «ira». Diciamo che gli sta proprio bene, vista l'espressione incazzata che ha in volto.

Quando mio padre si butta in un discorso sui sistemi di sicurezza che già sono presenti in tutta l'isola e attorno alla villa, mi accorgo di un nuovo particolare. Perché Thymós volge il capo verso Crono, esponendomi il lato destro della sua faccia.

Ha un tatuaggio sullo zigomo destro. È una «X». Devo essere poco discreta, perché mi lancia uno sguardo con la coda dell'occhio. Sono tentata di abbassare il capo, ma alla fine non lo faccio.

Vengo riportata alla realtà quando Thymós allunga il braccio e stringe la mano di mio padre.

«Non deve preoccuparsi di nulla, signor Lively. Chiunque proverà a sfiorare sua figlia vivrà il resto dei suoi giorni con una mano in meno.»

Crono è compiaciuto, gli brillano le iridi. Deve provare una grande ammirazione per quest'uomo. D'un tratto, però, qualcosa cambia nel suo viso. Non molla la mano di Thymós, anzi fa leva per attirarlo verso di sé, in modo che siano più vicini. Thymós si fa ancora più rigido nella postura.

«Lo chiarisco anche davanti a mia figlia, solo un'ultima volta, Thymós» mormora, la voce affilata come una lama. «Sai che ti reputo il migliore, o non ti avrei assunto. Hai delle buone referenze, poi.

Ma, se qualcuno la sfiora o lei viene a lamentarsi del tuo lavoro, sei licenziato all'istante.»

Questa situazione, dall'imbarazzo iniziale, comincia a innervosirmi.

«Chiaro, signore.»

Thymós è impassibile e non interrompe il contatto visivo con Crono. Deve aver capito che per mio padre è importante che chi gli parla lo guardi in faccia, senza vergogna.

«E, soprattutto, vale anche per te. Nemmeno tu puoi sfiorarla. Perché, se ci provi, io di mani non te ne lascio nemmeno una. Intesi?»

Il pomo d'Adamo di Thymós si abbassa a vista d'occhio e il suo sguardo saetta su di me, il tempo necessario a farmi mancare un battito. «Intesi, signore.»

Crono si allontana e libera una risata rumorosa. «Ottimo, allora! Sono sicuro che le cose andranno al meglio.»

Più guardo Thymós, più mi convinco che non lo voglio come guardia del corpo. Anche mio padre ne ha diverse, delle quali la più fidata è Alcyone. Lavora con Crono da quando ho messo piede su quest'isola e sono entrata a far parte della famiglia. Ora è prossimo alla mezza età, ma non ha mai mancato ai suoi doveri. A volte si ferma a chiacchierare con noi; è un uomo buono, una presenza piacevole e capace di farti sentire al sicuro. Cosa che non provo con il mio bodyguard.

Io e Thymós stiamo immobili, ai nostri posti, intenti a squadrarci come due animali che decidono il modo in cui dividersi il territorio.

«Piacere, Aphrodite» dico, allungando la mano.

Lui nemmeno la guarda. «Sì, lo so.»

La sua voce è così roca e profonda che devo costringermi a concentrarmi sulle parole sgradevoli e non sul modo in cui le ha pronunciate.

Lascio ricadere il braccio lungo il fianco. «È una brutta giornata o sei solo un terribile maleducato?»

Il suo sopracciglio ha un piccolo scatto verso l'alto, che sarebbe impercettibile se solo non fossi così concentrata nel cogliere qualsiasi cambiamento nella sua espressione.

Una volta capito che non ha intenzione di darmi una risposta, sbuffo e azzardo un passo per avvicinarmi a lui. Si scansa come se avessi una malattia contagiosa, e io alzo gli occhi al cielo.

Alla fine, opto per sedermi sul parapetto.

Thymós aggrotta le sopracciglia ancora di più, seguendo i miei movimenti.

«Dovresti scendere da lì. Se perdi l'equilibrio sono almeno quattro metri di caduta.»

Mi metto più comoda, sdraiandomi e poggiando la schiena. Stendo le gambe, scostando il tessuto del vestito. Poi calcio via i sandaletti dorati e resto a piedi scalzi.

«Premuroso» lo sbeffeggio.

«Vali trecentomila dollari alla settimana. Sei la mia sacca di soldi ambulante e non deve capitarti nulla.»

Non che mi aspettassi qualcosa di diverso. Anche io, al suo posto, farei di tutto per tenermi intatta e assicurarmi una paga così alta.

«Sappi che io non ti voglio» lo informo.

Solo ora noto un borsone nero, a poca distanza da dove sta lui. Thymós è lì, fermo, con il braccio teso verso il basso e le dita pronte ad afferrare il manico. Mi guarda, immobile.

«Perché, pensi che un ex militare con dieci anni di esperienza, che ha visto la guerra e la morte, muoia dalla voglia di fare da guardia del corpo a una ragazzina?»

Il modo in cui dice «ragazzina» mi fa sentire una bambina capricciosa. Come se lui fosse un uomo maturo e adulto, con una vita difficile e piena di sacrifici, e io una stupida che l'ha avuta sempre facile.

«Allora licenziati e fai un favore a entrambi.»

Ride piano, per un brevissimo istante, e senza alcuna traccia di ilarità. Afferra il borsone e se lo mette in spalla.

«Ho bisogno di soldi. Non mi licenzierò. E non permetterò che ti faccia anche un solo graffio.» Mi indica. «Quindi, scendi da quel parapetto.»

«Sei esagerato.»

«Hai altro da dirmi o posso andare a sistemare le mie cose?»

Forse non dovrei riversare su di lui la frustrazione che provo nei confronti di mio padre. Non è colpa di Thymós se mio padre mi vede come un fiorellino delicato che non deve fare altro che esistere, nella sua bellezza. Non è colpa di Thymós se io non posso difendermi da sola perché sono l'unica a cui non è stato insegnato, tra tutti i fratelli.

Hades, Apollo e Athena si allenano da quando erano piccoli. Ricordo quanto mi piacesse assistere e guardarli. Quando Crono passava per le palestre, di tanto in tanto, e mi trovava lì, cominciavano delle sfuriate che potrei ancora recitare parola per parola. Mi costringeva ad andare via e «fare cose che si addicessero di più a una donna».

Hermes è un caso diverso. Hanno provato a insegnargli la boxe, ma mio fratello non riesce a sollevare nemmeno un manubrio da due chili e ha il fiatone dopo dieci secondi di corsa. La lotta, poi, ancora peggio. Se provasse a tirare un pugno, si lusserebbe la spalla.

D'altro canto, se fosse Thymós a licenziarsi, sarebbe diverso. Se lo esasperassi al punto da farlo scappare via... beh, Crono assumerebbe qualcun altro. E a quel punto dovrei ricominciare tutto da capo.

«Conosci altre espressioni facciali che non prevedano il tenere le sopracciglia aggrottate e le labbra serrate?» domando.

Lui controlla l'orologio che ha al polso. «Bella battuta. Possiamo andare?»

«Senti, passeremo un po' di tempo insieme...»

Mi inchioda sul posto, gli occhi sono due pozze scure. «*Tanto*» corregge. «Non ti lascerò un attimo.»

«*Tanto*, d'accordo, come ti pare» lo liquido.

Libero la gamba destra e la lascio penzolare oltre il parapetto, nel vuoto. Thymós fa un passo avanti, tenendosi pronto ad afferrarmi in caso precipitassi.

«Dicevo» riprendo. «Dato che passeremo *tanto* tempo insieme, non sarebbe male conoscerci e instaurare un rapporto decente, umano. Non devo essere per forza la tua sacca di soldi ambulante e basta.»

Se non posso convincere mio padre a licenziarlo e lasciar stare questa idea, e non posso nemmeno convincere Thymós stesso a licenziarsi... mi resta solo da instaurare una convivenza pacifica e vicina all'amichevole.

Solleva un sopracciglio. «Non vorrei offenderti, Aphrodite, ma non vedo quale rapporto potremmo mai instaurare noi due.»

Scatto in avanti, la schiena dritta e gli occhi socchiusi. Ho già sentito tanti discorsi iniziare con questa frase, e non sono mai finiti bene.

«Cosa intendi dire?»

«Non avremmo nulla di cui parlare, noi due.»

«Perché pensi che io sia una stupida?»

«Non l'ho mai detto.»

«Lo hai pensato.» Lo pensano tutti. Soprattutto gli uomini con cui ho a che fare. Nessuno me lo ha mai tenuto nascosto. Sono sempre stata un corpo, mai una persona intera, con un cervello e un carattere.

«Leggi nel pensiero? Impressionante.» Si avvia verso la portafinestra della sua camera e la fa scorrere di lato. «Ci sono altri superpoteri che possiedi di cui vuoi informarmi, Aphrodite?»

Mi mordo il labbro e non emetto una sillaba, mentre tengo gli occhi fissi sulla spiaggia e aspetto che capisca da solo e se ne vada.

Nonostante siano le 10 di sera, fa ancora caldo. In lontananza mi giunge il frinire dei grilli e l'umidità mi si attacca alla pelle. Raccolgo i capelli e li sollevo dal collo, desiderando di aver portato un elastico con me. Sbuffo e lascio vagare lo sguardo, con le braccia sollevate.

In spiaggia, la figura di Hermes sta correndo verso l'acqua, i vestiti giacciono abbandonati sulla sabbia. Lì accanto, a fare da guardia, c'è Apollo. Se ne sta seduto con la schiena ricurva e la brezza marina che gli scompiglia appena i capelli lunghi. Hermes lancia un gridolino poco prima di infrangere la superficie dell'acqua e sparire. Riemerge qualche istante dopo e comincia a nuotare, sempre più lontano.

Dei rumori alle mie spalle attirano la mia attenzione.

Thymós non ha chiuso la portafinestra, lasciando una buona visuale della sua stanza, proprio accanto alla mia e affacciata sullo stesso terrazzo. È in piedi, davanti al letto, intento a impilare i vestiti presi dalla borsa. C'è una pila di magliette tutte uguali, dello stesso colore: nero. I pantaloni non sono diversi. Raccatta tutti gli indumenti e li sistema dentro l'armadio vuoto.

Poi si rimette davanti al letto, afferra i bordi della maglietta che indossa e se la sfila con un gesto secco. In un secondo, è a petto nudo. Ha acceso solo l'abat-jour, ma la luce fioca che lo illumina permette di vedere abbastanza le curve del suo corpo. La forma marcata dei pettorali ampi, le spalle larghe e gli addominali abbronzati. Sto scendendo più in basso, quando lui mi dà le spalle e sparisce. Il tempo di ricomparire nel mio campo visivo e ha una canottiera a coprirlo parzialmente.

«La prossima volta accendo la luce, così vedi meglio.»

Maledizione.

Arrossisco fino alle radici dei capelli e fingo di non aver sentito, di non aver mai guardato e di non essere mai stata beccata.

Thymós si appoggia allo stipite della porta, a braccia conserte, e mi fissa. «Per quanto tempo ancora hai intenzione di stare lì, col broncio?»

«Non ho nessun broncio.»

So che non è vero. È una cosa che mi dicono spesso anche i miei fratelli. Non so nascondere le mie emozioni e, quando mi offendo o sono arrabbiata, metto su il broncio come una bambina piccola. È umiliante, sul serio, soprattutto perché non riesco a controllarlo.

«Ah, allora deduco che ti piaccia particolarmente la vista.»

Aggrotto la fronte, presa in contropiede. «Beh, non si può dire che tu non abbia un bel fisico, però mi pare un'affermazione poco professionale, Thymós.»

Lui non batte ciglio. «Mi riferivo alla vista della spiaggia e del mare. Non a me.»

Liscio le pieghe inesistenti del vestito e, per la seconda volta, fingo indifferenza. È l'arma migliore quando fai una pessima figura.

«Andiamo, sacca di soldi ambulante.» Comincia a camminarmi incontro. Quest'aria di superiorità, mista al nomignolo indelicato, mi fa innervosire.

«Chi diamine credi di essere? Sei la mia guardia del corpo, non il mio padrone. Sto dove voglio. Tu, invece, potresti tornartene in camera tua e fare qualcos'altro. Che sia dormire o metterti davanti allo specchio a provare nuove espressioni corrucciate, non mi interessa» sbotto.

Non si scompone. Fa un altro passo più vicino a me.

«Tuo padre mi ha detto che sei uno spirito ribelle. Ti ha definita proprio così, parole sue.» Si inumidisce il labbro inferiore, pensieroso. «E io credo che fosse un modo composto per dire che sei un'incosciente con la propensione a fare cazzate.»

Dunque, oltre a ritenermi una stupida che può affidarsi solo alla sua bellezza, sono anche sconsiderata. Grazie, papà.

«Che tipo di cazzate?» indago. «È così incosciente voler avere un po' di libertà?»

Nella mia testa irrompe un'idea. È folle, ma il solo pensiero mi fa divertire come una matta. Perciò mi siedo dritta, con i piedi che poggiano sul pavimento del terrazzo e la schiena rivolta alla spiaggia.

Thymós si fa più guardingo. «Aphrodite?»

«Sono la tua sacca di soldi ambulante, corretto?»

«Aphrodite.»

Sollevo i piedi da terra. Se vuole fare l'antipatico, io lo farò rinunciare al lavoro entro una settimana. Sorrido. «Bene. Penso proprio che mi butterò da questo terrazzo.»

Sbuffa. «Piantala. Non sei divertente.»

Mi inclino all'indietro e i suoi occhi si spalancano. «Che cosa...»

Ghigno. «Vediamo se riesci a prendere la tua sacca di soldi ambulante in tempo.»

Con una spinta finale, mi getto all'indietro. Il mio corpo scivola verso il vuoto, e il primo istinto che ho è di urlare. Il secondo, di afferrare il bordo del parapetto con le mani e aggrapparmici fino a spaccarmi le unghie.

La spinta è violenta. E adrenalinica.

Ciononostante, non ho il tempo di provare il terrore. Lo sento solo incombere su di me, minaccioso.

Due mani mi afferrano, facendomi male per l'irruenza. Una mi cinge l'avambraccio, l'altra il fianco. Quest'ultima scivola, però, e Thymós cerca disperatamente un secondo appiglio.

Lo trova nella gonna del mio vestito, ma non sa dosare la sua forza e, nello stringere il tessuto, finisce per strapparlo. Non vedo come e quanto lo abbia lacerato, però sento la gonna aprirsi all'altezza del ventre.

«Merda» sibila lui.

Mi solleva con uno strattone e avvolge il braccio attorno alla mia vita, tirandomi su come se pesassi quanto una piuma. Io non lo sfioro, non ne ho il coraggio.

Una parte di me è sorpresa dalla prontezza dei suoi riflessi. Era vicino, sì, e io l'ho avvisato. Eppure non credo che fosse convinto che lo avrei fatto davvero. Un'altra parte è sorpresa dal fatto che io mi sia lanciata giù sul serio.

Thymós mi adagia contro la colonna in marmo con cui finisce il parapetto del balcone. Pur tenendomi per la vita e il braccio, i nostri corpi non potrebbero essere più lontani. Sembra aver preso alla lettera la minaccia di mio padre, quella sul non sfiorarmi.

Se pensavo che prima avesse un'espressione incazzata, devo ricredermi. O qualcuno deve inventare un aggettivo che vada oltre.

Il sorriso mi muore in volto. Pinzo il labbro inferiore tra i denti, assaporando i rimasugli del burro di cacao al cioccolato che avevo messo.

Thymós mi lascia andare prima la vita e, di seguito, il braccio. Fa un passo indietro, mettendo ulteriore distanza tra di noi. Come se non ce ne fosse già abbastanza.

I suoi occhi non mollano la presa sui miei. Quando provo a distogliere lo sguardo, fa schioccare la lingua. «Occhi su di me, Aphrodite.»

Obbedisco, a malincuore, ma sollevo il mento all'insù.

«Non fare...» sussurra, la voce così bassa che mi fa accapponare la pelle, «...mai più...» se possibile, scende ancora «...una cosa del genere. Mai. Più.»

Non so cosa dire. Vorrei rispondere a tono, eppure riconosco da sola che sarebbe da stupidi.

Ho fatto una cazzata, è vero, solo perché mi irrita il suo modo di porsi nei miei confronti. Non mi deve alcuna gentilezza, non mi deve l'amicizia, non mi deve nulla se non quello per cui è pagato: protezione. E ha appena dimostrato di saperlo fare.

Il suo capo si abbassa e lo sguardo scivola lungo il mio corpo, accogliendo il danno che ha fatto al vestito. Lo ha strappato dalla vita in giù. La gamba destra è scoperta, così come il bordo dei miei slip in pizzo bianco, semitrasparenti.

Non sposto il tessuto, però. So che non serve. Perché, non appena i suoi occhi si fermano sul mio basso ventre, scattano di nuovo sul mio viso.

Rimane impassibile. «Fammi sapere quanto è costato il vestito. Mi accerterò che mi venga tolga la cifra dalla prima busta paga.»

Il mio cuore perde un battito.

Lui inarca un sopracciglio con aria di sfida e, notando il mio silenzio, mi volta le spalle e torna in camera.

3

ACQUA...

Nella sua Teogonia, *Esiodo racconta che il Titano Crono evirò suo padre Urano e gettò i genitali in mare. Dalla schiuma prodotta dal contatto di questi con le acque nacque Afrodite, che emerse dalle onde presso l'isola di Cipro. Da qui, l'appellativo che spesso le viene attribuito di «Afrodite Cipria».*

Aphrodite

Ho un rituale molto preciso per la colazione. Ogni mattina inizia con un cappuccino con latte senza lattosio e uno spruzzo di cannella sopra, una fetta di pane integrale alle noci con burro di arachidi e marmellata di lamponi, e un libro a farmi compagnia.

Mi piace sedermi in terrazzo, con la vista del mare. *Da sola.*

In genere chiudo anche la portafinestra che dà sulla cucina, per non sentire i battibecchi di Athena con i miei fratelli. Li sopporto già a pranzo e cena, quando nostro padre ci costringe a riunirci come una finta famigliola felice. La mattina è l'unico momento in cui siamo liberi da questa costrizione.

E, per quanto io ami i miei fratelli e mia sorella, appena svegli sono ancora più irritanti e scorbutici.

Oggi è diverso, perché non c'è il sole ad accarezzarmi la pelle. Piove copiosamente e ogni tanto risuona il rombo di un tuono in lontananza. Il cielo è una coperta di nuvoloni neri che, stando al meteo, non si rischiarerà fino a domani.

La cosa più spaventosa, però, è il mare. Si agita, sospinto dal vento, e le sue acque si infrangono con violenza sulla riva della spiaggia.

Sarà difficile far arrivare i clienti, stanotte.

«Buongiorno, *raghy*» sento dire dal mio gemello, mentre mi sistemo su uno dei tavolini all'aperto.

Ne scelgo uno riparato dalla tettoia in legno.

«Ma perché diamine non ti metti almeno un paio di mutande addosso?» esclama Athena.

Hermes ha una grande passione per il nudismo. Fin da quando era piccolo ha sempre mostrato una spiccata propensione nell'indossare il minimo indispensabile e solo quando espressamente richiesto.

Gira nudo un po' ovunque ed è impossibile fermarlo.

«Hai un pene, Thena? Non mi pare. Allora non puoi sapere quanto sia fastidioso lasciarlo chiuso dentro i boxer» replica Herm.

«Non ha senso questa...»

«No, purtroppo devo dargli ragione» interviene Apollo, con il suo solito fare pacato.

Li osservo attraverso i vetri della portafinestra. Athena continua a mangiare la sua mela verde, dando le spalle a Hermes, nudo davanti al frigo aperto.

«Siete tutti degli idioti qui dentro» li rimbecca Hades, appollaiato sull'isola con una tazza enorme di caffè, guarnita da una spirale di panna.

Quando ne prende un sorso, un po' della panna gli sporca la punta del naso.

Athena gli risponde con una frase che non sento, ma scommetto essere farcita da qualche insulto.

Hermes sghignazza e pulisce il naso di Hades, mettendosi poi in bocca il grumo di panna. Prende una mela rossa e apre la porta scorrevole, raggiungendomi all'esterno.

«Buongiorno, gemella eterozigote. Come va? Dov'è la tua guardia del corpo? Sta raccogliendo la pioggia cosicché non ti bagni e non ti faccia ammalare?»

Mi scappa una risatina e gli do un pizzicotto sulla pancia, facendolo saltare all'indietro. «Smettila.»

Hermes mi risponde con uno schiaffetto sulla mano.

«Scommetto che, se gli dicessi che il sole ti sta accecando, proverebbe a spegnerlo sparandogli.»

Ignoro l'ennesima presa in giro e lancio un'occhiata alla cucina, alla ricerca di Thymós. Non dovrebbe mancare molto al suo arrivo.

«Sarà qui presto. E temo che sarà parecchio arrabbiato con me. Più di ieri notte.»

Hermes aggrotta la fronte e dà un morso alla mela. «Cosa hai fatto ieri notte?»

«Mi sono lasciata cadere all'indietro, dal balcone.»

Lui spalanca la bocca. Il bolo di cibo che stava masticando gli cade per terra, vicinissimo al mio piede.

Mi sposto con un sospiro. Ormai sono abituata alla sua scarsa eleganza.

«Sei impazzita?»

Scrollo le spalle e riapro il libro al punto in cui mi ero fermata ieri mattina. «Mi ha presa, quindi tutto okay.»

Esita un attimo. «Aphr...»

«Dov'è?» tuona una voce profonda, all'improvviso. Capisco subito a chi appartiene, anche se è una persona che conosco da meno di ventiquattro ore.

La mia guardia del corpo è in cucina, grondante d'acqua e a petto nudo. Il viso è deformato dalla rabbia, dalle ciocche di capelli bagnate cadono goccioline che si tuffano sulla sua pelle e gli rigano il volto.

Il suo sguardo è puntato su di me soltanto, nonostante tutte le attenzioni siano rivolte a lui.

Fa due passi ma non esce in terrazzo. «Aphrodite» scandisce.

Gli regalo un sorriso innocente. «Buongiorno, Thymós. C'è qualcosa che ti turba?»

È così concentrato su di me, che neanche si accorge di mio fratello, nudo, alla mia sinistra.

«Ti sei divertita con il tuo scherzetto da bambina?»

«Quale scherzo?» chiede Hermes, come al solito curioso.

Athena, Apollo e Hades si sono avvicinati per capire cosa sta succedendo.

Thymós butta fuori uno sbuffo d'aria e infila la mano nella tasca posteriore dei pantaloni, estraendo un bigliettino rovinato dall'acqua, che si sfalda, riducendosi a una massa informe. La lascia sul ripiano del tavolino, accanto alla mia colazione.

«Stamattina mi sono svegliato e ho bussato alla porta di vostra sorella. Non ottenendo risposta, mi sono preoccupato e sono entrato comunque. Lei non era lì, ma sul letto mi aveva lasciato questo messaggio: "Sono andata a farmi un bagno in mare. Ci vediamo per la colazione alle 10".»

Fingo un'espressione di rimprovero. «E tu ci hai creduto? Hai pensato davvero che fossi andata a farmi un bagno con un temporale simile?»

Thymós resta senza parole per qualche secondo, il tempo di realizzare che è cascato in pieno nel mio scherzo, e i suoi lineamenti si induriscono ancora di più.

«Sì. Ieri notte ti sei buttata dal balcone. Che cazzo posso saperne io di cosa ti passa per la testa?»

«Si è buttata da dove?» strilla Athena.

Hades è l'unico ad avere un sorrisetto divertito. A lui sono sempre piaciute le persone un po' spericolate, che giocano d'azzardo.

Apollo sposta il centro della discussione su un altro dettaglio, invece. «Aspetta, tu sei fradicio. Non mi dire che...»

Thymós lo interrompe, con lo sguardo ancora fisso su di me. «L'ho cercata in spiaggia, ovviamente. E mi sono tuffato in mare perché temevo che fosse in pericolo, viste le onde che ci sono.»

Ora sono io quella che non sa cosa dire. E un piccolissimo senso di colpa comincia a farsi strada dentro di me. Fingo un colpo di tosse, in imbarazzo.

«Beh, io non pensavo che ti saresti tuffato in mare. Credevo che, se non mi avessi vista in spiaggia, avresti capito che...»

Thymós fa un passo avanti e poggia la mano sul ripiano del tavolino, accanto al mio libro, chinandosi su di me. Piego il capo all'indietro per incontrare i suoi occhi marroni. «Se tu mi dici che sei andata a farti un bagno in mare, con un tempo del genere, e io non ti vedo nell'acqua, il mio primo pensiero è che sei in pericolo e che devo cercarti tuffandomi a mia volta. Di certo non torno indietro come se nulla fosse e vado a bermi un cappuccino, Aphrodite.»

Una goccia d'acqua salata cade dal suo viso, dritta sulle mie labbra. Senza pensarci, tiro fuori la lingua e la lecco via. Thymós segue il movimento e non prova nemmeno a nasconderlo. È la distrazione che mi serviva per non avere i suoi occhi accecati dalla rabbia puntati nei miei.

«Noi vi lasciamo soli. È chiaro che avete tante cose di cui discutere» rompe il silenzio Hermes. «Tanta tensione da scaricare...»

La mia guardia del corpo inarca un sopracciglio e si gira verso mio fratello. Solo in quel momento nota che non ha un singolo indumento addosso. «Tu perché sei nudo?»

«Tu non trovi che i boxer siano scomodi? Stringono troppo.»

Thymós non fiata, immobile.

Hermes arretra velocemente. «D'accordo. Immagino di no. Buon proseguimento di giornata.» Poi dà una pacca sulla spalla di Apollo, per spronarlo a rientrare in cucina. «Andiamo, Pollo, veloce. Terminator è troppo incazzato per discutere del suo apparato riproduttore maschile.»

Apollo lo asseconda, non dopo aver alzato gli occhi al cielo.

Ritorno a Thymós, che ha ripreso a focalizzare tutte le sue attenzioni su di me. Possibile che non si stanchi di guardare dritto negli occhi delle persone, senza sosta?

«Non volevo metterti in pericolo. Mi dispiace» mormoro, accantonando l'orgoglio. Qualunque cosa, purché si allontani e mi lasci in pace.

Lui fa una faccia strana, quasi incredula. «Non è quello il problema, io so cavarmela in ogni situazione. Il problema è che mi hai fatto spaventare. Il problema è che credevo che tu fossi in pericolo. Non si scherza in questo modo.»

Quanto la fa tragica. Sbuffo sonoramente e abbasso il capo, cercando di fargli capire che voglio tornare al mio libro e al mio cappuccino. «La tua sacca di soldi ambulante è al sicuro. Dramma risolto.»

«Occhi su di me, Aphrodite» ordina, per la seconda volta da quando ci conosciamo.

Obbedisco senza rifletterci.

Le sue iridi marroni sono calde, ma emanano un'aura cupa e carica di rabbia. Un brivido mi risale lungo la schiena e mi artiglia il collo, avvolgendomelo in una presa ferrea.

«Non farlo mai più.»

«Certo.»

«Dico sul serio.»

«Anche io.»

«Non mi sembra.»

«Stai sereno» lo liquido.

Thymós si ritrae, piano, fino a rimettersi dritto, in piedi. «Sereno» ripete a bassa voce. «Di sereno, nella mia vita, può esserci solo il meteo.»

Ha parlato in tono sommesso, tra sé e sé, però ho sentito bene. Sorrido sotto i baffi e mi sistemo, pronta a riprendere la lettura mattutina.

Thymós si siede davanti a me, se possibile con l'aria ancora più infelice di prima. È così immobile che ho la tentazione di mettergli due dita sul polso per capire se c'è ancora battito o è morto con gli occhi aperti. Non va nemmeno a prendersi qualcosa da mangiare.

«Cosa fai?» domando allora, incapace di concentrarmi sul romanzo, con lui pietrificato come una statua. «Sai che non devi starmi accanto ogni secondo, vero? Vai a fare colazione.»

Scuote il capo. «Devo tenerti d'occhio. Il pericolo è sempre in agguato.»

«Quale pericolo?» lo prendo in giro. Passo il dito sul bordo della pagina, lungo la carta ruvida. «Dici che potrei tagliarmi, così?»

«Piantala, per piacere.» Parla come una macchina priva di emozioni.

Mormoro un «vai al diavolo» e ricomincio la lettura, con la mia tazza di cappuccino in una mano e l'altra libera per sfogliare le pagine.

Più i secondi passano, più mi rendo conto di non riuscire ad andare oltre il solito paragrafo che sto rileggendo per la quinta volta, ormai. Sollevo velocemente lo sguardo, trovando gli occhi di Thymós bloccati su di me. A differenza di prima, gira il capo con uno scatto, come se non avessi dovuto beccarlo.

Riprendo a leggere, confusa, ma le parole smettono di avere significato. Sono solo macchie di inchiostro su carta.

Lui, sotto il tavolo, sposta le gambe con poca grazia, e il suo ginocchio si scontra con il mio piede nudo. Si ritrae fino a far sbattere lo schienale della sedia contro il muro.

Mi concedo un'altra occhiata. Un nuovo dettaglio mi colpisce. Lui è ancora fradicio, e il vento freddo che soffia lo colpisce in raffiche, senza sosta.

«Dovresti andare ad asciugarti e coprirti meglio.»

«Non ho freddo.»

«Dovresti andare in bagno ad asciugarti» ripeto.

«E tu dovresti continuare a leggere. Sei ferma alla stessa pagina da quando sono arrivato» mi prende in giro, in tono serio.

Chiudo il libro, con la copertina rivolta verso il tavolo. Thymós lo fissa come se cercasse il titolo.

«Thymós, non mi...»

«Cosa devi fare, dopo? Quali sono i programmi della giornata?» cambia argomento.

Detesto le persone che mi interrompono quando parlo. Do un

morso alla fetta di pane e metto la mano davanti alla bocca mentre gli rispondo. «Vado al mio locale per accertarmi che sia tutto pronto per stasera. E anche per capire se il mare si calmerà e potranno effettivamente arrivare dei clienti.»

«Sei sicura che sia opportuno continuare a frequentare il luogo in cui la gente viene uccisa?»

«Sì. Mio padre vuole che lo spettacolo vada avanti» borbotto. «Dunque, stanotte lavorerò.»

Thymós soppesa le mie parole per lunghi istanti, dopodiché fa spallucce e si arrende. «D'accordo. Porterò due pistole.»

Il boccone quasi mi va di traverso e sono costretta a poggiare la fetta di pane sul piattino. «Due?» esclamo. «Non ti sembrano troppe?»

Aggrotta la fronte, come se fossi io quella strana. «Due in vista» precisa. «E altre due nascoste.»

Capisco che trecentomila dollari a settimana siano tanti, più di quanto uno possa sognare, ma quale persona ci terrebbe come Thymós? I soldi fanno gola a tutti, eppure qualcosa mi suggerisce che lui ha un motivo più profondo. Deve averne un bisogno che va oltre la brama di arricchirsi.

Sbatto le palpebre e torno al presente. Non è il caso che cominci a farmi domande su di lui. Non avrò mai risposte.

«Se non vuoi andare a metterti dei vestiti asciutti...» Comincio a togliermi la vestaglietta che ho indossato sopra il pigiama.

Thymós mi frena all'istante. «Cosa stai facendo? Ferma.»

Ma io l'ho già sfilata e gliela sto tendendo. «Mettitela.»

«Non ci starei, punto primo. E, secondo, serve a te.»

Faccio una smorfia. «In realtà, no. L'ho messa per precauzione. Ho già dei vestiti pesanti. Usala tu.»

Thymós squadra la mia vestaglia bianca, satinata, come se fosse la pelle di un animale appena morto e scuoiato. «No.»

«Sei troppo maschio per accettare protezione da una donna?»

«Aphrodite.»

Ci risiamo, col suo modo serio di pronunciare il mio nome. Come se fosse una minaccia.

«Se ti ammali, chi mi proteggerà dai pericoli del mondo?» lo incalzo, incrociando le braccia al petto. «Chi prenderà a pugni le mosche che mi ronzano attorno con aria minacciosa?»

«Uno stupido raffreddore non mi impedirà di...»

«E se ti prendessi qualche virus e mi contagiassi?» lo interrompo.

Agito la vestaglia per aria, ma lui non si decide ad afferrarla. La squadra con aria cupa, e capisco che si sta lentamente arrendendo al suo destino. Fa un veloce gesto della mano, come a chiedermi di passargliela.

Prendo bene la mira e gliela lancio addosso. Il tessuto dell'indumento va ad avvolgergli completamente la testa, nascondendomelo alla vista. Devo mordermi l'interno delle guance per non scoppiare a ridere.

Thymós resta immobile. Conto fino a dieci prima che il suo braccio nudo e muscoloso sposti la vestaglia dalla testa. Senza proferire parola, se la mette sulle spalle come una copertina. La scena è così al limite del ridicolo che mi stanno venendo le lacrime agli occhi per lo sforzo di rimanere seria.

Gli faccio un sorriso smagliante. «Prego, Thymós.»

Indica la fetta rimasta a metà. «Occupa la bocca per mangiare, sacca di soldi ambulante.»

Con gli occhi puntati nei suoi, afferro il pane e do un morso generoso, così grande da lasciarne solo il bordo. Mastico con le guance piene, a bocca aperta, e Thymós sospira.

Vorrei lanciargli altre frecciatine per infastidirlo, ma alla fine decido di non infierire ulteriormente. E, mentre mangio e fingo di riuscire a concentrarmi sul libro, incrocio la figura di Hermes.

È davanti alla portafinestra della cucina, con le mani poggiate sui vetri e la faccia quasi schiacciata contro, per vedere cosa stiamo facendo io e Thymós.

Proprio quando penso che Thymós non se ne sia accorto, piega il braccio all'indietro e dà un colpo al vetro.

Hermes sobbalza e sparisce.

4

...E FUOCO

Patrona delle relazioni coniugali e romantiche, ma al tempo stesso anche delle prostitute: sono sacre ad Afrodite tutte le forme di attrazione fisica e sessuale. È lei a generare l'intesa sessuale tra due soggetti, ma è anche causa del rifiuto.

Aphrodite

La zona adibita al gioco d'azzardo occupa più della metà dell'isola. Le tredici sale sono equamente distribuite, ciascuna con il proprio spazio dedicato.

Tre di esse sono a forma piramidale, altre tre a forma sferica e le restanti sette sono rettangolari. Ognuna di esse ha una propria insegna luminosa e un proprio colore. Viste dall'alto della nostra villa creano un arcobaleno di luci mozzafiato. Gli edifici sono collegati tramite stradine abbellite da alberi, siepi in fioritura e passaggi illuminati per aiutare i clienti a orientarsi.

Il mio locale si chiama Garden of Pleasures ed è uno di quelli a forma cubica. È costruito in modo da richiamare un vero e proprio giardino incantato, dominato dal piacere, dalla bellezza e dal desiderio.

Al suo interno vi sono colonne e archi in stile greco, attorno ai quali si aggrovigliano finte edere e boccioli di ogni sfumatura del rosa. Persino il pavimento è ricoperto da erba finta, ma così morbida al tatto da sembrare vera.

La pista da ballo occupa lo spazio più grande e importante. Ai lati, invece, tra qualche alberello artificiale, sono sistemati tavoli in marmo bianco con venature dorate.

La mia parte preferita del locale è il piccolo altare, in un angolo, composto da una colonna su cui poggia una mela d'oro. Chiusa in una teca, è il simbolo della bellezza superiore di Afrodite, che secondo il mito venne omaggiata da Paride del pomo della discordia, destinato «alla dea più bella». L'inizio della guerra di Troia.

Quando arrivo, alle 9 di sera, scortata da Thymós, anche a distanza di svariati metri sento il mormorio delle persone in fila all'ingresso principale, che attendono l'uscita di qualche cliente per poter entrare.

Guido Thymós verso il retro dell'edificio, indicandogli l'accesso secondario. Lui non fiata.

Nel corso della giornata è stato piuttosto silenzioso, si è limitato a seguirmi come un'ombra, a una distanza che non superava i due metri.

Mentre percorriamo la stradina riservata, circondata da siepi e piccoli alberi, Thymós mi mette una mano sulla spalla, bloccandomi. Prima che possa voltarmi per chiedergli che problemi abbia, il suo braccio sposta di lato la fronda di un albero. Era all'altezza precisa del mio viso, e se avessi continuato a camminare mi avrebbe colpita in faccia.

Non si muove, in attesa. «Vai» mi sprona.

Lo ringrazio a bassa voce e procedo.

All'entrata, i due buttafuori di turno mi fanno un saluto educato e quello a sinistra mi tiene la porta aperta.

Una volta all'interno, Thymós è più silenzioso del solito, perché è troppo impegnato a studiare l'ambiente in cui ci troviamo.

È il privé del locale, nonché la stanza in cui si tengono i miei giochi personali. Il biglietto d'ingresso costa trentamila dollari, ma se vinci torni a casa con il doppio.

Non c'è molto, solo l'essenziale. Una poltroncina bianca, in pelle, vicina alla parete e finte colonne greche adornate da edere rampicanti e fiorellini rosa in plastica che si illuminano. Ai lati della camera ci sono due divani, abbinati alla poltrona, e un piccolo angolo bar, nient'altro.

«Cos'è questo posto?»

«La sala dei miei giochi» gli rispondo. Mi sfilo la veste in raso e la lancio sul divano. «Le regole dicono che devo far ammettere...»

Thymós non mi sta ascoltando. I suoi occhi marroni percorrono la mia figura da capo a piedi, più volte. Socchiude le palpebre, come se qualcosa lo stesse accecando. Indosso un vestitino ricoperto di Swarovski, che in effetti potrebbe emanare giusto un po' di luce.

Thymós avvicina la mano alla fronte, sopra gli occhi, come se si stesse riparando dal sole. «Santo cielo, sei una palla da discoteca accecante.»

Ogni tanto abbandona l'aria da musone per fare qualche battuta, e mi viene da pensare che forse non è così antipatico come vuole far sembrare.

Ignoro la sua provocazione. «Mettiti dove vuoi. A meno che tu non preferisca andare a farti un giro per il locale, mentre mi preparo.»

«Non se ne parla nemmeno. L'assassino potrebbe essere qui.» Si abbandona su un divano, restando comunque con la schiena drittissima.

«Sicuro?» Mi passo le mani tra i capelli, che mi ricadono in lunghe onde aperte sulla schiena. «Le mie ballerine sono molto belle. Potresti...»

«Non mi interessa.»

«Baller...»

«Ancor meno i ballerini» mi precede, esasperato. «Mi piacciono le donne.»

«E allora perché non vai...»

«Aphrodite.» Di nuovo la cantilena. Credo che dovrò farci l'abitudine. «Sono qui per lavorare, come te. Smettila di perdere tempo.»

Capisco che il concetto sia giusto, ma perché non riesce a esprimersi in modo educato e senza sembrare un grandissimo stronzo? Mormoro un «vai al diavolo» a fior di labbra e mi avvio in direzione della porta.

«È la seconda volta, oggi, che borbotti insulti a voce bassa. Ed è la seconda volta che faccio finta di nulla e non ti dico niente.» La voce di Thymós, alle mie spalle, è affilata come un lama e mi fa pietrificare sul posto, con la maniglia stretta tra le dita. «Se hai qualcosa da dirmi, fallo a voce alta, come minimo. Lo gradirei di più.»

Conto fino a dieci, il tempo di allontanarlo dai miei pensieri e calarmi al meglio nel personaggio che interpreto nel mio locale. Mi stampo un enorme sorriso in viso e spalanco la porta.

C'è già la fila, qui fuori. Uomini e donne, ubriachi, che attendono di comprare il biglietto d'ingresso e avere cinque minuti di tempo con me.

Manca una sola persona perché possiamo iniziare.

E quella persona si sta facendo spazio tra la folla, con un cocktail colorato in mano. Lo finisce in un sorso e lo abbandona al bancone del bar, per poi affrettare il passo.

A qualche metro dalla fila, agita il braccio in aria, come se non lo avessi visto, con il suo completo fucsia. La giacca è aperta sul petto nudo e mingherlino.

«Cupido è qui, signore e signori!» grida, rivolto alla fila di clienti febbricitanti.

Cupido, il nome latino di Eros.

Eros è il mio migliore amico. Un ragazzo di ventisei anni, dalla statura bassa, con i capelli biondissimi e la faccia da quindicenne. Irriverente e fin troppo diretto, è una delle persone di cui più mi fido al mondo.

Oltre a questo, è anche uno dei dipendenti di mio padre e mia madre. Quei dipendenti speciali, che hanno rinunciato al loro nome di battesimo e hanno scelto di diventare parte del grande spettacolo che mette in scena Crono Lively su quest'isola.

Eros avrebbe dovuto far parte della famiglia. Anche lui è stato trovato in orfanotrofio e messo alla prova nel Labirinto del Minotauro, il gioco che serve ai miei genitori per capire se stanno adottando il bambino giusto.

È entrato nel labirinto ed è arrivato solo a metà strada, prima di scappare per tornare indietro e rinunciare al gioco. Mio padre è comunque rimasto colpito e gli ha proposto di lavorare sull'Olimpo. È questo quello che accade a chi non ha superato la prova del labirinto ma ha comunque dimostrato un minimo di intelligenza. E, soprattutto, a chi sopravvive.

Io, Hermes ed Eros abbiamo passato tante estati insieme e tante sbronze in questo locale. Eros è il secondo fratello di sangue che non ho avuto, e sono sicura che anche per Herm è lo stesso.

Eros mi cinge le spalle con il braccio e mi dà un bacio sulla fronte, premendo con forza le labbra sulla mia pelle solo per darmi fastidio.

«Eccoli qui, gli sfigati della sera» mormora, intento a studiare le persone che sono in fila fuori dal privé.

Gli occhi gli brillano. Ho sempre pensato che sarebbe stato il figlio di cui mio padre sarebbe andato più fiero. Eros vive per vedere le persone umiliarsi, e ancora di più adora ridere loro in faccia quando succede.

«Quanti ne accetti, oggi?» continua.

«Il numero minimo stabilito da mio padre. Cinque. Ho voglia di divertirmi, stanotte, e di ballare in pista.»

Annuisce, sovrappensiero. «Farò in modo di scegliere i peggiori, così sarà ancora più divertente.» La sua mano va involontariamente a sfiorare l'interno della giacca, dove è cucita una tasca segreta in cui tiene il coltello.

«Dammi qualche minuto, vado a bere il mio drink di riscaldamento e torno» lo avverto.

Lui mi fa un cenno distratto, troppo impegnato a ronzare attorno ai clienti, come un leone che studia le sue prede.

Mi precipito al bancone e, nonostante ci siano già persone che aspettano di ordinare, Himeros, il barista del Garden of Pleasures, mi nota all'istante e fa segno a tutti di farsi da parte.

Nella mitologia greca, Afrodite non era l'unica dea legata all'amore. Imero fa parte di un gruppo minore di divinità chiamate «Eroti», e incarna il folle desiderio sessuale connesso all'amore.

«Buonasera, capa» saluta Himeros, regalandomi un sorriso smagliante. La sua pelle scura è cosparsa da un olio che la rende luminosa e lucida, mentre gli occhi neri sono contornati da una riga di eyeliner blu elettrico. «Tutto bene? Dov'è il tipo misterioso con cui dicono che sei arrivata oggi?»

Inizia a prepararmi il drink senza nemmeno guardare cosa sta facendo, talmente è abituato a sentirmi ordinare la solita miscela di vodka alla pesca e succo al lampone. È il mio preferito, ed è anche il mio drink personale. Prende il mio nome: *Afrodíti.*

«Ah, già. Il mio bodyguard» bofonchio. «Sai, per via degli omicidi. Crono Lively ha deciso che devo avere un cane da guardia.»

Himeros fa un sorriso malizioso. «Dicono che sia uno splendore. Dov'è? Lo conosceremo?»

Immaginavo che si sarebbe sparsa la voce su Thymós all'istante. Così come immaginavo che nessuno l'avrebbe presa seriamente, che nessuno si sarebbe preoccupato dell'assassino che si aggira per il mio locale.

Scolo il bicchiere che Himeros mi ha messo davanti come se fosse una bottiglietta d'acqua dopo un giorno nel deserto, e lo sbatto sul bancone.

«Probabilmente è nel privé a controllare che non ci sia troppa anidride carbonica nella stanza.» Prima che possa continuare, lo saluto. «Ci vediamo dopo.»

Gli allungo una banconota da dieci dollari e mi allontano in fretta. Anche se sono la proprietaria del locale, pago i servizi ai miei dipendenti e impongo loro di mettere i soldi in tasca, invece che in cassa, come se fossero mance.

Eros non è più fuori ad aspettarmi, perciò deduco che abbia già trovato il primo cliente e si sia portato avanti preparando la sala. Faccio un respiro profondo, sentendo su di me le occhiate di quelli che aspettano in fila, ed entro nel privé.

La stanza è avvolta dal buio e l'oscurità mi concede qualche istante in più per calarmi nella parte dell'Aphrodite sensuale, il cui unico scopo è ammaliare le persone e far desiderare loro di possederla.

Mi metto di spalle alla poltrona in cui è seduto il primo cliente. Schiocco le dita, il segnale che ho stabilito con Eros, e le luci si accendono. Sono stringhe luminose installate lungo tutto il perimetro della stanza, sul pavimento e sul soffitto.

Sollevo le braccia in aria e mi scosto i capelli dalla schiena, in modo da mostrare la scollatura del vestito profonda lungo tutta la schiena.

«Benvenuto» saluto lo sconosciuto. «Questi sono i tuoi cinque minuti nel Giardino dei Piaceri. Le regole sono semplici: puoi guardarmi, ma non toccarmi. E se lo fai, ti verrà tagliato l'anulare della mano sinistra.»

Ripeto la solita cantilena con tono calmo e gentile, perché deve suonare come una carezza e non come una minaccia. Gli uomini e le donne che entrano in questa stanza e decidono di giocare sono, il novantanove percento delle volte, degli stupidi adulteri che non riescono a controllare le pulsioni sessuali e l'attrazione fisica.

L'amputazione di quel dito nello specifico viene dalla tradizione secondo la quale l'anulare sinistro è quello su cui si indossa un anello di fidanzamento o una fede nuziale. Questa abitudine si pensa che derivi da una credenza degli antichi Romani, convinti della presenza di una vena collegante il cuore direttamente con l'anulare della mano sinistra.

Faccio scorrere le mani lungo i fianchi e sollevo un pochino la gonna, per poi farla scendere all'istante. In genere non serve molto a farli impazzire, provano a toccarti già dopo qualche secondo. Basta qualche parolina sussurrata, una risatina, un vestito che si sposta di due centimetri, e sono ai tuoi piedi.

L'Olimpo è un posto di perdizione. Dove l'alcol scorre a fiumi, le droghe vengono assunte come caramelle e i soldi lasciati liberi come i freni inibitori.

Chi vi fa visita non lo dice. È un viaggio quasi sempre segreto. E chi se ne va è costretto a non farne parola con nessuno.

«Si può sapere cosa cazzo significa tutto questo?» sbotta la voce profonda di Thymós.

Il problema è che non arriva dal divano al lato della stanza, dove l'ho lasciato prima di andare a bere un drink.

Mi volto con uno scatto, e quasi perdo l'equilibrio sui tacchi vertiginosi che indosso.

Thymós è seduto sulla poltrona dove dovrebbe esserci un cliente.

Thymós. Non una di quelle persone che sono là fuori ad aspettare.

Thymós, con un'espressione che è un misto tra il furente e lo sconvolto.

«Cosa diamine ci fai tu, lì?» strillo.

«Credimi, Aphrodite, me lo sto chiedendo anche io da quando quel nanetto vestito di rosa mi ha costretto a sedermi qui.»

Un'altra voce irrompe da una zona non illuminata. «Ehi, sono un metro e cinquantacinque. Perfettamente nella norma.»

Thymós si alza, fa per replicare e io, immaginando già l'inizio di un battibecco, mi metto in mezzo. «Eros, accendi tutte le luci, per favore. *Subito*. C'è stato un errore.»

Lui obbedisce e in un istante la camera viene illuminata nella sua totalità. Eros si avvicina a Thymós, pur tenendo sempre una distanza di sicurezza, vista la stazza e l'umore che tende pericolosamente verso l'ira.

Lo faccio anche io, un po' a disagio. «Perché c'è Thymós, qui?»

«Non è lui il primo cliente?»

«Assolutamente no! È la mia guardia del corpo.»

Eros strabuzza gli occhi, impallidendo. Scruta Thymós da capo a piedi, più volte. «Quando sono entrato l'ho visto seduto sul divano e ho pensato che avessi scelto tu il primo cliente. Così gli ho detto di spostarsi sulla poltrona. Devo aver capito male...»

È inutile continuare a discuterne. Liquido la faccenda con un gesto noncurante della mano. «Vai a cercare un vero cliente. Dammi qualche minuto, però.»

Eros mormora un «subito» e ci sfila davanti. Mentre raggiunge la porta, si gira verso Thymós: «Un metro e cinquantacinque non è male, per nulla!» ribadisce.

Sorrido sotto i baffi ma, una volta rimasta sola con Thymós, l'imbarazzo si fa ancora più forte di prima. Non è che abbia fatto chissà che, ma io speravo di poterlo lasciare fuori durante i miei giochi.

Lui mi dà le spalle, le mani piantate sui fianchi e il capo chino. «È questo il tuo lavoro al locale?» domanda piano, scandendo ogni parola. «Balli per degli sconosciuti che pagano il tuo corpo?»

Di certo non mi aspettavo che avrebbe fatto domande. «No» ribatto. «Cinque minuti nel Giardino dei Piaceri, si chiama. Non ballo per nessuno. Mi limito a provocare, con qualche parolina dolce e qualche movimento. Sono sempre uomini e donne impegnati, chi con figli e chi senza. È un test della loro fedeltà. Se provano a mettermi le mani addosso, Eros taglia loro l'anulare sinistro e perdono il gioco. L'amore di Afrodite non è solo passione e desiderio, ma anche fedeltà.»

Che poi la dea greca tradisse ripetutamente suo marito Efesto è un dettaglio irrilevante. Questo suo tratto non voglio riconoscerlo e, al contrario, l'ho sempre ripudiato.

Thymós si volta fino a fronteggiarmi, e i suoi occhi scuri fermi su di me bruciano come se avessero la capacità di farmi andare a fuoco.

«E se riuscissero a metterti le mani addosso?» chiede.

«Quasi nessuno ce l'ha mai fatta. Si è trattato di brevi contatti, appena percettibili. Eros interviene con prontezza, altrimenti mio padre gli riserverebbe lo stesso trattamento.»

«Tuo padre è molto protettivo nei tuoi confronti» mormora. Fa un passo avanti. «Perché vuole vendere il corpo di sua figlia in questo modo?»

Mi mordo il labbro, indecisa se rispondergli con la verità o dirgli che non sono affari suoi, mettendomi sulla difensiva.

«Perché...» Sospiro. «Per lui sono solo un bel corpo e un bel viso. Niente di più. E, come sfrutta l'intelligenza dei miei fratelli nelle altre sale gioco, sfrutta anche ciò che io posso offrire. In questo caso, ben altre cose: la bellezza, il fascino e la mia capacità di sedurre.»

Dio, dirlo a voce alta è di per sé imbarazzante. Dirlo a voce alta a Thymós è ancora peggio.

La sua espressione contrariata mi fa ribollire il sangue nelle vene. So che mi sta giudicando. E non ne ha il diritto. Soprattutto perché non ho scelto io questi giochi, ma mio padre.

Se non mi presento al lavoro, lui lo scopre. E Crono Lively non è famoso per reagire bene alle mancanze dei suoi figli.

Nemmeno a me fa impazzire il fatto che i miei giochi sono solo tentazione e lussuria, mentre quelli dei miei fratelli o rompicapi in cui usare la mente o sfide pericolose. Eppure, cosa posso farci?

«A te piace?» chiede dopo un lungo silenzio. «Ti diverti?»

«Sì.»

A volte.

Non sempre.

Quasi mai.

Mai.

Thymós mi scruta con attenzione e per un attimo temo che possa aver smascherato la mia bugia. Si avvicina di un passo e indica la porta del privé alle sue spalle.

«Posso mandarli via, tutti quanti.»

«Hanno pagato il biglietto d'ingresso. Non posso. Mio padre si arrabbierà. E vige comunque la regola che devo giocare con almeno cinque persone a notte. Centocinquantamila dollari assicurati, poi potrò andarmene.»

Dall'esterno, oltre alla musica ovattata, sento le urla di Eros. Deve aver scelto il primo cliente e tra pochi secondi questa conversazione sarà finita. Per fortuna.

Thymós lancia un'occhiata alla porta, d'improvviso sembra nervoso. «Adesso ci sono due occhi in più. Non accadrà che qualcuno riesca anche solo a sfiorarti in modo appena percettibile» promette, citando le mie stesse parole.

Se ne sta già tornando al divano quando allungo il braccio e gli circondo il polso con la mano. È più forte di me: sono una persona che non ha problemi con il contatto fisico. Anzi, lo cerco sempre.

Thymós sussulta e si irrigidisce come un blocco di marmo.

«Non ti voglio qui dentro mentre lavoro» bisbiglio. «Devi restare fuori.»

«Non se ne parla.» Dà uno scossone e si libera dalla mia presa.

Lo riafferro e Thymós si volta, furente.

«Ho detto che non ti voglio qui. Non durerà neanche mezz'ora. Non mi accadrà nulla. C'è Eros con me.»

Thymós si lascia andare a una risatina infelice, carica di sarcasmo.

«Confortante. Adesso che so che c'è lo gnometto con te, sono molto più tranquillo, Aphrodite.»

«Smettila di parlare così!»

Tolgo la mano dal suo braccio e faccio l'ultima cosa che avrei mai pensato di fare: premo il palmo sul suo petto e gli do una spinta.

Avrebbe dovuto essere una scena carica di pathos, in cui lo allontano e gli ricordo che lui è anche mio dipendente e che sono io quella al comando. Invece, si trasforma in qualcosa di patetico. Non riesco a smuovere Thymós di un solo millimetro.

Lui abbassa il capo verso la mia mano, ancora ferma su di lui, reduce dell'umiliazione di non essere riuscita a spingerlo via.

Quando solleva lo sguardo, l'angolo delle labbra è incurvato all'insù. «Hai finito?»

Mi allontano e comincio a camminare a vuoto, nel tentativo di liberarmi della scarica di rabbia che mi sta attraversando il corpo.

Non voglio che Thymós assista. Non voglio che mi veda.

Non ho mai voluto nemmeno nessuno dei miei fratelli, qui. Hermes c'è stato una volta, e se n'è andato senza dire nulla nel bel mezzo del gioco con il secondo cliente. So che le sue intenzioni non erano cattive, ma mi ha fatta sentire... in difetto. Umiliata. Compatita.

Soprattutto quando ha provato a convincere nostro padre a cambiare i giochi, e Crono lo ha punito con un bel livido sull'occhio.

«Aphrodite.»

«Cosa vuoi ancora?» gli grido contro.

Lui arretra, colpito dalla mia improvvisa violenza. Prende posto sul divano. «Prometto che non guarderò te» mormora. «Guarderò solo chiunque sia seduto lì, sulla poltrona, per non perdermi il minimo movimento verso il tuo corpo. Non ti poserò gli occhi addosso per un solo secondo.»

Il mio cuore manca un battito per il sollievo improvviso che sto provando, grazie alle sue parole.

«D'accordo.»

E so che manterrà la promessa. Lo so perché, da quando ho levato la veste in raso e sono rimasta con questo abitino addosso, lui ha continuato a guardarmi negli occhi.

Eros ritorna con il primo cliente.

Sembra essere mio coetaneo, se non appena più piccolo, di quelli che hanno l'aria da bravi ragazzi, rispettosi e educati. Il ruolo di Eros non è solo quello di supervisionare e infliggere le punizioni, ma anche di accertarsi che qui dentro non entrino persone troppo avanti con l'età o con strane idee in testa.

Il ragazzo si chiama Cole e ha due occhi azzurri come il mare. È fidanzato da due anni e nonostante mi parli benissimo della sua ragazza, mentre gli giro attorno e cerco di fare breccia, il modo in cui mi guarda non sembra andare di pari passo con la fedeltà che dice di avere.

Ogni tanto mi concedo un'occhiata a Thymós. E, ogni volta, ho la conferma di due cose: non cambia mai posizione, sempre vigile e pronto a intervenire, e non mi presta la minima attenzione.

Mantiene la promessa. Io non esisto, c'è solo il mio cliente.

Mancano appena trenta secondi alla fine del gioco quando la mano di Cole scatta verso di me, pronta ad agguantarmi la coscia.

In quel momento posso percepire lo spostamento d'aria che genera il corpo massiccio di Thymós, mentre si mette in piedi e ci viene incontro. Precede Eros di pochissimi secondi, lasciandolo a bocca aperta.

Persino io lo sono. Prendermi prima che cadessi dal balcone è stato impressionante, ma la rapidità che ha appena dimostrato va ben oltre.

Thymós ha la mano avvolta attorno al polso di Cole, ancora a mezz'aria, sulla strada per il mio corpo. Quando il ragazzo comincia a emettere versi di dolore, capisco che non lo ha solo bloccato.

Gli vuole fare del male.

«Ehi, Hulk, lascialo. Sono io quello che punisce» interviene allora Eros, sventolando per aria la lama affilata dell'arma.

Thymós non sembra averlo sentito. Si china quanto basta ad arrivare con il viso all'altezza di quello di Cole.

«Ricordami un attimo sotto quale nome conduci la tua inutile esistenza.»

«Cole» balbetta l'altro.

I suoi occhi volano su di me, in cerca di aiuto. Faccio un passo indietro, per nulla intenzionata a concederglielo.

«Cole...» Suona come un insulto, quando esce dalle labbra di Thymós. «Non solo sei un coglione perché paghi trentamila dollari per stare cinque minuti con una ragazza che ti prende per il culo e a cui fai schifo. Sei anche un pezzo di merda perché vuoi metterle le mani addosso, ignorando il significato di "consenso" e che hai persino un impegno con un'altra donna.»

Gli lascia andare la mano.

Tutti e tre restiamo ad assistere mentre Thymós si dirige al bancone del bar e, con tutta la calma del mondo, si versa un bicchiere di whiskey. Ne prende un sorso e si riavvicina, per poi porgere il bicchiere a Eros.

«Eolo, fammi il favore di tenermelo un attimo.»

Eolo.

Nella tensione del momento, devo sforzarmi di non scoppiare a ridere.

Eros lo prende con gesti meccanici, poi si rivolge a me. «Mi ha chiamato "Eolo" come quello dei sette nani?»

Thymós riafferra la mano di Cole. Il rumore di un osso che scrocchia fa urlare prima me per lo spavento, e poi il mio cliente per il dolore.

Sono quasi sicura che gli abbia appena rotto il polso.

Cole geme, con la mano stretta contro il petto e le lacrime agli occhi.

Sebbene la scena non abbia nulla di divertente, Thymós sta ghignando, un lampo di furia gli illumina il viso perfetto. Interpella Eros, con finta aria confusa: «Scusatemi, la punizione riguardava l'anulare sinistro, vero?»

Cole non ha la prontezza di allontanare la mano. Thymós lo agguanta per l'avambraccio e gli stringe l'anulare.

«Ti prego, no. Ti prego, ti prego!» supplica.

Il viso di Thymós è a pochi millimetri da quello di Cole. «Alzati e vattene, prima che te lo rompa. Se ti rivedo girare per questo locale, te le spezzo tutte, le dita. Chiaro?»

Cole nemmeno risponde. Scende dalla poltrona, con gesti goffi, e capitombola a terra. Non perde tempo nel tentativo di rialzarsi, gattona fino alla porta e la apre a fatica con la mano ancora integra, lasciandola socchiusa.

Thymós riprende il bicchiere e, a passo tranquillo, va a sedersi sul divano. Ora la sua posizione è meno rigida di prima, fa un cenno alla porta e beve un altro sorso di whiskey. «Avanti il prossimo stronzo.»

5

LUCE...

Gli Eroti erano un gruppo di divinità minori della mitologia greca strettamente legate ad Afrodite. Questi rappresentavano le varie sfumature e manifestazioni dell'amore, della passione e del desiderio. Ognuno aveva caratteristiche specifiche, che simboleggiano aspetti diversi dei legami tra gli esseri umani.

Aphrodite

PER quanto io fatichi a sopportare quei venticinque minuti nel privé, lo faccio perché amo ciò che viene dopo.

I drink buonissimi di Himeros che mi scivolano lungo la gola, riscaldandola fino a farla bruciare, e quell'angolino sulla pista da ballo tutto per me. La musica che mi avvolge, diventando l'unico suono su cui le mie orecchie si concentrano, e il mio corpo che si muove a ritmo senza il minimo sforzo.

Amo persino il sudore che dall'attaccatura del collo scivola lungo la colonna vertebrale in piccole gocce.

Amo la sensazione dei piedi che fanno male per quante ore sono stata in piedi a ballare e amo quando gli altri mi osservano. Non per vanità, ma perché quando le persone mi guardano ballare è raro che io lo faccia con malizia. In genere, non vedono le curve del mio corpo o le mie labbra tinte di rosso, vedono che sono brava in qualcosa.

Che sono più di un bel faccino che ammicca e ammalia.

Stanotte è diverso, però. Perché, tra tutti gli occhi che ho addosso, ce n'è un paio che mi impedisce di godermi completamente ciò che sto facendo.

Gli occhi di Thymós.

Se ne sta seduto a un tavolino a bordo pista, e mi fissa con insistenza.

O, almeno, controlla che nessuno mi dia problemi. La sua espressione infelice mi fa quasi tenerezza e mi ripaga di tutto il fastidio che mi ha causato nelle ultime ventiquattro ore.

Gli faccio un cenno per avvisarlo che mi sto allontanando e vado al bancone, dove Himeros mi nota subito. «Shot?»

«Vodka» confermo con un sorriso.

Mi allontano con il bicchierino in mano. Uno dei tanti vantaggi di essere la proprietaria è che tutti stanno attenti a me e a non darmi fastidio; perciò, nessun ubriaco mi sbatte contro rischiando di farmi rovesciare la vodka.

Scelgo un tavolino che è nella zona opposta rispetto a dove è fermo Thymós e mi siedo un attimo sul divanetto laterale. Prima che possa portare alle labbra il bicchiere, però, una mano grande e con le vene sporgenti mi urta e lo fa cadere.

Sollevo lo sguardo, nonostante non abbia alcun dubbio su chi sia il colpevole.

Thymós mi osserva con un sopracciglio inarcato. «Hai bevuto troppo.»

Imito la sua espressione, ma non riesco del tutto e aggrotto la fronte. Ci riprovo, concentrandomi al massimo sui muscoli della mia faccia, invano.

Thymós si avvicina, gli occhi scuri sono adombrati dalla preoccupazione. «Cosa succede? Stai avendo un aneurisma, Aphrodite?»

Il fatto che me lo chieda seriamente, senza capire che sto solo provando a inarcare un sopracciglio come fa lui, mi esaspera molto più di non riuscire nell'intento.

«Dio, no. Cercavo di... Ah, lascia stare. Chi ti ha dato il diritto di buttarmi lo shottino?»

«Vengo pagato per tenerti al sicuro. Il nostro nemico è un assassino che probabilmente ti vuole uccidere, ma non ci riuscirà mai se tu ti ammazzi prima finendo in coma etilico.»

Le luci rosate sul soffitto, poste alle mie spalle, continuano a colpire il suo viso a intermittenza. Ne resto quasi ipnotizzata, poi ricordo che devo concentrarmi.

«Stai esagerando. Non ho bevuto così tanto.»

Comincia a contare con le dita. «Uno shottino di vodka, uno di tequila, un bicchiere di champagne, un drink rosa che non ho ben identificato, altri due shottini di tequila e adesso stavi per bere il secondo di vodka.»

Rimango a bocca spalancata. Almeno non ha visto il rum e pera che ho preso di nascosto, nell'unico momento, evidentemente, in cui non mi guardava.

Risolleva il sopracciglio. «Senza contare lo shot che ti sei fatta credendo che io non fossi attento.»

Diamine.

«Ma come fai? A non perderti nemmeno un mio spostamento? A saper elencare pure i nomi delle cose che ho bevuto? Come puoi... Tu...» La mia lingua si attorciglia e le parole cominciano a ingarbugliarsi. Per la frustrazione, sbatto la mano sul tavolo. «Dio, sei irritante.»

«Faccio bene il mio lavoro.»

Devo ammettere che ha ragione. Ho bevuto troppo. Mi rendo conto solo ora che la musica è un rumore ovattato, comincio a essere troppo sensibile alle luci e le pareti attorno a me non sono più così stabili come dovrebbero.

Non è un buon segno. Comunque non posso capitolare di fronte a lui.

Deve ancora arrivare il giorno in cui permetterò a un uomo di avere ragione. Soprattutto se è Thymós, e se ha effettivamente ragione.

Lui si fa più vicino, i tratti del volto si addolciscono. Tutto ciò che riesco a guardare sono le sue labbra piene, color amarena, che si schiudono mentre pronuncia delle parole.

«Torniamo a casa, Aphrodite?»

«No.»

Sbuffa. «Lo sai che posso portartici di peso, vero?»

Mi sistemo meglio contro lo schienale del divanetto e sollevo entrambe le gambe, andando a poggiare i piedi sul tavolo. Tengo i bordi del vestito, in modo da non denudarmi pubblicamente.

Thymós fa saettare gli occhi sulle mie gambe per una frazione di secondo, e ritorna subito al mio viso.

«Non sono leggera.»

Il che è vero. Ho preso qualche chilo di troppo e si concentra soprattutto sulle cosce e sull'addome.

La mia guardia del corpo studia per qualche secondo la mia figura, senza preoccuparsi di nascondermelo. «Ce la posso fare a sollevarti, credimi.»

«Ho conosciuto un ragazzo» cambio argomento, sentendo già il calore concentrarsi sulle mie guance. «Prima, sulla pista da ballo. E non me ne andrò. Voglio stare con lui.»

«Peccato. Ti tocca stare con me, invece, e andartene.»

«No. Andrò a casa con lui, stanotte. A meno che fare sesso non rientri nella lunga lista di pericoli dai quali devi proteggermi. Vuoi seguirmi e stare in camera a guardare?»

Solo quando Thymós non risponde e il silenzio si prolunga, mi rendo davvero conto di quello che ho detto. È paralizzato, e così rimane per istanti interminabili. Dopodiché, tamburella le dita sul tavolo, vicinissime al mio polpaccio, e si sporge appena in avanti, verso di me.

Quando provo ad abbassare una gamba, intenzionata a mettermi seduta e poi in piedi, la mano di Thymós mi avvolge la caviglia e la rimette al suo posto. Non mi fa male, la sua presa è calda e le sue mani sono ruvide a contatto con la mia pelle. Però è una stretta forte, che non mi lascia la possibilità di fare un secondo tentativo.

«Mollami» ordino.

«Sei ubriaca. Torniamo a casa.»

Comincio a cercare il volto del ragazzo in mezzo alla pista da ballo. Era un biondino con gli occhi verdi, piuttosto alto. L'addome nudo e dipinto con colori fluorescenti dovrebbe facilitarmi il lavoro.

«Io voglio...»

«Aphrodite» mi richiama Thymós.

Lo ignoro e continuo la mia ricerca. C'è così tanta gente in questo locale che, se da una parte è lusinghiero che sia tra i più amati, dall'altra è parecchio scomodo.

«Aphrodite, occhi su di me.»

Lo liquido con un gesto.

È a quel punto che Thymós, con una sola mano, mi afferra entrambe le caviglie e mi sposta le gambe fino a farmi poggiare i piedi per terra. Quindi si avvicina al divanetto con lo sgabellino su cui è seduto.

Pochi centimetri ci separano, e il suo profumo di pulito mi stuzzica piacevolmente le narici. Mi arrendo e ricambio la sua occhiata.

«Hai visto? Non era difficile guardarmi negli occhi. Ora ascoltami attentamente.»

Per quanto le persone e gli oggetti attorno a me comincino a diventare sfocati e confusi, il suo viso è l'unica cosa nitida.

«Sei troppo ubriaca per avere un rapporto consenziente» spiega, la voce roca e profonda, piacevole come una carezza. «Motivo per cui torneremo a casa. Se hai qualche desiderio da soddisfare, temo che stanotte dovrai darti all'autoerotismo. Mi dispiace.»

Spalanco la bocca in una «O». A primo impatto, penso di aver sentito male. Stando alla sua reazione, mi convinco di no. Ho sentito benissimo, invece. E ringrazio la miscela di alcol per il rossore già presente sul mio viso.

Comincio a percepire vampate di caldo sempre più insistenti e intense, mentre restiamo occhi negli occhi, e la mano di Thymós continua a stringermi le caviglie.

Si allontana con uno scatto e si mette in piedi. «Coraggio. Andiamo.»

Prima di alzarmi, mi sporgo sotto il tavolo per controllare il bicchierino che è caduto a terra poco prima. Si è spaccato in due, e raccolgo i pezzi.

Quando mi risollevo, mi accorgo che il braccio di Thymós è vicinissimo a me. Abbasso lo sguardo. Sta coprendo lo spigolo del tavolo con la mano, prevenendo un eventuale colpo che avrei potuto prendere nel rialzarmi. Lo fa con disinteresse, però. Mentre tiene la mano contro l'angolo, studia l'ambiente circostante. La fronte aggrottata e il linguaggio corporeo comunicano con chiarezza che è sull'attenti.

Un ragazzo ci sta venendo incontro. Ci impiego un po' a mettere a fuoco il suo viso e capire che è lo stesso con cui speravo di passare la notte. Ancora prima che possa avvicinarmisi, Thymós gli si para davanti.

«E tu chi saresti?» domanda il mio bodyguard.

«Vorrei parlare con Aphrodite, in realtà, quindi se non ti dispiace...» replica l'altro, provando a mettergli una mano sul braccio, per scansarlo.

Thymós lo blocca a mezz'aria. «Sì, mi dispiace. Che tu pensi di potermi mettere le mani addosso, prima di tutto.»

«Thymós» lo rimprovero. «Lascialo stare. Vuole solo parlarmi, smettila.»

Mi sento come una padrona mentre tira il guinzaglio del cane che ringhia contro gli sconosciuti.

Thymós esita qualche secondo, per poi farsi da parte il minimo necessario per permettere allo sconosciuto di avvicinarsi. Adesso che non è lontano, posso vedere con precisione perché mi avesse conquistata così tanto, sulla pista da ballo, mezz'ora fa.

Come si chiamava? Xavier?

Xavier lancia rapide occhiate a Thymós, spostando lo sguardo da me alla mia guardia del corpo. «Allora...»

Sembra a disagio.

Picchietto sulla spalla di Thymós. «Ti dispiace allontanarti e lasciarci avere una conversazione privata?»

«Certo che no.»

Non mi illudo nemmeno per un secondo che abbia deciso di essere così benevolo nei nostri confronti. Infatti, Thymós si sposta e va a sedersi al tavolo, dove poggia il gomito, e usa la mano per reggersi la testa. Non ci stacca gli occhi di dosso. «Prego.»

«Ignoralo» mormoro a Xavier. «Mio padre lo paga tanto.»

Lui annuisce e le sue dita mi sfiorano le punte dei capelli, in un movimento rapido e timoroso. D'altronde, il mio cane da guardia non abbaia e basta. Morde parecchio forte.

«Volevo solo chiederti se avessi ancora voglia di andare via insieme, stanotte.»

Sì. Sì, e ancora sì. Ho bisogno di una distrazione. Ho bisogno di un corpo maschile, stanotte. Non ho un rapporto intimo con qualcuno da settimane, e sentire Athena ed Hermes portarsi in camera chiunque, la sera, non mi aiuta.

La grande verità che i più pudici e ipocriti non vogliono ammettere è che non c'è nulla di male nel sentire il bisogno di fare sesso. Vivere la propria sessualità e trarne piacere non è qualcosa di cui vergognarsi.

E io non ho problemi ad ammettere che stanotte ne ho bisogno.

Apro la bocca per dirgli di sì, ma una voce maschile mi precede. «E tu sei sicuro di avere voglia di andare via con Aphrodite?» domanda Thymós.

La risposta affermativa di Xavier gliela si legge in faccia anche senza che dica niente, ma quando la sua attenzione va oltre la mia figura, dritta su Thymós, strabuzza gli occhi e arretra di un passo.

Thymós ha aperto la giacca sportiva che indossa e sta mostrando a Xavier la pistola appesa a un gancio interno. Poi infila la mano dietro la schiena ed estrae una seconda arma. La fa roteare con noncuranza e la rimette a posto.

«Allora?» lo incalza. «Con chi vuoi andare via stanotte?»

Xavier comincia a balbettare parole confuse e prive di senso.

Indietreggia ancora, e sbatte contro un ballerino che stava passando alle sue spalle. Nel tentativo di chiedergli scusa, inciampa nei suoi stessi piedi e cade a terra.

Lo vedo rialzarsi a fatica e defilarsi a passo spedito.

«Buona serata!» gli augura Thymós ironicamente, sventolando la mano in segno di saluto.

Quando diventa un puntino indistinguibile tra la folla di corpi danzanti, mi abbandono a un lungo sospiro carico di frustrazione. La mia guardia del corpo allarga il braccio, indicandomi la strada per l'uscita. Io non mi muovo.

L'alcol mi toglie i pochi freni inibitori che ho di norma, e la rabbia mi scorre in corpo, incendiando ogni terminazione nervosa.

«Si può sapere che razza di problemi hai?» urlo, scattando verso di lui. Thymós non batte ciglio. «Perché hai dovuto rovinare tutto? Che bisogno c'era di intimidirlo in quel modo?»

Inarca un sopracciglio. «Se un uomo si fa intimidire da qualcuno che gli mostra un'arma, e scappa via come un codardo senza riuscire nemmeno a stare in piedi sulle sue gambe, allora forse ti ho fatto un favore.»

Boccheggio come una stupida e tento di formulare una risposta intelligente.

«E un uomo non fa sesso con te se sei ubriaca» aggiunge. «Devo anche farti da padre, ora?»

«Dovresti proteggermi da potenziali minacce, non da qualsiasi essere di sesso maschile che mi si approccia!»

«Opinabile» scandisce, piano. Ha ancora la mano tesa verso la porta del locale, in un invito a uscire. «Tu informa i ragazzi che vuoi portarti a letto per del sesso scadente che giro sempre con due pistole addosso.»

Mi prudono le mani, vorrei mettergliele attorno al collo e strangolarlo. Cosa che non posso fare, è evidente. Non mi resta che continuare a farlo impazzire fino a quando non sarà lui stesso a licenziarsi per esasperazione.

Punto i piedi per terra e incrocio le braccia al petto. «Io non me ne vado.»

Thymós alza gli occhi al cielo, come un padre davanti ai capricci della figlia. Afferra la pistola dalla tasca interna della giacca e se la sfila, poggiandola sul tavolo. Solleva il bordo della maglietta nera che indossa, scoprendo una porzione della pancia, e aggancia l'arma a una cinta che ha in vita.

Riafferra la giacca e me la porge. «Legatela sui fianchi, il più bassa possibile.»

Esito, confusa. «Perché?»

Stavamo litigando fino a cinque secondi fa, e adesso se ne esce con una richiesta del genere? Non ha senso. Quest'uomo non...

«Ti do dieci secondi prima che lo faccia io al tuo posto.»

Gli strappo l'indumento di mano e lo lego come mi ha chiesto. È così grande, rispetto a me, che mi copre fino all'inizio dei polpacci. «E ora?»

Thymós colma le distanze tra di noi. Con un unico, rapido movimento mi circonda le gambe e mi solleva da terra, caricandomi sulla sua spalla. «E ora andiamo via da questo posto, sacca di soldi ambulante.»

Sono così sconvolta dal suo gesto che non protesto. Lo lascio avanzare di qualche passo, in mezzo alla calca.

«Che diamine fai?»

Thymós spalanca le porte, e l'aria umida di giugno mi colpisce in viso. L'odore della salsedine mi stuzzica le narici, distraendomi per qualche secondo.

Adoro l'estate.

I clienti in fila, che aspettano ancora che si liberi qualche posto per entrare, mormorano tra di loro. Di sicuro non sto facendo una bella figura, appesa a un uomo alto venti metri che mi trascina via come un sacco di patate.

«Thymós!» sbraito, e lo tempesto di pugni sulla schiena. «Mettimi giù!»

L'improvvisa altezza e il movimento oscillatorio del suo corpo non aiutano l'alcol che ho bevuto a restare nello stomaco.

Gli do un altro pugno.

«Smettila di farmi il solletico, Aphrodite.»

Libero un ringhio esasperato, e per un secondo mi sembra di sentirlo ridacchiare. Impossibile. Non può esserne capace. Quest'uomo non ha mai imparato a ridere.

E mentre avanza per le stradine più nascoste dell'isola, lontane dallo sciame di clienti ricchi e curiosi, ubriachi o sotto effetto di droghe, arrivo a una conclusione.

«Aspetta... La giacca attorno alla vita» mormoro. Allungo il braccio per toccarla.

«Sì. Te l'ho fatta mettere perché il tuo vestito è corto, e prendendoti in questo modo avrei esposto a tutti il tuo fondoschiena. Così, posso assicurarti che non si vede nulla» conferma.

Lo spigolo del tavolo. E questo. Possibile che non ci sia un singolo dettaglio che gli sfugga? Possibile che sia così attento a tutto?

«Se ti metto giù prometti di fare da brava?»

«Sì.»

Le mani calde di Thymós si spostano sui miei fianchi, e con delicatezza mi fanno scivolare dalla sua spalla. I miei tacchi toccano il sentiero lastricato di pietre, finalmente.

Non sarà comodo camminarci fino alla villa, ma non ho alternative.

«Andiamo» rompo il silenzio. Faccio un passo incerto, e poi un secondo. A mano a mano che avanzo, capisco che il problema non sono i tacchi ma l'alcol. La strada su cui cammino si muove da sola. È come se fosse lei a spostarsi e non io.

«Non mi hai nemmeno lasciato salutare Eros» mi lamento.

«Chi è Eros?»

Sospiro. «Era con noi durante i giochi, ricordi?»

La consapevolezza si fa spazio sul suo viso, mista a un bagliore negli occhi che sa di divertimento. «Ah, il nanetto di Biancaneve. Strano tipo.»

Mi mordo le labbra con forza per non ridere dell'ennesimo nomignolo che gli ha dedicato, e cerco di tornare a un'espressione infastidita.

Lui cammina sempre dietro di me. Ne abbiamo già discusso questa mattina. Solo così può proteggermi da un pericolo che incombe alle mie spalle e, allo stesso tempo, vedere anche cosa può arrivare davanti.

«Capisco perché siete amici» continua. «Lui è Eolo e tu sei Brontolo. Dove avete lasciato gli altri cinque nani?»

Sforzo una risata carica di sarcasmo e svolto a sinistra, dove so che inizia una stradina secondaria che è anche una scorciatoia alla zona privata dell'isola. Prima arriviamo alla villa, prima mi libererò di Thymós.

«Sei tu Brontolo, non io» ribatto, a corto di repliche argute e cattive. «Non sorridi mai. Non ridi mai. Sei sempre incazzato e con la fronte aggrottata.»

«Il mio nome significa "ira", infatti. Direi che sono coerente.»

«Vorrei che lo fossi di meno» ammetto in un sussurro, convinta che non lo sentirà.

«Piuttosto, per quanto ancora fingerai di riuscire a camminare bene con quei tacchi?»

Neanche a farlo apposta, la caviglia destra si piega verso l'esterno e perdo l'equilibrio. Thymós tende subito le braccia per afferrarmi, ma io mi reggo al parapetto e mi ristabilizzo senza problemi.

«Di certo non mi metterò a camminare a piedi nudi.»

Thymós mi dedica un'occhiata furba. Si leva lo zainetto che aveva in spalla e di cui nemmeno mi ero accorta. Quando lo apre, estrae un paio di scarpe da ginnastica nere.

«Ma sono mie!» esclamo.

Me le poggia ai piedi con un gesto teatrale. «Mentre ti preparavi per la serata, ho avuto il piacere...» Aggrotta la fronte. «Piacere relativo, visto che era di nuovo mezzo nudo. Qualcuno dovrebbe dire al tuo gemello che non ha senso mettersi un accappatoio addosso se poi lo lascia completamente aperto.»

Se solo sapesse quante volte abbiamo provato a farglielo presente. Io, con le buone. Athena e Hades, con metodi più duri. Ad Apollo non è mai importato più di tanto.

«Comunque» riprende Thymós «ho parlato un po' con Hermes. Mi ha raccomandato di portarmi dietro un paio di scarpe da ginnastica per te, perché a fine serata sei sempre un po' brilla e i tacchi che tanto ami indossare ti rendono il rientro a casa difficile.»

Un sorriso di pura gioia mi si dipinge in viso. Thymós rimane a fissarlo, non lo nasconde.

Mi appoggio al parapetto alle mie spalle e slaccio il cinturino dei tacchi tempestati di Swarovski, abbinati al vestitino, per infilarmi le Converse. Thymós recupera i sandaletti e li mette nello zaino.

Non ho voglia di sentire i suoi rimproveri su come lasciare le scarpe slacciate potrebbe farmi inciampare e spaccare il cranio per terra. Ipotesi piuttosto irrealistica, visto che quest'uomo ha i riflessi di un supereroe geneticamente modificato in laboratorio.

Riprendiamo il rientro verso casa senza aggiungere altro.

«Ti ho guardata anche mentre lavoravi» rompe il silenzio in un sussurro. «Solo nelle pause tra l'arrivo di un cliente e l'altro» precisa. «Dentro il privè sembri la persona più infelice del mondo. Sulla pista, mentre balli con i tuoi dipendenti, sembri la persona più felice del mondo.»

Mi stringo nelle spalle, ancora a corto di parole. Non mi piace l'idea che anche Thymós mi giudichi incapace di difendermi, ma non posso farci molto.

«Ti sbagli. Ero solo annoiata.»

«Crono ti costringe a farlo?»

«Non sono affari tuoi» lo rimetto al suo posto, tentando di essere educata ma anche perentoria.

«D'accordo.»

I restanti cinque minuti di camminata trascorrono accompagnati solo dai suoni dell'isola. La musica che proviene dai vari locali, il vociare dei clienti che si spostano per fare più tappe e tentare la sorte in luoghi diversi, il rumore del mare che ci circonda e il frinire dei grilli.

Accediamo dalle scalette che portano al terrazzo delle camere, per non correre il rischio di incontrare i miei genitori. Dovrebbero essere in giro per l'isola anche loro, visto che ogni tanto Crono e Rea si intrufolano nei locali e assistono ai giochi per verificare che tutto vada secondo i programmi.

Ancora prima che possa aprire la portafinestra della mia camera, Thymós mi ferma. «Entro prima io e controllo che sia tutto a posto.»

Sparisce all'interno, lasciandomi sulla soglia. Accende solo la luce dell'abat-jour posta sul comodino. La stanchezza comincia a farsi sentire e le palpebre quasi mi si chiudono da sole. Devo lottare per non addormentarmi in piedi, affaticata dall'alcol e da quanto ho ballato.

«Thymós?» lo chiamo, dopo un po'.

Non ricevo risposta. E, invece che perdere altro tempo, entro pure io. Thymós è fermo in un angolo della stanza che da fuori non mi era visibile. L'espressione che ha in viso, per una volta, non è indecifrabile. Resta comunque il cipiglio arrabbiato, ma scorgo anche qualcosa di nuovo.

Preoccupazione? No. Orrore? Sì, è orrore.

Mi affianco a lui e seguo la direzione del suo sguardo. Se lui ha provato un'emozione simile, ciò che avviene dentro di me si amplifica fino a farmi venire voglia di vomitare.

In fila, sul mio letto, sono sistemate nove bambole. Sono tutte identiche, con capelli biondi e occhi azzurri, e indossano lo stesso vestito bianco e semplice, impreziosito da una cinta in oro sulla vita. Le labbra dipinte sul viso sono piegate in un sorriso sinistro.

Non sono delle bambole belle. Sono quel tipo di bambole che vedi nei film horror.

La parte peggiore è un'altra. Le prime tre, partendo da sinistra, hanno qualcosa in grembo.

«Sono...» Non riesco a completare la frase.

«Tre facce umane» conclude Thymós.

Si tradisce per un secondo, mostrando un'espressione disgustata, ma poi si ricompone con rapidità, forse per non spaventarmi ulteriormente.

Tre sono le ragazze morte. Tre bambole hanno tre facce umane in grembo. Ne mancano sei. Per un totale di nove omicidi. Nove, come le lettere che compongono il mio nome.

Forse la mia famiglia non stava parlando a vanvera, l'altra sera.

«Ascoltami bene, Aphrodite» mormora Thymós nella semioscurità. «Adesso scendiamo giù e tu ti prepari una camomilla. Ti lascio momentaneamente con un altro addetto alla sicurezza.»

«E tu cosa fai?»

Thymós non mi guarda, tiene gli occhi oltre la mia figura, la mascella serrata e il pomo d'Adamo che si abbassa vistosamente. «Vado a prendere a calci in culo chi ha permesso che qui entrasse uno sconosciuto.»

6

...E BUIO

Le Moire (in greco antico «Μοῖραι», «Moìrai», «le Parti» o «le Destinazioni») erano tre sorelle che avevano il compito di controllare il destino di tutti, mortali e immortali, tessendo, misurando e tagliando il filo della vita di ogni individuo. La loro autorità era considerata assoluta e superiore persino a quella degli dèi.
Cloto era colei che tesseva il filo della vita, dando inizio all'esistenza di ogni individuo. Lachesi si occupava di misurare il filo, determinando la lunghezza del destino di ciascuno. Atropo, la più implacabile delle tre, era responsabile di tagliarlo con le sue forbici, segnando la fine dell'esistenza. Il suo nome significa «inevitabile», «immutabile».

Thymós

I Lively hanno sempre avuto la loro fama, in Grecia, ma non pensavo che fossero ancora più strani di quanto li dipingessero i pettegolezzi.

E soprattutto, quando ho conosciuto i cinque fratelli, non mi aspettavo che proprio Aphrodite fosse quella più difficile da gestire, e che mi avrebbe portato sull'orlo di un esaurimento nervoso.

Pagano bene. Sono soldi in più, tanti soldi in più, facilissimi.

Beh, in realtà sono soldi facili ma anche divertenti. Quasi, ecco. Per quanto mi mandi al manicomio, devo ammettere che pensavo sarebbe stato molto peggio. Aphrodite è... qualcosa di davvero fuori dal comune.

Per non parlare del suo gemello nudista. Credo di aver visto più il suo cazzo che il mio.

Athena è la classica dura che non dà confidenza a nessuno, e mi sta pure bene. Non sono qui per sedermi in spiaggia con loro e chiacchierare del più e del meno.

Hades è silenzioso e discreto, però sempre pronto a intervenire.

Apollo invece mi dà un po' i brividi. Lui è un altro tipo di persona silenziosa e discreta, è più quello taciturno che non sai mai se sta semplicemente tra le sue o se sta progettando un omicidio di massa.

In ogni caso, sono dettagli a cui non devo prestare troppa attenzione. Sono qui per altri motivi ed è obbligatorio che li tenga ben fissi a mente.

«È proprio necessario?» chiedo ad Aphrodite, dopo dieci minuti di camminata.

Lei avanza davanti a me, ogni suo passo è così aggraziato che sembra stia ballando. «Lo hai chiesto tu!»

«Io ti ho chiesto di avere una mappa dell'intera isola, con i punti fondamentali e le sale gioco ben tracciate, con magari qualche indicazione su stradine segrete e scorciatoie. Non volevo un giro turistico a piedi.»

Lei si volta di tre quarti, scoccandomi un sorrisetto strafottente. «Dal vivo è più bello. Levati quel broncio e sta' zitto.»

Sto per ribattere, ma poi ci ripenso e desisto.

È un pomeriggio particolarmente afoso, e questo rende il nostro tour più fastidioso del necessario. Il sole batte forte sulle nostre teste, anche se ci dà tregua quando scivoliamo all'ombra degli svariati alberi piantati per le stradine dell'Olimpo.

Non ci sono tante persone in giro, e Aphrodite mi spiega il motivo: i turisti, cioè i ricconi provenienti da tutte le parti del mondo, arrivano all'orario di apertura vero e proprio. Alle 9 e mezzo di sera le insegne delle sale gioco si illuminano e i dipendenti si fanno trovare pronti per accogliere i multimilionari che vogliono sfidare la sorte e l'impero di Crono Lively.

Aphrodite mi precede, non mi permette mai di superarla, ormai calata completamente nel ruolo di guida turistica.

Apprendo, prima di tutto, che ci sono tredici edifici su quest'isola. Uno per ogni dio dell'Olimpo. Tre di questi sono a forma sferica, altri tre a forma piramidale e i restanti sono tutti rettangolari.

Il primo a forma piramidale è la sala di Athena. L'insegna verde smeraldo, brillante, recita il nome *Parthenon*. Attorno alle lettere si aggrovigliano quelli che sono gambi di olivo, dorati e brillanti.

Aphrodite mi spiega che prende il nome dal Partenone di Atene, una struttura che la città aveva dedicato alla dea, sua protettrice tanto ammirata. L'olivo, invece, è lì presente perché è uno dei suoi simboli insieme alla civetta, lo scudo, l'elmo e la lancia.

Tutti oggetti molto pacifici.

Non entriamo nel locale solo perché i dipendenti si staranno affaccendando per sistemare tutto e Aphrodite sostiene che devono lavorare in pace, senza che noi li disturbiamo. Però mi racconta che è abbastanza simile alla sua sala, a parte il colore che predomina: il verde scuro. Così vale anche per gli altri edifici. Ci sono sempre i tavolini a cui sedersi, il bancone per ordinare i drink, una pista da ballo e una sala privata in cui ogni proprietario tiene i suoi giochi.

Da lì, arriviamo a un edificio rettangolare: la sala di Apollo. Il nome è Delphi.

«Situata alle pendici del monte Parnaso, Delfi era considerata il centro del mondo secondo il mito greco. Era celebre per il suo oracolo, il più venerato della Grecia antica, e per le profezie di Apollo che la sacerdotessa Pizia pronunciava. L'intero santuario era un luogo sacro, adornato da tesori, statue e altari, e includeva il famoso tempio di Apollo, dove il dio era adorato» racconta Aphrodite, con la testolina biondissima rivolta verso l'insegna.

La sala gioco di Apollo ha come colore predominante il bianco caldo. Nell'insegna al neon c'è anche un disegno che raffigura un arco con una freccia, due dei simboli del dio, a detta della mia guida turistica.

Aphrodite mi promette che un giorno mi porterà anche dentro, perché secondo il suo parere la sala di Apollo è la più bella di tutte. L'arredamento è elegante, nei toni del bianco panna, con tante luminescenze che rendono l'interno un luogo calmo e sereno.

L'edificio di Hades è il terzo che incontriamo, procedendo per la nostra strada. The Underworld, «il regno dei morti». Dalla forma piramidale anch'esso, il colore che lo domina è il rosso. Nonostante non sia ancora orario lavorativo, arriva fino a noi il rumore della musica che pompa al suo interno.

«Sai che Hades ha due dipendenti che si chiamano Cerbero e Caronte?»

Inarco un sopracciglio.

Lei ride della mia espressione. «Giuro! Non ci credi?»

«Ci credo eccome, Aphrodite» la rassicuro. «Più sono strane le cose che mi racconti, più le trovo plausibili. Siete una famiglia...»

«Affascinante» conclude, senza darmi l'occasione di aggiungere altro.

La sala di Hermes è un tripudio d'oro, glitter e luci. *The Lust*, recita l'insegna, con un sandaletto alato accanto. La lussuria. Non conosco bene quel ragazzo, eppure potrei scommettere che è un nome parecchio azzeccato per la sua personalità.

È il locale più in voga, quando si tratta di divertimento. Così racconta Aphrodite, la gemella. Ed è anche l'unico locale che ha la pista da ballo più grande di tutti, occupa quasi l'intero perimetro. Ci sono, di contro, pochissimi tavoli e il bancone dei drink è nelle sale interne. Hermes voleva la cosa più simile a una discoteca che gli riuscisse.

L'edificio ha forma sferica ed è circondato da alberelli artificiali, con foglie dorate. Un sentiero luminoso conduce alla porta d'ingresso, spalancata, da cui un ragazzo a torso nudo, con un elmetto alato in testa, esce di corsa, tenendo una cassa di birre sottobraccio.

«Wow» mi scappa. «Sono molto dediti al loro lavoro. Sembra quasi di stare a Disneyland.»

Aphrodite alza gli occhi al cielo ma non mi perdo il sorrisetto che le incurva le labbra carnose.

Prendendosi tutta la confidenza del mondo, mi afferra per l'avambraccio e mi tira in avanti, spronandomi a riprendere il nostro tour. I miei occhi restano fermi sul punto in cui i nostri corpi sono in contatto, fino a quando un nuovo edificio non cattura la mia attenzione.

«Ora cominciamo con i locali che non hanno proprietario» annuncia Aphrodite. «In caso non lo sapessi, generalmente vengono contati dodici dèi che risiedono sull'Olimpo: Zeus, Era, Poseidone, Demetra, Atena, Apollo, Artemide, Afrodite, Efesto, Ares, Dioniso ed Ermes. A volte, Dioniso è sostituito da Estia. Il tredicesimo sarebbe Ade, che molto spesso non viene contato perché la sua dimora sta negli Inferi, dove vive insieme alla sua sposa. La nostra famiglia, però, ha deciso di includerlo.»

Osservo la struttura rettangolare, con l'insegna bronzea: The Throne, «il trono». Nonostante la mia poca conoscenza, ipotizzo che faccia riferimento al sovrano degli dèi. Quindi... Zeus?

«Queste sale aprono ogni notte, ma sono quelle meno trafficate. In genere, qui ci va chi vuole solo divertirsi senza scommettere soldi. Non avendo un dio corrispondente che faccia i suoi giochi e li gestisca, rimangono dei luoghi in cui semplicemente bere e ballare. Mio padre sta cercando di radunarci tutti per completare il suo impero, ma non è semplice.»

Vorrei chiederle di più, però ho paura di essere troppo indiscreto. Non è ancora il momento.

La sala gioco di Ares si chiama Chaos. Anche questa è verde come quella di Athena, seppur di una sfumatura acida, sgargiante, quasi fastidiosa alla vista. Non a caso, scopro che i due rappresentavano gli aspetti opposti della guerra: per Atena la strategia, per Ares la violenza e il sangue.

La sala di Poseidone, rettangolare, è di un intenso blu brillante e si chiama The Tide, «la marea». Aphrodite mi fa sbirciare all'interno, di sfuggita, solo per indicarmi le pareti che non sono semplici muri in cemento, ma dei veri e propri acquari con pesciolini e coralli. Al centro della pista da ballo, invece, si erge un enorme tridente dorato che sfiora quasi il soffitto.

Continuo a non capire se tutte queste cose siano affascinanti o preoccupanti.

Il Royalty è la sala di Era, moglie di Zeus e figura regale all'interno della gerarchia degli Olimpi. Dominata dai toni dell'arancio, caldi e luminosi, ha forma sferica e il giardino tutt'intorno è curato e in fiore.

Concludiamo con gli edifici un po' più lontani, che mi danno anche l'impressione di essere abbandonati e poco trafficati, rispetto agli altri. Quelli di Demetra, Artemide, Efesto e Dioniso. L'Earthly, che simboleggia il rapporto con la terra e la fertilità di Demetra. Il The Archer, «l'arciere», di Artemide, per la quale arco e frecce simboleggiano la devozione alla caccia. Il Sacred Fire di Efesto, avvolto da finte lingue di fuoco brillanti. E, per concludere, l'Euphoria, la sala del dio noto per partecipare a feste folli, dove l'alcol, il vino, la sregolatezza e l'estasi erano all'ordine del giorno.

«Dioniso era quello del vino, giusto?»

Lei sorride teneramente. «Esatto.»

Ancora fermi davanti al suo locale, sto cercando di immagazzinare tutte le informazioni che mi ha dato. Sono colpito da quante cose conosce, dalle nozioni che mi ha dato, senza mai tentennare o avere dubbi. È stata un'ottima maestra e, anche se non glielo dirò mai, ho trovato questo giro più interessante di quanto avevo immaginato.

«Vostro padre vi ha istruiti su tutta la mitologia greca? Sapete tutti ogni cosa?»

«Crono ci vuole istruiti in generale. Vuole che abbiamo una conoscenza abbastanza ampia in diversi ambiti, ma è chiaro che fin da piccoli ci ha cresciuti nutrendoci di mitologia greca, dèi, semidèi, miti e storie fantastiche.»

La studio per qualche istante. «Ti piacciono?»

Sorride. «Onestamente? Sì. Nonostante ciò, la vita che facciamo è parecchio strana.»

«Parecchio strana» è un eufemismo.

L'ultima parte del tour riguarda le scorciatoie e i passaggi nascosti dell'isola. Aphrodite mi mostra tutti i sentieri secondari e segreti che possono permettermi di raggiungere il suo locale, in caso di pericolo o necessità, e io me li appunto mentalmente con estrema attenzione.

A fine giro, sono passate quasi due ore e io grondo di sudore. Nonostante ciò, non sento più il caldo. Non perché le temperature siano scese, ma perché essere sommerso da tutte queste informazioni mi ha distratto dal resto.

«Che c'è, bodyguard, sei stanco?» mi sfotte, le mani sui fianchi prorompenti.

Due occhi azzurri come il mare mi inchiodano sul posto. Il suo viso è accaldato, le gote sono rosse e i capelli lunghissimi le ricadono in boccoli morbidi e lucenti, facendola sembrare davvero una creatura divina. Una gocciolina di sudore le sta correndo lungo il petto, andando a nascondersi lungo la scollatura vertiginosa del vestitino che indossa.

«Thymós?» mi richiama.

Sussulto.

Merda.

Si è accorta che la stavo osservando con troppo interesse?

«Tutto a posto» mi affretto a dire. «Dove andiamo, ora?»

Un sorriso sornione le illumina il volto bellissimo, e io so già che non mi piacerà la sua risposta. «In spiaggia, serata in famiglia!»

Sospiro per la ventesima volta nell'arco di pochissimi minuti.

Siamo qui in spiaggia da mezz'ora al massimo, e io vorrei già andarmene.

Rafforzo la presa delle mani attorno al bordo della sdraio su cui è seduta Aphrodite. I suoi capelli sono a pochissimi centimetri dalle mie dita, e il mio cervello sta tentando in ogni modo di sabotarmi, spingendomi ad azzerare le distanze per toccarglieli.

Mi abbasso appena, solo per prendere una boccata del profumo dolcissimo che sprigiona dalle ciocche dorate.

«Herm, l'ultima cosa di cui ho voglia in questo momento è giocare» protesta Aphrodite, per l'ennesima volta.

«Disse mai nessun Lively» replica Eros, intento a sistemare il miscuglio di erba e tabacco sulla cartina bianca.

Hermes, disteso sulla sabbia con un paio di bermuda giallo fluo, abbassa gli occhiali da sole fino alla punta del naso e guarda storto sua sorella. «Purtroppo, a noi non interessa di cosa hai voglia tu. Ciò che conta è quello di cui hai bisogno.»

Per tutta risposta, lei sbuffa e si sistema meglio sulla sdraio. Il movimento fa incontrare la sua nuca con le mie nocche. Si irrigidisce a vista d'occhio, e il mio corpo reagisce nello stesso modo.

È quasi l'ora del tramonto. E, sulla spiaggia privata dei Lively, il sole si avvicina timidamente alla superficie dell'acqua, pronto a nascondersi e permetterle di regalarle i colori della sera. Fa ancora caldo e l'umidità mi rende la pelle appiccicosa.

La spiaggia è sorvegliata da trenta uomini della sicurezza; alcuni pattugliano, altri stanno immobili, all'entrata, sul chi va là. Indossano tutti completi eleganti, forse per fare una bella impressione su Crono, o forse perché sono dei coglioni masochisti a cui piace morire di caldo.

Io sono un caso a parte.

Al contrario dei miei colleghi, ho la solita divisa, una t-shirt nera e i pantaloni cargo. Io non faccio giri di controllo, non mi sposto dal fianco di Aphrodite.

Torreggio su di lei, e non mi perdo neanche il minimo movimento. È da quando siamo arrivati che sembra... a disagio. Continua a guardarsi attorno, come se potesse piombare su di lei un pericolo improvviso.

Vorrei dirle che è impossibile. Non se ci sono io, qui. Ucciderò chiunque proverà anche solo a pronunciare il suo nome nel tono sbagliato.

«C'è qualche problema?» le sussurro, chinandomi su di lei e raggiungendo il suo orecchio. «Vuoi andartene?»

Si scosta appena e si volta, i suoi occhi si fermano sulla mia bocca, rendendomi difficile anche solo deglutire.

«No, no, voglio restare...»

«Ma?»

Lancia un'occhiata al nanetto e a Hermes, che chiudono la canna. «Le estati qui, sull'Olimpo, sono sempre state l'unica cosa positiva dell'essere entrati a far parte di questa famiglia di psicopatici. La musica, le feste fino all'alba, le colazioni in terrazzo e i bagni la mattina. Il costante odore di salsedine sulla pelle dorata, già abbronzata dopo tre giorni di permanenza. I giochi di notte, gli incontri casuali, i flirt estivi, le nuove esperienze e le bottiglie di birra passate di mano in mano davanti a un falò. Le risate che riecheggiano per tutta la spiaggia, i baci segreti di cui il mare è testimone.» Fa una pausa, e la sua aria sognante si tramuta in una maschera di preoccupazione. «Sregolatezza. Lussuria. Divertimento. E, soprattutto, il legame che unisce me e i miei fratelli. L'estate sull'Olimpo non accetta freni inibitori o esitazione.»

«Capisco. Allora perché non continui a godertela?»

Serra le piccole mani in due pugni. «Non posso. Adesso c'è qualcuno che uccide i miei dipendenti e, molto probabilmente, vuole far fuori pure me. Come potrei mai abbassare la guardia e divertirmi?»

«Concentrarsi su un problema non ti aiuterà a risolverlo» decreta Eros. Le sue dita arrotolano la cartina lunga con movimenti precisi. Mi fissa. «Aspetta, tu non sei uno sbirro, vero? Non mi denunci per questa?»

Alzo gli occhi al cielo. «Fumati la tua erba, Eolo, e stai sereno.»

Aphrodite si concentra sulla prima frase, invece. «Concentrarsi su un problema ti aiuta a risolverlo, invece. Perché ti dà modo di pensare a una soluzione.»

Eros ci riflette un attimo mentre tasta alla cieca l'asciugamano, alla ricerca dell'accendino.

«Okay, fammi riformulare la frase. Fissarti su un problema non lo farà scomparire. Darti l'occasione di distrarti, però, ti fa stare meglio. Qualsiasi cosa tu scelga di fare, il problema resta sempre lì, no? Allora perché non approfittarne?»

Una risatina infelice scivola dalle labbra rosee di Aphrodite.

In lontananza giunge una voce femminile, che mi è quasi familiare. Quando mi volto, individuo la figura di Athena, che cammina sulla sabbia con un bikini verde smeraldo addosso. Le lunghe gambe pallide si muovono come se stesse sfilando su una passerella, e i capelli castani svolazzano appena in balia del vento leggero.

Accanto a lei c'è una ragazza poco più bassa, con i capelli biondi acconciati in morbide onde e un bikini bianco. Quando Athena le sussurra qualcosa all'orecchio, capisco all'istante che è la conquista della giornata.

A qualche metro di distanza seguono Apollo e Hades. Nessuno dei due sembra particolarmente entusiasta di questo ritrovo.

Hades si sistema accanto alla sdraio di Aphrodite. Ha un cappello da pescatore che gli copre i capelli neri e il fisico muscoloso è messo in vista grazie al costume.

«Ehi, Terminator, vuoi giocare con noi?» esclama Herm, mettendosi seduto.

Ha sabbia appiccicata ovunque, e strisce biancastre di crema solare in svariate zone del corpo.

Grugnisco come un animale, sperando che gli basti come risposta.

Hermes serra le labbra in una linea retta. «Okay, facciamo la prossima volta. Immagino che tu debba tenerti pronto a prendere a pugni qualche onda del mare, in caso si avvicinasse con fare minaccioso ad Aphrodite.»

Assottiglio gli occhi e mi protendo in avanti, tanto che il mio mento sfiora la nuca di Aphrodite.

Hermes alza le mani in aria e le agita alla rinfusa.

«La smetto, la smetto, okay, lo giuro. Calmo, Rocky.»

Trattengo con molta difficoltà una risata. Questo ragazzo è tanto fastidioso quanto divertente.

Eros richiama la nostra attenzione, con la canna che gli pende dalle labbra. «Iniziamo a giocare, coraggio!»

Poi fa un cenno a qualcuno che si sta avvicinando al nostro gruppo.

Due ragazzi, presumo amici di Eros, avanzano a passo svelto e con grandi sorrisi in volto; il primo è asiatico, i capelli sono una macchia d'inchiostro e gli occhi a mandorla neri. L'altro ha la pelle scura e i capelli rasati, e il suo sguardo è puntato su Aphrodite mentre avanza sulla sabbia. Le sorride, ammiccante, e non smette di farlo fino a quando non prende posto.

Che cazzo pensa di ottenere, questo, da lei?

Non. Sotto. I. Miei. Occhi.

D'improvviso, mentre tutti sono concentrati sullo scegliere il gioco da fare, mi chino di nuovo su Aphrodite. Resisto all'impulso di scostarle i capelli per scoprire l'orecchio e le offro nuovamente una via d'uscita: «Vuoi andartene?»

«Perché me lo chiedi?»

«Sei sempre più rigida e a disagio. Il tuo linguaggio corporeo parla chiaro.»

Si sistema, cercando di sciogliere i muscoli e mostrarsi serena. «Resterò ancora un po'. In ogni caso, alle 10 devo andare al locale per lavorare.»

«Non mi sembra il caso che lavori dopo quello che è successo l'altra notte.»

«Prova a spiegarlo a Crono Lively, poi fammi sapere quanto è stato inconcludente avere una conversazione con lui.»

Tamburello le dita contro il tessuto morbido della sdraio, e i miei occhi non mollano la presa dai suoi, come se fossero vittima di un sortilegio a cui non posso resistere.

Stanno tutti ridendo per qualcosa che ci siamo persi. Eros agita il braccio, nella sua mano una bottiglia di birra ha preso il posto della canna che stava fumando. «Possiamo iniziare con i... Oh, Athena!» si lagna.

Lei è già seduta a cavalcioni sulla ragazza bionda con cui è arrivata. Le stringe il viso tra le mani e la bacia con trasporto, come se noi non esistessimo.

«Chi è?» domanda Aphrodite in un sussurro ad Hades.

«Hebe. Lavora al locale di Zeus.»

La mia sacca di soldi ambulante incrocia subito i mille dubbi che ho stampati in faccia e sorride.

«Ebe è la dea che incarna la giovinezza, figlia di Zeus ed Era. Uno dei pochi figli che il dio ha avuto con la sua vera moglie. Come ti ho detto prima, molte sale non hanno i loro proprietari. In attesa di ritrovarli, le redini sono affidate a divinità minori, pur sempre riconducibili a loro. Come nel caso di Hebe.»

Athena ed Hebe sono ancora avvinghiate, e si sussurrano parole incomprensibili all'orecchio.

Hermes scatta in piedi e si scrolla di dosso tutta la sabbia che riesce; le sue attenzioni sono rivolte al ragazzo dai capelli corvini, che sembra ricambiarle. A metà strada per raggiungerlo, si blocca. Allunga il collo verso un punto lontano, e la sua espressione si rabbuia, preannunciando una catastrofe.

«Oh, no. E loro cosa vogliono?»

Il suo tono nervoso è il segnale decisivo.

Mi volto all'istante, già pronto a tirare fuori la pistola dalla fondina. Tre ragazze, gemelle, camminano mano nella mano. Sono vestite allo stesso modo, con delle tuniche rosse satinate, che scendono fino alle caviglie e lasciano intravedere i piedi scalzi. Parlottano tra di loro e ridono in modo sguaiato, come se si stessero prendendo gioco di noi.

«E quelle chi sono?» indago.

«Sono le Moire» mi risponde Apollo.

Come, prego?

Ah, sì, dev'essere l'ennesima buffonata di questo posto. Grandioso.

Mi manca solo che sbuchi un cane a tre teste e una donna con dei serpenti al posto dei capelli.

L'aria si è fatta tesa d'improvviso. Sembra che nessuno dei presenti straveda per le tre gemelle.

«Moire?» ripeto, cercando spiegazioni dal mio libro personale di cultura greca.

«In mitologia, sono le tessitrici del destino umano» inizia Aphrodite.

«La prima a sinistra, dai capelli biondi, è Clotho. Il suo nome greco significa "io filo". Rappresenta colei che inizia a filare, dunque stabilisce la nascita dell'individuo» continua Apollo, senza staccar loro gli occhi di dosso.

Hades interviene: «Quella al centro con i capelli castani è Lachesis. Lei, secondo il mito, stendeva il filo, metaforicamente parlando; il suo compito era di assegnare le sorti della vita dell'individuo. Una vita breve o lunga, felice o misera, gloriosa o avvilente...»

Ho un brivido quando incrocio lo sguardo glaciale dell'ultima a destra.

«Atropos» conclude Aphrodite. «Al suo corrispettivo mitologico spettava il compito di tagliare e recidere il filo che Cloto aveva iniziato a tessere, e che Lachesi continuava ad allungare. La giustiziera inesorabile e incorrompibile. Colei che determinava la morte della persona.»

Si volta verso di me, e mi fa cenno di avvicinarsi per confidarmi qualcosa a bassa voce.

«Crono ha impiegato anni a trovarle, ed è convinto che siano delle sensitive, capaci di vedere cose che a noi sono celate. In particolar modo, pensa sul serio che Atropos riesca a presagire la morte delle persone. Il problema maggiore, in tutta questa storia, è che effettivamente non si è mai sbagliata. Le tre vagano per l'isola, senza sosta, soprattutto di notte. I clienti pagano tantissimi soldi nella speranza di ricevere qualche premonizione. Come se fossero degli oracoli. La maggior parte delle volte, però, le Moire si prendono gioco di loro e sono interessate solo a svuotare le tasche di qualche credulone.» L'astio nella sua voce è forte e chiaro. «Crono ha un occhio di riguardo per le tre, motivo per cui ha dato loro anche un alloggio in una zona privata dell'Olimpo.»

«Buonasera» salutano in coro.

«E voi cosa volete?» le aggredisce Hermes.

Athena interviene afferrandolo per il polso. Lo trascina giù, accanto a lei, sull'asciugamano. Hebe si sposta per fargli spazio, visibilmente a disagio.

«Chi non le odia, le teme. Perché chi non crede ai loro poteri è convinto che le loro predizioni di morte si compiano perché sono loro stesse a uccidere le persone a cui le fanno» continua Aphrodite, in un sussurro che credo di percepire solo io.

Solo ora che sono abbastanza vicine mi accorgo di un dettaglio che mi era sfuggito. Dall'indice di Clotho parte un filo azzurro, che si stende fino a intrecciarsi attorno al polso di Lachesis e termina da Atropos, che se lo rigira tra le mani con aria dubbiosa.

«La morte giungerà» sussurra quest'ultima.

«Qualcuno le interni, queste pazze di merd...» sibila Hermes.

Atropos fissa gli occhi su Aphrodite. Quello sguardo glaciale e maligno mi fa rizzare i peli delle braccia, contro ogni previsione.

«La morte giungerà» ripete la ragazza «ma per mano di una delle persone che più ami al mondo.»

Con un gesto secco, recide il filo azzurro, e decreta così la fine della vita di Aphrodite.

7

SOLE...

La mela è il frutto sacro ad Afrodite per antonomasia, in quanto richiama il pomo d'oro che ha dato inizio alla guerra di Troia. Tuttavia, lo è anche la melagrana, simbolo, tra le altre cose, di fertilità femminile: secondo il mito sarebbe stata la dea a piantarlo per prima a Cipro.

Aphrodite

QUANDO scendo in cucina, con già addosso il bikini e un prendisole, mi si presenta davanti una scena parecchio buffa.

Tutti i miei fratelli sono radunati attorno all'isola, e parlottano a bassa voce come se si stessero confidando segreti di Stato. Non appena mi vedono entrare, ammutoliscono.

Thymós, invece, è poggiato contro la ringhiera, in balcone, e ha una mela in mano. Nell'esatto momento in cui i suoi denti affondano nella polpa del frutto, i suoi occhi incrociano i miei.

Mi fa un cenno col capo e capisco che quello è il suo «buongiorno».

«Cosa succede?» indago.

«Parliamo della predizione delle Moire» risponde Hermes. «Ricordi, no? Hanno detto che morir...»

Thymós arriva senza fare rumore. Compare alle mie spalle e poggia la sua mano grande e calda su di me, costringendomi a voltarmi. Mi dà una spinta delicata verso la portafinestra, e in pochi istanti mi ritrovo all'aperto.

Qui c'è già la mia colazione pronta. Sposta una sedia, in un invito a prendere posto.

«Cosa fai?» gli chiedo.

«Ti piace fare colazione seduta qui fuori, da sola, con il tuo cappuccino e le fette di pane, e un libro in mano» elenca, come se non conoscessi le mie abitudini. «La parte meno stancante del mio lavoro con te è stare qui, la mattina, a guardarti leggere, con le portefinestre chiuse che bloccano il rumore delle voci di questi pazzi dei tuoi fratelli. Quindi, ti prego, non roviniamo la tradizione. Siediti e ignora i loro discorsi.»

Athena lo sente e si alza in piedi. «Ma chi ti credi di essere? Stiamo cercando una soluzione per aiutare nostra sorella, perché, al contrario tuo che la proteggi solo per prenderti i soldi di Crono, noi la amiamo!»

Thymós non batte ciglio. Resta in piedi, e si mette a braccia conserte. «La sto proteggendo, infatti. Da tutte le paranoie che potreste metterle in testa. Se credete alle predizioni di tre tipe con delle tende addosso che tengono un filo di lana in mano... siete più svitati di loro.»

Hades interviene: «Ha ragione, Athena».

Lei libera una risatina sprezzante e non aggiunge altro.

Quando mi accomodo sulla sedia, Thymós la spinge in avanti per aiutarmi e io mormoro un ringraziamento. Senza che gli dia istruzioni, si avvicina a una pila di cinque libri adagiati sopra un altro tavolino e tira fuori quello che stavo leggendo in questi giorni. Non pensavo che se lo ricordasse.

Me lo posiziona davanti e prende posto insieme a me, con la sua mela mangiata a metà.

Ora i miei fratelli guardano me, io guardo Thymós e Thymós fissa la mela che si rigira in mano.

«Immagino di non dover fare domande nemmeno sulla vostra passione per le mele.»

Sorrido e apro il libro, con la tazza di cappuccino in mano. Pian piano, mentre i minuti passano e i paragrafi scorrono, mi accorgo che i miei fratelli si accingono a finire la loro colazione e spariscono senza più emettere fiato.

Hermes è l'unico che indugia, le mani sui fianchi, la vestaglia aperta a rivelare le sue nudità e la fronte corrugata. «Beh, è giunto anche il mio momento di andare, temo, e quindi le nostre strade...»

«Ciao» lo interrompe Thymós, disinteressato, e con lo sguardo fisso su di me. Tiene la mela mangiucchiata per il picciolo, tra l'indice e il pollice, e la fa roteare piano con un movimento di polpastrelli.

Mi sono dimenticata tutto quello che ho appena letto, in un istante. Faccio finta di nulla e chiudo il libro.

Hermes bofonchia qualcosa e sparisce dentro casa, mentre Thymós continua a giocherellare con la mela. Oggi sembra più propenso al dialogo del solito.

«Era molto buona, comunque. Non dolciastra come lo sono tipicamente le mele rosse.»

Do un morso generoso alla fetta di pane e, dopo aver mandato giù il boccone, lo correggo: «Quella non è una mela rossa, infatti».

Thymós mi guarda come se gli avessi appena detto che la Terra è piatta. Indica la buccia rimasta sopra la polpa vicina al picciolo.

«A me sembra rosso, quello.»

Mi alzo e gli faccio cenno di aspettarmi. Entrata in cucina, adocchio il cesto di mele sull'isola. Ne prendo una della varietà di quella che ha mangiato Thymós e ritorno da lui, fermandomi alle sue spalle.

È evidente il momento in cui il suo corpo si accorge della mia presenza e si irrigidisce.

«Eppure sono stata silenziosa» mi difendo, stupita da quanto i suoi sensi siano attenti a ogni stimolo che ha attorno.

«Quando sei un militare, impari a stare attento anche al più piccolo spostamento d'aria» mormora. «E, in ogni caso, ho sentito pure il tuo profumo. Cocco e vaniglia.»

Rimango a bocca aperta e ringrazio che non possa vedermi, perché sono quasi certa di essere arrossita. Mando via l'imbarazzo e mi chino su di lui, mettendogli davanti la mela.

«Questa è una mela Kanzi, tipica di una regione italiana chiamata "Alto Adige". Se noti, non è propriamente rossa. Ha delle striature gialle e verdognole, nonostante la predominanza della buccia sia di colore rosso. Le Kanzi hanno un elevato contenuto acido e una dolcezza relativamente bassa, capisco perché a uno come te piacciano.»

Thymós afferra la mela, mettendo la mano sopra la mia, con una disinvoltura tale da farmi mancare un battito. Avvicina il frutto al naso e prende un respiro profondo, prima di allontanarla di qualche centimetro.

«Però è molto aromatica, o sbaglio?»

Devo aspettare qualche secondo per accertarmi che la voce non mi uscirà tremolante. «Giusto. La loro polpa è soda e croccante, e oltre a essere profumata è molto succosa.»

Thymós riavvicina le nostre mani con la mela, fino a portarsela alla bocca. Senza mollare mai la presa, dà un morso al centro. Si volta di profilo, quanto basta per guardarmi negli occhi mentre mastica con minuzia il boccone.

Il suo pomo d'Adamo si abbassa.

«Decisamente croccante e soda...» Si pulisce l'angolo sinistro della bocca, raccogliendo un po' del succo della mela, e lo risucchia velocemente. «E succosa.»

I suoi occhi marroni brillano di divertimento, nonostante la sua espressione non tradisca alcuna emozione, se non la tipica serietà che lo contraddistingue.

Il rumore di un gabbiano che vola sopra di noi mi riporta alla realtà. Thymós sposta la mano, lasciando la mela solo a me.

«Bene» dico, alla fine, ancora confusa da ciò che è appena successo.

«Programmi per oggi?» chiede lui. Sfila gli occhiali da sole, appesi al colletto della t-shirt nera, e li indossa.

«Passerò qualche oretta in spiaggia» lo informo. Finisco i rimasugli di cappuccino e raccatto tutti i libri, compreso quello che stavo tentando di leggere fino a pochi minuti fa. «Ho bisogno di svagarmi: riposare, prendere il sole e fare qualche bagno.»

Thymós sta fissando con fin troppo interesse i libri che ho in mano.

Comincio a indietreggiare e lui segue ogni mio movimento, l'espressione sul suo viso si fa sempre più corrucciata.

«Dunque, ci vediamo più tardi. Puoi passare il tempo nella sala pesi, oppure puoi farti un tuffo in piscina. È lì dietr...»

Thymós fa una smorfia e si mette in piedi. «Io non voglio andare in sala pesi. O farmi un tuffo in piscina.»

«Allora potresti...»

«Io voglio stare con te, Aphrodite. *Io devo.*»

Questo potrebbe essere un grosso problema. No, questo sarà un enorme problema. Che posso aggirare se cammino veloce e provo a seminarlo.

Mi segue. Non appena muovo qualche passo lungo le scalette laterali, che conducono alla stradina prima della spiaggia, Thymós mi è subito dietro come un cagnolino fedele.

«Aphrodite, spero che tu non stia cercando di seminarmi o scappare in qualche modo. Lo sai che sarebbe stupido anche solo pensare di poterci riuscire.»

Gli faccio il verso nella mia testa.

«Non puoi stare con me in spiaggia. Devi andartene, Thymós.»

«Non sono un amico che mandi via quando vuoi del tempo per

te stessa. Sono là tua guardia del corpo, e non posso lasciarti sola.» Allunga il braccio per spostare la fronda di un albero che pende verso di me. «E stai attenta a dove vai, per l'amor del cielo.»

Inizia a darmi più noia dei giorni scorsi. Io ho un rituale tutto mio, quando decido di passare la mattinata in spiaggia da sola. E lui non può assistere.

Prendo tempo andando a sistemarmi su una delle sdraio bianche vicine alla riva. Poggio i libri e, con gli occhi di Thymós addosso, mi sfilo dall'alto il prendisole che copriva il bikini. Lo piego con cura e lo metto sulla sdraio accanto alla mia. Lui prende posto proprio lì, stando attento a non sedersi sopra il mio vestitino.

«Thymós, dico sul serio, devi lasciarmi sola.»

«Anche io ero serio quando ti ho risposto che non lo avrei fatto.»

D'accordo. Devo dirglielo.

«Io faccio il bagno senza costume.»

Si irrigidisce. «Non ti azzarderesti mai con me davanti.»

Inclino la testa di lato e gli scocco un sorrisetto angelico, il migliore che mi riesce. «Con te presente, posso tenere almeno gli slip. Quindi, se non vai via, temo che vedrai le mie tette.»

Le sue labbra si dischiudono appena, tradendo il suo stupore.

Con lentezza, solleva il braccio fino a levarsi gli occhiali da sole, per guardarmi negli occhi. «Aphrodite, non è divertente.»

Per provocarlo, avvicino le mani ai lacci della parte di sopra del bikini, legati in un fiocchetto dietro il collo. «Occhi su di me, Thymós» lo prendo in giro usando la sua frase preferita.

«Aphrodite» mi richiama lui, severo.

«Non sembri essere uno contrario alla cosa, continui a guardarmi...»

Devo averlo mandato nel panico più totale, perché il suo sguardo cade proprio sul mio corpo e si ferma qualche istante di troppo sul mio seno ancora coperto.

«E adesso mi hai guardato il petto. L'ho visto, Thymós.»

Lui emette un verso animalesco e, mentre volta il capo di lato in direzione del mare, la sua bocca si muove. Immagino che stia sibilando una serie infinita di imprecazioni.

«Sia maledetto il giorno in cui ho accettato questo lavoro. Mi porterai all'esaurimento.»

D'un tratto, un'idea mi balena in testa. E il fatto che sia assolutamente irrealizzabile mi fa desiderare ancora di più di provarci.

«Vuoi restare qui?»

«Io resto qui. Punto.»

«Vuoi che non mi spogli?»

Al sentire la domanda, i suoi occhi saettano nei miei. «Sì.»

«Allora facciamo un gioco, e io questa volta terrò il costume per il bagno» propongo.

«Non se ne parla nemmeno. Non gioco a nulla.»

Sospiro in modo teatrale e afferro il laccio del reggiseno. «Okay, allora...»

«D'accordo, ferma, ferma!» urla. Si passa le mani tra i capelli, buttando fuori uno sbuffo d'aria. «Dio, Aphrodite, perché mi complichi la vita in questo modo?»

Trattengo un sorrisetto e mi siedo sulla sdraio a gambe incrociate, protesa verso di lui.

Thymós resta in attesa che parli, e io scelgo con cura le parole.

«Il gioco è semplicissimo, non preoccuparti. Devi solo rispondere a una domanda personale.»

In confronto alle sfide che facciamo io e i miei fratelli, quello che sto proponendo a Thymós non è nulla. Eppure lui si irrigidisce, come se gli avessi detto l'ultima cosa al mondo che avrebbe voluto sentire.

Serra la mascella. «Che tipo di domanda personale?»

Lo conosco a malapena da una settimana, eppure è dalla prima sera in cui ci siamo presentati che mi faccio domande su di lui. È più forte di me voler conoscere le persone e tutta la storia che si portano dietro.

Allungo la mano, con l'indice teso a indicare un punto del suo viso. «Cosa significa quella "X" che hai tatuata sullo zigomo?»

Le sue sopracciglia si aggrottano. Gli occhi inquadrano il mio dito, poi mi accarezzano il braccio e risalgono fino al mio viso, fermandosi lì. Potrebbe rifare tutto con la mano, e io comunque mi sentirei più toccata dal suo sguardo.

«Cosa te ne frega, Aphrodite? Non dobbiamo conoscerci e diventare amici.»

Non mi aspettavo una risposta gentile. «Mi importa. Vorrei saperlo. È un problema?»

«Sì.»

«Non vuoi dirmelo, dunque.»

«Perspicace.»

«Il gioco parla chiaro. Tu non rispondi...» Lascio la frase in sospeso e riporto le mani sui lacci del costume.

Thymós mantiene gli occhi sul mio viso, e io noto il modo in cui le sue mani sono serrate ai lati della sdraio e il pomo d'Adamo si abbassa.

Le sue labbra si dischiudono, ma ci impiega qualche secondo a far uscire la voce. «Non è un gioco corretto. Perché io non ci guadagno nulla.»

Rimango con la mano a mezz'aria e il laccio stretto tra il pollice e l'indice, pronta a tirarlo. Potrebbe non avere tutti i torti, ma a un Lively non interessa che l'avversario ci guadagni qualcosa. «Sentiamo, cosa proponi?»

Thymós imita la mia posizione e si china in avanti. Ora i nostri visi sono a pochi centimetri di distanza, solo che la sfrontatezza del suo sguardo mi mette in allarme. «Tu vuoi che io resti vestito, Aphrodite?»

Il suo fiato caldo mi colpisce la bocca.

Sbatto le palpebre più volte. «Ovviamente.»

«Allora, se ti spogli tu, lo faccio anche io, che dici?»

Mantengo un'espressione neutra, nonostante nella mia testa i pensieri vortichino senza darmi il tempo di afferrarne uno. «Cosa ne è stato dei tuoi timori verso mio padre?»

Se possibile, Thymós si fa più vicino. Non c'è traccia di dolcezza o gentilezza. Dietro la sua rabbia, però, c'è qualcosa di più profondo. E una parte di me spera che sia la stessa emozione che sto provando io.

Eccitazione.

Ogni terminazione nervosa del mio corpo si sta incendiando, e l'adrenalina potrebbe pure spingermi a toccare l'uomo che ho davanti.

«Tuo padre ha detto che non devo sfiorarti» mi ricorda. «Se vogliamo giocare seguendo le modalità dei Lively, allora ci sono diverse scappatoie. Per esempio, *guardare* non è incluso nel toccare. Potrei guardarti mentre ti spogli, e guardare il tuo seno senza nessuna ripercussione. E, di conseguenza, potrei spogliarmi anche io. O sbaglio?»

È una scappatoia piuttosto tirata.

«Non ti sembra mancanza di professionalità, Thymós?» sussurro.

Si lecca il labbro inferiore. «Sì, ma è da quando sono arrivato che continui a provocarmi e a mettere alla prova la mia pazienza. Vediamo fino a dove ti spingi, Aphrodite. Magari ti servirà da lezione capire che, se tu superi il confine, io posso andare anche più in là.»

«D'accordo.»

Porto le mani ai laccetti del costume azzurro e disfo il nodo. Lentamente, li lascio andare, e il reggiseno a triangolo ricade in avanti, esponendomi alla mia guardia del corpo.

Thymós non ha alcuna reazione. Per quanto possa studiarlo con minuzia, non lascia trapelare nulla.

Il suo sguardo resta bloccato sul mio viso, impassibile. So di averlo fatto arrabbiare, però. Non serve che me lo mostri.

«Non guardi?» lo incalzo. «Andiamo, Thymós, è solo un corpo femminile come tutti gli altri. Immagino che tu ne abbia già visti parecchi. O sbaglio?»

Inarca un sopracciglio.

Faccio scorrere le mani lungo il mio addome, e il movimento quasi gli fa spostare lo sguardo in basso. Continuo a giocare con le dita, e le mani cominciano a tremarmi. Non perché abbia paura che possa abbassare lo sguardo e vedere metà del mio corpo nudo, ma perché in fondo spero che lo faccia e che gli piaccia.

«Tu sei fuori di testa, Aphrodite» sibila.

«Spogliati» ordino. «Non si infrangono le regole del gioco.»

Thymós afferra con le mani la t-shirt, e si allontana da me solo per sfilarsela con un gesto secco. La lancia alle sue spalle come se fosse qualcosa di schifoso, di cui deve liberarsi il prima possibile.

Mi concedo una lunga occhiata ai muscoli ben definiti del suo petto, alla pelle ambrata e dall'aspetto setoso.

Di nuovo, ho un fremito perché vorrei toccarla.

È un peccato che un uomo così bello abbia un carattere così burbero e indisponente. Ed è ancora di più un peccato che sia la guardia del corpo più seria e dedita al lavoro che potesse capitarmi.

«Sappi una cosa, Aphrodite» si interrompe, con le mani sul bordo dei pantaloni. «D'ora in poi, quando tenterai di rendermi le cose difficili, ti ripagherò con la stessa moneta. Chiaro? Ciò significa che se mi fai scherzetti, come fingere di esserti buttata in mare...»

Aggrotto la fronte con finta espressione dubbiosa. «Cosa fai? Mi sculacci?»

Espira forte e quasi gli scoppio a ridere in faccia. «No. Ti carico in spalla e ti ci butto davvero in acqua. Qualsiasi cosa tu stia facendo. Ti ci butto dentro anche con il vestito più costoso che hai o con uno dei tuoi libri in mano.»

«Tu prova a rovinarmi un libro e io ti rovino la faccia» replico di getto.

Thymós abbozza un sorrisetto velenoso, per niente felice, e fa per abbassare i pantaloni.

Mi alzo di scatto. Lui sposta il capo di lato per non guardarmi il corpo. «Cosa stai facendo, ora?» ringhia.

«Non sono interessata a vederti nudo. Non mi interessa che tu renda onore al gioco e rispetti le regole. Se tu non avessi voluto farmi spogliare, avresti tirato fuori una bugia qualsiasi per spiegarmi il tuo tatuaggio. Perciò ho già vinto, Thymós, e mi basta così.»

I suoi occhi tornano nei miei. Questa volta è furente. Non gli do l'occasione di aprire bocca e provare a giustificarsi.

Mi slaccio anche il nodo del reggiseno, sulla schiena, e tolgo definitivamente la parte sopra del costume.

Glielo lancio addosso.

D'istinto, Thymós lo afferra e lo stringe contro il petto nudo, a bocca aperta.

«Vado a farmi il bagno» lo avviso, prima di incamminarmi in riva al mare, consapevole di avere la sua totale attenzione.

8

...E PIOGGIA

Del corteo della dea Afrodite facevano parte le Ore, dee delle stagioni e del rispetto delle leggi, tra le quali Eunomia, divinità della condotta legale. Al seguito vi erano anche Ebe, dea della giovinezza e coppiera dell'Olimpo, e Armonia, figlia della dea.

Aphrodite

SONO passati due giorni dal giochino fatto in spiaggia, e i rapporti tra me e Thymós sono più tesi che mai.

La prima notte in cui ci siamo conosciuti mi sono lanciata dal balcone, e comunque lui non sembrava avercela con me quanto ora, dopo lo scherzetto del costume.

Ogni mattina lo trovo seduto al tavolino in terrazza, con la solita mela Kanzi in mano e i soliti vestiti neri indosso. Mi fa un cenno di saluto, io lo ricambio con un «buongiorno» e prendo posto davanti a lui.

In genere gli concedo del tempo, girando il cappuccino, e quando mi accorgo che non ha intenzione di parlare apro il mio libro. Della pila dei cinque in lettura, ne ho finiti quattro.

Lui mi accompagna ovunque io debba andare. La sera ci dirigiamo al locale e lui presidia ai miei giochi, senza mai guardarmi, come aveva promesso la prima volta. Gli unici momenti in cui sono sola sono quelli che passo in camera mia.

Parla più con Eros che con me. Anche se immagino che «Eolo, ti serve aiuto per salire sullo sgabello del bancone del bar?» non sia poi una conversazione da invidiare.

Fatico a comprendere se tra di noi ci sia imbarazzo per il mio gesto o per quello che gli ho detto dopo, poco prima di tuffarmi in mare. Oppure non c'è alcun imbarazzo e, più semplicemente, Thymós ha raggiunto il limite di sopportazione.

Credevo di essere una persona più piacevole, e a quanto pare non è così.

Sono le 8 di sera quando io e miei fratelli varchiamo le porte della sala da pranzo per cenare con i nostri genitori.

Mi volto in direzione di Thymós. Ogni volta che entriamo in questa sala, per il pranzo o la cena, lui ha la stessa reazione: inclina il capo verso l'alto e fissa il soffitto, interamente affrescato con la storia della genesi del mondo secondo la mitologia greca.

Non capisco se gli piaccia molto o se il suo sia un timore... reverenziale.

Hermes è il primo a entrare, anche se si blocca subito e quasi gli sbatto contro. «Bene, cena con delitto questa settimana?» Il suo tono è ironico, con una punta di disgusto, ma non scherza.

A qualche metro dal tavolo, a terra, c'è un cadavere. O, almeno, così deduco dal telo nero con cui coprono i corpi. A giudicare dalle forme, sembra proprio che ci sia una persona lì sotto.

«È venerdì, capelli biondi e occhi azzurri scommetto...» ipotizza Athena.

«Senza viso» conferma nostro padre.

È seduto a capotavola, mentre Rea, dalla parte opposta, regge un calice di vino e lo sorseggia, studiando il cadavere riverso sul pavimento come se nulla fosse.

«Chi è?» domanda Apollo.

«Roxanne» continua Crono.

«Quindi, i nomi delle vittime finora formano le prime quattro lettere del nome "Aphrodite"» conclude nostra madre.

Lentamente ci accomodiamo anche noi. Mio padre ha deciso di riservare un posto a tavola anche a Thymós, che è sempre alla mia sinistra.

I camerieri mettono in tavola la prima portata, e per qualche minuto nessuno proferisce parola.

Crono finge indifferenza, come se non ci fosse un cadavere a poca distanza da noi. Non ha nemmeno afferrato le posate per iniziare a mangiare il cibo che ha nel piatto. «I miei collaboratori stanno investigando per trovare il killer» dice, alla fine. «Risolveremo la situazione prima che arrivino ad Aphrodite.»

«Risolverete la situazione prima che venga uccisa un'altra persona innocente» correggo.

Non posso dire di essere amica di ogni singola persona che lavora al Garden of Pleasures, però non sono nemmeno un mostro senza cuore a cui non interessa degli altri.

Ho almeno trenta dipendenti, tra ragazzi e ragazze, ma Roxanne la ricordo bene. Aveva una cotta per Eros e, al contrario del modo disinibito in cui si comportava sulla pista da ballo, quando interagiva con lui era timidissima e perdeva ogni briciolo di sicurezza in sé stessa.

«La priorità sei tu» ribatte con poca empatia mio padre, impugnando la forchetta. «Vero, Thymós?»

Lui non esita: «Sì, signore».

«C'è stato qualche problema durante questi primi giorni di lavoro?» continua Crono.

Thymós mi lancia una rapida occhiata. Stiamo pensando entrambi a quando mi sono lanciata dal balcone. Allo scherzo del bagno in mare. E forse alla scenetta in spiaggia di due giorni fa.

«Un ragazzo, al locale, ha provato a toccarla. Gli ho spezzato il polso.»

Tutti i miei fratelli si voltano verso la mia guardia del corpo, in contemporanea. Apollo ha la forchetta a mezz'aria, e gli spaghetti avvolti attorno ai rebbi si srotolano, rituffandosi nel piatto.

Crono scoppia in una risata fragorosa e batte le mani. «Queste sono le cose che mi piace sentire, ottimo lavoro. Il mio fiorellino delicato non deve essere sfiorato da nessuno.» Mi fa l'occhiolino. «A meno che non sia approvato da me.»

Thymós fa un cenno col capo come se gli avessero rivolto un complimento.

«A tal proposito...» interviene Rea. «È ora di iniziare a discutere del ballo.»

Oh, no. Il ballo.

Una cosa per cui vanno matti Crono e Rea Lively è organizzare balli, qui sull'isola. Gli invitati sono quasi sempre e unicamente famiglie ricche, provenienti dal resto della Grecia, e anche da qualsiasi posto nel mondo in cui abbiano conoscenze.

I più importanti sono quattro: il Ballo d'Inverno, il Ballo di Primavera, il Ballo d'Estate e il Ballo d'Autunno.

Un po' banale, eh?

Sono anche le uniche occasioni in cui mio padre propone quattro giochi con cui divertirsi. Ogni anno sono diversi. All'ultimo Ballo di Primavera, qualche mese fa, due uomini e una donna sono quasi morti.

Hanno luogo nella grande sala da ballo situata nella parte più esterna dell'isola, collegata al resto della villa. Buffet, champagne e vini di qualità, vestiti sfarzosi e un'orchestra ad accompagnare le danze sono solo una piccola parte di quello che vi si può trovare.

«Quale ballo?» sussurra Thymós al mio orecchio.

Non mi ero accorta che si fosse avvicinato così tanto a me.

«Il Ballo d'Estate» rispondo piano. «Ne organizziamo diversi. Quelli più importanti sono i balli a cadenza stagionale.»

«Quest'anno non lo faremo a giugno, visti gli omicidi che stiamo tentando di risolvere» riprende Crono. Si pulisce la bocca con il tovagliolo e beve un sorso di vino rosso. «Il 15 agosto è la data che ho fissato, per precauzione. Anche se spero di fermare il killer molto prima. Per quanto riguarda le regole...»

Ogni parte del mio corpo si pietrifica, in attesa di ricevere la solita serie di regole strambe di mio padre. Non delude mai le aspettative, e la mia mente comincia a formulare un numero infinito di ipotesi, una peggiore dell'altra.

«Ogni persona deve avere un accompagnatore o accompagnatrice» ci informa. «Potete scegliere voi chi portare, a patto che non arriviate da soli. Non mi sembra una richiesta difficile da assecondare, o sbaglio, *paidiá mou*?» *(«Figli miei» in greco)*

«Posso portare due persone?» chiede Hermes a bocca piena.

Crono alza gli occhi al cielo. «Porta chi ti pare, *Ermí*, basta che non crei problemi come tuo solito. È già molto se ti sto permettendo di partecipare a questo ballo.»

La tradizione vuole che Hermes, ogni volta, si ubriachi e combini qualche guaio. Due anni fa fece andare a fuoco le tovaglie sui tavoli imbanditi; all'ultimo Ballo di Primavera, lo hanno scoperto sul terrazzo a scopare con una donna sposata. Il marito non l'ha presa bene, e nemmeno i nostri genitori.

Tengo lo sguardo basso, fisso sul grembo, consapevole che mio padre mi sta fissando. «Siete tutti liberi di scegliere tranne... Aphrodite.»

Non sbaglio mai quando ho dei timori nei suoi confronti.

«Perché possono scegliere tutti tranne me, *patèra*?» *(«Padre» in greco)*

«Perché non mi hai mai dimostrato di saper scegliere bene chi tenere al tuo fianco. I ragazzi che hai frequentato negli ultimi anni, e che per fortuna non ti sei mai permessa di presentarmi, erano la feccia peggiore che potessi trovare in giro» dice, senza pietà. «Non voglio vederti al ballo con l'ennesimo idiota che sta con te solo perché sei bella e ricca.»

Sollevo il capo, mentre la rabbia monta dentro di me con una violenza tale che per i primi attimi non riesco ad aprire bocca.

«I ragazzi che sono stati con me non mi volevano solo per l'aspetto e per i soldi!» sbotto.

Crono sventola la mano in aria come a scacciare via una mosca che gli ronza attorno. È questo il peso che dà alle mie parole, alle mie opinioni e ai miei sentimenti.

«Il ragazzo che ho scelto per te è il partito perfetto. Figlio di una famiglia già ricca, educato e bello. Credimi, quando lo conoscerai ne sarai felice pure tu.»

«Io non voglio conosc...»

«Secondo me, potreste anche finire per sposarvi. Sarebbe bello includerlo nella famiglia. I suoi genitori sono entrambi giudici della Corte Suprema degli Stati Uniti. Mi hanno aiutato svariate volte con dei casi un po'... ostici.»

Serro le mani in due pugni, sotto il tavolo, fino a quando non sento le unghie conficcarsi nella pelle e farmi male.

Poi qualcosa mi sfiora, percepisco il tocco lieve di un dito. Un invito silenzioso a distendere le mani e a non torturarmi. Non è il mio gemello, ma la mia guardia del corpo.

«Aphrodite» sussurra piano, quando nota che non voglio dargli retta.

«Anzi, sai che ti dico? Perché non ci togliamo il dente e lo conosciamo subito? La sua famiglia stasera farà qualche giro per l'isola e giocherà nei nostri locali» continua Crono.

Se poco fa pensavo che la situazione facesse schifo, adesso è ancora peggio.

«Hephaestus, prego, accomodati» urla in direzione della porta più vicina a sé.

Hephaestus? Come Efesto? Il dio che nella mitologia era sposato con Afrodite?

«Stai scherzando?» esclamo.

Crono ghigna, mentre la porta si apre. «È il soprannome che gli ho dato io, sai come sono fatto. Quando diventerà ufficialmente parte della famiglia, allora verrà registrato anche all'anagrafe. Com'è successo per voi.»

Dalla porta compare un ragazzo alto, con i capelli nerissimi e gli occhi a mandorla. La pelle è così pallida che, se lo incontrassi per strada, gli metterei due dita sul polso per accertarmi che sia vivo. Il suo fisico è slanciato e magro, coperto da un completo elegante rosso scuro. La camicia bianca, invece, è sbottonata quasi fino a metà addome. È, senza dubbio, bellissimo. Ma non è quello che desidero.

Quando i suoi occhi si fermano su di me, le labbra si distendono in un sorriso gentile.

«Buonasera a tutti, è un piacere conoscervi.»

Crono gli va incontro e gli stringe la mano. Poche volte l'ho visto così entusiasta. «Mia figlia mi diceva che non vede l'ora di portarti al Ballo d'Estate con lei. Ci sarete, tu e i tuoi genitori, vero?»

Hephaestus annuisce. «Certo, se la nostra presenza è gradita, non possiamo assolutamente mancare.» Continua a guardarmi. «A maggior ragione se mi è concesso di stare al fianco di una donna come sua figlia.»

Thymós borbotta qualcosa di incomprensibile, eppure sono quasi certa che sia un'imprecazione volgare.

Hephaestus e mio padre iniziano a conversare tra di loro, in piedi a capotavola, mantenendo dei toni abbastanza bassi da impedirci di sentire ogni parola. Il mio corpo si muove in automatico, incapace di resistere un secondo di più in quella sala.

«Aphrodite...» mi richiama mia madre. Mi conosce bene.

«No» esclamo a gran voce. Ho gli occhi di tutti puntati addosso. «Io non voglio conoscere Hephaestus. Non voglio andare al ballo con lui. Non voglio proprio andare al ballo, sinceramente. Non me ne frega un cazzo dei vostri progetti.»

«Se non lo vuole lei, me lo prendo io. Molto volentieri» si intromette Hermes con il braccio sollevato.

Il nuovo arrivato fa un passo indietro, con il tipico imbarazzo di chi si ritrova in mezzo a un dramma famigliare.

Mio padre, invece, assottiglia gli occhi ambrati e poggia le mani sul tavolo, inchiodandomi sul posto.

«Aphrodite, sto cercando di costruire per te un futuro che da sola non riusciresti a mettere in piedi. Un buon marito, una buona famiglia. Dovresti inginocchiarti e ringraziarmi, invece che rivolgerti a me con quel tono.»

«E se io non volessi sposarmi? Se non fosse la famiglia il mio obiettivo per il prossimo futuro?» lo incalzo.

Scatto in piedi, facendo strisciare la sedia alle mie spalle. Hermes prova ad afferrarmi il polso per farmi riaccomodare, ma lo scanso.

«E quali altri obiettivi avresti, Aphrodite? Sentiamo!» Il tono divertito di Crono mi fa attorcigliare lo stomaco.

«La carriera lavorativa» ribatto, ma le parole non mi escono con la determinazione che ho avuto fino a pochi secondi fa. «Io voglio studiare e lavorare, prima. Voglio raggiungere dei traguardi importanti, per me e per gli sforzi che faccio.»

«Stronzate» mi liquida Crono. «Perché dovresti perdere tempo così? Sai che qualsiasi traguardo raggiungerai nel mondo del lavoro sarà dovuto solo al tuo aspetto? Sei una bambolina, Aphrodite. Nessuno guarderà mai la tua laurea a Yale con il massimo dei voti. A nessuno importa del tuo cervello.» Allarga le braccia, e le sue labbra si aprono in un sorriso tanto radioso quanto inquietante. «Qui, però, sei una divinità. Ti muovi e la gente ti muore dietro. Il tuo lavoro lo fai bene, e nessuno ti darà mai fastidio. Il tuo destino è questo. Sposata e con dei figli. Perché non lo accetti?»

«Padre, ora basta...» tenta di difendermi Hades.

«Nessuno ti ha interpellato, *Ádi*» lo interrompe Crono.

Io comincio a indietreggiare. Non posso stare qui dentro un solo secondo in più. Prima di tutto, perché la rabbia mi fa piangere. E il mio pianto verrà interpretato da mio padre come un'altra prova della mia debolezza, del mio essere un fiorellino delicato.

«Andiamo, Aphrodite» Crono tenta di sdrammatizzare e prova a venirmi incontro. Metto un'ulteriore distanza e lui si blocca.

«Aphrodite, siediti.» Mia madre non lo pone come un ordine, ma più come una supplica.

Scuoto il capo velocemente e mi affretto a varcare l'uscita della sala, opposta a quella in cui si trova Hephaestus. Non sento i passi di Thymós, ma sono sicura che mi stia seguendo. A meno che mio padre non gli abbia ordinato di lasciarmi stare, cosa che spero con tutto il cuore. Sarebbe l'unica nota positiva della serata.

Attraverso il corridoio luminoso, supero le due guardie in piedi e giungo nel salotto della casa. Esco dalla porta principale, portando le chiavi con me, e mi addentro nel giardino, l'unico posto in cui ho più tempo prima che qualcuno possa trovarmi.

È quando le mie suole calpestano l'erba e i rametti sul terreno che ho la conferma di avere qualcuno alle mie spalle. Per quanto Thymós sia silenzioso, qui è impossibile non sentirlo.

«Non mi allontanerò» gli grido, senza voltarmi. «Vattene, per favore. Possibile che non mi lasci sola nemmeno quando sto male?»

Non ottengo risposta. Per una frazione di secondo temo di aver sbagliato persona e che mi abbia seguita uno dei miei fratelli, se non Athena o mia madre.

La figura di Thymós mi compare davanti all'improvviso, bloccandomi la strada. Il mio cuore perde un battito. Non riesco a fermarmi in tempo e gli sbatto contro, ma le sue mani mi afferrano per le spalle e mi allontanano il giusto da poterci guardare negli occhi.

«Non sono venuto qui per controllarti» mormora. «Sono qui per sapere come stai. Parlami, Aphrodite.»

9

RUMORE...

Castore e Polluce sono due dei più celebri eroi della mitologia greca: pur essendo figli di due padri diversi, erano comunque noti come «i Gemelli». La loro storia affascinante e complessa li ha resi simboli di devozione fraterna, coraggio e tragica separazione.

Thymós

«PARLARTI?» ripete, confusa.

Le parole mi escono fuori a fatica. Non è professionale quello che sto facendo. Dovrei tenerla d'occhio e non aggiungere altro. Invece mi ritrovo a implorarla, quasi.

«Sì. Parlami. Dimmi cosa ti passa per la testa.»

Mi dà le spalle e si mette a braccia conserte, mentre si lascia andare a una risatina sprezzante. «Solo una vasta serie di imprecazioni contro mio padre e un'assillante domanda sul perché tu voglia che io mi sfoghi con te.»

Mi avvicino, ancora prima di decretare che non dovrei. Incombo sulla sua figura minuta, al punto che il suo profumo dolce mi investe con una violenza piacevolissima.

«Se mi dici "occhi su di me, Aphrodite", sappi che mi giro e ti do un pugno.»

«Provaci. Sono curioso.»

Si volta con uno scatto, il braccio sollevato e la mano serrata. Io sono più veloce. Le afferro il polso e lo tengo a mezz'aria, immobile. Poi la attiro a me, fino a quando il mio petto non sfiora il suo.

Due occhi azzurri si fissano nei miei.

«Non così, Aphrodite» mormoro piano.

«Mi hai detto tu di provare» mi ricorda. «Perché mi hai fermata?»

Sfrego, piano, le dita contro la pelle del suo polso e risalgo fino alla mano morbida. Le abbasso il braccio, senza lasciarla andare, e picchietto sul suo pollice. «Questo va tenuto fuori dal pugno, altrimenti puoi farti davvero male.»

Lo tira fuori, all'istante. «Non lo sapevo.»

Faccio una risatina. «Non sai nemmeno come si dà un pugno?»

Qualcosa cambia in modo repentino.

«Esatto!» grida. Poi fa un respiro. «Mio padre vuole che sia una bambolina che passa il suo tempo a comprare vestiti, farsi bella, provare trucchi e sedurre gli uomini nel suo locale, per poi ballare con le sue amiche. Vuole che sia un cucciolo indifeso che deve cercare la protezione degli altri e che non ha il diritto di sapere nemmeno le basi dell'autodifesa.»

«Quindi avevo ragione. Tu detesti i giochi che fai al locale.»

«Certo che li detesto, Thymós!» sbraita, sull'orlo dell'esasperazione. «Come potrebbero piacermi? La gente paga per avere il suo pezzo di carne, in uno stanzino privato. È questo che vogliono da me. Il mio corpo. Sai quante volte mi sono sentita dire: "Tesoro, evita pure di parlare, mi basta che ti muovi"?»

La rabbia mi colpisce come uno schiaffo in pieno viso. Ho una sorella poco più grande di lei, e due genitori che mi hanno sempre insegnato il rispetto verso le donne. Vedere come viene trattata Aphrodite dal suo stesso padre mi fa impazzire.

«Indicameli, la prossima volta, e io li farò smettere di parlare per sempre.»

Emette una risatina infelice e prova a liberarsi dalla presa della mia mano, ancora avvolta attorno al suo pugno. Oppongo resistenza e la attiro di nuovo a me.

Smettila, stai esagerando. Smettila, subito, urla una voce dentro la mia testa, la mia parte razionale che sta velocemente andando a puttane.

«Non ti allontanare. Distendi le dita e fai qualche respiro profondo, coraggio.»

Non so perché, ma mi asseconda senza ribattere. Inspira ed espira, prendendo grandi boccate d'aria, e lascia che le dita della sua mano si aprano. Annuisco in segno di approvazione e interrompo il contatto tra di noi.

«Perché sei qui?» bisbiglia. «Perché ti importa?»

«Sai cosa pensavo?»

«Cosa pensavi, Thymós?»

«Che a te andasse bene così. Che tu amassi la tua vita. Che amassi avere qualcuno che si prende cura di te e fa il lavoro sporco, che ti crogiolassi nei soldi di tuo padre e nel lusso. Pensavo che avrei avuto a che fare con una ragazzina viziata e... incredibilmente bella» ammetto.

I suoi occhi scattano su di me non appena pronuncio l'ultima frase. «Hai capito di sbagliarti?»

«Mi sbagliavo su tutto, tranne una cosa.»

Sul fatto che sei bellissima. Ecco su cosa non mi sono sbagliato.

Non so se lei lo ha capito, ma non importa, perché la mia mano sfiora la gonna del suo vestito, all'altezza del fianco.

Deglutisce a fatica e dall'attaccatura dei capelli un rivolo di sudore le scivola lungo il collo.

«L'unica cosa che amo della mia vita, qui, è che almeno posso vivere con i miei fratelli. Per il resto, odio tutto. *Tutto*, Thymós.»

Ho iniziato a provare un profondo affetto per questa ragazza. Non so spiegarlo, ma in lei ci sono così tanta bontà, gentilezza e bellezza, che mi sembra un crimine che la vita invece decida di trattarla con una tale crudeltà.

Sono stato assunto per proteggerla dal killer misterioso che gira per l'isola... però chi la protegge da suo padre? Chi la protegge dalla malignità della vita a cui è costretta?

«Cosa vorresti dalla vita, Aphrodite? Dimmelo.»

Lei non mi dice di farmi gli affari miei, come mi aspetto.

«Vorrei studiare Astrofisica, come ho sempre sognato. Psicologia mi piace, ma era l'unica tra le scelte che mio padre trovava "adatte a una signorina come te". L'astrofisica è per uomini, secondo lui. Vorrei smettere di indossare questi vestiti» afferra il tessuto dell'abito rosa, lunghissimo, che le avvolge il corpo «e poter mettere anche io quelle tute da ginnastica con le quali girano sempre i miei fratelli. Ma non sono abbastanza femminili, e io devo vestirmi da "ragazza quale sono". Vorrei studiare, laurearmi, fare un master, avere una carriera brillante. Magari fare qualcosa di importante, una scoperta che resti nella storia dell'astrofisica, come fece Annie Jump Cannon. E vorrei tagliarmi i capelli.» Si sposta una lunga ciocca dorata, che le arriva fino alla vita. «Vorrei tagliarli in un caschetto corto, se solo Crono Lively non pensasse che i capelli corti non sono abbastanza femminili e che una vera donna debba tenerli lunghi. Vorrei che per ogni ragazzo che dico di frequentare non ottenessi la solita risposta: "Ti vuole solo per i soldi e l'aspetto, non sai scegliere nemmeno la persona giusta". Come se fosse impossibile avvicinare qualcuno per il mio cervello, per quello che ho dentro. Vorrei una vita in cui la prima cosa che la gente direbbe di me non è che sono bellissima, ma che sono intelligente.»

Alla fine del monologo, ha il respiro affannato e gli occhi lucidi. Io non riesco a trattenere le mie espressioni facciali. Sono... devastato.

«Perché sono qui?» riprendo la sua domanda iniziale. «Perché il modo in cui ti tratta tuo padre mi fa venire la nausea. Accende in me una rabbia cieca. Non saprei nemmeno spiegartelo, ma è così che mi fa sentire.»

«Pensavi fosse un santo?» mi sbeffeggia.

«No. Conosciamo tutti la sua fama. Eppure la famiglia per lui è sacra, come cerca sempre di mostrare, non immaginavo che dietro ci fosse tutta questa merda.»

Si stringe nelle spalle, ostentando un'indifferenza che sono sicuro sia falsa. Quando i nostri sguardi si incontrano, arrossisce violentemente.

Alza la testa e guarda il cielo sopra di noi, sfuggendo a un contatto visivo diventato troppo intimo. Nonostante le fronde degli alberi siano maestose, ci sono sprazzi liberi, in cui è ben visibile la quantità incredibile di puntini luminosi.

«Chi è Annie Jump Cannon?» rompo il silenzio.

Mi sorride. È... intenerita? O divertita dalla mia ignoranza? «Fu la prima a ricoprire il ruolo, da sempre considerato un lavoro maschile, di dirigente della American Astronomical Society. Ideò il sistema di classificazione spettrale ancora oggi in uso.»

«E così ti piace l'astrofisica, eh?» continuo. «Quindi le stelle, il cosmo e via dicendo?»

Aggrotta la fronte, ancora con lo sguardo puntato al cielo.

«Non proprio. C'è differenza tra astronomia e astrofisica. L'astronomo osserva il cosmo, l'astrofisico cerca di capirne il funzionamento. In altre parole, la prima scienza produce cataloghi di stelle, galassie, nebulose e oggetti cosmici, misurando i dati a essi relativi, come per esempio luminosità, distanza, massa. L'astrofisica invece utilizza gli stessi dati per formulare teorie su meccanismi come l'evoluzione stellare, la nascita dei pianeti e, in generale, tutte le leggi naturali che regolano l'universo.»

«Non ne avevo la minima idea, sinceramente.»

Sorride. E questa volta capisco che non ride di me. Anzi, sembra felice.

«Mi affascinano entrambe. Sono partita con l'astronomia e poi sono arrivata a desiderare l'astrofisica. Figurati che da piccola credevo che sarei diventata una scienziata per la NASA e sarei andata sulla Luna.»

«Non ne sei più convinta?»

Scuote il capo. «Fin quando mio padre sarà vivo, non avrò mai la vita che desidero. E, probabilmente, quando lui morirà sarà troppo tardi per iniziare a vivere come voglio io. Se non avessi il mio gemello e i miei fratelli, non avrei paura della morte.»

Abbassa il capo verso di me e mi faccio beccare in flagrante: la stavo guardando da tanto tempo, ormai. Troppo. Decisamente.

«Rinuncia a Psicologia e iscriviti ad Astrofisica» butto fuori in fretta.

«Non posso. Mio padre non la prenderebbe bene, anzi, mi darebbe il tormento. Studiare Psicologia, almeno, mi permetterà di aiutare gli altri. Vorrei occuparmi di bambini, soprattutto» racconta. «Ancora prima di Psicologia ci sarebbe stata Medicina, tra i miei sogni, ma oltre a essere "estremamente da uomo" è anche il percorso di studi di Apollo, e i miei genitori non vogliono due figli laureati nello stesso campo.»

Dio, non c'è una cosa normale nella sua famiglia.

«Raccontami altro» bisbiglio. «Qualcosa sulle stelle.»

Resta spiazzata, con le labbra dischiuse e gli occhi spalancati.

Le sventolo la mano davanti al viso. «Stai avendo un altro aneurisma, Aphrodite?»

«Questa battuta non ha fatto ridere la prima volta che l'hai detta e mai ci riuscirà.»

«Eppure stai sorridendo.»

«Non è vero.»

«È vero, ti sto guardando.»

«E io sento quello che faccio. Non sto sorridendo.»

Nel dirlo, però, le sue labbra si incurvano verso l'alto e io le indico con un'espressione vittoriosa. «Visto?»

Sbuffa e si avvicina al primo albero che trova; si siede, poggia la schiena contro la corteccia umida e distende le gambe, tornando a scrutare la volta celeste sopra di noi. La seguo senza dire nulla e mi metto al suo fianco. Più vicino di quanto sia mai stato in questi giorni.

«La costellazione dei Gemelli è una delle mie preferite» mormora, piano. «Sai che al suo interno quasi tutte le stelle sono messe in coppia?»

«Mi racconti qualcosa su questa costellazione? In genere non ci sono dei miti particolari legati alle stelle?»

Annuisce e mi lancia uno sguardo con la coda dell'occhio, come se fosse sorpresa del mio interesse.

«Castore e Polluce sono le stelle più luminose della costellazione dei Gemelli. Polluce brilla un po' di più della compagna ma ha una magnitudine apparente inferiore» comincia. «Una delle leggende più diffuse su Castore e Polluce ha origine dall'antica Roma. Attorno al Cinquecento avanti Cristo...» Si blocca di colpo. «Scusa, non è niente di interessante.»

Cosa? Stronzate.

Mi sporgo in avanti, nel tentativo di catturare i suoi occhi. «Invece voglio saperlo. Continua.»

«Ne sei sicuro?»

«Occhi su di me, Aphrodite.»

Obbedisce, come sempre. E io ne approfitto per dedicarle lo sguardo più dolce e incoraggiante che mi riesce.

«Continua a parlare, per favore» bisbiglio.

Vorrei che continuasse a guardarmi, ma con uno scatto volge il capo in direzione del cielo e mi sfugge.

«Attorno al Cinquecento avanti Cristo, il re di Roma, Tarquinio il Superbo, fu cacciato ed esiliato dalla città a causa del suo regime tirannico. Così, insieme a suo genero Ottavio Mamilio e alla collaborazione dei popoli latini, decise di attaccare Roma per riprendersi il suo regno. Il famoso scontro è ricordato come la battaglia del lago Regillo. L'esercito romano era la metà dell'esercito dei Latini, ma secondo la leggenda il generale Aulo Postumio Albo, che comandava le truppe romane, invocò l'aiuto degli dèi greci. Così, Castore e Polluce, i figli di Zeus, scesero in battaglia e i Romani vinsero la guerra. In realtà, sarebbe più corretto dire che primeggiarono grazie a una migliore strategia militare, nonostante la netta inferiorità numerica, ma la storia fa più effetto se ci si ferma all'intervento divino di Zeus.»

«Qualcosa mi dice che conosci bene anche la storia.»

«So le informazioni più importanti, sì, ma sono più appassionata alla storia dell'impero romano e dell'antica Grecia» ammette.

La studio da capo a piedi, incredulo. «Cos'altro nascondi in quella testolina, sacca di soldi ambulante?»

«Beh, posso risolverti qualsiasi problema di Fisica in meno di mezz'ora. Mi diverte fare le derivate delle espressioni matematiche e i logaritmi. Traduco bene le versioni in greco antico. Col latino me la cavo benino. Conosco l'inglese, il greco moderno, l'italiano, lo spagnolo e un po' di tedesco. E metà delle capitali del mondo. Sto lavorando all'altra metà.»

Un sorriso si forma sulle mie labbra spontaneamente, neanche mi accorgo di averlo fino a quando lei non si gira e lo ricambia.

«Sei la persona più intelligente che io abbia mai conosciuto» dico, ancora una volta senza pensare e senza frenarmi.

Lei si sposta i capelli all'indietro, le gote ormai bordeaux. «Esagerato.»

«Scusami.»

La parola risuona nella notte, tra le musiche lontane dei locali, il frinire dei grilli e i battiti impazziti del mio cuore che mi rimbombano nelle orecchie.

«Scusami, per averti giudicata. Non sei niente di quello che pensavo. Sei solo una ragazza a cui piace leggere e che ha grandi sogni nella vita. Certo, sei un po' matta, testarda e orgogliosa, ma sei anche intelligente, buona e... ho capito che non sopporti di sentirtelo dire, però devo proprio, Aphrodite. Lo farò una sola volta, te lo prometto, ma permettimi di dirlo. Sei anche incredibilmente bella.»

Non avrei dovuto confessarle tutto questo.

Chiude gli occhi e si abbandona a un piccolo sorriso. «Grazie per aver detto prima "intelligente" di "bella".»

«In realtà, ho messo più enfasi sul "matta".»

«No, no, Thymós, non rovinerai il tuo primo momento di gentilezza così. Niente di ciò che dirai potrà cambiare la situazione.»

«Apri gli occhi, Aphrodite» la incito con dolcezza.

Lo fa. E io mi perdo in questo momento, apparentemente perfetto.

La luce della luna mette in risalto il suo viso, dandole un'aura celestiale. Non sembra nemmeno appartenere alla Terra, a noi comuni mortali. Traccio ogni contorno dei suoi lineamenti, come se potessi baciarli all'infinito.

«Avrai tutto quello che desideri» prometto, non so con quale coraggio. «Arriverà qualcuno a dartelo.»

«Io non voglio che me lo diano gli altri. Voglio prendermelo da sola.»

Resto a bocca aperta. Poi torno serio, e serro la mascella. «Allora avrai qualcuno, accanto, che ti supporterà e ti difenderà da chi cerca di impedirtelo. Va meglio?»

Sorride. «Molto meglio.»

Mi sforzo di non ricambiarlo, perché sembrerei un cretino che si è preso una cotta. Abbasso il capo e controllo l'ora sull'orologio al polso. «Che ne dici se torniamo a casa?»

Annuisce. Mi alzo per primo da terra e le porgo la mano, per aiutarla. Aphrodite sorride e la accetta.

Dovrebbe lavorare, ma il padre ha deciso di chiudere il locale visto il ritrovamento dell'ennesimo corpo. Ogni tanto fa qualcosa di giusto.

Aphrodite mi guida attraverso la zona più a ovest del giardino, in modo da fare il giro esterno della villa senza rientrare dall'ingresso principale e rischiare di incontrare suo padre ed Hephaestus.

Una volta arrivati al terrazzo in comune, prima controllo che sia tutto a posto nella sua stanza e poi vado ad aprire la portafinestra della mia. La serratura non scatta, però.

«Qualche problema?» domanda lei, con un piede già dentro la camera da letto.

Accigliato, abbasso la maniglia più volte e spingo, ma la portafinestra non si muove. «Qualcuno ha chiuso a chiave da dentro. E non sono stato io.»

Senza aggiungere altro, attraverso la sua camera e lei mi segue a ruota. Usciamo nel corridoio e proviamo ad aprire la porta principale, senza ottenere alcun risultato. «È chiusa a chiave anche qui? Come diamine è possibile?»

«Non hai le chiavi con te?»

«No, sono dentro.»

Mentre provo di nuovo a forzare la serratura, Aphrodite sembra perdersi nei suoi pensieri. D'un tratto, mi dà le spalle e percorre il corridoio. Si ferma sulla porta a sinistra, più vicina a noi, aperta.

«Hai...» comincia, a voce alta.

«Sì, sono stato io.» È Hermes.

«Hai rubato le chiavi di Thymós e hai chiuso la sua stanza?»

«Esatto. Buona scopata, sorellina. Mi ringrazierai domani, non farlo aspettare.»

Sobbalzo. L'immagine piomba nella mia testa con violenza, e devo serrare i denti per mandarla via e non impazzire.

«Herm, per piacere, dammi le chiavi e facciamola finita.»

«Mi dispiace, Aphry, ma le chiavi non te le do. Fattene una ragione e vai a metterti un bel perizoma in pizzo.»

Segue un parlottare più concitato, di cui non colgo molte parole. Perciò, sconfitto, entro nella sua camera e mi accomodo sul bordo del letto.

Quando Aphrodite mi raggiunge, sembra piuttosto agitata.

«Puoi prendere una delle camere degli ospiti, per stanotte. Domani risolveremo e riavrai la tua stanza.»

Inarco un sopracciglio. Non mi piace, affatto. «Dove sono le camere degli ospiti?»

Indica il soffitto. «Piano di sopra.»

No, non mi piace, confermato. Anzi, lo detesto.

«Non se ne parla. Non sto così lontano da te.»

«Mi chiuderò a chiave, Thymós.» Alza gli occhi al cielo. «E prima potrai controllare che non ci sia nessuno. Ti lascio pure aprire il mio armadio e guardare sotto il letto.»

Non mi muovo. «No. Sto qui con te.»

«E dove credi di dormire, nel letto con me?» chiede con menefreghismo, eppure non mi sfugge il modo in cui il suo corpo si irrigidisce e le dita delle mani si agitano appena, in balia di un tic nervoso.

Mi protendo in avanti, con i gomiti sulle cosce. «Non sarebbe professionale, Aphrodite» mormoro, la voce bassa e gutturale. «Metterò un cuscino per terra e mi arrangerò. Non mi interessa.»

Resta immobile per qualche istante, poi mi raggiunge, bloccandosi davanti al mio corpo. Mi ritraggo appena all'indietro, e inclino il capo verso l'alto facendo incontrare i nostri sguardi. Se si avvicinasse di qualche centimetro, la mia bocca sfiorerebbe il suo seno coperto dal tessuto sottilissimo del vestito. Le mie mani si aggrappano alla coperta del letto, le dita affondano nella stoffa e temo di poterla strappare via da un momento all'altro.

Sí china in avanti. Inspiro rumorosamente, facendole capire che sto annusando il suo profumo.

All'ultimo, devia verso sinistra. Volto il capo con uno scatto e il mio naso le sfiora il braccio. Le sue gambe hanno un fremito. Mi basterebbe così poco...

«Cosa vuoi fare, Aphrodite? Ti vedo in difficoltà.»

C'è qualcosa, in lei, che tentenna. Come se stesse avendo i miei stessi pensieri enormemente sbagliati.

Mi ignora e afferra uno dei quattro cuscini presenti sul letto. Lo lancia a terra, allontanandosi da me. «Ecco il tuo letto, Thymós. Fai sogni d'oro.»

Non mi guarda in faccia. Raccatta il suo pigiama e cammina in fretta fino al bagno, dove si chiude a chiave.

Io conto i secondi che passano, inesorabili e dolorosi. E immagino di sfondare quella porta, afferrarla e...

Aphrodite riemerge dal bagno, con un pigiama composto da una camicetta e pantaloncini in raso, entrambi bianchi a strisce azzurre. I capelli biondi sono legati in una coda alta.

Senza aggiungere nulla, comincio a sistemarmi per terra, sul mio nuovo e comodissimo letto. Lei segue ogni mio movimento. Le chiedo con un cenno se posso usare il bagno, e lei annuisce, stralunata. Non chiudo la porta come ha fatto lei. Mi sciacquo il viso con acqua gelida, sperando che mi risvegli e mi ricordi perché sono qui.

Tornato in camera, lei è già sdraiata nel letto matrimoniale. Ci guardiamo per un secondo, poi spengo tutte le luci e vado a sistemarmi sul pavimento.

«Aphrodite?»

«Sì?»

«Ti proteggerò sempre, ma hai ragione: devi saperti anche difendere da sola, in caso di necessità. Ti aiuterò io. Non voglio che ti trovi in pericolo e provi a tirare quei pugni patetici. Chiaro?»

Passa qualche istante di completo silenzio. Ho il cuore che mi sta fracassando la gabbia toracica, da quanto batte forte.

Maledizione.

«D'accordo. Grazie.»

«*Kalinýchta, Afrodíti.*» (*«Buonanotte, Aphrodite» in greco)*

«Vuoi dormire qui, nel letto? C'è posto.»

La domanda mi coglie di sorpresa, e per poco non mi strozzo con la saliva.

Sì. Porca puttana, sì.

No. Non puoi. Smettila. Tra un mese sarà tutto finito.

«Meglio di no.»

«Sei sicur...»

«Non chiedermelo più, per favore. Potrei finire per dirti di sì.»

Non sono un uomo con una morale molto forte. Al contrario.

«Non c'è nulla di...» tenta lei.

«*Kalinýchta, Afrodíti*» la interrompo, prima di provocare danni irreparabili.

Sospira. «*Kalinýchta.*»

10

...E SILENZIO

Afrodite, dea dell'amore e della bellezza, è protagonista, nella mitologia greca, di passioni ardenti e relazioni complesse. Una delle più note è quella con Adone, un giovane mortale di straordinaria bellezza. La loro storia è marcata dal desiderio e dalla tragedia, e tocca il tema della bellezza effimera e della sua potente seduzione.

Aphrodite

THYMÓS mi sta a distanza di sicurezza. C'è sempre almeno un metro a separarci.

È come se fosse cambiato qualcosa, da quando ha dormito nella mia camera. E la situazione va avanti così da tre giorni.

Quando ho aperto gli occhi, quella mattina, lui era già sveglio e aveva già fatto la doccia. Mi sono accorta subito che qualcosa non andava perché, a mano a mano che io mi spostavo per la stanza, lui seguiva i miei movimenti, da lontano.

Il momento di vicinanza maggiore è sempre a colazione, quando si siede al mio stesso tavolino, davanti a me. È allora che mi rivolge una frase di circostanza, messa lì solo per fare un minimo di conversazione. La risposta che ottiene, ormai, è: «Sto leggendo, ne parliamo dopo, se non ti dispiace».

L'educazione prima di tutto. Ma non prima dell'orgoglio e della permalosità.

Continuo a prendere il sole in spiaggia e fare tanti bagni. E lui continua a starsene seduto, a troppi metri di distanza, in silenzio. Ogni tanto mi chiede come sto, se ho bisogno di qualcosa. Gli rispondo sempre: «Che tu mi parli in modo normale» o «Che tu non mi stia lontano come se fossi un'appestata».

Le sue espressioni sono buffissime. Non si aspetta la mia onestà, ma, più passa il tempo, più comincia a conoscermi e dallo stupore passa al divertimento.

Anche adesso, che siamo al locale, Thymós mantiene le distanze.

Mentre io sto seduta con due delle mie ballerine ed Eros, lui se ne sta davanti a fissarci. Fa quasi ridere, messo lì sul divanetto a braccia conserte, la mascella rigida e l'espressione burbera, con Beyoncé in sottofondo e le luci stroboscopiche che lo illuminano a intermittenza.

Eros agita il braccio e richiama la sua attenzione. «Ehi, Timmy, cosa fai lì da solo? Vieni qui!»

Thymós neanche risponde. Lo fissa per un millesimo di secondo e riporta gli occhi sull'ambiente attorno a me, alla ricerca di possibili minacce da neutralizzare.

«Vuoi un po' di erba? Ne ho una dose extra» insiste Eros. Dalla tasca della giacca bianca estrae un sacchetto trasparente e lo sventola per aria. «Ti faccio un prezzo da amico.»

Gli do una gomitata, e lui sussulta per poi scoppiare a ridere. Eros non conosce ancora Thymós, quindi non si rende conto che l'espressione che ha adesso in viso può sembrare simile alla sua solita, rabbiosa. La verità è che lo sta facendo innervosire ancora di più.

Eros si volta a fissarmi. «Si può sapere cosa gli prende, oggi? Non mi ha ancora chiesto se in macchina arrivo con i piedi ai pedali.»

Mescolo ciò che resta del mio drink con la cannuccia dorata e sbuffo. «Non ne ho idea. Quell'uomo è incomprensibile.»

Il problema è un altro, però. Sono infastidita perché non riesco a comprendere i suoi comportamenti, o sono infastidita perché mi sta così lontano e vorrei averlo più vicino?

Sicuramente più la seconda che la prima. Dopo la conversazione avuta tre notti fa, nel giardino, credevo che ci fossimo avvicinati. Magari non siamo diventati amici del cuore, eppure pensavo che non mi vedesse più come una semplice cliente a cui dover fare da baby-sitter. Mi ero illusa che avremmo potuto instaurare un rapporto ancora più amichevole.

«Non so cosa darei per andare lì a risollevargli il morale» commenta Rodie, la mia ballerina, mentre studia Thymós e non accenna a volergli staccare gli occhi di dosso.

Tess, accanto a lei, si rigira una ciocca di capelli biondi tra l'indice e il medio, annuendo. «Aphrodite, ci dai l'autorizzazione per offrirgli una spalla su cui piangere, stanotte?»

La cannuccia mi scivola dalle dita e tengo il capo chino fino a quando non sono certa di avere un'espressione neutra. «Certo» dico. «Non vi serve la mia autorizzazione. Potete fare quello che volete.»

Entrambe si scambiano un'occhiata stupita. Non so che idea si siano fatti, qui, di me e Thymós, ma si sbagliano.

Per darne un'ulteriore prova, agito la mano facendo loro cenno di muoversi all'istante. «Coraggio, andate. Magari riuscite a mettere di buon umore la mia guardia del corpo e non sarà più così irritante.»

Aphrodite, cosa ha fatto di irritante Thymós? Nulla, a parte non starti fisicamente vicino quanto vorresti.

Rodie si ferma al suo tavolo, e per una volta vorrei che togliessero la musica e che la sala fosse avvolta dal silenzio, solo per riuscire a sentire cosa gli sta dicendo.

Lui ha un'espressione indifferente. La ascolta, ma i suoi occhi sono fermi su di me. E, quando Rodie ha finito e prova a sfiorargli la spalla, la mano di Thymós le afferra il polso e la blocca a metà strada, andando a riportarle il braccio lungo il fianco. Scuote la testa. E non aggiunge nient'altro.

Rodie muove di nuovo la bocca.

Thymós fa ancora cenno di no.

La delusione, mista all'umiliazione, è lampante sul viso bellissimo della mia dipendente. Invece che tornare da noi, si precipita sulla pista da ballo e sparisce in mezzo alla folla di corpi sudati e danzanti. Tess ci saluta e si affretta a seguirla.

«Stai sorridendo, Daisy» mi sussurra all'orecchio Eros.

Ha ragione. Maledizione.

«Stavo pensando a una cosa divertente.»

«Al tuo uomo che rifiuta tutte le altre donne?»

«Piantala, cominci a darmi sui nervi» lo zittisco. Mi porto il bicchiere alle labbra e scolo il mio drink.

Eros sospira e si abbandona contro lo schienale del divanetto, il capo rivolto in direzione della pista da ballo. «Almeno tuo fratello si diverte.»

Hermes, stanotte, ha deciso di passare la serata al mio locale e lasciare il suo nelle mani dei dipendenti. È arrivato prima di me, e quando l'ho salutato era già ubriaco. Ora balla su uno dei palchetti, con solo i pantaloni addosso. Ha persino perso una scarpa, il piede sinistro è nudo. La sua pelle è ricoperta di glitter, molti di più di quelli che gli ho visto incollarsi addosso ieri notte. Canta a squarciagola ogni canzone che viene riprodotta, e twerka contro il fondoschiena dei ballerini e delle ballerine che gli si avvicinano per muoversi in compagnia.

«Vorrei essere come lui, a volte» mormoro senza rendermene conto.

Eros è abbastanza vicino da riuscire a sentirmi. «Senza alcuna preoccupazione al mondo? Concordo.»

«E senza problemi di cuore» preciso.

È orribile essere gelosa dell'incapacità di Hermes di provare sentimenti profondi per qualcuno, visto che è dovuta all'aver perso il suo primissimo e grande amore. Hermes si è innamorato una sola volta, e quel ragazzo non c'è più.

Come se potesse sentire che parliamo di lui, mio fratello scende dal palchetto e corre fino al nostro tavolo. È fradicio di sudore, che gli attacca i riccioli biondi sulla fronte e si mischia ai glitter sull'addome liscio. Sorride così tanto che mi domando se non gli facciano male i muscoli del volto.

«Ehi, Thymós, cos'è quel broncio? Chi ti ha fatto incazzare? Una zanzara ha punto Aphrodite e non sei riuscito a darle un pugno?»

La mia guardia del corpo alza gli occhi al cielo. Eppure, sono quasi certa che nutra un minimo di simpatia nei confronti del mio gemello.

«Senti, Terminator, devo dirti una cosa...» riprende Hermes, andandogli incontro.

Thymós, che nel frattempo si è alzato e avvicinato, ora arretra. «Ci ha già pensato il Puffo accanto a tua sorella a farmi girare i coglioni. Ti avviso che la mia pazienza è al limite.»

«Ah, sì? Io pensavo che non ne avessi proprio, di pazienza. Buono a sapersi.»

«Allora, cosa accidenti vuoi?»

Herm si protende verso di lui, con le mani sui fianchi, traboccante di soddisfazione. «Ti ho rubato la chiave della tua stanza e ti ho chiuso fuori l'altra notte. E continuerò a farlo. Sarò giusto un minimo clemente e ti lascerò nel corridoio la tua serie di vestiti tutti uguali.»

Spalanco la bocca. È diventato masochista? È come andare da Athena e insultarla. Lo sai che reagirà male e proverà ad atterrarti con un colpo.

Infatti, la mia guardia del corpo accorcia le distanze e si fa più vicino. Ci manca poco che lo afferri per il collo. «Sentiamo, perché dovresti fare una cosa del genere, Hermes?»

Il braccio glitterato di mio fratello si solleva per indicare me. «Per aiutare te e Aphry a farvi una bella scopata.»

Mi metto in piedi, pronta a raggiungerlo e trascinarlo via. Sento di essere rossa in viso come mai lo sono stata nella mia vita. Quel traditore di Eros, però, mi afferra per la vita e mi rimette seduta. Vuole godersi lo spettacolo.

«Hermes, vai a berti un po' d'acqua, torna a casa, levati i glitter dalle ascelle e fatti una bella dormita.»

«Non hai incluso il renderti le chiavi. Quindi non le vuoi?»

Thymós esita, fa per parlare, poi ci ripensa. Hermes scoppia a ridere e gli dà una pacca sulla spalla, alla quale la mia guardia del corpo non reagisce con particolare entusiasmo.

Comincio a temere per mio fratello. Quando è lucido, è una persona schietta e senza peli sulla lingua, che riesce a mettere in imbarazzo chiunque. Ma quando è ubriaco diventa così diretto che già altre persone hanno provato a mettergli le mani addosso per dargli una lezione.

«Potresti essere quello giusto per la mia sorellina» Hermes continua, imperterrito. «Sai di cosa si lamenta sempre con me? Che i ragazzi con cui va a letto non la soddisfano mai e deve sempre fingere. Tu non sei come loro, vero?»

L'espressione sul viso di Thymós è tanto buffa quanto imbarazzante. I suoi occhi catturano i miei, le labbra carnose si dischiudono, mentre mi studia con un'intensità tale che ogni cellula di cui sono composta potrebbe implodere da un momento all'altro.

Non può andare avanti così.

Approfitto della distrazione di Eros, che sghignazza con il suo Margarita in mano, e scatto in avanti, uscendo dall'angolo del divanetto. Afferro Hermes per il braccio e lo tiro il più lontano possibile da Thymós.

«Ora basta. Torna a ballare e a importunare qualcuno che non sia il triplo di te.»

Lui emette dei versi da bambino e pesta il piede scalzo per terra, prima di abbassare lo sguardo. «Cristo, dove cazzo è finita la mia scarpa? Sono quasi sicuro di aver avuto anche un calzino...»

Faccio un cenno a Eros, che accorre in mio aiuto e mi sostituisce nell'impresa di tenere a bada Hermes. «Mi accerto che stia bene e poi ti raggiungo al privé per i giochi...»

Il modo in cui lo dice, però, fa suonare diversi campanelli d'allarme nella mia testa. Soprattutto perché scambia un'occhiata con Thymós che sembra celare informazioni di cui io non sono a conoscenza.

Li osservo allontanarsi e sparire verso il fondo del locale, dove si trovano i bagni. Mi passo le mani tra i capelli, sciolti e ondulati, e recupero le forze necessarie.

Sono cinque minuti, Aphrodite. Cinque persone. Venticinque minuti di giochi. Devi solo muoverti attorno a loro, far ondeggiare i capelli, provocarli con qualche frase, e sarà finita. E, con Thymós presente, non riusciranno nemmeno a sfiorarti.

«Aphrodite.»

Eccola, la voce così profonda e calda che mi fa attorcigliare lo stomaco. Comincio a sentirmi al sicuro con Thymós, e la cosa mi spaventa. «Sì, andiamo.»

Lo aggiro per evitare di guardarlo in faccia e mi incammino in direzione della sala privata, stando ben attenta a evitare le persone ammassate sulla pista da ballo.

Thymós non fa fatica a starmi dietro, anzi mi si affianca come se non avessi mai avuto alcun vantaggio.

Un ragazzo ubriaco ci ondeggia davanti e sta per finirmi addosso. Thymós lo scansa con poca grazia e mi libera il passaggio. «La tua ballerina ci ha provato con me» confessa, all'improvviso.

«Rodie, sì.»

«L'ho rifiutata.»

«L'avevo capito dal modo in cui se n'è andata via, sì.»

Prima che possa aprire da sola la porta del privé, Thymós mi ferma e abbassa la maniglia al mio posto, tenendola aperta con galanteria.

Gli passo davanti in fretta, a capo chino. Ci ritroviamo da soli, la musica lontana e attutita. Tiro un sospiro di sollievo.

«Un po' di svago non ti farebbe male, comunque» riprendo l'argomento di poco fa. «Da quanto non hai un rapporto con una donna? Forse è per quello che sei sempre imbronciato.»

Thymós solleva lentamente lo sguardo, sbatte le lunghe ciglia castane e abbozza un minuscolo sorrisetto, carico di malizia. «E tu da quanto non hai un orgasmo, Aphrodite? Forse è per quello che sei sempre imbronciata anche tu.»

Colpita e affondata. Mi sento come il *Titanic* dopo l'impatto con l'iceberg. Con la differenza che io sono affondata in una botta sola.

Fingo di non voler dare alcuna rilevanza alla sua frase. Gli do le spalle e mi fermo al bancone con gli alcolici, servendomi da sola. Ho bevuto solo un drink, stasera, e me ne merito almeno un altro prima di iniziare questa tortura. Sono a metà, quando Thymós rompe il silenzio.

«Non entrerà nessun cliente stanotte, in questo privé.»

La sua frase mi fa voltare con uno scatto. Lascio il bicchiere sul bancone, nonostante non abbia finito lo champagne. «Cosa stai dicendo?»

Thymós, dalla parte opposta della stanza, comincia a camminare e mi raggiunge. Poggia la mano sul ripiano, accanto al mio braccio, e si china su di me. «Non si presenterà nessun cliente.»

Assottiglio gli occhi. «Cosa hai combinato?»

«Li ho mandati via tutti. Dal primo all'ultimo» mormora.

I suoi occhi scivolano sulla mia bocca e risalgono veloci, per poi ritornarci. Solo ora mi accorgo di avere il labbro inferiore ancora bagnato dallo champagne. Ci passo la punta della lingua, catturando di nuovo le attenzioni di Thymós, che espira con forza.

«Mio padre si arrabbierà. Devo giocare con almeno cinque clienti ogni notte, ricordi? Trentamila dollari a biglietto, per un totale di centocinquantamila. Se mancheranno quei soldi, passerò casini.»

Thymós inclina la testa di lato, e l'angolo delle labbra si incurva appena all'insù. «Non mancheranno. Ho comprato io i cinque biglietti.»

Il mio cuore smette di battere. E poi riprende, a un ritmo velocissimo. Temo che persino Thymós possa sentirlo. «Stai scherzando? Sono metà della tua prima paga.»

«Tu lo odi. E la maggior parte delle persone che vedo entrare qui provano a metterti le loro zampe addosso come se volessero strapparti i vestiti.» La voce gli trema di rabbia. «Sei più felice così, non è vero? E lo saranno anche quegli stronzi a cui io non strapperò le mani.»

Mi mordicchio il labbro, stupita del fatto che ha voluto fare un gesto carino per me. Centocinquantamila dollari solo per non vedermi infelice per una notte sono una cifra che nessuno pagherebbe.

Hermes ci aveva provato, una volta, ma nostro padre ha capito che i soldi erano stati trasferiti da lui. D'altronde non è stato molto furbo a prenderli dal conto bancario a cui hanno accesso i nostri genitori. Ma Hermes è Hermes, tanto intelligente quanto incredibilmente ingenuo a volte.

«Sei libera» dice Thymós, e allarga il braccio per indicare la porta. «Vai a ballare, come tanto ti piace, e divertiti, Aphrodite.»

Fa per voltarsi e raggiungere l'uscita anche lui, pronto ad accompagnarmi. Allungo la mano e gli afferro il bordo della maglietta a maniche corte, nera come da prassi. Per sbaglio, gliela sollevo il tanto da intravedere il suo addome piatto e la curva degli addominali.

Thymós abbassa il capo, osservando la porzione di pelle che gli ho scoperto, e poi lo rialza per inchiodarmi sul posto.

Dovrei togliere la mano e coprirlo. E lui dovrebbe dirmi di lasciarlo.

Nessuno dei due fa nulla.

L'aria tra di noi è così elettrica che è impossibile non percepirlo. Dopo aver passato tre giorni a debita distanza, è quasi strano averlo così vicino. È quasi un sollievo.

Ne vorrei di più.

Dio, quante cose vorrei fare in questo momento. E quante ne avrei volute fare in questo ultimo periodo. Tutta la frustrazione accumulata viene a galla. L'idea più stupida del mondo si fa spazio nella mia testa e mi implora di uscire, di essere pronunciata a voce alta.

«Se hai pagato... significa che devi giocare con me.»

Mi aspetto che mi chieda se sono impazzita, o che mi prenda in giro. Invece, si gira e si avvicina di nuovo. La mia mano stringe ancora il tessuto della t-shirt.

Ho detto di odiare questi giochi. Sì. Ma con Thymós muoio dalla voglia di farli.

Il suo viso si fa vicinissimo al mio, e il suo fiato caldo mi investe. «Ogni biglietto vale cinque minuti, ricordo bene? Allora, visto che ne ho presi cinque, la nostra partita ne durerà venticinque.»

11

DOLCE...

Afrodite ricoprì un ruolo cruciale durante la guerra di Troia, uno degli eventi più epici della mitologia greca. Il suo intervento più importante fu nel Giudizio di Paride, quando, in cambio della mela d'oro, promise al principe troiano la donna più bella del mondo, Elena. Ciò portò non solo allo scoppio del conflitto, ma dimostrò anche che il suo fascino e la sua influenza erano in grado di cambiare il corso della storia, tessendo amore e guerra in un unico destino.

Thymós

IMPIEGO due secondi a rendermi conto di quello che ho appena detto. Faccio un passo indietro, aumentando la distanza tra me e Aphrodite.

«Scusa, non so cosa mi sia preso...» mormoro.

Lei si irrigidisce. «Come?»

«Sono la tua guardia del corpo. Sei la mia cliente. Tuo padre mi paga per proteggerti. Non posso assolutamente giocare con te. Anzi, ti chiedo scusa per essere stato così inappropriato.»

Cosa cazzo mi è saltato in testa? Comprare i biglietti per evitarle l'infelicità di dover lavorare è una cosa. Propormi di giocare con lei per venticinque minuti... è una follia.

Sono completamente impazzito.

«Allora riprenditi i tuoi soldi» Aphrodite mi strappa dai miei pensieri. «E vai a dire a Eros di scegliere i cinque giocatori di stanotte.»

Serro la mascella con uno scatto. Quando prova a incamminarsi, la blocco parandomi davanti a lei. Prima che possa sbattermi addosso, la afferro delicatamente per le spalle. Aphrodite si ritrae.

«Non se ne parla. Ho pagato, i soldi sono tuoi.»

«Allora gioca» ordina, determinata, una luce strana brilla nelle sue pupille e mi fa quasi paura.

Vorrei gettarmi a terra per l'esasperazione. E per la frustrazione di volere tanto una cosa che non dovrei avere. «Non sai cosa mi stai chiedendo, Aphrodite. È inappropriato. Non è professionale.»

Persino a me viene da ridere per le cose che sto dicendo.

Incrocia le braccia al petto. «So benissimo cosa ti sto chiedendo, non trattarmi come una stupida. Non me ne frega nulla della tua professionalità.»

«A me sì.»

Fa per superarmi. «Ottimo. Vado a chiamare Eros.»

«No!»

«Sì!» esclama, alzando la voce più di me. L'improvvisa freddezza mi fa arretrare. «Non te la darò vinta. Sono stanca di dover assecondare solo il volere degli altri, di sentirmi dare ordini. O giochi tu con me, o vado a cercare qualche idiota là fuori.»

Dio, quanto è cocciuta. Testarda. Insopportabile. Orgogliosa.

Non avrei mai dovuto accettare questo lavoro, no. Però... qui in Grecia lo sanno tutti: ottenere anche il più piccolo impiego nel grande impero dei Lively è meglio che vincere alla lotteria.

«Io non ho alcuna lealtà da dimostrare a nessuno» le ricordo. «Non è questo lo scopo del gioco? Mettere alla prova le persone e vedere se si dimostrano delle adultere?»

«Lo so.»

«E non voglio pagare per il tuo corpo, come gli altri. Non sei un oggetto.»

«So anche questo. Ed è il motivo per il quale io voglio giocare con te. Perché tu non sei come loro.»

Non so se trovo più assurda l'insistenza di Aphrodite a giocare con me, o il fatto che muoio dalla voglia di cedere.

Il mio timore non è quello di perdere. Non la toccherò mai. Non la toccherei mai. *Mai*. La cosa che mi terrorizza è rendermi conto che desidero toccarla più di qualsiasi altra cosa al mondo.

Aphrodite non mi ha mai fatto preoccupare, fino alla notte in cui abbiamo parlato, in giardino. Per questo ho sempre cercato di starle lontano, di mantenere il nostro rapporto il più superficiale possibile. La bellezza estetica non ha alcun effetto su di me se non è accompagnata a quella interiore. E dalla piccola crepa che Aphrodite ha aperto, durante la nostra conversazione in giardino, ho intravisto un fascio di luce così luminoso da farmi bruciare gli occhi.

La prima volta in cui l'ho vista ho pensato che fosse una bella ragazza, come tante. La prima volta in cui l'ho vista seduta in terrazzo, con la colazione e un libro sotto il naso, mi si è stretto il cuore e ho provato con tutte le mie forze a fare finta di nulla. La prima volta che mi ha mostrato un piccolo scorcio di cosa ha dentro la testa, ho pensato che fosse una delle donne più belle al mondo.

Senza dubbio è esteticamente bellissima. Quando parla delle sue passioni, quando fa ciò che ama, quando accarezza i suoi fratelli con la stessa cura di una madre, quando impreca mentre legge qualcosa che l'ha stupita... diventa così meravigliosa da soffrirne fisicamente.

«Hai paura, Thymós?»

A volte osservo la sua bocca quando pronuncia il mio nome, per studiare il movimento delle labbra mentre le lettere di cui è composto le scivolano dalla lingua. Ieri notte mi sono ritrovato a immaginare come suonerebbe se uscisse come un gemito.

«Tuo padre ha promesso di tagliarmi le mani.» Quella minaccia è ben impressa nella mia memoria.

«Mio padre ti ammazzerebbe direttamente» corregge. «Ma mio padre non saprà mai cosa accade qui dentro.»

Aphrodite comincia a indietreggiare. Mossa sbagliata. Perché, così vicini, potevo concentrarmi solo sul suo viso. A mano a mano che aumenta la distanza, i miei occhi accolgono la sua figura intera.

Il suo corpo pieno e stretto in un vestitino rosso satinato, così corto che le basterebbe piegarsi appena per farmi venire un infarto. Adoro il modo in cui la sua pancia non è piatta, e il tessuto la mette in evidenza. Adoro che le sue cosce siano in carne, ma che finiscano con due caviglie sottilissime. Adoro il modo in cui i lunghi capelli biondi le accarezzano i fianchi larghi.

Capisco gli stronzi che vorrebbero scoparsela. Capisco perché la guardino tutti con gli occhi carichi di desiderio. Mi resta solo da capire perché io voglia riempire quegli uomini di botte, dal primo all'ultimo.

Aphrodite si siede sul bracciolo della sedia e fa oscillare la gamba in modo pigro. «Mi raggiungi, Thymós? Ti basta non toccarmi ed esci da qui con il doppio dei soldi che hai pagato. Ti farebbero comodo?»

Da morire. Ho bisogno di soldi più di qualsiasi altra cosa al mondo. Ho dovuto mettere a tacere la mia morale per comprare quei centocinquantamila dollari di biglietti.

Mi verso un bicchiere di whiskey e lo scolo in un solo sorso, senza staccarle gli occhi di dosso. Può provocarmi quanto vuole, può fingere di avere tutto il potere e il controllo, ma so che non è così. So che anche lei prova qualcosa. L'attrazione non va in senso unidirezionale.

La raggiungo e prendo posto sulla sedia del giocatore, mandando ufficialmente al diavolo la mia morale e la maledetta professionalità.

La mano di Aphrodite punta al cavallo dei miei pantaloni. La afferro per il polso. «Cosa fai?»

Lei si libera, senza dirmi nulla. Sfiora la tasca sinistra e poi infila la mano dentro, pescando il mio cellulare. Emetto un sibilo, infastidito dall'erezione che preme dolorosamente e dal fatto che ormai l'avrà notata di sicuro.

«Ci serve un timer» mi informa. Tiene lo schermo rivolto verso di me per farmi inserire il codice di sblocco. Si occupa lei di impostare il timer e mi mostra i minuti che cominciano a scorrere.

Inizia la mia tortura.

O il mio tempo limitato in Paradiso.

Aphrodite poggia il cellulare sul divanetto accanto e si mette in piedi, ma ancora prima che riesca a muovere un passo la blocco richiamandola, con la mano a mezz'aria.

Non posso toccarla. Nemmeno per afferrarle il polso e dirle di fermarsi, non ora che è ufficialmente iniziato il gioco.

«Non voglio che tu ti comporti come fai con i tuoi clienti, con quegli stronzi viscidi» sussurro. «Voglio che sia te stessa, in tutto. Senza limiti. Senza vergogna. Senza freni. Puoi essere solo te, qui dentro, con me, per questi venticinque minuti?»

Aphrodite si volta con studiata lentezza, le sue iridi azzurro mare fisse nelle mie. Il suo labbro ha un fremito. «D'accordo. Però... C'è una cosa che devi sapere, allora.»

Poggia entrambe le mani sui braccioli della sedia e si china su di me. Le onde dorate le ricadono in avanti e la scollatura del vestito si allarga appena, lasciandomi intravedere la curva rotonda dei suoi seni.

«Il primo nome che ho avuto, ormai diventato secondo ad Aphrodite, è Daisy» mormora.

Margherita. Le si addice. La margherita è il fiore più semplice e candido, un po' come lei. «*Louloúdi margarítas*» ripeto in greco.

Abbozza un sorrisetto. «*Théleis na milíseis elliniká, Thymó*?» *(«Vuoi parlare in greco, Thymós?» in greco)*

Sollevo il capo e la fisso dal basso, resistendo alla tentazione anche solo di sfiorarle una ciocca di capelli. Il suo profumo impregna l'aria che ci separa.

«*Tha milíso ópoia glóssa théleis,* Daisy.» *(«Parlerò qualsiasi lingua tu voglia, Daisy» in greco)*

Fa scorrere i palmi delle mani lungo i braccioli della sedia, portandoli più vicini alle mie braccia. «*Poio eínai to plíres ónomá sou*?» *(«Qual è il tuo nome completo?» in greco)*

«Thymós Liakos.»

Sembra soppesare il mio cognome, come se stesse decidendo se le piace o meno. Alla fine, si allontana, restando in piedi davanti a me. «*Théleis na chorépso gia séna, Thymó Liako?*» *(«Vuoi che balli per te, Thymós Liakos?» in greco)*

Scuoto la testa e mi concedo un'occhiata veloce alle sue labbra. «*Thélo na chorépseis mónos sou, brostá mou.*» *(«Voglio che balli per te stessa, davanti a me» in greco)* «È quando sei in pista, nel tuo locale, e balli insieme alle tue dipendenti che diventi sensuale. Se vuoi farmi perdere a questo gioco, allora balla come piace fare a te, e non come pensi che piacerebbe agli altri.»

Aphrodite si scosta definitivamente. Non so se le mie parole abbiano sortito un effetto negativo o positivo perché lei decide di non darmi alcun indizio.

Comincia a camminare fino all'angolo della stanza dove si trova lo stereo con le casse. Traffica per qualche secondo prima che partano le note di una canzone lenta, che io non credo di aver mai sentito prima d'ora. Lei, al contrario, sembra conoscerla alla perfezione.

Nel momento in cui la sua bocca si muove per mimare le parole e il suo corpo si abbandona alla musica, vedo la vera Daisy. Le sue labbra sono sincronizzate con la voce del cantante, non si muovono mai in anticipo o in ritardo.

Quando getta il capo all'indietro e rotea il collo lentamente, a ritmo, il suo corpo si scioglie, liberandosi dell'imbarazzo di dover fare tutto questo davanti alla sua guardia del corpo. Ogni movimento è più energico e preciso del precedente, e non ce n'è neanche uno che non sia a tempo con la canzone.

Daisy balla, a occhi chiusi, noncurante che determinate mosse le scostino la gonna e mi lascino intravedere il pizzo celeste delle sue mutandine. Calcia via persino le scarpe col tacco, restando a piedi nudi. Scivola sul pavimento con una grazia tale che non sembra più corporea, sembra fatta d'aria.

D'aria e del mio desiderio di toccarla.

Il modo in cui balla è ammaliante. Ammaliante al punto che vorrei essere il pavimento su cui poggia. Vorrei essere l'aria che le sta attorno, che respira, che entra in lei, che le soffia tra i capelli, che le passa sotto la gonna del vestito e si insinua nella scollatura. Vorrei essere le stesse parole della canzone che canticchia sottovoce con tanto trasporto. Vorrei essere la musica che la spinge a muovere il bacino con quella passione. Vorrei essere persino il vestito che ha addosso, per poter stare incollato alla sua pelle.

Come se potesse leggermi nel pensiero, i suoi occhi si fissano su di me, e sono gli occhi di un felino che ha trovato la sua preda. Si avvicina, un passo alla volta, poggiando sul pavimento solo la punta del piede. Percorro fin troppe volte la lunghezza delle sue gambe abbronzate.

Si piega di lato e il movimento le fa risalire il vestito al punto che vedo metà curva del suo gluteo. Si gira, dandomi la schiena, ma rimette a posto il vestito troppo tardi.

La saliva mi va di traverso e per non farglielo notare quasi soffoco, qui seduto, come un coglione. Fisso lo sguardo verso il soffitto e cerco di calmarmi.

«Vuoi toccarmi, Thymós, vero?»

La sua voce è cantilenante, bassa e dolce. Ma non dà la sensazione innocente di una carezza sul viso. È un graffio sulla schiena. Sono le sue unghie conficcate nella mia pelle.

Butto fuori uno sbuffo d'aria, in difficoltà. «Ho desiderato toccarti dal primo momento in cui ti ho vista, Daisy» le confesso. «Sei stata un colpo di fulmine. Un'attrazione fisica istantanea.»

Lei torreggia su di me. «Quindi sei come tutti gli altri che mi vedono solo per l'aspetto fisico.»

La inchiodo sul posto, con una rabbia improvvisa che la fa arretrare di pochi centimetri. «No, Daisy. Perché se mi chiedessero di scegliere... preferirei non poterti mai toccare, ma poterti guardare per sempre, mentre te ne stai seduta sul balcone a fare colazione con un libro sotto il naso. Quello è il momento in cui mi...» Deglutisco. «Mi fai completamente impazzire.»

Le sue gote si colorano di rosso. E io sogghigno, felice di avere il controllo, finalmente.

Senza preavviso, punta il ginocchio accanto alla mia coscia, sulla sedia. Stringo immediatamente le gambe per lasciarle spazio, e lei sale anche con l'altra gamba. Ora è a cavalcioni su di me, stando però attenta a non entrare in contatto con il mio grembo. Si regge con le ginocchia alla sedia e con le mani al bordo dello schienale, accanto alla mia testa.

Tutto il suo corpo è qui. Davanti a me. Vicinissimo. E io non posso sfiorarla, se non con lo sguardo.

«Allora toccami, Thymós» ordina lei, col fiato corto.

«Perderei il gioco» le ricordo. Ciononostante, la mia mano ha un guizzo e si avvicina alla sua coscia destra. Le punte delle dita non la sfiorano per poco.

«Lo so. Però io voglio che tu mi tocchi» ammette, e i suoi occhi tornano su di me, incastrandosi nei miei in una presa letale.

Per poco la saliva non mi va di traverso, di nuovo.

Serro le mani in due pugni. Prendo un respiro profondo e guardo solo il suo inguine, coperto a malapena dal tessuto morbido del vestitino. Distendo le mani e faccio per toccarla.

«Sei la mia guardia del corpo.» Il suo tono cambia, mi sta canzonando ma anche rimproverando. «Non puoi toccarmi, ricordi?»

Ha ragione. Eppure, non è l'unica intelligente qui. Per quanto il suo cervellino brilli sicuramente più del mio, anche io ho le mie carte segrete.

«Però tu puoi toccarti come se lo stessi facendo io» le sussurro. «Devi solo seguire le mie indicazioni e fare ciò che ti dico, Daisy.»

Vedo con chiarezza il tremolio che le scuote le cosce. Quasi la fa sbilanciare per la sorpresa. Si regge con più forza, entrambe le mani ai lati del mio capo, e annuisce.

«Cosa devo fare, allora?»

La indico. «Per prima cosa, devi toglierti le microscopiche mutandine in pizzo che hai addosso. Subito.»

Aspetto che si alzi per sfilarle, ma Aphrodite ha piani diversi. Infila la mano sotto il vestito e tira fino a quando non sentiamo il rumore di uno strappo. Ripete lo stesso movimento dall'altra parte, e i suoi slip cadono sulle mie gambe. Ha rotto i lacci del perizoma invece che sfilarlo. E ora il pezzettino di stoffa celeste giace sopra i miei pantaloni.

Rimango a bocca aperta. Non ho la forza di chiuderla.

«Ora?» mi incalza, impaziente.

Resto calmo. O almeno cerco di darle quell'apparenza e spero di riuscirci. «Abbassati la scollatura e scopri il seno.»

Mi aspetto che esiti, che protesti, e invece mi guarda con una tale lussuria che mi lascia senza fiato. Possibile che provi la stessa attrazione fisica che provo io nei suoi confronti?

Aphrodite si abbassa il vestito e il suo seno sodo fuoriesce in un colpo, dandomi un senso di stordimento mai provato prima. Accolgo con pazienza l'immagine del suo seno e me lo stampo per sempre nella testa. Questa potrebbe essere la prima e ultima volta in cui lo vedrò.

«Inumidisciti i polpastrelli del pollice e dell'indice con la saliva» le ordino. «E stimolati i capezzoli, Daisy.»

Nonostante provi a mostrarsi inscalfibile, tentenna per un istante.

Sorrido, senza alcuna traccia di ilarità. «Cosa c'è? Troppo, per te?»

Inarca entrambe le sopracciglia. «Troppo poco, in realtà.» Si avvicina. Il suo seno quasi mi sfiora il petto. «Preferirei inumidirli con la tua saliva.»

Dio.

Aphrodite aspetta una mia risposta, o come minimo una qualsiasi reazione. Non gliela voglio dare vinta, anche se, per quanto io possa fingere, so per certo che tra noi due sarò sempre io il perdente. E non mi importa.

Di certo non le farò presente che questo sarebbe un contatto che viola le regole del gioco. Se è l'unica cosa che posso avere, seppur con l'inganno, non la rifiuterò.

Apro la bocca e tiro fuori la punta della lingua. Aphrodite sposta una sola mano e, con i polpastrelli, traccia prima il contorno del mio labbro superiore. Dopodiché, mi sfiora la lingua, raccogliendo il tanto di saliva che ritiene sufficiente.

Senza spostarsi di un millimetro, si afferra il capezzolo destro e comincia a giocarci, spargendoci sopra la mia saliva. Lei guarda me, ma io tengo il capo rivolto verso il basso, ipnotizzato dai suoi movimenti.

Senza che le dia ulteriori indicazioni, si stabilizza meglio con le ginocchia sulla sedia e porta su entrambe le mani, riempiendole con i suoi seni. Li massaggia con movimenti circolari, pizzicando di tanto in tanto i capezzoli sporgenti.

Se potessi vedere la mia espressione, mi prenderei in giro da solo.

Patetico coglione.

La parte razionale che è in me sta gridando di fermarmi, di rinsavire e rendermi conto di ciò che sto facendo. Aphrodite Lively è mezza nuda davanti a me. La mia cliente. La figlia di Crono Lively, l'uomo più potente in Grecia. Sarebbe capace di spaccarmi il cranio in mille pezzi.

Sono ancora in tempo per fermare tutto questo. Lo sono. Lo sono?

Sì, devo dirle di smetterla e allontanarla. *Devo.*

«Ti piace, Daisy?» le domando, invece.

Emette un gemito flebile. Poi annuisce. «Preferirei le tue mani, però.»

I movimenti si fanno più irruenti, guidati dalla frustrazione, e ha un tremito nella zona inguinale, segno che l'umidità accumulatasi lì richiede attenzione.

«Fammi scendere più in basso, *ti prego*» mormora. Le mani spingono verso l'addome, in direzione dell'inguine. «*Se parakaló*» ripete in greco. *(«Ti prego» in greco)*

Il lampo di desiderio che le attraversa il viso mi fa male come una pugnalata.

«Porta la mano in mezzo alle gambe, Daisy» le dico, piano, perché temo di perdere il controllo. «Lascio scegliere a te se vuoi sollevarti la gonna o no.»

Le sue mani scorrono sul busto, sopra la pancia, e si infilano sotto il tessuto rosso.

Chiudo gli occhi per un secondo. Li riapro. La sua mano è immobile. Attende un mio ordine, attende che io le dica di procedere.

Con un cenno del capo, le do il permesso. Se parlassi in questo momento, risulterei solo patetico. Non credo di avere il controllo del mio corpo, tanto meno della mia voce e dei miei pensieri.

Vedo la mano muoversi, là sotto, e poi risbucare. Me la porge, e sul suo dito la pelle appare più lucida e liquida.

Mi schiarisco la voce e deglutisco. I suoi occhi sembrano seguire il movimento del mio pomo d'Adamo che si abbassa. Le indico di continuare.

Aphrodite ghigna, il diavolo tentatore in persona. «Hai perso le parole?»

«Prosegui» sibilo, fissando gli occhi nei suoi.

Devo essere riuscito a darmi il tono giusto, perché lei sussulta appena e annuisce. Le sue dita ricominciano a muoversi. Vorrei che sollevasse il vestito. Ma non sono sicuro che riuscirei più a contenermi, in quel caso. Accompagna la mano con movimenti del bacino, spingendosi in avanti e indietro, più a ritmo ora di quando stava ballando pochi minuti fa.

Aphrodite non tentenna neanche un secondo. Dolci mugolii le escono dalla bocca lucida, mentre cavalca la sua stessa mano davanti ai miei occhi attenti. Si morde il labbro con forza e il petto è scosso da un ritmo irregolare che mi manda in tilt il cervello.

«Infila un solo dito, Daisy, fino a quanto riesci.»

Daisy si solleva appena e, dalla smorfia che le compare in viso, comprendo che ha appena eseguito il comando. Il suo braccio spinge in avanti e, quando emette un gemito più forte degli altri, capisco che ha finito.

Serro i denti con uno scatto mentre lei comincia a ondeggiare sopra di me, senza mai sfiorarmi, il dito che entra ed esce, a un ritmo che va in crescendo. Nonostante la musica in sottofondo, sento i rumori prodotti dal dito che affonda nei suoi liquidi.

«Daisy.»

Mugugna, ancora con il capo piegato all'indietro e gli occhi chiusi.

«Solo un'ultima cosa.» Mi avvicino, stando attento a non sfiorarla, e mi alzo abbastanza da poter accostare la bocca al suo orecchio. «Devi tenere gli occhi su di me, Daisy. Devi guardarmi, per tutto il tempo, fino all'orgasmo. Chiaro?»

Le sue palpebre si spalancano con uno scatto e la sua vista offuscata dal piacere comincia a mettermi a fuoco. Con determinazione, riprende le spinte e mi tiene gli occhi incollati addosso. Vorrei ricambiare, ma sono troppo ammaliato dal modo in cui il suo corpo trema sopra il mio.

I suoi gemiti si fanno sempre più frequenti e rumorosi, tanto che prova a serrare la bocca, convinta di dover essere più silenziosa. Scuoto il capo, suggerendole che, al contrario, voglio che si lasci andare e si goda il momento.

La stanza si riempie del suono dei gemiti di Aphrodite, della stupida canzone che per poco non li copre, del suo respiro affannoso e dei battiti del mio cuore che procedono come dei pazzi.

Il mio nome le scivola di bocca, come un lamento carico di dolore. Capisco dopo qualche istante che non è davvero dolore, o almeno non il tipo di dolore che intendiamo in senso negativo. È la stessa sofferenza che provo io. Un'attrazione fatale che ti fotte il cervello e ti sfascia il petto dall'interno.

Aphrodite ripete ancora due volte il mio nome. Poi si blocca, trattiene tutta l'aria inspirata e la rilascia. Si incurva in avanti e libera un gemito, vicinissima al mio orecchio, come se volesse che lo sentissi con tutta la sua intensità e forza. Il suo corpo trema e la mano si muove sempre più lentamente, fino a immobilizzarsi.

La musica si ferma.

E, nell'improvviso silenzio, smorzato soltanto dai rumori provenienti dal locale, oltre la porta di questa stanza, solo i nostri cuori ci fanno compagnia.

«Daisy...» mormoro, con dolcezza.

Prima che mi risponda, il timer del telefono riempie la sala, fastidioso e incessante. Anche se è il mio cellulare, in questo momento lo spaccherei volentieri contro il muro.

Aphrodite si solleva il vestitino per coprirsi il seno ancora nudo e riesce a mettersi in piedi, un po' traballante. Raggiunge il divanetto su cui aveva poggiato il mio cellulare, solo per spegnere l'allarme del timer scaduto. Rimane lì, però, senza riavvicinarsi a me.

La squadro, impassibile, anche se dentro di me sono morto e risorto trenta volte consecutive per colpa sua.

«Ho vinto» annuncio. È la prima cosa che mi passa per la testa. Devo distrarmi in qualche modo.

Lei fa un cenno di assenso. «Avrai il doppio dei soldi dei biglietti.»

Tra tutta la sofferenza degli ultimi venticinque minuti, questa è una boccata d'aria fresca. Su una cosa ha ragione: i soldi mi servono più di qualsiasi altra cosa. Motivo per il quale non posso perdere questo lavoro. O farmi tagliare le mani da Crono Lively.

«Ti farò accreditare la somma» dichiara, alla fine, e si liscia il vestitino spiegazzato. «Ora, però, è meglio tornare a casa.»

Il suo intimo in pizzo, lacerato, giace ancora sul mio grembo. «Stai dimenticando...» le parole mi escono di bocca con poca sicurezza.

Lei si gira di tre quarti per scoccarmi un'occhiata priva di interesse che me lo fa diventare di nuovo duro. *Cristo santo.*

«No, te le regalo. Puoi usarle stanotte quando ti masturberai pensando a me.»

12

...E AMARO

Efesto, figlio di Era, è uno dei dodici dèi dell'Olimpo.
Dio del fuoco e delle fucine, della scultura,
della metallurgia e dell'ingegneria,
è sposo di Afrodite.

Thymós

Dopo un'altra notte passata sul pavimento della camera di Aphrodite, quasi insonne, con il suo corpo a pochi passi dal mio, non ho un umore particolarmente positivo e incline alla serenità.

A maggior ragione dopo la serata al suo locale.

Quando esco dal bagno, con i vestiti puliti indosso, lei non è più nel letto. Una cosa che ho notato è che non lo rifà mai. È disordinata, caotica, lascia le cose in giro e devo riprenderla perché le metta a posto. Forse sono io a essere stato abituato con troppa rigidità a mantenere un ordine maniacale, o forse lei è davvero un caso perso.

Mi affretto a uscire dalla stanza e scendere le scale per arrivare al primo piano. Imbocco l'entrata della cucina. Tutti i fratelli sono fuori, in terrazzo, tranne Hermes. È nudo, come suo solito, e scruta con attenzione l'interno del frigo.

«Buongiorno, Terminator. Dormito bene?»

«No. Ridammi le chiavi della mia stanza. Subito.»

Non posso andare a dirlo a Crono. Capirebbe che per giorni ho dormito nella stanza di sua figlia e credo sarebbe capace di tagliarmi il cazzo senza battere ciglio. Avrei dovuto avvisarlo fin dalla prima notte, se solo l'idea di passarla così vicino a lei non avesse annebbiato ogni capacità di pensiero critico.

Hermes si volta nella mia direzione, con un vasetto di yogurt alla fragola in mano. Il cucchiaino è incastrato dietro l'orecchio. «Ci penso e te lo faccio sapere, okay?»

Gli vado incontro lentamente e lui indietreggia fino a sbattere contro il bordo del lavandino. Il suo pomo d'Adamo si abbassa. «Ascoltami bene...»

Hermes solleva le mani e le mette avanti. «Okay, okay, mi hai convinto. Te le farò trovare nella serratura il prima possibile. Lo giuro.»

Inarco un sopracciglio. Tutta l'irritazione che ho provato fino a pochi secondi fa è scemata, lasciando posto al divertimento.

«Non ho nemmeno iniziato a minacciarti...»

«Lo so, ma mi ha spaventato solo l'idea di venire minacciato da te. Scommetto che riesci ad aprire un cocomero in due con le mani.»

Sbuffo. Non ho ancora capito perché questo ragazzo mi veda davvero come un misto tra Hulk e Terminator, e creda che sia dotato di una forza sovrannaturale.

«Ci riesci, Thym?»

Gli volto le spalle e afferro una mela dal cesto sull'isola della cucina. La stessa tipologia di mela su cui Aphrodite mi ha fatto una piccola lezione giorni fa. Sorrido al pensiero.

«Chiamami un'altra volta "Thym" e apro in due la tua testa» lo avverto.

«Non ti pare un po' esagerato?»

«No.»

«Nemmeno un pochino?»

«Vuoi sapere cosa...»

«Hai ragione. Non esageri affatto. Buona colazione, spero che il cibo sia di tuo gradimento.»

Trattengo una risatina ed esco finalmente sul balcone, libero da quella piattola che è il gemello di Aphrodite. Non lo ammetterò mai a voce alta, ma non è per niente male. Potrebbe persino arrivare a... piacermi. Giusto un pochino.

Al contrario di Athena. Hades è ufficialmente okay, invece. Apollo non l'ho ancora inquadrato. È troppo calmo e gentile, e le persone così sono anche quelle di cui preoccuparsi di più.

«Buongiorno» saluto.

Qualcuno mi risponde, ma non ci presto attenzione, perché ogni parte del mio cervello è focalizzata su un intruso appena apparso nella mia traiettoria. Il ragazzo asiatico e ricco che Crono vuole accoppiare ad Aphrodite. Se ne sta seduto al tavolino con lei, vestito come un damerino, elegante nei movimenti e con la schiena così dritta che vorrei dargli un ceffone.

«Chi lo ha autorizzato a stare qui?» chiedo. «Devo chiamare la sicurezza o posso portarlo via io di peso?»

Aphrodite sposta gli occhietti azzurri dal suo pretendente a me, con aria annoiata. Quasi come se fosse infastidita di trovarmi qui. Peccato che ieri notte mi avrebbe implorato per infilarle due dita tra le gambe.

«Lo ha invitato mio padre. E io sono d'accordo. Stai sereno, Thymós.» Il suo libro è aperto, anche se deduco che la presenza del nuovo invitato non le permetta di leggere, come le piace fare ogni mattina durante la colazione.

Bofonchio un «come vuoi tu» e vado a sedermi al loro stesso tavolino, avendo l'accortezza di passare dietro Hephaestus e costringerlo a spostarsi in avanti con la sedia per lasciarmi abbastanza spazio.

Una volta accomodato, do un morso sonoro alla mela e mastico facendo il più rumore possibile.

Devo comportarmi da persona matura. Sono un adulto. Sono una guardia del corpo. Sono qui per lavorare. Non per sbavare dietro alla mia cliente e tanto meno per essere geloso di lei.

Eppure, lo sono.

Vorrei afferrare la testa di Hepha... qualunque sia il suo nome strambo, e sbattergliela contro il tavolino. Per il modo in cui la guarda. Per il fatto che può guardarla quanto gli pare senza destare sospetti.

E soprattutto perché lui è approvato da Crono. Sì, quell'idiota ha un'etichetta stampata in fronte: «Il padre psicopatico e ricchissimo ha stabilito che vado bene per sua figlia». Lui è alla sua altezza.

Aphrodite mi lancia un'occhiata rapida, poi addenta la fetta di pane con burro d'arachidi e marmellata di lamponi, aspetta di deglutire e parla. «Allora, Min Joon, mi raccontavi della tua città. Ti prometto che Thymós non ti trascinerà via da qui accusandoti di essere pericoloso.»

Ma certo.

Lei, comunque, ci prova a essere come la vuole suo padre. La ragazza posata, che dà morsi piccoli e sta con le gambe accavallate mentre ascolta un ragazzino ricco che le parla dell'altezza degli alberi nella strada di casa sua. Se non può essere come vuole, tanto vale accontentare il padre, vero? Infrangere tutte le regole con me, in privato, e poi fare gli occhi dolci al figlio di papà in pubblico.

Cosa mi aspettavo, d'altronde? Sapevo che sarebbe stato un gioco, sotto tutti i punti di vista. Posso insegnarle in segreto a difendersi e come dare un pugno in grazia di Dio. Posso farle avere un orgasmo incitandola a toccarsi davanti a me e farla parlare di quanto ami l'astrofisica, ma...

Lei non si ribellerà mai al padre. La capisco. Non cambierà nulla. Mai.

E io devo farmene una ragione.

Non mi ha mai sfiorato l'idea di poterle stare accanto per sempre, ma da quella notte in giardino ho iniziato a sperare che trovi la sua indipendenza e faccia della sua vita ciò che più desidera.

È una speranza troppo pretenziosa? Devo farmi i cazzi miei ed essere solo la sua guardia del corpo?

Per un solo secondo... per uno solo, io mi sono immaginato con lei. È stato un battito di ciglia veloce, però capace di lasciarmi senza fiato e con una fitta lancinante al petto. Non è il momento di diventare un sognatore. Sono sempre stato un realista, forse molto tendente al cinico, e così sarà per il resto della mia infelice vita.

Stare proprio davanti a questi due mi farà uscire di testa, motivo per il quale faccio strisciare la sedia con poca discrezione e vado a mettermi al tavolo con i fratelli.

«Comunque, lui mi piace» sta commentando Athena. «E se lo dico io che sono lesbica...»

Tossisco così forte che i tre fratelli si voltano verso di me nello stesso momento.

«Vuoi una caramellina per la gola, Thymós?» Hermes, tornato con un accappatoio addosso, mi fa l'occhiolino e si siede accanto ad Apollo. «Magari è un po' irritata, sai.»

«Stai zitto.»

«Stai zitto tu... No, preferisco stare zitto io, scusa.»

Hades lo fissa con un sorrisetto in volto. La piega delle labbra verso l'alto gli distorce la cicatrice che gli attraversa il viso.

«Anche io lo approvo» si aggiunge Apollo. «Sembra un bravo ragazzo. Nostra sorella merita qualcuno di composto, che le dia sicurezza e la rispetti.»

No, vorrei dirgli. *Tua sorella merita qualcuno che la rispetti, ma che non sia più noioso del fissare un blocco di cemento. Merita qual-*

cuno che la incoraggi a studiare, che la osservi invece che vederla e basta, e che soprattutto lo faccia con ammirazione. Qualcuno che la lasci leggere i suoi libri in silenzio, che le stia accanto quando combina una delle sue cazzate da irresponsabile. E magari che la sappia soddisfare a letto, che sfiori ogni centimetro del suo corpo come se avesse tra le mani la cosa più preziosa al mondo.

«Sì, immagino che non sia male» conviene anche Hades. Ma con la coda dell'occhio mi lancia un rapido sguardo.

Tossisco, ancora.

Aphrodite ed Hephaestus non sembrano sentire i pettegolezzi dei fratelli, troppo intenti a parlare della città in cui è cresciuto lui.

«Non saprei. Io tifo per lei e Thymós.» Hermes finge di annusare l'aria. «Non sentite questo forte odore di desiderio sessuale che emanano quando sono insieme?»

Sussulto appena ed evito il contatto visivo con lui. O con uno degli altri fratelli che ora mi studiano, carichi di interesse, come se si accorgessero solo ora di quanto mi piacerebbe chiudere Aphrodite nella mia camera e farle...

Basta.

Mi concentro sulla mia mela e la finisco in pochi morsi. Per quanto mi sforzi di non ascoltare la conversazione di Aphrodite e Min Joon, non posso farne a meno. È così noiosa che credo avrò bisogno di una doppia dose di caffè, stamattina. L'alternativa ai loro discorsi, però, è ascoltare quelli dei fratelli Lively.

Mi trovo in mezzo a due strade sconvenienti.

Una voce maschile e austera, proveniente dalla spiaggia, mi offre una nuova possibilità. Adocchio Crono Lively, a svariati metri dal balcone, impegnato in una discussione piuttosto animata con un uomo in giacca e cravatta che suda visibilmente, di sicuro non tanto per il caldo ma per la pressione psicologica che sta subendo.

Lascio il torsolo della mela sul tavolo e scatto in piedi. La testa di Aphrodite si volta immediatamente nella mia direzione. «Dove vai?»

Trattengo a stento un sorriso. Segue ogni mio movimento, esattamente come faccio io con lei. Con la differenza che io sono pagato trecentomila dollari a settimana.

La mia sacca di soldi ambulante si preoccupa se mi allontano.

«Devo discutere di una cosa con tuo padre. Torno subito» le prometto in tono dolce.

Hermes, dietro di lei, forma un cerchio con due dita e ci fa passare in mezzo l'indice dell'altra mano. Le sopracciglia si alzano e abbassano a ripetizione, alludendo alle sue solite porcate. Porcate che, in fondo, mi piacerebbe poter fare.

Sebbene ne sia divertito, preferisco però non lasciargli troppa confidenza. «Posso spezzarti le ossa di tutte le dita, sappilo.»

Scrolla le spalle. «Fai pure. Ho i piedi prensili come le scimmie.»

«È vero» conferma Apollo. «Sa scrivere il suo nome con il piede destro.»

Non voglio più avere un qualsiasi scambio comunicativo con i figli di Crono Lively. È ufficiale.

Mi incammino verso le scalette del terrazzo che terminano col sentiero segreto, la passerella lastricata di pietre che conduce alla spiaggia privata della famiglia. Sento gli occhi di Aphrodite su di me per tutto il tempo, fino a quando non sono più sotto la sua vista. Ed è lì che mi concedo un piccolo sorriso.

All'inizio del sentiero, mi accorgo che Crono e l'uomo sconosciuto si sono spostati e stanno venendo proprio nella mia direzione. Arretro, cercando di mimetizzarmi e di nascondere la mia figura.

«...quindi mi confermi che non ci sono stati problemi e l'hanno ammessa anche a Yale, oltre a Stanford?» sta chiedendo Crono. Nella sua voce c'è una punta di... agitazione. Emozione che non pensavo avrei mai potuto sentire in un uomo come lui.

«Sì, signore. Ammessa.»

«Ottimo. E il resto?»

«Stanford le darà una borsa di studio parziale» prosegue. «Abbiamo pagato l'intera retta di Yale, invece, come da lei richiesto, e verrà fatta passare per una borsa di studio integrale. Dovremmo assicurarci, così, che sceglierà quell'università.»

«Ottimo. Tienimi informato, per favore. È tutto, per il momento.»

Si scambiano un breve saluto. Ed è in quel momento che colgo l'occasione di uscire dal nascondiglio e camminargli incontro, fingendo di essere appena arrivato.

Faccio un cenno all'uomo in completo elegante, che ricambia, e punto gli occhi su Crono. Devo stargli simpatico, perché mi regala un sorriso smagliante. Negli occhi brilla come sempre la pazzia, però.

«Signore.»

«Thymós. A cosa devo il piacere?»

L'idea che ho in testa è più pazza dello sguardo che ha lui. Devo comunque provarci. Non mi costa nulla. È solo un tentativo e lo faccio per lei.

«Vorrei parlare di Aphrodite.»

Il suo corpo si irrigidisce. «È successo qualcosa? Qualcuno le ha dato fastidio? Il killer ha provato ad attaccarla?» spara le domande a raffica, una dopo l'altra, lasciandomi stordito.

«No, no, niente di tutto questo. A parte il darle fastidio. Sono i clienti del locale. Per la precisione, quelli con cui gioca nel privé.»

Crono assottiglia gli occhi, riducendoli a due fessure. Fa un passo avanti. «Spiegati meglio.»

«Provano quasi tutti a toccarla.»

«È quello in cui speriamo. Così perdono i soldi.»

Che discorso da padre è mai questo? Come può sperare che dei depravati provino a mettere le mani addosso a sua figlia, solo per soldi? Come se poi non ne avesse a palate. Questa famiglia è miliardaria.

«Le mancano di rispetto» gli spiego, visto che sembra non arrivarci da solo. «Mi paga trecentomila dollari a settimana perché devo proteggere la sua bimba preziosa e poi permette che le accada questo?»

La sua mascella ha un guizzo. Lo sto facendo arrabbiare. Ormai è tardi per tirarsi indietro, tanto vale dire tutto.

«È importante proteggerla solo se si tratta di un killer che vuole ucciderla, ma se è un pervertito che vuole infilarle le mani sotto la gonna allora ci si può passare sopra?»

Crono fa un respiro profondo e si inumidisce le labbra. Punta lo sguardo al cielo, come se non avessi detto nulla, e torna su di me, con le mani sui fianchi e l'espressione concentrata.

«Certo. La morte è una cosa più seria, Thymós. Non sarai dotato di chissà quale intelligenza, visto che la forza bruta è la tua specialità, ma ti reputo abbastanza sveglio da capirlo da solo. O mi sbaglio?»

«Morire liberi è meglio che vivere schiavi» mormoro.

Crono è veloce come un lampo. La sua mano si aggancia attorno al mio collo in una presa violenta, mi fa mancare l'aria prima che la allenti.

Le mani mi formicolano e devo ripetermi di non reagire. L'adrenalina mi scorre nelle vene, incendiando ogni parte del mio corpo. Devo scacciare via l'irrazionale pensiero di rendergli il doppio del dolore. O di ucciderlo a mani nude.

«*Ákousé me*, Thymós.» *(«Stammi a sentire, Thymós» in greco)* Il suo viso è a pochi millimetri dal mio. «Tu sei pagato per fare il tuo lavoro, non per dare la tua opinione o impartirmi lezioni su come essere un padre. Se non ti sta bene, puoi andartene anche adesso. Ma se vuoi restare qui, non devi più azzardarti ad aprire bocca su questioni che non ti riguardano. Perché mi ci vorrebbero due secondi a farti piantare una pallottola in testa e due minuti a buttare il tuo corpo, fatto a pezzi, in mare. Mi hai capito bene?»

Se non la smetto di stringere i denti, finirò per spaccarmeli.

«Sì, signore» sibilo. Gli afferro il polso, con studiata calma e gentilezza, e gli stacco la mano dal mio collo. «Le chiedo solo di non mettermi mai più le mani addosso. Perché lei può farmi sparare a vista, certo. Nonostante ciò, qui, in questa stradina isolata e nascosta, io posso ucciderla a mani nude.»

Se lo spavento, non lo dà a vedere. Anzi, le labbra gli si incurvano in un sorrisetto inquietante. Mi dà una pacca sulla spalla e mette distanza tra di noi.

«Mi piaci, Thymós. Mi piaci molto. Vedi di non deludermi.»

13

BIANCO...

Afrodite non era solo la dea dell'amore, ma anche della magia amorosa. Si diceva che possedesse cinture incantate che potevano rendere chiunque irresistibile. Queste cinture, chiamate kestós, *erano richieste persino da Era per sedurre Zeus.*

Aphrodite

THYMÓS è via da due giorni. Ha avuto quello che mi è stato comunicato come un «problema in famiglia» ed è partito per Heraklion, la città in cui è nato e cresciuto, sull'isola di Creta. Cosa che ho scoperto insieme al fatto che non era più qui, ad Atene, nella camera accanto alla mia.

È partito senza dirmi nulla. Una mattina era seduto al tavolino con me ed Hephaestus e lo guardava come se volesse prenderlo a pugni, ma quello stesso pomeriggio era già sparito. Volatilizzato senza lasciare traccia.

A sostituirlo c'è un'altra guardia del corpo, nominata da Thymós stesso con l'approvazione di mio padre. Si chiama Alkiviades, è un uomo molto più avanti con l'età rispetto a Thymós, piuttosto simpatico se devo essere onesta. Ha provato diverse volte a chiacchierare con me, e io ho fatto del mio meglio per mostrarmi disponibile e gentile. La realtà dei fatti è che, quando Alkiviades mi si è presentato davanti dicendomi che avrebbe sostituito Thymós per qualche giorno, ci sono rimasta male.

Non mi deve niente, è ovvio, eppure pensavo che cominciassimo ad avere un rapporto tale da meritarmi almeno un avviso a voce. O un messaggio. Un biglietto.

Qualsiasi cosa.

Nonostante la rabbia di essere rimasta all'oscuro di tutto, l'unico sollievo è stato non dover fare i giochi nel privé. Nelle sere passate, Eros è entrato in sala dicendomi che i cinque biglietti erano stati comprati; nonostante ciò, non si è mai presentato nessuno per giocare.

Non lo negherò a me stessa. Avrei voluto che Thymós fosse lì, con me, per giocare di nuovo insieme. Se possibile, seguendo le stesse modalità della prima volta. Anche se mi dispiacerebbe essere ancora l'unica a spogliarsi.

La mia testa non fa che pensare agli occhi di Thymós su di me, al modo in cui le sue pupille erano annebbiate dal piacere solo a vedere come le mie mani si muovevano. Immagino quanto sarebbe bello se anche lui si spogliasse e cominciasse a eseguire i miei ordini, toccandosi e...

«Ora basta» sbotta Eros, ubriaco e con indosso un completo rosa fluo. «È da due giorni che sei di malumore e hai sempre quel broncio adorabile in viso. Cosa succede?»

Ritorno al presente. Ritorno al mio locale, alla musica alta, al mio drink ancora intatto e al tavolo al quale sono seduta. Eros è in piedi, accanto a me, e ancheggia in modo scoordinato, incapace di andare a ritmo.

Mi porto il bicchiere alle labbra, annusandone prima il profumo di lampone, dopodiché ne mando giù un sorso generoso per prendere tempo.

Hades si copre gli occhi facendo una smorfia. «Dio, ma cosa ti sei messo addosso? Sei inguardabile.»

Hermes è così ubriaco da aver perso la metà dei suoi vestiti. Se ne sta seduto, a petto nudo, i calzini giacciono sopra il tavolo dietro di noi.

«Se Thymós fosse stato qui con noi, lo avrebbe già preso per il culo come fa sempre» biascica a fatica, poi sghignazza.

Nel farlo, perde l'equilibrio e il corpo ricade in avanti. Hades preme il palmo della mano sulla fronte di Hermes e lo spinge all'indietro, prima che la sua faccia si schianti sul ripiano del tavolo, e lo fa riappoggiare allo schienale del divanetto.

Apollo osserva la scena con un mezzo sorriso, ma non dice nulla. Si limita a sorseggiare la sua Coca-Cola con uno spicchio di limone dentro. Non pensavo che in questo posto ci fosse qualcosa di analcolico. Ero persino convinta che per avere un po' d'acqua bisognasse andare in bagno e servirsi dal rubinetto.

«A proposito di Thymós» riprende Eros «che fine ha fatto? Non lo vedo da un po'.»

«È partito per Creta. Un'emergenza in famiglia» spiego.

Segue una pausa di silenzio fin troppo lunga. Ho l'istinto di scattare in piedi e cominciare a correre, perché so già cosa sta per accadere.

«Adesso si spiega tutto» esclama Eros. «Ti manca la tua guardia del corpo.»

Incrocio lo sguardo di Hades, che sta sorridendo con malizia mentre dà una gomitata ad Apollo, al suo fianco. «Tu che dici, fratellino? Secondo me nostra sorella sente la mancanza di Thymós e ogni notte sogna di scoparselo.»

Apollo non gli regge il gioco. Inoltre non è morbosamente curioso come Eros, e gliene sono grata.

«Perché siete tutti qui, stasera, invece?» tento di cambiare argomento.

Apollo e Hades rispondono alla mia domanda con una scrollata di spalle sincronizzata. In realtà, loro due sono quasi sempre insieme. Ad Hades piacciono le gare in moto che fanno dietro il suo locale, e Apollo è sempre tra il pubblico a fare da spettatore per accertarsi che non accada nulla al fratello. Che ad Apollo non piaccia il modo di vivere di questa famiglia, soprattutto per via dei giochi, non è nuovo. Ma non è l'unico motivo per il quale preferisce passare le sere al locale di Hades, piuttosto che nel suo a giocare.

Comunque sia, fare domande ad Apollo Lively è come chiedere «ciao, tutto bene?» a un semaforo. Non ti risponderà mai.

«Tornerà presto il tuo Thymós, non preoccuparti, Daisy» mi rassicura in tono canzonatorio Hades.

Sbuffo e bevo un altro sorso. Il sapore dolce del lampone accompagna alla perfezione quello più forte e deciso dell'alcol, stuzzicando le mie papille gustative nei punti perfetti.

«In realtà, io spero che ritorni sabato» interviene Apollo, la fronte corrugata come quando è perso nei suoi pensieri inaccessibili a noi comuni mortali. «Così vedremo se, in sua assenza, si verificherà comunque un omicidio venerdì notte.»

La sua accusa è così pacata ma improvvisa che do un colpo al bicchiere e quasi lo rovescio. Hades mi viene in aiuto tenendolo fermo, nonostante anche lui appaia sconvolto.

«Cosa stai dicendo?» chiede Herm, rinsavito un attimo.

Apollo fa spallucce. «Sto dicendo che Thymós ha tutti i motivi per essere il killer.» Si inumidisce le labbra. «Chi ha un movente forte quanto lui? Ha bisogno di soldi. Basta informarsi un pochino per capire chi, tra i figli di Crono Lively, è quello che avrebbe bisogno di più protezione. Così Thymós inizia a uccidere le dipendenti del suo locale e fa in modo che noi pensiamo che Aphrodite sarà l'ultima. Poi si fa assumere per proteggerla. Trecentomila dollari a settimana. È geniale.»

Aleggia il silenzio. Eros ha smesso di ancheggiare.

«Okay, prima di tutto: non è geniale. È follia» esclama Hades.

«E secondo» si aggiunge Hermes «chi fa la puzzetta per primo accusa sempre gli altri. Questo fa ricadere i sospetti su di te.»

«Non era questo il secondo punto che avrei elencato» lo ammonisce Hades.

«Beh, è nostro fratello ma è strano, a volte. Potrebbe essere un assassino anche lui...»

«Piantatela, idioti, e rifletteteci un attimo» li rimprovera Apollo. «È la deduzione più banale e scontata, a cui nessuno di voi era arrivato perché a quanto pare sono l'unico intelligente in famiglia.»

Le sue iridi verdi incontrano le mie e io distolgo subito lo sguardo. Per quanto Hades ed Hermes lo contestino e continuino a ribattere, io non riesco a spiccicare parola.

Una parte di me sa che quello che ha detto Apollo non è impossibile come credono gli altri. Ha ragione persino sul fatto che è il killer più probabile e scontato, tra i possibili sospettati. D'altronde, non so nulla di Thymós, se non il suo nome e cognome, cosa che ho scoperto da pochi giorni, tra l'altro.

«A quanto pare, però, questa non è la settimana in cui lo scopriremo...» Eros mi ridesta dai miei pensieri. «È tornato» ci fa notare.

Ogni muscolo che ho in corpo si raggela. Non riesco a muovere nemmeno un dito e il cuore mi martella nel petto come un pazzo. La consapevolezza che Thymós è tornato, e che si trova a qualche metro da me, mi dà una scarica di adrenalina pura.

«Oh... vero. Eccolo lì, con gli occhi fissi su Aphrodite, e non li sposta nemmeno un istante» conferma Hermes.

«Comincio a dubitare che sbatta le palpebre, in effetti» commenta Eros. Poi sventola il braccio per aria e lo saluta. «Ehilà, Terminator. Dove sei stato?» grida, più forte che può.

«Sarà andato a combattere l'effetto serra per evitare che distrugga il mondo in cui vive Aphrodite» ribatte Hermes.

Hades e Apollo ridono di gusto, io non riesco a distrarmi e tanto meno a calmarmi.

Sollevo lo sguardo e, con nonchalance, fingo di studiare l'ambiente attorno a me. Fino a quando non trovo Thymós. È seduto a tre tavoli di distanza dal nostro, le braccia conserte gli fanno guizzare i muscoli dei bicipiti, sotto la solita maglietta nera a maniche corte che indossa. I suoi occhi sono fissi su di me e, sebbene la mascella sia serrata, potrei giurare che le labbra tendano appena verso l'alto in un sorriso.

Una vampata di calore mi fa mettere in piedi con un balzo poco naturale. «Vado a prendere un drink.»

Hades indica il mio bicchiere ancora quasi pieno.

Agito la mano per aria e gli do le spalle. «È diventato caldo, ormai. Ho bisogno di qualcosa di fresco.»

Non fresco, ripensandoci. Gelato. Ghiacciato. Da farmi accapponare la pelle e provocarmi fastidio ai denti.

Mi siedo su uno degli sgabelli al bancone, dove Himeros prepara i cocktail e scambia qualche chiacchiera con i clienti. Gli ordino lo stesso drink che ho lasciato sul tavolo, e gli chiedo di metterci tutto il ghiaccio che riesce a far stare dentro il bicchiere.

Qualche dipendente mi saluta di sfuggita e mi dà appuntamento sulla pista da ballo, ma io rispondo con sorrisi poco sinceri. Non ho alcuna voglia di ballare stanotte. Come non l'ho avuta nelle ultime sere.

Dio, è così patetico sentirsi in questo modo. Non riesco a controllarlo, non riesco a impedirlo. Non sono mai stata brava a regolare le mie emozioni, sono abituata a soccombervi e arrendermi.

Himeros sta ancora preparando il mio drink quando percepisco una presenza incombere alle mie spalle. Non so come sia possibile, eppure è come un cambiamento elettrostatico nell'aria, un movimento di particelle che riesco ad avvertire sulla mia pelle.

Un addome ampio e caldo aderisce quasi completamente alla mia schiena nuda, e due braccia appaiono ai lati del mio corpo; le mani grandi di un uomo afferrano il bancone, chiudendomi ogni via d'uscita.

«Cos'è quel broncio, Aphrodite?» domanda Thymós, vicinissimo al mio orecchio.

Il suo viso è allineato al mio, al lato sinistro. Mi volto appena per incontrare di sfuggita il suo sguardo e un brivido mi risale lungo la spina dorsale.

«Non ho nessun broncio.» Per poco non balbetto.

«È da un'ora che sono qui e ti guardo, ed è un'ora che hai l'espressione più infelice del mondo.»

Un'ora? È qui da così tanto tempo e lo scopro solo adesso?

«Ti sbagli.»

«Ora ho capito» il suo tono si fa quasi giocoso. «Hai il broncio perché ti sono mancato, vero?»

Sì. Mi è mancato leggere il mio libro la mattina con lui seduto davanti a me che non mi stacca gli occhi di dosso non perché abbia paura che accada qualcosa che mi metta in pericolo, ma perché gli piace osservarmi mentre leggo. Mi è mancato vederlo trattenere un sorriso quando do morsi enormi e finisco per sporcarmi. Mi è mancato camminare per l'isola con la consapevolezza di averlo sempre al mio fianco, le nostre ombre vicine, che si mescolano e si sfiorano come non possono fare i nostri corpi. Mi è mancato il suo profumo di pulito, che mi stuzzica le narici e mi lascia inebriata. E mi sono mancati i suoi occhi scuri, che non si limitano mai a vedermi ma che sono capaci di guardare oltre, fin troppo oltre.

«Per nulla» rispondo.

La sua mano destra si avvicina alla mia, ferma sul bancone. Con l'indice mi sfiora il mignolo. È un contatto così banale e superficiale che non dovrebbe suscitare alcuna reazione in me. Invece, lo sento più intensamente di qualsiasi altro contatto fisico io abbia mai avuto nella mia vita.

«Peccato» soffia aria calda sul mio collo. «Tu a me sei mancata.»

Deglutisco a fatica. «Ah, sì?»

D'improvviso, si allontana da me e scivola sullo sgabello a fianco al mio. «Certo. Ho bisogno di avere la mia sacca di soldi ambulante sempre sotto controllo. Non si sa mai che perda qualche banconota.»

Non so perché mi aspettassi una risposta diversa. Reprimo un moto, davvero patetico e umiliante, di delusione.

Himeros mi serve il drink con un sorriso enorme e poi saluta Thymós, che ricambia solo con un cenno, ancora impegnato com'è a fissarmi con insistenza.

Lascio i soldi sul bancone, pregando il barista di tenere il resto, dopodiché mi alzo e mi avvio in direzione dell'uscita del locale. Thymós mi si affianca in un battito di ciglia, mentre si sistema uno zainetto in spalla con aria confusa. «Cosa fai?»

«Me ne vado. Torno a casa.»

«Di già?»

«Sì.»

«Non balli?»

«Non ne ho voglia.»

All'entrata c'è una fila immensa di clienti che aspettano l'occasione per accedere al locale. Quando si accorgono di me, cominciano a salutarmi. Qualcuno persino mi implora di farlo entrare, come se dipendesse da me e non dai buttafuori.

Avanzo rapida, prendendo una stradina nascosta. «Aphrodite.»

Velocizzo il passo e mi mordo la lingua per non rispondergli male. Gli sembrerò una matta, ma è così che mi sento.

Sto impazzendo. Provo così tante emozioni insieme che sento di stare per esplodere.

«Aphrodite, c'è qualcosa che non va? Potresti parlarmi, per favore?» continua Thymós.

«Va tutto bene. Sono stanca e vado a dormire. Ti risparmio un po' di lavoro stanotte, d'accordo?»

Una mano mi avvolge il polso, in una stretta decisa e al tempo stesso delicata, e sono costretta a voltarmi. Thymós svetta su di me e accorcia le distanze. Comincio a indietreggiare, a disagio, finendo per sbattere la schiena contro il tronco di un albero.

«Attenta» mormora con le sopracciglia aggrottate.

Sospiro e punto lo sguardo sui miei piedi.

«Occhi su di me, Aphrodite.»

Obbedisco. Sta aspettando che dica qualcosa, a quanto pare non crede alla versione in cui ho voglia di dormire e basta. «Dove lo hai lasciato il tuo sostituto? Lo hai avvisato che sei tornato?»

Qualcosa cambia nel suo viso, come se avesse appena capito tutto. «È stato una brava guardia del corpo o hai qualche lamentela da sottopormi?»

«Ho tante lamentele per te, Thymós.»

Non appena provo a girare la testa di lato, le sue dita si posano sotto il mio mento e mi obbligano a tornare con gli occhi su di lui.

«Smettila di evitare il mio sguardo. E ora dimmi cosa c'è che non va in Alkiviades.»

Mi ritengo una persona piuttosto schietta. Motivo per cui butto fuori la risposta più schietta che ho da offrire.

«Non va che lui non è te.»

La bocca di Thymós si apre in una minuscola «O». I suoi polpastrelli, ancora a contatto con il mio mento, tremano appena, però non li sposta. «Aphrodite...»

Allontano la sua mano. «Sei sparito senza nemmeno avvisarmi. Te ne sei andato e io l'ho scoperto da uno sconosciuto che mi si è presentato davanti dicendomi che era la mia nuova guardia del corpo, fino a quando non saresti tornato. Avresti potuto dirmelo. In qualsiasi modo. Un maledetto bigliettino. Un messaggio. Una chiamata. Anche a voce, magari. Sei sparito senza lasciare traccia.»

«Mi dispiace» dice, lasciandomi di stucco. «L'emergenza è stata così improvvisa che non ho avuto il tempo di avvertirti. Ho corso per prendere il primo volo per Creta e sono riuscito solo ad avvisare tuo padre.»

Non basta a placare il mio turbamento. Perché solo ora comprendo il motivo per cui tutta questa situazione mi abbia lasciata così di malumore. Solo ora che Thymós è qui davanti a me.

«Qual è il vero problema, Aphrodite?»

Non dirlo. Non dirglielo. Smettila. Basta così.

«Il problema è che sei sparito e pensavo che non saresti tornato.»

È un sussurro fioco e colmo di fragilità, che spero lui accoglierà con altrettanta delicatezza.

«Io...»

«Alkiviades mi si è letteralmente presentato dicendo: "Buongiorno, signorina, sono la sua nuova guardia del corpo". E io ho pensato che non saresti tornato. Quando ha visto la mia espressione ha specificato che era solo temporaneo.» Sospiro. «E poi mi sono anche preoccupata, perché ha parlato di un problema in famiglia. Ho pensato che avessi perso un parente... o non so...»

Per la prima volta da quando lo conosco, Thymós mi sorride. Non è un sorriso di sbieco, o trattenuto. La sua bocca si distende, pur restando chiusa, e fa un sorriso vero. Gli illumina il volto rendendolo bello da far male.

«Ti sei davvero preoccupata per me?»

Annuisco.

«Mi conosci pochissimo.»

«E quindi? Mi sono preoccupata comunque» ribatto, in totale sincerità.

Lui sta ancora sorridendo, e io non riesco a smettere di fissare le sue labbra. «È molto carino da parte tua. Però no, stai tranquilla. Nessun lutto. Niente di irreparabile. È tutto okay.»

«Ottimo.»

Restiamo ancora fermi, immobili, e Thymós ora ha un sorrisetto più strafottente.

«Allora ti sono mancato.»

Alzo gli occhi al cielo. «Possiamo anche riprendere a camminare e tornare alla villa.»

Quando provo a spostarmi, lui mi blocca il passaggio. Si è fatto di nuovo serio.

«Non devi provare queste cose per me, Aphrodite. Non dovresti proprio...»

Non mi piace dove sta andando a finire la conversazione. Sta per dirmi che, se ho una cotta per lui, devo farmela passare, lo so. Che quei venticinque minuti nel mio privé erano un gioco, un'eccezione, un momento di debolezza che non capiterà mai più. Che lui è un uomo adulto, e non tanto per i dieci anni in più d'età, ma perché ha avuto una vita diversa dalla mia e non siamo compatibili. Sta per farmi sentire una ragazzina con una stupida cotta e io non posso sopportarlo.

«Non provo niente» lo rassicuro, fredda. «Possiamo andare?»

«Non chiudere il discorso in questo modo. Parliamone.»

Lo ignoro. L'umiliazione mi si sta aggrappando alla pelle, conficca gli artigli nella mia carne e non mi dà alcuna possibilità di liberarmene.

Mi chino per slacciare il cinturino delle scarpe e rimango scalza, finalmente sollevata da questo dolore.

Thymós me le prende dalla mano e le sostituisce con il mio solito paio di Converse. Proseguiamo in silenzio, accompagnati solo dalla musica dei locali e dal vociare dei clienti che passeggiano per l'isola e si spostano da una zona all'altra, pronti a spendere interi stipendi nelle nostre sale gioco.

Ogni tanto Thymós mi dice di stare attenta a qualche gradino nascosto. Non ribatto con un «ci sono cresciuta su questa isola, la conosco meglio di te» perché lui lo sa benissimo. E il fatto che voglia comunque avvisarmi mi stringe il cuore.

Arrivati al terrazzo che condividiamo, mi fermo davanti alla portafinestra della mia camera e mi faccio da parte per permettergli di fare il solito giro di perquisizione della stanza, per assicurarsi che sia tutto a posto.

«Via libera» mi informa. «Alkiviades controllava, prima di farti entrare?»

Adesso che ci penso, sì. Non ci ho mai fatto caso fino a ora.

«Sì, sì, controllava... come te.»

Annuisce e mette le mani dentro le tasche. «Ottimo. Dopo le serate al locale ti portava le scarpe da ginnastica per scambiarle con i tacchi?»

«Sì» ripeto, più incredula di prima.

Thymós prova a ribattere, un bagliore di divertimento gli illumina i tratti del viso. Poi fa schioccare la lingua e sembra cambiare idea, solo per infilare la mano dentro la tasca posteriore dei pantaloni cargo e porgermi il suo cellulare.

Lo schermo mostra una email. Il mittente è lui, ma il destinatario è Alkiviades.

1) *Entra sempre prima di lei in camera e controlla che sia tutto a posto.*
2) *Lei va al locale dopo cena, ogni sera, e quando torna a casa non sopporta più i tacchi. Porta con te un paio di scarpe da ginnastica e una bottiglietta d'acqua in caso fosse ubriaca.*
3) *Si sveglia quasi sempre alle 8 e alle 9 è sul balcone a fare colazione. Se tu dovessi arrivare più tardi e lei stesse leggendo, non interromperla.*
4) *Nel momento in cui apre uno dei suoi libri, qualsiasi conversazione è* off limits.
5) *Quando entrerà nel suo privé, lasciala con Eros (è lo gnometto che veste di colori sgargianti) e non intrometterti.*
6) *Stai attento a quando si siede sui balconi.*
7) *NON seguirla quando passa la giornata nella spiaggia privata, per nessun motivo. Fai solo in modo che ci sia almeno uno di quei pazzi dei suoi fratelli.*
8) *Assicurati che nessuno provi a sfiorarla.*
9) *Assicurati che nessuno le metta qualcosa nei drink che compra al locale.*
10) *Assicurati che sia sempre al sicuro. Quando torno non deve avere nemmeno un capello fuori posto.*

Rileggo l'elenco di istruzioni che Thymós ha scritto per Alkiviades almeno tre volte. E, di volta in volta, il mio sorriso cresce a dismisura. Non riesco a contenerlo, anche se so che Thymós mi sta fissando e risulterò patetica.

«Dimmi se Alkiviades ha rispettato tutti i punti della lista.»

«Hai paura che mi abbia vista fare il bagno nuda, in spiaggia?»

Si irrigidisce. «Sì, paura per lui e quello che farei ai suoi occhi.»

«È stato impeccabile. Ha fatto tutto come lo avresti fatto tu.»

Sembra tirare un sospiro di sollievo.

«Che mi dici dei giochi nel privé? Qualcuno ha provato a toccarti? Qualcuno ci è riuscito?» Nel porre l'ultima domanda, la sua voce si fa graffiante, ancora più bassa del suo tono normale.

«I biglietti sono stati acquistati tutte le sere, ma non si è mai presentato nessuno. È stato strano.»

Incrocio il suo sguardo e capisco tutto, di colpo. E per un istante mi manca la terra da sotto i piedi.

«Thymós...»

«Li ho comprati io, sì» ammette senza esitare.

Sono senza parole. Insomma, mi è balenata in testa l'idea che potesse esserci lui dietro tutto, ma l'ho anche allontanata subito. Ciò significherebbe che ha speso trecentomila dollari per niente. Trecentomila dollari solo per risparmiarmi l'infelicità di giocare. Significherebbe anche che, pur essendo lontano e impegnato con chissà quali problemi famigliari, lui ha comunque pensato alla mia felicità.

«Domani mattina ti farò un bonifico per renderteli tutti, dal primo all'ultimo.»

«Non è necessario» si affretta a replicare. «Se lo facessi, poi, Crono vedrebbe che mancano gli incassi di due sere. Non voglio che si arrabbi con te. Lasciamo le cose così.»

Ancora una volta, lotto contro i pensieri che premono per uscire dalla mia testa, quando dovrebbero restare lì, ben chiusi a chiave. E, alla fine, cedo.

«Se non li rivuoi, allora devi giocare di nuovo con...»

Thymós fa due passi indietro, così ampi e repentini che quasi mi spaventa.

«No, Aphrodite, no. Non riaccadrà. E non serve nemmeno che ti spieghi il motivo.»

«Ma...»

«*Kalinýchta, Afrodíti*» mi interrompe.

Buonanotte, Aphrodite.

«Sì, buonanotte anche a te, stronzo» borbotto.

Entro in camera senza degnarlo di altre attenzioni e lascio sbattere la portafinestra con forza.

Prima mi dice che non devo provare ciò che provo nei suoi confronti, dopodiché si innervosisce se non voglio continuare il discorso, poi dimostra premure che vanno ben oltre i suoi doveri professionali, e alla fine è lui a interrompere la conversazione.

Dio, mi fa arrabbiare. E mi fa sentire una ragazzina frustrata.

Mi accorgo dopo un po' di essere rimasta immobile, davanti al letto. Dovrei cominciare a svestirmi, magari fare una doccia, infilarmi il pigiama e provare a dormire, sul serio. Ma ho un peso sul cuore e un pensiero impulsivo che non accenna a scomparire.

In un istante, mi volto e mi incammino in direzione della portafinestra. Abbasso la maniglia con uno scatto. Ho messo solo un piede fuori, quando la figura di Thymós compare davanti a me.

«Cosa fai?»

«Cosa fai?»

Parliamo in contemporanea.

«Venivo da te.»

«Anche io.»

Lo raggiungo all'esterno, fino a trovarci di nuovo a faccia a faccia. La luce della luna si infrange sul suo viso, donandogli un'aura argentea che lo fa apparire irreale.

Ogni dettaglio di quest'uomo sembra scolpito da una divinità.

È come se un dio potente lo avesse creato con l'intento di renderlo l'uomo più bello di tutti e, una volta riuscitoci, ne fosse anche diventato invidioso, finendo con l'esiliarlo sulla Terra per non dover sopportare la perfezione che ha dato a qualcun altro.

«Quando ti ho detto che non dovresti provare certe cose per me...» comincia, incerto. «Intendevo dire che l'attrazione reciproca che ci lega non va bene, e farà male a entrambi, alla fine.»

L'attrazione reciproca che ci lega. Allora non è un sentimento unidirezionale. Anche lui prova lo stesso.

«Possiamo trarne qualcosa di divertente» provo a convincerlo. «Come qualche sera fa, nel privé. Ci siamo divertiti.»

Thymós scuote il capo con forza e la sua espressione si fa ancora più dura. In un secondo, mi ritrovo la schiena nuda premuta contro la parete fredda del muro e l'addome caldo di Thymós che spinge davanti.

«Divertiti? Tu ti sei davvero divertita, Aphrodite?» sibila, e non capisco perché si sia così incazzato di punto in bianco. «È questo che vuoi davvero dalla vita? Passare venticinque minuti dentro un privé con un uomo rovinato che non può darti nulla se non un orgasmo? È questo che credi di meritare? Sei intelligente, hai un cervello d'oro, Aphrodite. Sai anche tu che è tutto tempo perso. Non sarà di certo quel figlio di papà vestito come un damerino a darti ciò che meriti; resta il fatto che neanche io sono l'uomo che può farlo. Devi fartene una ragione e mantenere un rapporto professionale con me. Chiaro?»

La violenza delle sue parole, mista al tono freddo e arrabbiato, mi fa ammutolire. Non riesco a formulare nemmeno un pensiero, figuriamoci una risposta degna di essere pronunciata a voce alta.

«È davvero quello che vuoi? Dimmelo, rispondimi» mi esorta. «Vuoi che ti scopi ogni tanto per far passare la noia?»

Serro le labbra in una linea retta, però non gli stacco gli occhi di dosso.

«Rispondimi, Aphrodite!» grida.

Il labbro mi trema.

Thymós, forse, si rende conto di avermi turbata e di aver alzato troppo la voce. China il capo, le sue spalle si alzano e abbassano con frequenza irregolare. Alla fine, si passa le dita tra i capelli, scompigliandoli con gesti bruschi.

«Mio padre si è ammalato quando avevo diciassette anni» sussurra, così piano che potrei essermelo immaginato. «La mia famiglia non è mai stata benestante. Due figli e un solo stipendio, non è semplice. Riuscivamo a mangiare tutti, con qualche sforzo. Quando papà ha cominciato a stare male, le spese sono aumentate e non potevamo più contare sul suo lavoro. L'università non era alla mia portata e così ho deciso di arruolarmi nell'esercito perché la paga era alta. Avrei voluto studiare Medicina, sai? E invece sono diventato un militare, addestrato alla disciplina e all'ordine. Tornavo a casa due volte all'anno, mandavo tutto il mio stipendio a mia madre. E, nonostante ciò, mio padre non è mai migliorato. Le spese si sono fatte più elevate, quasi insostenibili. Sono tredici anni che barcolliamo e che mio padre vive l'Inferno. Così ho mollato l'esercito e ho cercato lavoro come guardia del corpo. Lo stipendio è più consistente, eppure mai abbastanza. Fino a quando non mi è stato proposto di lavorare per Crono Lively. Trecentomila dollari a settimana. Un sogno. Non mi sembrava vero. La faccia di mia madre quando gliel'ho detto è ancora impressa nella mia testa...»

Ho gli occhi lucidi e il cuore pesante come un macigno. Se la storia è già triste di per sé, l'emozione nella voce di Thymós e l'improvvisa fragilità che mi sta mostrando mi danno il colpo finale.

«Era questa l'emergenza» deduco. «Tuo padre?»

Annuisce. «Lo hanno operato d'urgenza. Starà meglio.»

«Torna da lui. Dirò a Crono di pagarti lo stesso. Stai vicino alla tua famiglia, Thy...»

Scuote il capo, piano. «Grazie, Aphrodite, ma non ce n'è bisogno. Sono più utile qui.»

Provo a ribattere, però Thymós mi afferra il polso e mi porta la mano sul suo viso. «Il mio tatuaggio. La "X" sullo zigomo.»

D'impulso, muovo le punte delle dita e vado a sfiorargli la pelle macchiata dall'inchiostro nero. La «X» che ho notato dal primo istante in cui l'ho conosciuto e che ha sempre destato una malsana curiosità in me.

«Il punto in cui è tatuata è anche lo stesso in cui mio padre mi ha sempre baciato, fin da quando ero piccolo.» Mentre lo dice, sorride appena. «Non so perché. Mi dava sempre un bacio timido su questo zigomo, lui che non è mai stato un tipo espansivo e che si abbandona con difficoltà alle smancerie.»

«Thymós...»

Non so cosa aggiungere. Tutte le cose che vorrei dirgli sarebbero inappropriate.

Se potessi, però, gli direi che si sbaglia. Che ha tanto da offrire, e non intendo solo a me. Gli direi che io scorgo in lui molto più di quello che crede. C'è una crepa, in quest'uomo, e attraverso di essa filtra una luce accecante. Un mondo intero di cose bellissime che dovrebbe mostrare di più, e soprattutto con fierezza.

Senza accorgermene, mi metto in punta di piedi. Thymós nota il movimento, però, e si abbassa appena, forse guidato dalla mia stessa inconsapevolezza.

Mi sento attratta da lui in modo violento e incontrollabile.

Vorrei che mi baciasse. Vorrei che mi toccasse. Anche solo per sfiorarmi il dorso della mano con i polpastrelli, o per arrotolarsi una ciocca dei miei capelli tra le dita. Mi basterebbe qualsiasi cosa, pur sapendo che non sazierebbe mai la fame che mi corrode dentro.

Ci sono pochi centimetri a separare le nostre bocche. I suoi occhi sono puntati sulle mie labbra, e io fremo all'idea che annulli le distanze.

Non accade, però. O, se stava per accadere, Thymós cambia idea. Fa una smorfia, molto vicina a un sorriso, e mi scosta un ciuffo dal viso. Poi accosta le labbra al mio orecchio, sfiorandomi prima il lobo.

«Kaneís den tha eínai poté tóso kalós óso esý, allá prépei na filodoxeís gia ta kalýtera prágmata pou boreí na sou dósei i zoí. Katálaves, Seírios?» bisbiglia.

Nessuno sarà mai alla tua altezza, ma tu devi aspirare alle cose migliori che la vita possa darti. Capito, Sirio?

«Mi hai chiamata "Sirio"» sussurro, a fatica.

Thymós arriccia il naso, come se fosse in imbarazzo. «Ho fatto qualche ricerca. Internet dice che è la stella più brillante nell'universo. È giusto, professoressa?»

Sorrido per il nomignolo. «Sì, è vero. È la stella più luminosa, ma non perché possiede tale luminosità di per sé. Ci appare brillante, più di qualsiasi altra stella nel cielo, perché dista "solo" 8,6 anni luce. È l'ottava stella più vicina a noi, compreso il Sole, e proprio per questo motivo ci appare così intensa.»

Lui rimane a bocca aperta per qualche secondo. «E io che pensavo di averti detto una cosa carina.»

Senza rifletterci troppo, gli faccio una carezza sul viso. «Era una cosa bellissima. Di sicuro, meglio essere chiamata "Sirio" che "sacca di soldi ambulante".»

Riesco a strappargli un secondo sorriso. Nel giro di un'ora, ho visto Thymós sorridere due volte. Anche se non sono quei sorrisi che mettono in mostra i denti e illuminano il volto, me li faccio bastare.

«Buonanotte di nuovo» mormora. «Fai sogni d'oro.»

14

...E NERO

Una delle più note avventure di Afrodite fu quella con Adone. Zeus dovette intermediare quando anche Persefone si innamorò dell'uomo e le due dee se lo contesero. Venne stabilito che Adone avrebbe trascorso quattro mesi dell'anno con ciascuna donna e quattro mesi per conto suo. Ucciso tragicamente in un incidente di caccia, il giovane fu trasformato in un fiore senza profumo. Afrodite ne rimase sconvolta e il suo lutto venne commemorato in un culto, le Adonie, una festa per sole donne.

Aphrodite

È STATA una notte orribile.

Non ho fatto altro che rigirarmi nel letto, cambiare posizione, lanciare per aria le lenzuola, spostare i cuscini e rivoltarli ogni dieci minuti. La mia testa continuava a rivivere l'incontro con Thymós nel privé e tutte le cose che mi ha detto ieri sera, prima di separarci.

Poco prima delle 8 sono già pronta, ormai sveglia e in piedi dalle 6. Il tempo oggi è pessimo, il cielo è cupo e i nuvoloni grigi non lasciano nemmeno uno spiraglio aperto, che possa far sperare nell'arrivo del sole.

Per evitare di incontrare qualcuno e dovermi intrattenere in qualche conversazione mattutina, esco dalla portafinestra e passo per il terrazzo.

Non appena metto piede fuori, mi trovo davanti una donna più grande di me, dai lunghi capelli neri e un tubino elegante, che sta camminando in punta di piedi, come a non volersi far sentire.

I nostri sguardi si incontrano e lei abbozza un sorriso imbarazzato. «Signorina Aphrodite» saluta.

La conosco. È una dipendente al locale di Hades. Si occupa della vendita dei biglietti per le sue gare in moto, ma al momento mi sfugge il suo nome. Poco conta, in realtà.

Nello stesso istante, la porta della camera di Thymós si spalanca e il suo volto fa capolino.

Ci impiego poco a fare due più due.

«Cosa fai, *tu*, qui? Questa zona dell'isola è accessibile solo ai Lively.»

La mia voce esce tagliente come una lama, d'improvviso impregnata di una durezza che non mi è mai appartenuta.

Lei sussulta. «Io... ecco... stavo con...» Indica alle sue spalle.

«Tutto okay?» chiede Thymós, uscendo dalla camera con solo un paio di boxer addosso.

Hanno passato la notte insieme. Thymós si è portato a letto una delle dipendenti di Hades. È accaduto nella stanza accanto alla mia e io non ho sentito nulla, non mi sono accorta di niente.

Mentre mi rigiravo nel letto, pensando a lui, lui si scopava un'altra. Una donna più grande e matura di me. Una donna che non ha niente in comune con me. È esteticamente il mio opposto. Lei ha i capelli neri come la pece, in contrasto con i miei biondi, gli occhi castani e un fisico snello e slanciato, al contrario dei miei occhi azzurri e del mio corpo in carne.

Il silenzio che è calato comincia a diventare imbarazzante e carico di tensione. La conquista di Thymós fa la prima mossa. «È meglio che io vada» mormora, e avanza a capo chino nella mia direzione, intenzionata a prendere le scalette laterali e tornare nella sua parte dell'isola.

Quando mi passa accanto, trasportando dietro di sé un profumo forte e intenso, la blocco con una sola frase: «La prossima volta che ti trovo nella parte sbagliata dell'Olimpo, ti faccio licenziare. Ci siamo intese?»

«S-sì» balbetta. «Mi scusi, signorina...»

«Aphrodite, non ti sembra di esagerare?» interviene la mia guardia del corpo.

«A nessuno è permesso stare qui, se non ai membri della famiglia e al personale della security, in cui rientri tu.»

È iperprotettivo anche quando si tratta di andare in bagno. Però poi fa venire una donna qualunque nella camera accanto alla mia? Ipocrita.

La gelosia mi scorre nelle vene, implacabile. Diventa un incendio che divampa con violenza, mi fa quasi mancare il respiro. Non la sopporto, non riesco a ragionare e formulare un pensiero razionale.

Thymós assottiglia gli occhi e mi viene incontro, poi si blocca. Fa un cenno alla donna di andare e lei si affretta a sparire. Poi ritorna a me, visibilmente innervosito.

«Quindi il discorso vale anche per quel figlio di papà di Hephaestus a cui vuole appiopparti tuo padre? O no?»

Digrigno i denti. «No. Lui è stato invitato da me e da mio padre.»

«Ah, ottimo. Buono a sapersi. Andiamo a fare colazione, dunque?»

«Io sì. Tu, se vuoi scoparti qualche altra nostra dipendente, accomodati» ringhio, prima di voltargli le spalle.

«Aphrodite! Che diamine stai...»

Affretto il passo e provo a rientrare in camera mia, ma una presenza incombe dietro di me e mi blocca.

«Di cosa parli? Sei impazzita?»

«Ti sei scopato quella donna, stanotte, è evidente!»

Il silenzio che segue la mia affermazione è assordante. Così prolungato che ho la tentazione di girarmi per studiare la sua espressione.

«Ta mátia páno mou.» («Occhi su di me» in greco)

Devo darmi una calmata. Sento troppo, *tutto*. Le mie emozioni sono sempre amplificate e fatico a seguire la testa, a volte. Il cuore si mette in mezzo e mi fa combinare un disastro dopo l'altro.

Lo fronteggio e rimango senza fiato. Ha la fronte corrugata in un'espressione confusa.

«Io non sono andato a letto con quella donna.»

«Come, scusa?»

«Hai capito bene.»

«Ma lei...»

«Non è sicuramente uscita dalla mia camera. Sarà stata da Athena... o Hermes... magari Apollo.»

Ora mi sento una stupida. D'altronde, il tempismo non è stato dalla nostra parte. L'ho vista andare via e pochi secondi dopo è sbucato lui senza vestiti. Chiunque avrebbe pensato male.

Dio, che vergogna.

La mia gelosia è qui, esposta come un prezioso quadro appeso in un museo importante. Sotto i riflettori, con Thymós in prima fila a osservarlo e godersi ogni singolo dettaglio.

È troppo imbarazzante, perciò reagisco in modo infantile. Lo aggiro e mi fiondo verso le scalette che portano al piano di sotto. La voce profonda di Thymós mi richiama, però lui non mi segue.

Sul terrazzo della cucina ci sono solo Hades e Apollo, i più mattinieri di tutti. Sorseggiano del caffè, lo prendono in modi diametralmente opposti. Apollo, nero, senza zucchero, corto. Ad Hades piacciono... i frappuccini. Con tanta panna e, ogni tanto, l'aggiunta di caramello. Sui piattini da colazione, invece, giacciono due croissant e degli acini d'uva rossa.

«Buongiorno» saluto, atona.

«Ciao, Aphry» ricambiano all'unisono.

Non lascio loro il tempo di accorgersi del mio malumore. Entro in cucina e mi preparo la mia solita colazione. Di norma la trovo sempre pronta, perché sono tra le ultime ad arrivare e qualcuno dei miei fratelli – in genere Herm o Hades – me la prepara.

Cinque minuti dopo, munita di cappuccino e fette di pane con marmellata di lamponi e burro d'arachidi, esco di nuovo in terrazzo. Prendo posto al mio solito tavolino e prego che nessuno mi rivolga la parola.

Non ho ancora aperto il libro quando Thymós arriva. Sembra trafelato, come se avesse corso per essere qui nel minor tempo possibile. Il suo torace ampio si alza e abbassa a un ritmo irregolare e, nonostante i miei fratelli lo salutino e lui ricambi, i suoi occhi sono fissi su di me.

Feroci.

Freddi.

E velati da un altro sentimento che non riesco a riconoscere.

«Si può sapere qual è il tuo problema?» mi incalza senza troppi preamboli.

Apro il libro dove avevo lasciato il segno e lo sventolo per aria, con un sorrisetto. «Sto leggendo. Nessuna conversazione.»

Faccio in tempo a leggere solo due frasi. La mano di Thymós mi prende il libro di mano, con delicatezza, e lo chiude con un gesto secco, per poi poggiarlo sul tavolo al quale stanno mangiando Hades e Apollo.

I miei fratelli seguono la scena con le tazze a mezz'aria, rifiutandosi persino di bere il caffè per paura di perdersi anche il minimo dettaglio del dramma che si sta per scatenare.

«*Bene*» mi richiama Thymós. «Ora possiamo parlare.»

Senza aggiungere altro, finisco la fetta di pane in tre morsi e mastico con voracità. Per farla scendere meglio, bevo il cappuccino a grandi sorsate, come se fosse acqua, fino a non lasciarne una goccia.

Scatto in piedi. «*Bene*. Vado in camera mia. Buona colazione.»

«Si può sapere che vi prende, stamattina?» Hades non riesce più a resistere. È divertito.

«Potete mettere in pausa questa scenetta e aspettare che arrivi Herm?» aggiunge Apollo. «Sono sicuro che non vorrebbe perdersela.»

Hades sfila dalla tasca dei pantaloni il cellulare e, cercando di essere discreto, ce lo punta contro, ostentando indifferenza. Si avvicina ad Apollo per sussurrare: «Faccio il video, nel dubbio».

«Hai deciso di non voler discutere di quanto tu sia gelosa di me, dunque?» mi incalza la mia guardia del corpo, provocandomi davanti a tutti.

Strabuzzo gli occhi.

«Io non...»

Thymós mi solleva da terra, caricandomi come un sacco di patate sulla sua spalla. Mi avvolge le cosce con le braccia e io mi ritrovo a faccia a faccia con la sua schiena.

«Thymós!» sbraito. Cerco aiuto nei miei fratelli. «Fate qualcosa, almeno voi!»

È troppo tardi, perché la mia guardia del corpo cammina veloce e in men che non si dica sta salendo le scale che portano alle camere da letto. Agito le gambe e riesco a dargli un colpo nel basso ventre.

Lui geme ma continua ad avanzare senza esitazioni. «Fai la brava, *stellina*» mi canzona con il nomignolo.

In parte mi irrita, e in parte mi fa mancare un battito.

Patetico. Aphrodite, sei meglio di così. È solo un uomo.

Proprio mentre percorriamo il corridoio, la porta della camera di Athena si spalanca. Mia sorella resta con le dita strette attorno alla maniglia, intenta a osservare la scena.

«Buongiorno» saluta Thymós, con educazione.

«Buon... giorno...» risponde lei. «Ho deciso che non farò domande.»

«Ottimo. Non avrei comunque risposto.»

Alzo gli occhi al cielo. *Quanto è fastidioso.*

Invece che scaricarmi nella mia camera, mi porta nella sua. Fa scattare la chiave nella serratura, lasciandomi ancora più sorpresa.

Solo in quel momento mi adagia a terra.

Piega la testa di lato, l'ombra di un sorriso beffardo gli illumina il viso, rendendolo ancora più irresistibile. «Dunque? Vogliamo parlarne?»

«Ho pensato fossi andato a letto con una dipendente. Mi sono sbagliata. Fine della questione.»

Fa schioccare la lingua e muove due passi verso di me. Io non arretro. «Dimentichi la parte in cui sei gelosa, ti imbarazzi e scappi via rifiutandoti di parlarmi.»

Apro bocca per rispondere. Lui mi precede.

«Stai per rifilarmi un'altra cazzata, Aphrodite.» Il suo tono è basso, ammaliante, e, sebbene mi stia sgridando, c'è qualcosa di eccitante in tutto questo. E io so che lo sente anche lui. «Parlamene» scandisce ogni sillaba, impregnandola di esasperazione.

«Sono gelosa!» gli grido contro, esausta e ormai incapace di trattenermi ancora. «Ero gelosa. Non voglio che tu stia con altre donne, d'accordo? Non lo voglio, ma tu ne hai il diritto. E la cosa mi uccide, mi fa impazzire, mi fa battere forte il cuore e tremare le mani di rabbia!»

Me ne pento subito. Non avrei dovuto dirlo. Ora sembrerò più patetica di quanto non lo sia stata prima. Mi mordo l'interno della guancia con forza, fino a sentire il sapore del sangue sulla lingua.

Thymós sta cercando di catturare il mio sguardo. E io sono troppo imbarazzata per dargliela vinta. Non ho il coraggio né la forza di ricambiare. Fisso il pavimento come una bambina in castigo.

«Aphrodite.»

Se dirà la sua solita frase, sarà finita per me. Cederò.

«Non evitarmi. Prenditi la responsabilità delle cose che dici.»

Serro le labbra. Continuo a guardare in basso.

«Occhi. Su. Di. Me. Aphrodite.» Calca su ogni parola, il tono di voce ancora più profondo e carico di emozione.

Obbedisco. E ogni parte di me sembra frantumarsi in mille pezzettini che solo lui può raccogliere.

«Ti prego» sussurro.

«Non devi vergognarti della gelosia che provi per me» mi rassicura, il tono più dolce. «Tu non hai idea di quanto sia eccitante.»

«Sul serio?»

Sospira, passandosi le mani tra i capelli. «Non potrei mai scoparmi un'altra, perché nella mia testa ci sei solo tu. E ogni secondo passato con un'altra persona sarebbe uno spreco di tempo, perché penserei solamente a te. La userei per fingere che ci sia tu al suo posto. Capisci quanto è malato?» sibila. «Non ti voglio nella mia testa. Sei una tortura. Sei un desiderio incontrollabile, Aphrodite. E devo provare qualsiasi cosa pur di allontanarti. Qualsiasi. Lo capisci? Tu non puoi gridarmi contro che sei gelosa, con quelle guance arrossate e gli occhi che brillano di rabbia. Non puoi dirmi che sei gelosa, fottendomi completamente la testa.»

Non appena finisce di parlare, il rumore assordante di un rombo scuote il cielo e mi fa sussultare, ricordandomi che non esistiamo solo io e Thymós al mondo. Comincia a diluviare; la pioggia scroscia senza sosta e si abbatte sull'isola.

C'è un «ma» grande quanto l'intero universo, sta per arrivare e non sono pronta.

«Tu sei troppo per me, Aphrodite» sussurra, ormai docile. «Ognuno ha il diritto di esprimere i desideri, a prescindere da quanto questi siano grandi. E se la vita è abbastanza buona, magari li realizza. Con te è diverso, però. Tu sei il desiderio a cui nemmeno mi è permesso pensare. Tu sei... troppo.»

Il mio cervello ha smesso di funzionare.

Avanzo di un passo. Lui osserva le mie gambe muoversi, accarezzandole con uno sguardo intenso e facendomi temere di tremargli davanti senza controllo. Ne faccio un altro. Thymós inarca un sopracciglio.

Quando prova a riaprire bocca, premo i palmi delle mani sul suo addome e lo spingo all'indietro, fino a chiuderlo contro il vetro della portafinestra. Alle sue spalle, il cielo grigio è illuminato dai lampi, rendendolo più vicino a una divinità che a un essere umano.

Inclino il capo verso l'alto, incontrando i suoi occhi scuri e dolci, in netto contrasto con la mascella serrata e il respiro affannato dalla rabbia. Sposto la mano, arrivando al suo fianco, e lui sobbalza per la sorpresa. Infilo due dita nella tasca dei pantaloni, ricordando benissimo dove ha messo la chiave quando siamo entrati.

Me ne approprio, e lui non mi ferma. Non mi ferma nemmeno quando la infilo nella tasca posteriore dei jeans chiari che indosso.

«Baciami, Thymós» gli ordino. «Non usciremo da questa stanza fino a quando non lo farai.»

15

ETERNO...

Costretta da Era a sposare Efesto, Afrodite non gli fu affatto fedele. La scappatella con Ares fu probabilmente la più eclatante. Efesto era un progettista e un ingegnere estremamente capace e costruì un letto d'oro speciale per cogliere in flagrante la moglie. Al culmine del loro rapporto amoroso, Afrodite e Ares, nudi e avvinghiati nel loro fedifrago abbraccio, furono imprigionati dalle catene dorate uscite dal letto e la loro vergogna aumentò quando Elio, il dio del Sole, diresse la sua luce sulla coppia, per far sì che tutti gli dèi dell'Olimpo potessero vederli.

Aphrodite

«Baciami, Thymós» ripeto con più determinazione. «Non usciremo da questa stanza fino a quando non lo farai.»

Il suo pomo d'Adamo si abbassa a vista e i suoi occhi diventano due pozze nere. Mi fissa con un'intensità tale da farmi tremare le gambe.

Non penso di aver mai desiderato qualcuno quanto desidero lui.

Non sono *mai* stata attratta da un uomo quanto lo sono da Thymós.

«Non sai cosa mi stai chiedendo, Aphrodite» risponde, burbero.

Poggio il palmo della mano sul suo torace caldo. «Ti sto chiedendo di baciarmi. È una cosa che non vuoi fare? Perché, se così fosse, allora scusami. Mi faccio da parte, ti rendo la chiave e usciamo da qui.»

Quando provo a indietreggiare, mi afferra il polso e mi impedisce di ritrarmi. Esita, incapace di accompagnare i suoi gesti con le parole. Poi, butta fuori uno sbuffo d'aria, così violento da esprimere tutta la frustrazione che sta provando.

Si china in avanti, fino a sfiorarmi il lobo dell'orecchio con le labbra. «Il problema è che se ti bacio, Aphrodite, non sarò più capace di smettere» mormora, roco. «Se adesso ti bacio, vorrò sempre di più. Non mi basterà mai. Avrò voglia di toglierti tutti questi inutili pezzi di stoffa che coprono il tuo corpo meraviglioso, e ti sbatterò sul letto. Non riuscirò più a starti accanto senza pensare alle tue labbra sulle mie e alle tue gambe spalancate per me. Mi farai perdere la testa, Aphrodite, e io non posso permettermelo, credimi.»

Una vampata di calore mi incendia il basso ventre. «Puoi farmi tutto quello che vuoi. Puoi avermi quando vuoi, Thymós.»

Lui si irrigidisce contro di me. «Impossibile. Se ti scopo adesso, Aphrodite, urlerai così forte che tuo padre ti sentirà e verrà a uccidermi all'istante.»

Ogni suo tentativo di farmi desistere dal continuare con il mio piano folle è ridicolo, sembra fatto apposta per incitarmi a non mollare.

«Mio padre non è sull'isola, al momento, per degli impegni di lavoro. Tornerà domani mattina.»

Con la mano libera, mi circonda il fianco e infila sotto il bordo dei jeans la punta dell'indice, stuzzicandomi la pelle. Prova ad andare più in fondo, ma il tessuto aderisce troppo al corpo.

«Ti scoperei così bene che tuo padre potrebbe pure trovarsi in Cina, ma sentirebbe comunque i gemiti della sua adorata figlia.»

Il fatto che sia lo stesso uomo che sposta i rami degli alberi che mi intralciano la strada o che mi guarda affascinato e mi chiede di parlargli di astrofisica, pur non capendone nulla, mi fa desiderare ancora di più di averlo.

«Aphrodite...» dice il mio nome come se fossi il suo tormento più grande. «Io non sono abbastanza per te.»

«Stronzate» lo aggredisco subito. «Non iniziare con i soliti discorsi del cazzo.»

Della mia rabbia lui sorride appena, intenerito. Mi sposta una ciocca di capelli dietro l'orecchio. «Sai cosa ho scoperto quando ho cercato su internet qualche informazione su Sirio?»

Niente che io non sappia già, ma voglio vedere dove va a parare. «Cosa?»

«Mentre Sirio è la stella più luminosa del firmamento, Sirio B è la sua compagna nana bianca, diecimila volte più debole di intensità. È ciò che resta di una stella che ha esaurito il combustibile nucleare, spegnendosi milioni di anni fa» spiega. «Non lo capisci? Siamo Sirio e Sirio B. Io e te. Tu brilli e accechi, Aphrodite. Sei Sirio, la stella più facile da vedere dalla Terra. E io sono Sirio B, invisibile all'occhio umano. Ormai una stella degenerata.»

Boccheggio. «Cosa stai...»

«Ho bisogno di tenerti lontana dalla mia testa, Aphrodite» aggiunge. «Non saprei cosa darti che tu non abbia già o che non ti possa dare qualcuno di migliore. Qualcuno che tuo padre approvi. Qualcuno intelligente quanto te. Qualcuno che non debba usare tutti i suoi soldi per le cure del padre e il cibo della sua famiglia. Qualcuno solare come te. Un uomo più onesto di me. Un uomo che possa davvero...»

Inizio a scuotere la testa, pronta a ribattere alle assurdità che stanno uscendo dalla sua bocca. Lui non me lo permette. Scivola di lato, lontano da me, e comincia a camminare con le mani piantate sui fianchi.

«Merito qualcun altro, Thymós, ma sei geloso marcio di Hephaestus. O sbaglio? Fai pace con il cervello, allora. Non mi vuoi con un altro, però non mi vuoi nemmeno con te!»

Il suo capo si volta con uno scatto. «Non ti voglio con chi non ti merita, Daisy, è ben diverso! Hephaestus non è alla tua altezza e quando sei con lui hai l'espressione più infelice di un condannato a morte. Tuo padre è entrato così bene nella tua testa che ormai pensi che i primi stronzi che ti passano davanti possano anche solo minimamente essere degni di te!»

Ammutolisco, incapace di proferire una sillaba. Stupita del fatto che Thymós vede così tanto in me, e così poco negli altri.

«Hai un'autostima così bassa che credi che *io*» calca sulla parola e si punta l'indice al petto «possa essere alla tua altezza. Che possa meritarmi di metterti le mani addosso per baciarti e scoparti.»

Più mi ripete che non mi merita, più il mio corpo preme per colmare le distanze e baciarlo.

«Dimmi qualcosa, almeno» mi supplica.

«Vaffanculo» sbotto.

«Qualcosa di più articolato!»

«Non ce l'ho! Vaffanculo, di nuovo» sbraito, più forte.

Lui si passa le mani tra i capelli, scompigliandoli, e sospira. Ho l'impressione che, per quanto io possa rassicurarlo, non lo convincerò mai del fatto che lui non è inferiore a me.

Ed è assurdo, per me, sentirmi dire cose del genere. Perché è tutta la vita che mio padre mi ripete che *io* non sono abbastanza, che ho solo la bellezza e che il mio futuro è sposarmi con un uomo ricco e d'affari e fare dei bambini.

«Thymós» lo chiamo in un sussurro. Lui ha il capo chino, verso il pavimento, ma emette un piccolo verso per farmi capire che mi sta ascoltando. «Io non voglio che tu mi tenga fuori dalla tua testa.»

Al pronunciare la frase, i suoi occhi saettano nei miei, increduli.

«Ma soprattutto» continuo e azzardo un passo nella sua direzione. «Non voglio che nella tua testa ci sia la convinzione di non essere abbastanza per qualcuno. Che sia io o qualsiasi altra persona. Non voglio che tu abbia una così bassa considerazione di te stesso. Tu non sei una stella degenerata.»

Thymós si muove, forse per raggiungermi. Io lo inganno all'ultimo e scivolo di lato. Poggio entrambe le mani sulle sue spalle e lo costringo a sedersi sul letto con un tonfo.

Thymós allarga le gambe, creando un piccolo spazio che sembra fatto apposta per me. Non sono io a infilarmici, è lui che mi aggancia il retro delle cosce e mi spinge fino a incastrarmi tra le sue gambe. Inclina il capo e mi fissa dal basso, mentre torreggio su di lui.

Una nuova tristezza gli adombra i tratti del viso.

Gli afferro il viso con le mani, avvicinandomi un po' di più a lui. Lo guardo negli occhi, sfidandolo silenziosamente a interrompere il contatto visivo. Lui non lo fa. Thymós mi scava dentro, forse alla disperata ricerca di una sola parola che lo faccia cedere.

«Smettila di decidere al mio posto cosa merito. Lascia che sia io a scegliere. Permettimi di desiderarti, perché è quello che provo e che non riesco a combattere.»

Gli accarezzo la guancia, poi infilo le dita tra i suoi capelli castani, morbidi e lisci, massaggiando il suo cuoio capelluto. Thymós socchiude gli occhi ed emette un verso di piacere.

«Sirio, Sirio, Sirio...» Sospira. «Cosa devo fare con te? Sei così testarda.»

«Sì.»

«E stressante.»

«Colpevole.»

«E irresistibile» sussurra, spalancando gli occhi.

Il contatto visivo mi fa immobilizzare. C'è qualcosa, nelle sue iridi, che mi fa sospettare che abbia un'idea improvvisa da sottopormi.

Affonda le dita sul retro delle mie cosce e mi spinge in avanti, facendomi cadere in braccio a sé. Poggio le ginocchia sul materasso, ai lati delle sue gambe, e mi sistemo sopra di lui, senza emettere un fiato. Thymós aggancia le mani sui miei fianchi e tamburella le dita sopra la stoffa dei jeans.

«Ti propongo un patto, Aphrodite.»

«Ti ascolto.»

Thymós mi fa cenno di avvicinarmi e io obbedisco. Mi scosta i capelli da davanti all'orecchio destro e ci poggia contro le sue labbra, bisbigliando: «I tuoi giochi, al privé, cambieranno. E saranno solo miei».

Aggrotto la fronte. «Cosa intendi?»

«Visto che davanti agli altri non possiamo sfiorarci, lo faremo in privato» spiega. «Ogni giorno avremo venticinque minuti, la somma dei cinque minuti di ogni biglietto che saresti costretta a vendere. Venticinque minuti, da soli, a porte chiuse, per fare tutto quello che non ci è concesso in pubblico.»

Mi lascia un lieve bacio sotto l'orecchio, facendomi venire la pelle d'oca.

«Non puoi spendere tutti quei soldi ogni sera, Thymós. Ti renderò anche quelli dei biglietti che hai preso mentre eri via. A maggior ragione ora che so che servono alla tua famiglia.»

Annuisce, stupendomi. «Vero. Ma faremo come al tuo locale. Se vinco, raddoppio la cifra che ho speso.»

«E qual è la condizione, tra di noi? Al locale, perde chi mi tocca. Vuoi fare anche tu così, Thymós?»

Il cuore mi martella nel petto all'idea che sia davvero questo il suo piano. La sera in cui abbiamo giocato la prima volta è stata divertente, sì, ma non ho intenzione di continuare a usare solo le mie mani, quando ho lui davanti a me.

Thymós emette una risatina roca. «Nella nostra variante del gioco, io perdo se non ti faccio avere un orgasmo. Raddoppio, se lo hai. Ti sembra una buona idea?»

Deglutisco a fatica. Mi sforzo di fargli un cenno d'assenso.

«Sarà il nostro gioco del desiderio. Senza limiti, Aphrodite: devi esprimere tutti i desideri che vuoi e io li esaudirò come se fossero un dovere.»

«Bene. Dammi i soldi e iniziamo, ora» mi esce di getto.

Thymós piega la testa all'indietro e scoppia in una risata fragorosa. È la prima volta che lo sento ridere e dura anche troppo poco.

D'improvviso, riesco solo a pensare che voglio trovare altri modi per sentirlo di nuovo così.

Ma lui è già tornato serio.

«Per quanto vorrei spalancarti le gambe in questo istante e seppellirci la faccia in mezzo, non è il momento adatto. Sicuramente ci penserò stasera a te, non preoccuparti.»

Come faccio a resistere fino a stasera?

Con gesti gentili e premurosi, in netto contrasto con i toni e gli sguardi lussuriosi che aveva fino a pochi secondi fa, Thymós mi fa scendere dal suo grembo e mi rimette in piedi, per poi imitarmi.

«Devo andare a discutere di una cosa con gli altri uomini della sicurezza. Puoi aspettarmi in casa, senza allontanarti o fare cazzate?» mi informa.

«Discutere degli omicidi? Ci sono novità?»

Thymós è già davanti alla portafinestra. «No, però oggi è venerdì. Potrebbe esserci un nuovo omicidio e dobbiamo prepararci a monitorare chiunque sbarchi su quest'isola.»

Lo raggiungo. «D'accordo. Allora ci vediamo dopo.»

Thymós apre la porta e poi si volta, avvicinando il suo viso al mio. Quando penso che stia per baciarmi, lui mi fa capire che ho sbagliato.

«Torno presto.»

«Passi da fuori? Piove.»

«È più veloce da qui» spiega in fretta, come se fosse una questione di poco conto.

Poi la sua mano afferra la mia e se la porta alle labbra. Mi lascia un bacio delicato sul dorso, come un perfetto gentiluomo.

Davanti alla mia espressione confusa, abbozza un sorrisetto sghembo. «Avevi detto che non potevo uscire da questa stanza senza averti dato un bacio. L'ho fatto.»

«Di certo non mi riferivo a una cosa del genere.»

Un lampo di malizia gli attraversa il viso, rompendo la facciata di professionalità che si dipinge addosso per il suo ruolo da guardia del corpo. «Non sei la persona che merita un bacio dato di fretta. Meriti un bacio come si deve, Aphrodite. Voglio dedicarti tutto il mio tempo.»

Se ne va senza lasciarmi il tempo di replicare. Rimango qui, sola, con il cuore che mi martella nel petto e il disperato bisogno di rincorrerlo e prendermi quello che voglio. Poco importa che sia frettoloso. Il mio corpo non riesce più a sopportare di stargli lontano.

In quale casino mi sono cacciata?

Sono sempre stata sensibile all'amore, ma più di tutto all'attrazione fisica. Non ho mai controllato nessuna delle due cose. Quando amo, non mi impongo freni. Quando desidero qualcuno, faccio di tutto per ottenerlo. Non ho paura, non ho timori, non ho ripensamenti.

Con Thymós è diverso. Con lui ho paura. Ho paura che non mi basterà mai. D'altronde, è la mia guardia del corpo. Prima o poi finirà di lavorare per me, prima o poi finiranno questi omicidi e Thymós verrà congedato. Cosa farò, allora? Tornerò alla mia vita come se niente fosse?

Esco in terrazzo, in tempo per vedere la figura della mia guardia del corpo che comincia a scendere le scale laterali. Sta per passare nella zona non riparata, senza alcun ombrello.

«Al diavolo tutto» esclamo a bassa voce.

I miei piedi si muovono in automatico.

«Thymós» lo chiamo, correndogli incontro.

Lui si volta, dapprima confuso, poi sembra capire le mie intenzioni. Le sue braccia si spalancano, pronte ad accogliermi, e io mi ci tuffo. Gli afferro il viso tra le mani e premo le mie labbra sulle sue.

La pioggia investe entrambi, ma Thymós mi spinge delicatamente all'indietro, in modo che il mio corpo sia riparato dalla tettoia. Il suo rimane in balia del diluvio.

Dopo essersi accertato di avermi messa al sicuro, si concentra su quello che ho appena fatto. La sua bocca si apre e la lingua spinge per trovare spazio nella mia, che glielo concede senza esitazione.

Ho immaginato di baciarlo, nel buio della mia camera, di notte. Ma l'immaginazione non rende giustizia alla realtà. Non avrei mai potuto immaginare il modo in cui le sue mani mi tengono per la vita, mi premono contro di sé con possessività ma anche dolcezza. Così come non avrei potuto immaginare i movimenti della sua lingua, che gioca con la mia in una danza lenta e profonda, così sensuale che le gambe potrebbero cedermi dal desiderio che sta accendendo in me.

Più di tutto, mai avrei immaginato il suono roco e graffiante dei piccoli gemiti che escono dalle sue labbra, morbide e carnose, mentre mi bacia con una foga tale da farmi mancare il fiato.

Affondo le dita tra i suoi capelli, alla base della nuca, e lo spingo ancora di più verso di me, per approfondire un bacio che è già tutto. E al tempo stesso mai abbastanza.

Non voglio staccarmi. Non voglio che finisca. Vorrei averlo fatto prima. Vorrei trascinarlo in camera mia e lasciargli fare qualsiasi cosa voglia.

È un desiderio per cui preghi giorno e notte, in ginocchio, e di cui non ti stancherai mai, nonostante la consapevolezza che sia pericoloso. La lussuria del rischio. L'adrenalina. La paura dello schianto. E la rassicurazione quando continui ad accelerare e non arriva mai.

Thymós interrompe il bacio, ma lascia le nostre bocche tanto vicine da sfiorarsi. Respiriamo a fatica entrambi, il petto che si alza e abbassa a ritmo innaturale. Il suo è il primo a rallentare.

«Non fare mai più una cosa del genere» mi rimprovera.

«Cosa?»

«Baciarmi così all'improvviso.»

«Io... Non... Scusa...»

Mi dà un altro bacio, più veloce, però profondo quanto il primo. «Non baciarmi mai più senza preavviso, Aphrodite, perché potresti farmi venire un cazzo di infarto.»

Abbozzo un sorrisetto di sollievo. «Non potevo più aspettare.»

Una delle mani che ha ancora agganciate ai miei fianchi scivola dietro, lungo la schiena, per poi bloccarsi e interrompere il contatto. «Abbiamo i venticinque minuti, per quello. Non si infrangono le regole.»

Giusto. Arretro di qualche passo e annuisco.

Il suo viso si distende, diventando più sereno, come per rassicurarmi. «Ci vediamo tra poco. Stai attenta.»

Storco il naso. «Non si sa mai che respiri troppo forte, mi vada l'ossigeno di traverso e soffochi.»

Alza gli occhi al cielo. «Torna in casa, maledetta tentatrice.»

Lo lascio andare via senza protestare.

Decido di passare per la mia camera e, invece che restarci, scendere le scale che portano al piano di sotto. In soggiorno non c'è nessuno, anche se la portafinestra che dà sul terrazzo è aperta. Sta ancora piovendo e tuonando, qualche fulmine fa una breve comparsa nel cielo.

Essendo riparato, vado a sedermi in terrazzo e pesco uno dei libri che lascio in giro per la casa.

Riesco a superare trenta pagine, con l'odore della pioggia e il frastuono del temporale, ma i miei occhi vagano sempre in direzione della porta, impazienti di vedere Thymós. Chiudo il libro con un gesto secco, incapace di concentrarmi ancora, e rientro in casa.

Senza pensarci, imbocco il corridoio con le sale usate maggiormente dai miei genitori. Passo davanti alla stanza in cui mio padre si ferma, di tanto in tanto, per suonare il suo amato violino. E supero anche l'ufficio di mia madre.

In quello di mio padre la porta è socchiusa e sembra esserci qualcuno dentro, perché sento qualche rumore e intravedo un piccolo fascio di luce. Ma mio padre non è sull'isola. E solo lui è autorizzato a stare lì.

Do un calcio alla porta, spalancandola. Sono pronta a trovarmi davanti qualsiasi cosa.

Tranne quello che effettivamente c'è.

Un ragazzo che non ho mai visto nella mia vita.

Se ne sta seduto alla scrivania, con i piedi poggiati sul tavolo in legno scuro. Faccio scorrere lo sguardo sulle sue gambe lunghe, fasciate da pantaloni viola, e risalgo sul busto, dove ha la giacca del medesimo colore, parte del completo. Due occhi verdissimi sono incastonati su un viso pallido e dai tratti spigolosi.

Agita la bottiglia di vino che ha in mano, in segno di saluto. «*Bonjour*.» Se la porta alla bocca e tracanna un sorso generoso.

Sono così stupita che non riesco a rispondere.

«Significa "buongiorno" in francese.»

Muovo qualche passo, sempre più confusa. «Chi sei? E cosa stai facendo nello studio di mio padre?»

«Frugavo tra le sue cose» risponde. Il pc di mio padre è aperto e la luce blu dello schermo lo illumina appena. «Purtroppo, è tutto protetto da password. Non è che la conosci?»

Resto senza parole, di nuovo. Un intruso è nell'ufficio di mio padre, probabilmente già ubriaco di prima mattina, e mi chiede con totale tranquillità di dargli l'accesso ai file privati di famiglia. Sfrontato, incurante o stupido?

Lo sconosciuto mi sorride a trentadue denti, come a calcare sull'ironia del momento. «Allora, *ma chère*?» Parla con un perfetto accento francese.

«Chi diamine sei?» ripeto. «E perché bevi vino alle 9 del mattino?»

Lui fissa la bottiglia, pensieroso. «Beh, il vino è fatto con l'uva. A colazione è normalissimo mangiare frutta. Alla fine, il vino è solo un frullato di frutta, non trovi?»

Non batto ciglio. «No. È un alcolico.»

Sorride. «Viviamo in un mondo libero e ognuno ha il diritto di avere la propria opinione.»

Qualcosa mi dice che questo ragazzo non è un tipo pericoloso, ma solo uno scemo che ha voglia di provocare e mettersi nei casini. Motivo per cui mi avvicino alla scrivania e vi poggio entrambe le mani, protendendomi nella sua direzione.

«Chi sei? Non te lo chiederò un'altra volta prima di chiamare la sicurezza.»

Sbuffa, come se gli avessi fatto una domanda noiosa. «Dorian, piacere.» Mi porge la mano libera. «Ora sei felice? Un nome è solo un nome.»

«Dorian chi?»

Una volta capito che non gli stringerò la mano, la rimette a posto. «Non è importante, al momento. Però, posso assicurarti che tra qualche mese faremo le presentazioni ufficiali. Non temere. Abbi solo un po' di pazienza.»

Inutile fare altre domande, sembra il tipo che ti porta all'esasperazione per la sua abilità di evitarle.

«Va bene, Dorian. Puoi prendere la tua bottiglia di frullato d'uva e andartene, adesso.»

Mette un broncio fanciullesco. «Di già? Ma io voglio accedere ai file di Crono Lively. Ripeto: hai suggerimenti per la password? Queste sono quelle che ho ipotizzato, leggi.» Prende un foglietto e me lo porge. «Ho solo tre tentativi prima di mandare in blocco il pc, perciò devi essere sincera e dirmi le due più probabili.»

Nonostante l'assurdità della situazione, sono curiosa di leggere l'elenco che ha fatto.

MeleRosse666
CronoIlmigliore

TitanoSuperDotato
ReaLively (in caso fosse un romanticone, ma dubito)
1234 (in caso fosse più scemo di quanto pensassi)
ABCD (vedi sopra)

Trattengo una risata e mi impongo un'espressione seria. Gli rendo il foglietto. «Come hai fatto a entrare? C'è la sicurezza.»

Con tutta la tranquillità del mondo, Dorian infila la mano nella tasca interna della giacca e ne estrae una pistola. Faccio un balzo all'indietro. «Ho sparato a tre degli uomini di Crono. Il quarto si è arreso e mi ha fatto entrare. Dovreste licenziarlo. Mi pare si chiamasse Nikos.»

Mi rimangio tutto. Forse questo ragazzo non è un ubriacone scemo con la voglia innocua di provocare. «Rimettila a...»

Sobbalza e allontana la pistola. «Oh, sì, sì, certo, scusa! Tranquilla. Non ti voglio fare nulla di male.» La rimette a posto, ridacchiando. Poi tracanna altro vino. La bottiglia sembra ormai quasi vuota.

«Cosa vuoi dal pc di mio padre? Cosa speri di trovare?»

Scrolla le spalle e picchietta sulla tastiera, a caso. «Le prove per distruggere questa famiglia di matti.»

Dev'essere qualche ex cliente che ha perso tutti i soldi in qualche sala gioco. Capita spesso che qualcuno torni per cercare vendetta. La differenza è che nessuno riesce mai a superare i cancelli della proprietà. Lui, invece, sì. Dunque, potrebbe essere molto più che un ex cliente truffato. Dubito che il suo unico aiuto sia stato una pistola.

Dorian inclina la bottiglia in verticale, in corrispondenza della bocca spalancata. Tira fuori la lingua e agita l'oggetto in vetro, facendo cadere le ultime gocce di vino. Quando si accorge che non c'è più nulla, fa una smorfia e la lancia contro il muro alla sua sinistra. La bottiglia produce un botto, prima di frantumarsi sul pavimento in parquet.

«Ottimo vino. L'ho preso dalla collezione di tuo padre. Mi pare fosse del 1903...» Socchiude gli occhi, sovrappensiero. «Ripensandoci, avrei potuto tenerla e venderla per qualche soldo. Mamma e papà hanno chiuso il conto dopo che ho rubato loro alcuni milioni. Non so per quanto mi dureranno. Ho uno stile di vita molto... lussuoso. Mi piace coccolarmi, capisci?»

Indico la porta. «Esci da qui.»

Inarca un sopracciglio. «Che carina che sei. Non incuti alcun timore, Aphrodite.»

Dorian mi squadra con uno sguardo giocherellone, dopodiché tira indietro la sedia in velluto rosso e si mette in piedi. Non mi muovo di un millimetro mentre mi si avvicina. È alto almeno quindici centimetri in più di me.

Emana un odore di alcol nauseante. Non credo che quella fosse la prima bottiglia della giornata. «Credimi, *ma chère*, tra qualche mese capirai tutto e passerai dalla mia parte.»

Apro bocca per ribattere.

Lui mi afferra il viso con la mano. Mi spaventerei, se solo non lo facesse in modo educato ed elegante, senza alcuna pressione. Sembra quasi che non mi stia toccando. «Quando ci rivedremo, perché accadrà, fai finta di non avermi mai conosciuto. Questo incontro sarà il nostro piccolo segreto.»

«Appena varcherai la porta di casa io avviserò...»

La sua mano stringe più forte. «Non fare la stupida. Tu per prima dovresti volere la morte di tuo padre e di tutto questo impero di giochi e truffe.»

Provo a liberarmi dalla sua presa, invano. «Lasciami!»

Nei suoi occhi non c'è aggressività. Nemmeno rabbia. D'un tratto, sembra nervoso e preoccupato. Sull'orlo di una crisi isterica. «Sono serio, non devi parlare a tuo padre di me. Lo sai benissimo che la tua vita sarebbe migliore senza di lui.»

«Lasciami!»

Gli assesto un pugno al braccio che non lo scalfisce affatto. Dio, sono così patetica. Persino Hermes sarebbe riuscito a fargli male. Sono l'unica, in questa famiglia, che non sa difendersi.

«Aphrodite...»

Accanto alla tempia di Dorian compare una pistola. Il mirino è conficcato sulla sua nuca, in mezzo ai folti capelli castani. E la mano che la regge appartiene a Thymós. I suoi occhi sono due buchi neri, la mascella è serrata ed espira così forte che temo possa davvero spararagli.

«Ti ha detto di lasciarla» sputa fuori. «Cosa non ti è chiaro?»

Dorian solleva le mani in aria, interrompendolo prima che finisca la minaccia. «D'accordo. Ecco fatto. Non ti arrabbiare, bestione, e poggia la pistola.»

Thymós la sposta di qualche centimetro e gliela preme di nuovo contro la nuca. «No, no, no» mormora. «È ora di insegnarti una lezione che ti servirà per il futuro: il "no" di una donna vale quanto quello di un uomo.»

«Sei impazzito? Che diamine vuoi, ancora?» Dorian ha già perso tutta l'audacia di prima.

«Non devi levarle le mani di dosso perché ti sto minacciando io con un'arma. Non è a me che devi obbedire, ma a lei. Quindi rifacciamo tutto da capo.» Allontana la pistola, tenendola comunque pronta, e mi indica. «Mettile di nuovo le mani addosso. Forza.»

«Thymós, non è necessario» lo rassicuro.

Thymós non mi guarda. «Lo è. Perché se non lo vedo fare come gli dici, il prossimo punto in cui gli ficco la pistola è su per il culo.»

Dorian prende un respiro profondo, per un attimo barcolla, vittima dell'alcol. Mi riafferra il viso, titubante, la mano gli trema appena. «E ora?»

È il mio turno. «Mollami» ordino.

Thymós agita l'arma per aria. «Sentito?»

Dorian mi lascia andare e fa tre passi indietro, sbattendo contro un mobiletto che conserva testi antichi in greco. Un'altra collezione rara e costosa.

Il sorriso sul volto di Thymós è ampio, e anche carico di rabbia. «Hai visto? Oggi hai imparato come si rispettano le persone. Ora vattene, prima che chiami sul serio la sicurezza. Sei fortunato che odio Crono Lively quanto lo odi tu.»

Dorian riacquista quel tanto di sfacciataggine necessario a regalarmi un sorrisetto di saluto, prima di correre fuori dallo studio. I suoi passi riecheggiano e vengono interrotti dal rumore della porta d'ingresso che sbatte.

Thymós rimette la pistola nel fodero in vita, poi si rivolge a me. «E tu devi imparare in fretta a dare dei colpi in grazia di Dio, Aphrodite. Cos'era quel pugno?»

Ignoro la sua provocazione, un tentativo di alleggerire la situazione ma anche un modo meno rude di riprendermi. «Non era necessario questo spettacolo.»

«Invece, sì. Non posso intervenire in ogni caso che accade nel mondo, ma con te, almeno, sì. Devi farti valere. Nessuno deve mancarti di rispetto.»

Mi concedo un'occhiata nella sua direzione. Mi guarda con una tale intensità che d'improvviso dimentico Dorian, la sua pistola, la sua mano sul viso e l'ultimo quarto d'ora passato insieme. «Mi insegnerai tu?»

Thymós accorcia le distanze, ma sono io a fare il passo definitivo. I nostri corpi sono quasi incollati, e la mia mano va a percorrere la cinta in vita, dove tiene il fodero della pistola. Mi insinuo appena sotto il bordo della maglia e gli sfioro la pancia piatta. Thymós sibila come un serpente e, per non metterlo in ulteriore difficoltà, mi ritraggo.

«Farò di meglio, Aphrodite. Ti aiuterò a usare una pistola, così che tu non debba nemmeno sfiorare quegli esseri viscidi che ci sono nel mondo. Sarebbe un onore per loro anche solo ricevere un tuo pugno.»

16

...E LIMITATO

Un'altra versione del mito greco racconta che Afrodite nacque dall'unione di Zeus e della ninfa marina Dione. Cipro, chiamata anche «Isola di Afrodite», durante l'inverno vede le onde del mare infrangersi prepotenti sulle sue coste facendo sorgere colonne d'acqua antropomorfe che si narrava fossero Afrodite stessa. Il fenomeno è ancora visibile e sembra ricordare l'immortalità della dea nata dal mare, oltre che il suo richiamo alle pulsioni primordiali dell'umanità e all'instabile equilibrio delle relazioni umane.

Aphrodite

«SEMBRI agitata.»

«Sono tranquilla.»

«Sembri agitata, invece.»

«Cominci a farmi agitare tu con questa continua affermazione, Eros.»

«Visto? Allora ho ragione. Sei agitata.»

Gli rivolgo un'occhiataccia. «Smettila.»

Eros si sistema la giacca del completo, questa sera giallo, e mi scocca un sorrisetto strafottente. «Siamo amici. Sono uno dei tuoi *migliori* amici, mi preoccupo per te. Se c'è qualcosa che non va, devi sentirti libera di potermene parlare.»

Riprendo a camminare avanti e indietro per il perimetro del privé.

Thymós è seduto su uno dei divani e non mi stacca gli occhi di dosso. Le sue attenzioni nei miei confronti sono sfrontate, fatte apposta per mettermi in difficoltà davanti a Eros e vedere quanto impiegherò a crollare.

«Aphrodite» mi richiama proprio la mia guardia del corpo «per caso lo gnometto ti sta dando fastidio? Vuoi che intervenga?»

Eros sbuffa a gran voce e finisce il liquore, abbandonando il bicchiere nell'angolo bar della stanzetta. «Guarda che ho chiamato mia madre, l'altra sera. Dice che sono quello della famiglia con le ossa più sviluppate. La mia altezza è normale, se non straordinaria.»

Thymós lo squadra e un sorrisetto fa capolino sul suo volto. Persino Eros se ne stupisce, di solito non sorride mai.

«Tu sei quello alto della famiglia? Questo sì che è straordinario.»

Eros borbotta una serie di imprecazioni che non riesco a comprendere. Si appropria direttamente della bottiglia di liquore e se la mette sottobraccio, ignorando il bicchiere che stava usando fino a pochi minuti fa.

Io mi schiarisco la voce. «Va tutto bene, Eros, ignoralo, fa solo lo stronzo. Ora puoi tornare al locale e divertirti, okay?»

Il mio amico alza entrambe le sopracciglia. «Non serve la mia supervisione qui, durante i giochi? So che sono stati acquistati cinque biglietti in tempo record.»

Thymós tossisce, d'improvviso guardingo e ben consapevole di cosa sta per succedere. «Sì, ho controllato tutto. Ci penso io a tagliare qualche zampa da quelle bestie. Tu vattene.»

Gli occhi di Eros scattano dal mio viso a quello di Thymós, così tante volte che sto per urlargli contro dall'esasperazione.

«D'accordo. Ci vediamo dopo, allora...» Cammina all'indietro, continuando a fronteggiarci. Sbatte la schiena contro la porta e la apre scoccandomi un'ultima occhiata maliziosa, per poi sparire.

Rimasti soli, mi rendo conto solo ora del peso di ciò che sta per accadere. Dell'attesa, sembrata infinita, che mi ha tormentata tutta la giornata all'idea di trovarmi qui, adesso, con lui.

Mi schiarisco di nuovo la voce e muovo un passo verso lo stereo, per mettere della musica. Il corpo di Thymós mi blocca subito il passaggio, quasi mi scontro con il suo addome.

«No.»

Sollevo il capo, incontrando i suoi occhi scuri. «No? Niente musica?»

Scuote la testa. «Voglio che questi giochi siano guidati dai tuoi desideri, Aphrodite. Qualsiasi desiderio esprimerai, io avrò la premura di esaudirlo. Per compensare tutte le notti in cui hai dovuto assecondare il volere di tuo padre, stando chiusa qui con gente sconosciuta che non vedeva l'ora di metterti le mani addosso. Ma... lascia esprimere un solo, minuscolo, desiderio anche a me. Me lo concedi?»

La sua voce è così dolce, mentre mi riempie la testa di queste parole bellissime, che mi viene da piangere.

«Certo.»

«Stasera non giochiamo qui dentro.»

«Come?»

«Andiamo fuori.»

Boccheggio. «In un luogo pubblico? Sei sicuro che...»

Deglutisco a fatica. Thymós allunga la mano, pronto a sfiorarmi il braccio nudo, poi si blocca a metà strada. «Fidati di me.»

Annuisco e lui fa un mezzo sorriso, prima di andare a recuperare la mia borsetta e porgermela. Apre la porta che dà sul retro, invece che dentro il locale. Dopo aver controllato fuori, ritorna da me e attende che esca per prima.

Avanziamo nel buio. Aggiriamo l'entrata principale, dove si accalca la solita moltitudine di clienti, e scendiamo delle scalette nascoste, in mezzo alle fronde di due alberi. Thymós sembra aver memorizzato da solo i passaggi segreti dell'isola.

Camminiamo in silenzio. Da parte mia, perché l'attesa mi sta facendo contorcere lo stomaco. Dover aspettare un secondo in più per giocare con lui è quasi un dolore fisico.

Da parte sua, perché temo che non lo abbandonino i soliti pensieri noiosi sulla poca professionalità che sta dimostrando.

Quando arriviamo alla spiaggia privata, davanti alla nostra villa, inarco un sopracciglio. «Thymós?»

Si ferma di colpo, poi si inginocchia e mi slaccia i cinturini dei sandali. Mi regge le scarpe con una sola mano e con un cenno del capo mi incoraggia ad avanzare nella sabbia.

Nel momento in cui l'acqua calda del mare mi bagna i piedi, capisco che la nostra destinazione è la riva.

Thymós osserva per qualche istante il pigro movimento delle onde. È una sera molto buia, la luna è nascosta da vaporose nuvole bianche. Attorno a noi c'è l'oscurità completa, tanto che i miei occhi ancora devono abituarcisi.

Thymós lancia un'occhiata al quadrante del suo orologio. «Ricordi cosa mi ha detto tuo padre quando ci siamo conosciuti? Che mi avrebbe tagliato entrambe le mani se ti avessi toccata.»

«Puoi ancora tirarti indietro» lo rassicuro, convinta che ci stia già ripensando.

Lui si volta, lentamente, la mascella rigida e gli occhi che si fissano sul mio viso con durezza. Fa una smorfia ironica. «Penso proprio che correrò il rischio, sai?»

Con un click fa partire il timer di venticinque minuti. I giochi sono iniziati.

«E se qualcuno ci vedesse?» gli chiedo.

In realtà, non mi importa. Almeno, non per me. Per lui.

Thymós mi sfiora la spalla, in un contatto fievole, e con altrettanta delicatezza mi fa cadere la spallina del vestitino. Il tessuto si ripiega in avanti, scoprendomi metà del seno destro.

Non esita un secondo e non mi dà una risposta.

Le sue mani si poggiano sulle mie spalle e applicano una lieve pressione, invitandomi a inginocchiarmi sulla riva.

«Qualsiasi desiderio, Aphrodite» mi ricorda, in attesa che gli dia istruzioni, fissandomi dall'alto.

L'acqua avanza e mi bagna le ginocchia, per poi ritrarsi.

«Desidero che tu mi tocchi.»

Senza attendere altro tempo in più, aggancio il bordo del vestitino e me lo sfilo, per poi gettarlo di lato, dove la sabbia è asciutta e l'acqua non arriva. Dopodiché, mi abbandono all'indietro e mi sdraio a pancia in su, con le braccia sollevate dietro la nuca e un sorrisetto provocante.

Thymós squadra il mio corpo a lungo e, a giudicare da come il suo pomo d'Adamo si abbassa a fatica, deduco che la visione gli piaccia.

«Hai perso le parole, Thymós?» domando. «Se non vuoi usare la bocca per parlarmi, allora impiegala in qualcos'altro.»

Un gemito sofferente aleggia tra di noi, ma viene coperto dal rumore delle onde. Thymós si inginocchia davanti a me e preme sulle mie ginocchia nude per farmi aprire le gambe. Arrivato allo spazio giusto, ci si infila in mezzo, e i nostri corpi si incastrano alla perfezione.

Una mano resta sulla mia coscia e si ferma al bordo dei miei slip. L'altra va a sfiorarmi le labbra, prima con dolcezza, poi con movimenti più rudi.

«Hai proprio una boccaccia, tu, eh?»

«Posso essere la ragazza seduta sul balcone, con un vestitino lungo e a fiori, che legge un libro. E posso essere la ragazza nuda, sdraiata in riva al mare, che ti implora di toccarla. Quale preferisci, Thymós?»

La sua mascella ha un guizzo e mi lascia andare la bocca. «La prima è la mia preferita. Ma, in questo momento, vorrei la seconda.»

«Allora muoviti.»

Quando sembra che stia davvero per procedere, mi coglie di sorpresa. «Solo una cosa, ancora.»

Rimango in attesa.

«Questi...» indica il mio corpo e sé stesso. «Questi venticinque minuti, questi giochi puramente fisici, non sono l'unica cosa che voglio. Al di fuori dei venticinque minuti, voglio parlare con te e continuare a conoscerti. Mi piacerebbe molto, Daisy.»

Il modo in cui calca sul mio primo nome fa accelerare i battiti del mio cuore.

«Sì?» bisbiglio, in cerca di una conferma.

Annuisce con convinzione, i suoi occhi bruciano nei miei e non osa spostarli. In *nessun'altra* parte del mio corpo. «Non voglio solo questi venticinque minuti, da te. Non sei solo questo, per me.»

Si blocca, come se si stesse frenando dal dire altro. Qualcosa di estremamente pericoloso, che in fondo sento anche io e che ho paura di ammettere.

«Posso essere l'uomo che assaggia ogni parte di te e ti spoglia ogni notte, per un tempo limitato, e posso anche essere l'uomo che ti ascolta mentre gli parli del tuo libro preferito o di qualche concetto di astrofisica supercomplicato che non capirà neanche con un disegnino.»

Anche solo fermarmi a pensare quanto desideri entrambi mi terrorizza.

È ora di mettere da parte le parole, però. Il tempo scorre e ci è nemico, ogni secondo è prezioso.

Anche lui sembra avere gli stessi pensieri, perché la sua mano percorre il mio busto. Esita per tanto, forse troppo, tempo sulla mia pancia. Accarezza le mie curve, tutt'altro che perfette, e le guarda ammirato, come se fossero la cosa più sexy del mondo.

Non mi è mai importato di avere qualche chilo in più, tanto meno di non avere la pancia piatta. Ciononostante, sono sempre stata ben cosciente che gli standard di bellezza fossero altri. Eppure, il modo in cui mi guarda lui mi fa andare su di giri, mi fa sentire più bella di quanto mi abbiano fatta sentire gli altri per tutta la vita.

«Mio padre ha provato a mettermi a dieta» gli confido. La sua mano si ferma. «A quanto pare una col mio nome e il mio viso non può permettersi di avere i rotolini o le cosce grosse.»

«E tu cosa gli hai risposto?» Continua ad accarezzarmi la pancia, poi passa ai fianchi, anch'essi morbidi e abbondanti. Risale fino ad afferrarmi il seno destro, grande quanto la sua mano.

«Ho continuato a mangiare tutto quello che volevo» dico con tranquillità. «Ho rifiutato i pasti con porzioni minuscole e senza carboidrati. E lui si è arreso.»

Ai tempi, i miei fratelli sono intervenuti per difendermi. Nessuno di loro è rimasto zitto. Hades, Hermes, Apollo e Athena. Tutti quanti. Così, nostro padre si è arreso. Non prima di aver fatto una delle sue solite scenate melodrammatiche, sia chiaro.

«Sei bellissima così come sei» mormora Thymós, chiaramente in imbarazzo per il complimento che mi ha fatto. Nemmeno mi guarda negli occhi.

«Occhi su di me, Thymós» lo prendo in giro, nonostante sia in parte seria. «Se vuoi dire a una ragazza che è bella, devi guardarla in faccia.»

Le sue iridi marroni si fissano nelle mie all'istante. «Sei bellissima così come sei, Daisy.»

Entrambe le sue mani si posizionano sul mio seno e, mentre la destra lo massaggia, lentamente, le dita dell'altra mi stuzzicano il capezzolo, giocandoci persino meglio di come ho fatto io qualche sera fa, sotto suo ordine.

Getto il capo all'indietro, mugolando di piacere, mentre mi provoca scosse elettriche in tutto il corpo.

Quando qualcosa di umido si chiude attorno al mio capezzolo e capisco che è la bocca di Thymós, emetto un gridolino di sorpresa e piacere. Lui non si ferma. Muove la lingua esattamente come ha fatto questa mattina, durante il bacio, leccando e succhiando con foga crescente. Mi mordicchia piano e riprende a leccare, alternando le due azioni in una danza sfrenata.

L'acqua del mare mi investe, bagnandomi il corpo, e il suo scrosciare viene accompagnato dai miei ansiti e dai rumori della bocca di Thymós che divora ogni centimetro della mia carne.

La sua bocca si stacca, ma va a dedicare le stesse attenzioni all'altro capezzolo. Nel frattempo, le sue mani mi afferrano i bordi delle mutandine nere e le sfila verso il basso. Lo aiuto sollevandomi appena dalla sabbia bagnata.

La lingua di Thymós traccia la mia clavicola e si ferma sul collo. Fa scorrere la punta fino a raggiungere l'orecchio, dove mi mordicchia il lobo.

Quando accosta le labbra e capisco che vuole sussurrarmi qualcosa, la sua mano si infila in mezzo alle mie gambe e sfiora la mia intimità per tutta la sua lunghezza. «Dimmi cosa devo fare, ora» mormora. «Esprimi un altro desiderio, Daisy.»

Ho il cervello in tilt. Il cuore che sta per cedere. Sono così eccitata che potrei venire da un momento all'altro, mi basterebbe sentire di nuovo la sua mano in mezzo alle mie pieghe e la sua voce bassa che bisbiglia al mio orecchio.

Ma non può andare così. È il mio gioco. Il mio desiderio. E voglio prendermi tutto ciò che di bello mi è concesso.

«Voglio che ti spogli, completamente» dico, afferrandolo per il collo. «E poi che ti sdrai qui, sulla sabbia, così che possa sedermi sulla tua faccia.»

Dalla sua bocca esce un sibilo che mi fa drizzare tutti i peli delle braccia.

Thymós si stacca e si mette in piedi. Punta gli occhi nei miei e si sfila la maglietta nera.

Lo avevo già visto senza, eppure trovarmelo qui davanti, tutto per me, è un altro tipo di spettacolo. Non c'è una parte del suo corpo che non abbia muscoli. Ogni centimetro di pelle ambrata è scolpito alla perfezione.

Calcia via le scarpe, senza slacciarle, e si sbottona i pantaloni cargo. Rimane in boxer, e già così la sua erezione che preme contro il tessuto lascia poco spazio all'immaginazione.

Thymós si libera anche dell'intimo, restando nudo al mio cospetto. D'altronde, lo siamo entrambi. Io seduta, lui in piedi. E, nonostante ciò, ci guardiamo negli occhi.

Mi alzo, in modo che possa distendersi e prendere il mio posto.

Quando mi concedo uno sguardo all'interezza del suo corpo, supino, mi sembra anche più bello di prima.

Ho solo un istante di esitazione, prima di calarmi con le gambe aperte sul suo viso. Puntello le ginocchia ai lati e cerco di trovare un punto di equilibrio. Le mani di Thymós mi afferrano i glutei e, ancora prima che possa farlo io, mi spinge con forza contro le sue labbra.

Il primo colpo di lingua è così rude che lancio un grido soffocato dal piacere. Thymós percorre le mie labbra per tutta la lunghezza, leccandomele piano, con calma, come se avessimo tutto il tempo del mondo e non solo venticinque minuti.

I suoi polpastrelli affondano nella mia pelle e la punta della lingua gioca con il mio clitoride, compiendo movimenti circolari. Prima lecca, con colpetti ritmati, poi risucchia con le labbra, così rumoroso da riuscire quasi a sovrastare il suono delle onde.

I miei fianchi cominciano a ondeggiare in avanti e indietro, oscillano contro la sua bocca, cercano più frizione, sollievo, un contatto maggiore. Thymós mi solleva per riprendere fiato e, quando guardo in basso, lo scopro a passarsi la lingua per tutto il perimetro della bocca.

«Continua» esce come un ordine, ma nella mia testa è una supplica, quasi una preghiera.

I suoi occhi si socchiudono e la mano sinistra va a colpirmi il gluteo in uno schiaffo violento. Mi abbasso di nuovo e lui riprende, con un ritmo e una foga maggiori di prima.

Una mano si infila tra le mie gambe.

«Ti prego» mormoro. «Thymós.»

Mi penetra con un solo dito, ma è quanto basta a spezzarmi il respiro. Comincia a muoverlo dentro di me, con spinte sincronizzate a quelle della sua lingua. Non ho il tempo di abituarmi che ne aggiunge un secondo.

Devo reggermi, piantando i palmi sulla sabbia sotto di me, per non crollare.

Mi agito sopra di lui, in balia di un piacere che non ho mai provato in vita mia. I gemiti mi scivolano di bocca come se non avessi più il controllo del mio corpo. Vorrei essere più silenziosa, più discreta, ma non per paura che qualcuno possa sentirci. Lo voglio perché desidero di poter sentire anche lui.

Non mi rendo nemmeno conto di star cantilenando il suo nome, fino a quando la sua voce non si aggiunge e mi incita a bassa voce. «Così» approva. «Muovi questi bellissimi fianchi e prenditi tutto quello che desideri.»

Le sue dita escono ed entrano con forza, lunghe e grosse, e il mio bacino le accompagna in una danza talmente sincronizzata che sembra abbiamo provato per mesi interi. Con la mano libera risale la mia pancia nuda e mi afferra il seno sinistro, riprendendo a stuzzicarmi il capezzolo.

Sono al limite. E vorrei implorarlo di fermarsi, solo per rifare tutto da capo.

Ma è da tanto tempo che non ho un rapporto così bello e intenso.

Thymós non mi dà tregua neanche per un secondo. Ho la tentazione di chiudere gli occhi e lasciarmi andare all'orgasmo; invece, faccio uno sforzo e lo guardo mentre vengo sulle sue dita ed emetto un gemito rumoroso.

Le gambe mi tremano e le sue dita rallentano, accompagnandomi fino alla fine.

Per non cadere in avanti, priva di qualsiasi forza ed energia, sposto i palmi delle mani sul suo petto e mi reggo a lui.

Thymós mi stringe per la vita e mi sostiene, con delicatezza, con una premura che rischia persino di farmi piangere.

«È tutto okay» mi rassicura.

«È tutto tranne che okay.»

Mi allontana, continuando a reggermi. Sul suo viso c'è un cipiglio confuso. «Cosa intendi? Ti sei pentita di...»

Mi affretto a dissentire. L'ultima cosa che voglio è che pensi che io abbia dei rimorsi.

«No, no, assolutamente no.» Davanti al mio nervosismo, sorride. «Non è okay perché voglio rifarlo subito. E non so come farò a rispettare le regole del gioco.»

Thymós infila la mano tra i miei capelli, stasera lisci, e mi afferra per la nuca, spingendomi in basso per darmi un bacio a fior di labbra.

Troppo poco. Ecco che torna il dolore fisico.

Non mi basta mai. L'attrazione fisica che provo nei confronti di quest'uomo mi farà uscire di testa.

«La prossima volta...»

Lo squillo di un cellulare lo interrompe. Non è sicuramente il mio, però.

Thymós fa uno scatto, poi si pietrifica. Ci fissiamo, di colpo guardinghi entrambi. La nostra bolla ormai scoppiata.

Mi solleva gentilmente e si libera del mio peso per correre dove ha lasciato i suoi pantaloni. Risponde alla chiamata.

«Che succede?»

Segue il silenzio. Io sono in piedi, ormai, e sto raccattando i miei pochi averi. Ho il corpo bagnato, ma il vestito è asciutto, per fortuna. Lo infilo mentre Thymós dice: «Arrivo subito».

Si riveste in fretta ed estrae una pistola, togliendo la sicura. Fissa dritto davanti a sé, tutta la lussuria e la leggerezza ormai svanite dal viso.

«Dobbiamo tornare al locale» ordina, teso come una corda di violino. «Seguimi e stammi dietro.»

Thymós mi si para davanti, facendomi da scudo, e ci avviamo insieme. Con una mano tiene la pistola, le dita dell'altra si intrecciano alle mie, cercando un contatto fisico, come per assicurarsi che io sia sempre con lui.

Non fiatiamo fino a quando non siamo alla sala gioco.

Il locale è nel pieno caos. La musica non c'è più, dipendenti e clienti si muovono da una parte all'altra. Qualcuno scappa, altri si ammassano davanti alle porte dei bagni delle donne, sul lato sinistro.

«Qual è il problema? Aphrodite è in pericolo?» domanda Thymós.

Eros, pallido come un lenzuolo, ci corre incontro scuotendo la testa. «No, no, no, lei no. È stato trovato un altro corpo e... Non è... Dovete venire a vedere. È nei bagni del personale.»

Thymós viene raggiunto da altri sei uomini e due donne della sicurezza, tutti vestiti in modo elegante e muniti di armi, pronte all'uso. Fanno spostare la folla che blocca il passaggio e mi circondano con i loro corpi, creando una fortezza attorno a me, impenetrabile.

Thymós mi sta sempre davanti e di tanto in tanto si volta per accertarsi che io sia ancora qui con lui. Non può più tenermi per mano, ora che non siamo soli.

Ci sono tre cubicoli con le docce. Solo una di queste è occupata.

«Porca puttana» esclama uno della security.

Thymós è impassibile, eppure capisco che la scena ha destabilizzato anche lui.

C'è un corpo che penzola dal soffitto. Il tubo del soffione della doccia è avvolto attorno al collo, il capo piegato di lato. È la figura familiare di Olivia, una delle mie dipendenti. Occhi azzurri, come me. Capelli biondi, come me. Nome che inizia per «O».

Il killer ha coperto le prime cinque lettere del mio nome.

«Dobbiamo slegarla» decreta Thymós. «E portarla dal medico, qui sull'isola, per fare degli accertamenti.»

Eros riesce a raggiungerci, spintonando due guardie grosse il doppio di lui che lo fissano come se fosse una mosca fastidiosa. «Non avete capito. Non è un omicidio!»

Io e Thymós ci scambiamo un'occhiata. «Cosa?»

Il mio amico deglutisce a vista, i suoi occhi tentano in ogni modo di non posarsi sul corpo che penzola dal soffitto. Alla fine, la conoscevamo entrambi.

Eros si mordicchia il labbro con forza, poi espira. «Elynéé l'ha accompagnata qui, mezz'ora fa» spiega Eros. «Olivia sosteneva di sentirsi poco bene e a malapena riusciva a stare in equilibrio. Così Elynéé l'ha aiutata a raggiungere il bagno. Non c'era nessuno dentro, a parte loro. Chiaramente non l'ha seguita fino allo stallo, è rimasta qui fuori dove siamo noi. Non si è accorta di nulla. Olivia si è impiccata lì dentro. Senza alcun motivo apparente.»

Questo nuovo dettaglio cambia tutto.

«Si è suicidata» mormora Thymós.

Scoperta interessante, che ci porta solo nuove domande senza rispondere a quelle che avevamo già.

«E se fossero tutti suicidi?» ribatto io.

«È quello a cui volevo arrivare io» concorda Eros. «Dunque, perché cinque dipendenti del locale di Aphrodite dovrebbero suicidarsi? Tutte quante? Tutte simili a lei esteticamente?»

«La causa scatenante deve essere la stessa per tutte» ipotizzo. *Ma quale?*

Tre uomini si avvicinano al corpo privo di vita di Olivia e cominciano a slegarlo dal soffitto per adagiarla a terra. La donna alle mie spalle, di vedetta alla porta del bagno, sta comunicando al telefono con qualcuno. Dai toni sommessi e dal linguaggio utilizzato, presumo mio padre.

Distolgo lo sguardo dal cadavere. Un conato di vomito mi sale in bocca e devo reggermi al lavandino dietro di me. Apro il rubinetto e mi butto dell'acqua gelida in faccia.

Mi viene in mente un'altra cosa.

«E la faccia? Olivia ha il viso intatto.»

Thymós sgrana appena gli occhi. Non ci aveva fatto caso. Poi un sorriso glaciale gli incurva le labbra, e per un secondo mi fa paura. «C'era l'altra ragazza e il killer non è potuto intervenire. Questo vuol dire una sola cosa.»

«Cosa?» lo incalza Eros.

«Se l'assassino è uno psicopatico che tiene molto a seguire il modus operandi di cui si è servito finora... tornerà per asportare la faccia di Olivia. E noi non dobbiamo lasciarcelo scappare.»

17

QUIETE...

Afrodite indossò le vesti tinte con i fiori della primavera
create per lei dalle Grazie e dalle Stagioni
portando bellezza sulla terra arida.

Aphrodite

Il trillo fastidioso della sveglia mi strappa dal mondo dei sogni. Allungo il braccio per spegnerla, con gli occhi socchiusi. Dalla portafinestra, la luce del sole mi colpisce in pieno volto. Rotolo nel letto e mi copro il viso con il cuscino.

Ho ancora la testa seppellita quando sento la maniglia della portafinestra scattare. Ogni muscolo che ho in corpo si pietrifica, mentre il cuore comincia a battermi così forte che temo possa sfondarmi la gabbia toracica.

Nessuno entra in camera mia senza bussare. Tanto meno di mattina presto. E, soprattutto, non dalla portafinestra.

La sento spalancarsi. Sollevo il cuscino, pronta a reagire, però non ho il tempo di guardare chi sia l'intruso perché un corpo pesante piomba sul mio letto. Si mette a cavalcioni su di me, bloccandomi ogni possibilità di fuga.

Inizio a gridare, nello stesso momento in cui l'intruso esclama: «Buon compleanno, gemellina!»

L'espressione di Hermes cambia di colpo e inizia a urlare pure lui in risposta.

Agita le braccia come se avesse le convulsioni, mentre io scalcio per intimargli di scendere e liberarmi.

Lui mi asseconda. Io scivolo a destra, fuori dal letto, e cado in ginocchio sul pavimento. Hermes balza a sinistra e rimane con metà corpo tra le coperte e metà a terra.

«Sei impazzita?» mi aggredisce. «Perché strilli? Sono io!»

Mi porto una mano al petto, dove il mio cuore galoppa come un forsennato. Oggi lo ricorderò per sempre come il giorno in cui ho rischiato un infarto.

Faccio per ribattere, quando un altro rumore cattura la nostra attenzione.

In pochi istanti, Thymós fa irruzione nella mia camera con una pistola in mano, pronto a prendere la mira. «Che cazzo succ...»

Hermes strabuzza gli occhi e solleva le mani in aria. «Sono io! Sono io! Nessun pericolo, Termos! A cuccia!»

Thymós non abbassa la pistola, anche se i tratti del suo viso si fanno più rilassati. Indossa solo un paio di boxer neri, nient'altro. È uscito dalla sua camera quasi nudo, per venire qui.

«Abbassa l'arma, Thymós» gli ricordo.

Lui punta i suoi occhi nei miei e, dopo un istante in cui sembra essersi perso nei suoi pensieri, fa come gli ho detto. «Cristo, ma che cazzo combinate, voi due?»

«Sono venuto a farle gli auguri di compleanno! È il nostro compleanno, oggi» spiega Herm. «E questa pazza si è messa a gridare come se la stessero sventrando.»

«Sei entrato in camera e ti sei lanciato addosso a me, Hermes. Neanche mi sono accorta che fossi tu!»

Thymós mi porge la mano e io la accetto. Le nostre dita esitano troppi secondi, intrecciate, anche quando sono in piedi, e gli occhi azzurri di mio fratello sono fissi proprio su quel contatto. Lo lascio andare in fretta.

«Hermes, c'è un serial killer che uccide ragazze simili a tua sorella e che probabilmente vuole arrivare a lei. Ricordi? Non puoi fare queste cose.»

«Oh, vero. Potresti aver ragione.»

Thymós gli scocca un'occhiataccia.

«Okay, hai ragione e basta.»

«Ottimo.» Si volta verso di me, facendosi più vicino. «È tutto okay? Posso andare?»

Annuisco ed evito il suo sguardo. Con Hermes qui presente, è difficile mantenere un comportamento distaccato. Ho il timore che mi legga in volto tutto quello che ho fatto con la mia guardia del corpo. Peggio, tutto il casino di sentimenti che provo.

«Ci vediamo tra poco per la colazione» si congeda il mio bodyguard. Prima di sparire, mima il gesto di tenere d'occhio Hermes. «E tu cerca di calmarti, sembri perennemente fatto di cocaina.»

Hermes si tappa una narice e tira su col naso per finta. Thymós se ne va senza aggiungere altro, se non un borbottio confuso.

Rimasti soli, batte le mani come se non fosse successo nulla. Allarga le braccia, in attesa, con un enorme sorriso in volto. Passato definitivamente lo spavento, lo raggiungo e ci abbracciamo. Il più stretto possibile.

«Buon compleanno, Eli» mormoro, chiamandolo con il suo primo nome, quello che aveva prima di essere adottato da Crono e Rea.

«Buon compleanno, Daisy.»

Restiamo così per qualche secondo, poi Hermes mi tira i capelli e io gli do un pizzicotto sul fianco, facendolo saltare all'indietro. Soffre il solletico più di qualsiasi altra cosa al mondo.

«Preparati in fretta. Ti aspettiamo giù per il tuo regalo!» Esita. «Beh, *nostri* regali.»

Questa volta passa per la porta principale. Rimango immobile qualche istante, prima di andare in bagno a rendermi un minimo più presentabile. Faccio una doccia fresca, viste le temperature già alte, e asciugo a malapena i capelli con il phon. Indosso un vestitino a fiori, uno dei miei preferiti, e mi affretto a scendere in cucina con Hermes.

La mia famiglia è già lì, al completo. Persino Thymós, che sta più in disparte, con l'aria di uno che si sente fuori posto.

Crono e Rea sono i primi ad accoglierci, in piedi. Mentre mia madre stringe Hermes in un abbraccio, mio padre sta aspettando me. Mi sorride, una delle poche volte in cui il suo sorriso è felice e per nulla inquietante. Allarga le braccia, come ha fatto Hermy poco fa, e io mi sforzo di farmi abbracciare.

«Chrónia pollá, kóri mou.» («Buon compleanno, figlia mia» in greco)

«Efcharistó, patéra» ringrazio.

Nella mia testa, conto i secondi che stiamo uno a contatto con l'altra e quando arrivo a dieci, per fortuna, ci stacchiamo.

L'abbraccio di mia madre è più confortante e affettuoso. Lei non è come Crono, nonostante non sembri fare molto per arginare la follia del marito. Mi sussurra gli auguri, sempre in greco, e io le rispondo nella stessa lingua.

Il primo dei miei fratelli a farsi avanti è Hades. Mi solleva da terra, senza lasciarmi il tempo di realizzare il suo gesto, e mi fa compiere una giravolta per aria. Dopodiché, mi mette giù per stringermi forte, nascondendo il mio capo contro il suo petto. Mi lascia un bacio sulla nuca, umida e profumata dallo shampoo.

«Buon compleanno, Aphry.»

Non vorrei mai staccarmi dal suo abbraccio, ma siamo costretti da Athena. «Lasciami mia sorella, coraggio.» Mi strappa dalla stretta di Hades, accogliendomi con foga.

Alle mie spalle, Hades sta scambiando una stretta con Herm. «Auguri, *coglioncello*.»

«Grazie, mia Diva. Aspetto un post di auguri sul tuo blog Tumblr.»

Hades grugnisce come un animale. «Dovete smetterla con questa storia.»

Crono sta assistendo alla scena con la fronte corrugata, un lampo di divertimento gli distorce i tratti del viso perennemente corrucciati. «Usi Tumblr, Hades? Ancora? Non è roba da 2012, tipo?»

Hades sbuffa. «No, non ho un blog Tumblr. Sono le solite cazzate di Hermes.»

Quello se la ride, e Rea gli scompiglia la massa di riccioli biondi.

Athena si stacca e mi ritrovo a faccia a faccia con Apollo. Il mio dolce e silenzioso Apollo. Così timido e pacato, che non riesce ad abbracciarmi per primo nemmeno il giorno del mio compleanno. Gli circondo la vita con le braccia e mi stringo contro di lui, che ricambia senza esitazione.

«Buon compleanno» sussurra in modo che lo senta solo io. «Ti voglio bene.»

«Anche io» rispondo e, prima di separarci, gli faccio una carezza in viso. Lui abbassa le palpebre per pochi istanti, beandosi del contatto fisico.

Apollo non è uno che chiede affetto, se ne vergogna. Ma è il tipo che spera di riceverlo e che lo apprezza più di qualsiasi altra persona.

«Ora passiamo ai regali, dai!» Hermes sta battendo le mani, eccitato come un bambino il giorno di Natale. È sempre stato così.

Crono sogghigna e infila la mano nella tasca dei suoi pantaloni eleganti, blu scuro. Ne estrae la chiave di un'auto, con un fiocchetto rosso attorno, un tentativo mal riuscito di pacchetto regalo. La lancia a mio fratello che, nonostante si dimeni con entrambe le mani, non riesce ad afferrarla al volo.

Gli viene in aiuto Hades; la prende senza sforzo, emettendo un sospiro. «Ecco a te.»

Hermes fa finta di nulla, i suoi occhi sono così spalancati che sembra stiano per uscirgli dalle orbite. «È la Bugatti che volevo? Quella di cui hanno realizzato solo quaranta modelli in tutto il mondo?»

Crono annuisce, soddisfatto di aver reso felice il figlio. «La Bugatti Divo, sì.»

Athena, poggiata contro il parapetto a braccia conserte, fa una risatina. «Bugatti *Divo*? Siamo sicuri che non sia la macchina per Hades?»

«Stai zitta o ti lancio di sotto» replica lui, monocorde.

«Mi basta sfiorarti i capelli per farti arrendere e piangere come un moccioso.»

«Mi basta il minimo sforzo per dislocarti la spalla.»

«Provaci, sto aspettando.»

Hades le va incontro, con finta aria minacciosa, però le sue labbra si distendono in un sorriso che contagia anche Athena. La solleva da terra, facendola scoppiare a ridere, e simula una mossa di wrestling.

Crono li osserva, scuotendo il capo. Non mi sfugge il mezzo sorrisetto che sta tentando di reprimere. Nostro padre ama quando andiamo d'accordo e giochiamo tra di noi. Gli dà l'illusione che siamo una famiglia felice, nonostante tutte le cose orribili che ha fatto e che continua a fare.

«E per Aphrodite» interviene Rea, che con un solo gesto della mano ha ordinato ad Hades di mettere giù Athena. «Crono?»

Mio padre punta i suoi occhi ambrati su di me e dall'altra tasca dei pantaloni estrae una scatoletta in velluto. Un gioiello, di sicuro. Me la porge e io mormoro un ringraziamento.

Mi si presenta davanti un anello dalla pietra blu, rettangolare con gli angoli smussati, incastonata su una base in argento. Quando lo infilo al dito medio della mano sinistra, la misura è perfetta, fatta apposta per me. È bellissimo.

«È un diamante che si chiama "Luna blu". Era stato acquistato diversi anni fa da un miliardario di Hong Kong. In realtà, me lo aveva rubato a un'asta svoltasi a Ginevra. Sono riuscito a riprendermelo per regalarlo a te» mi racconta Crono. «Ti piace?» Mi guarda quasi con esitazione, come se un mio «sì» valesse più di tutti i milioni che ha speso.

«Sono dodici carati» aggiunge mia madre.

Sorrido a entrambi, rimirandomi la pietra al dito. «È meraviglioso, grazie. Davvero.»

Ogni anno mio padre fa a gara per trovare il gioiello più prezioso. Non ho idea di quanti milioni abbia speso in anelli dalle pietre rare e di valore, di qualsiasi colore immaginabile. Mi piacciono, sono belli senza alcun dubbio, ma non rispecchiano i miei gusti. Se mi regalasse un ciondolo a forma di stella da cinque dollari, probabilmente lo apprezzerei di più. Nonostante ciò, non posso dirglielo, perché penserebbe che sono un'ingrata. Come se i soldi che spende per me fossero la migliore dimostrazione d'affetto.

«Sappiamo che ami l'astronomia e l'astrofisica. Quando ho scoperto che si chiamava "luna blu" ho pensato che fosse perfetto per te» continua mio padre, stupendomi. È un gesto troppo carino persino per lui.

Ne approfitto per ribattere: «Sarebbe perfetto concedermi anche di studiare Astrofisica a Yale, invece che Psicologia».

Lui nemmeno mi prende sul serio. Scoppia a ridere e mi fa una carezza in viso. «Ancora queste sciocchezze, Aphrodite? Sarebbe ora di smetterla. L'anno prossimo ti regalo un cannocchiale per vedere le stelle, magari.»

Rimango a bocca aperta, anche se lui non se ne accorge. Rea, sì. Sembra dispiaciuta. Scuote appena il capo e dal movimento delle sue labbra percepisco un: «Sopportalo».

Sono stanca di sopportare, mamma.

Mi volto per cercare gli occhi scuri della mia guardia del corpo. Thymós ha l'espressione di uno che vorrebbe uccidere mio padre a mani nude.

«E ora il nostro!» Athena ci trotterella davanti, offrendomi una buona distrazione. Oggi è più loquace e di buon umore del solito.

In mano regge due scatolette nere, semplicissime e prive di alcun logo. Ne dà una a me e una a Hermes.

Il mio gemello non sta più nella pelle, quasi salta sul posto dalla curiosità. «Possiamo aprirle? Possiamo? Va bene, la apro lo stesso.»

Lui lo fa per primo, io dopo qualche istante. È un altro gioiello, ma di sicuro molto meno costoso di quello che ho al dito. Non appena lo inquadro bene e capisco cos'è, gli occhi mi si inumidiscono e una lacrima sfugge al mio controllo, rigandomi la guancia. Non mi preoccupo di asciugarla.

Un ciondolo con una forma particolare. È fatto da due lettere e due numeri. *A3H2*.

Tre A, come Aphrodite, Athena e Apollo. E due H, come Hades ed Hermes.

Nell'istante in cui lo prendo in mano, legato a una cordicella nera, pronta per metterlo al collo, i nostri fratelli ne tirano fuori altri tre. Ne hanno regalato uno a noi e se ne sono fatti fare uno anche per loro stessi.

«È il regalo più bello del mondo» sussurra Hermes, la voce che trema.

Io continuo a sfiorare le lettere e i numeri, incapace di esprimere a parole cosa sto provando. So solo che non voglio togliere questo ciondolo per nessun motivo al mondo.

Mai più.

Passano pochi minuti, durante i quali ci aiutiamo a vicenda a legare la cordicella, mentre Crono e Rea osservano la scena con gli occhi pieni di felicità. Se non ci fosse questo impero di giochi e casinò, sarebbero anche una coppia normale. E noi una famiglia più felice.

«Di chi è stata l'idea?» domando, continuando a toccare le lettere che ora pendono dal mio collo.

Hades dà una gomitata ad Apollo, che fa finta di nulla e spiega: «Hades. Visto che lato sentimentale? Ha minacciato di darmi un pugno se lo avessi rivelato».

Hades non ha nemmeno il tempo di scagliarsi su Apollo che Hermes gli salta in braccio, stringendolo tanto da farlo annaspare alla ricerca d'aria. Apollo ne approfitta per svignarsela, senza trattenere una risatina soddisfatta. Lo osservo sparire in cucina qualche secondo, per poi ricomparire con un vassoio tra le mani.

«Le sorprese non sono finite» annuncia.

Sono due torte, di piccole dimensioni. Una per me, che rispecchia i miei gusti, e una per Hermes. La mia è a forma di stella, ricoperta da una glassa gialla, e all'interno ha pan di Spagna con crema pasticcera e gocce di cioccolato fondente. Quella di Hermes è una fragola sgargiante, ripiena al cioccolato.

Trascorriamo l'ora successiva a mangiarle, seduti all'aperto, unendo tre tavolini. Thymós viene invitato da Crono stesso a farci compagnia, ma se ne sta zitto, seduto alle mie spalle, con il piattino e la forchetta in mano. Sembra apprezzare le doti culinarie di Apollo.

Mentre sparecchiamo, Crono si avvicina a me ed Hermes. Sappiamo già cosa dirà. «Sarà tutto pronto per le 7 di questa sera. Io, ora, devo andare. Buon compleanno.»

Io ed Herm diamo sempre una festa di compleanno. Siamo gli unici, qui, a cui importa celebrare questa ricorrenza.

E la organizziamo sempre dentro il Labirinto del Minotauro.

Viene modificato in modo tale da avere una zona aperta, con musica e drink, mentre il resto del perimetro rimane un labirinto vero e proprio, dove l'uscita è però indicata da lucette incastrate tra le siepi, in modo che ci si possa allontanare senza rischiare di perdersi. Invitiamo i dipendenti dell'isola, che per quell'unica sera non lavorano, e amici conosciuti tramite gli agganci di nostro padre.

Nella migliore delle tradizioni Lively, ovviamente, vengono organizzati dei giochi. A turno, ogni anno, se ne occupa uno dei due festeggiati e quest'estate è il mio.

Una volta che i nostri genitori se ne sono andati, Thymós compare al mio fianco, silenzioso come suo solito, ma una folata di vento mi fa arrivare il suo profumo di fresco.

«Posso portarti via?» sussurra.

Thymós avanza davanti a me. Dopo essere scesi fino all'ingresso di casa sul portico, ci dirigiamo verso il giardino che circonda l'intera villa. Camminiamo tra gli alberi di mele, colorati di giallo, rosso e verde, e ci addentriamo sempre di più. L'erba fruscia sotto le nostre suole, ma il mare agitato in lontananza copre quasi ogni rumore.

Quando lui si ferma d'improvviso, mi fa spazio spostandosi di lato per non ostruirmi la visuale.

Steso sul prato c'è un telo celeste, il mio colore preferito. Per quanto sia un cestino da picnic la prima cosa a catturare la mia attenzione, i miei occhi si spostano subito su quello che c'è al centro del telo.

È un bouquet di fiori e libri. Le copertine mi sono familiari e sono inserite nel mazzo e abbellite da diverse margherite. Margherite. *Daisy*.

Sono senza parole, così sconvolta che non pronuncio una sillaba e riesco solo a inginocchiarmi sul telo, la mano tesa verso il bouquet.

Thymós mi si avvicina. «Ecco... Questo è il mio regalo di compleanno per te. Ero indeciso sul dartelo o meno, e il tuo silenzio mi sta facendo pensare che avrei fatto meglio a tenermelo per me... Quindi, ti prego, dimmi qualcosa.»

Non avevo mai sentito, prima d'ora, come suonasse la sua voce macchiata dall'insicurezza. Devo dire che mi piace parecchio.

«Perché?»

Thymós fa una smorfietta e mi raggiunge, sedendosi sul telo. «Hai un anello da milioni di dollari al dito. E persino quel ciondolo, seppur più economico, è sicuramente costato tanto. Il mio regalo... fa quasi ridere. Sembra quello di un bambino dell'asilo.» Sdrammatizza con una risatina secca.

Il cuore potrebbe esplodermi nel petto da un momento all'altro. «Thymós...» Non trovo le parole. «Thymós, è un regalo bellissimo. Uno dei regali migliori che mi abbiano mai fatto.»

Il suo capo scatta verso l'alto e i nostri occhi si incontrano. «Sul serio?»

«Te lo giuro. Grazie mille. Grazie, davvero, *grazie*... Perché lo hai fatto?»

Fa una smorfietta adorabile. «Immaginavo fossi il tipo di persona che, anche al suo compleanno, non ha il coraggio di dire agli altri che i regali che le fanno non sono per nulla azzeccati. Speravo di darti qualcosa che ti piacesse davvero. D'altronde, basterebbe guardarti mentre fai colazione per rendersi conto che non ami niente più dei libri.»

Vero. In parte.

«Mi sono piaciuti i miei regali, invece.»

Annuisce. «Oh, certo. La collana dei tuoi fratelli l'hai amata, è sicuro. Ma l'anello dei tuoi? Certo che ti piace, però lo chiederesti mai? Non credo. Non ti ho mai vista indossare gioielli preziosi in questo mese. Aphrodite...» Sospira. «Non devi adattarti a come ti vorrebbero gli altri. Devi chiedere le cose che vuoi e rifiutare quelle che non vuoi. Non è ingratitudine.»

È un discorso troppo triste, che sfocerebbe in un litigio. Lo lascio cadere così e comincio a tirare fuori i libri per leggerne i titoli, curiosa di scoprire cosa abbia scelto per me.

Sono sei e li conosco tutti, perché me li ero segnati già da tempo con l'intenzione di comprarli prima o poi.

«Come hai fatto a sceglierli?»

Thymós si gratta la nuca. «È possibile che abbia rubato alcuni dei tuoi libri e li abbia portati in libreria con me, chiedendo poi alla commessa di consigliarmi dei titoli simili, per andare sul sicuro.»

La mia mascella potrebbe toccare terra.

Qualcosa scatta dentro di me, ma non riesco a capire bene cosa sia. Non so come chiamarlo. E non so come farlo andare via, perché mi travolge con un'intensità che fa quasi male.

Per fortuna, lui sembra capirlo. Abbozza un sorrisetto intenerito e prende una margherita dal bouquet. Con la mano tremante, me la incastra tra i capelli, dedicandoci svariati secondi per fare in modo che sia sistemata bene. Studia il suo operato con soddisfazione e le sue labbra si aprono in un sorriso autentico, sereno, quasi pieno di felicità.

Eccola, la mia guardia del corpo che gira sempre armata, severa e imbronciata, con le dita tremanti mentre mi incastra un fiorellino tra i capelli.

È adorabile.

Mi fa battere il cuore così forte che temo possa sentirlo persino lui.

«*Chrónia pollá, mikré Seírious*» sussurra, ormai così vicino al mio viso che il suo fiato caldo mi investe. *Buon compleanno, piccola Sirio.*

Continua a fissarmi con insistenza, con spudoratezza. E io mi sento più esposta ora di quando ero nuda, sopra di lui, poche sere fa.

Thymós si schiarisce la voce e arretra appena, con il capo fa un cenno al telo. «Ho preparato tutto questo perché potessi passare un po' di tempo in tranquillità, almeno il giorno del tuo compleanno. In quel cestino» lo indica «troverai frutta e altri snack dolci, insieme all'acqua. E se hai voglia di leggere, beh, i libri non ti mancano.»

Era esattamente ciò che desideravo di più per il mio compleanno. Una mattina passata all'ombra degli alberi del giardino, in un punto nascosto dal resto del mondo, con del cibo e i libri.

«Grazie» mormoro, la voce carica di gratitudine. Thymós è con me da poco meno di un mese e sa sempre quali corde andare a toccare.

Non appena mi sistemo e comincio a scorrere i titoli, incerta su quale iniziare, mi accorgo che Thymós si sta alzando in piedi.

«Io ti lascio sola» annuncia. «Almeno oggi, non avrai la tua guardia del corpo che ti tiene d'occhio tutto il tempo. Starò a qualche metro di distanza, per precauzione, ma non mi avrai tra i piedi.»

È impossibile, per me, frenare il disappunto che mi appare in viso. Agisco d'impulso, allungo il braccio e gli afferro i pantaloni, la prima cosa che trovo.

«No.»

Thymós si blocca. Si volta. E, pian piano, scende fino a potermi guardare in viso, le gambe allargate e le ginocchia piegate. Lo lascio andare, ma lui mi prende la mano. «Come?»

«Resta qui con me.»

«Qualche settimana fa avresti gioito per avere qualche momento da sola, fuori dalla tua stanza.»

È vero. Ma qualche settimana fa non pensavo costantemente alle tue mani sul mio corpo e alla tua lingua nella mia bocca.

«Vorrei che restassi qui con me, se per te non è un problema.»

«Stare con te? È un regalo, non un problema.»

Senza aggiungere altro, Thymós mi fa cenno di lasciargli un po' di spazio sul telo. Scivolo dal centro al lato sinistro e lo osservo mentre si mette seduto. Senza dire nulla, si sfila la maglietta a maniche corte e rimane solo con i cargo addosso, per poi ributtarsi sul telo.

Piega le braccia dietro la nuca e si sdraia a fianco a me, studiando ogni mio movimento.

I muscoli delle braccia sono rigonfi per la posizione e l'addome scolpito mi fa perdere ogni briciolo di concentrazione. Perlustro i pettorali abbronzati e scendo giù, fino alla pancia piatta e all'inizio di peluria che si intravede nel basso ventre. I pantaloni sono slacciati e lasciano vedere la V scolpita dai muscoli nella zona inguinale.

D'improvviso, è difficile persino deglutire.

Ritorno al mio libro e lo apro, per provare a leggere.

Non so quanto tempo passi, ma nel frattempo io leggo un capitolo dopo l'altro, e lui non mi stacca mai gli occhi di dosso.

18

...E TEMPESTA

Medea è una delle figure più iconiche della mitologia greca, famosa per l'uso di pozioni, veleni e magia. Aveva una profonda conoscenza di erbe, incantesimi e sostanze letali, tanto da essere una delle sacerdotesse di Ecate, dea della magia e delle arti oscure.

Aphrodite

Il labirinto, quando non è un campo da gioco per poveri bambini orfani, è un posto magico.

Diventa quasi bello.

Almeno, il giorno del nostro compleanno è così.

Io non ricordo molto di quando ci sono stata da piccola, perciò mi è più facile entrarci come se nulla fosse. Non ho mai capito quanto ricordi Herm, invece. Lui è il tipo che finge che vada tutto bene, anche se sta morendo dentro. Potrebbe ricordare tutto nei minimi dettagli e stare comunque dentro il labirinto a bere e ubriacarsi con spensieratezza.

Apollo, Athena e Hades la vivono diversamente. I primi due non mostrano emozioni, Hades ci prova ma non ci riesce sempre. Forse è quello che prova più disagio in assoluto.

Sono qui dalle 8 ed è passata solo mezz'ora, ma Hermes ed Eros sono già ubriachi fradici. Ballano, spensierati, cantando a squarciagola le canzoni che il DJ sta mixando alla consolle.

La pista da ballo occupa più della metà del labirinto, le cui pareti sono state abbattute per creare più spazio. Ed è anche la zona trafficata dagli ospiti: li conosco tutti, anche se non ricordo di aver mai avuto rapporti profondi con loro.

Nessuno si addentra mai nella parte del labirinto che è rimasta tale. Siamo pur sempre i Lively e non è un segreto che è il gioco preferito di Crono.

Ho già salutato ogni invitato. Sono volati auguri, abbracci, baci non richiesti e complimenti. Io ed Hermes siamo gli unici educati, perché, al contrario di Apollo, Athena e Hades, ci facciamo avvicinare dalle persone. Loro se ne stanno in un angolino, con qualcosa da bere, e concedono solo un mezzo saluto con un cenno della mano.

In tutto questo, Thymós mi segue come un'ombra. Non parla con nessuno e lancia sguardi assassini a chiunque mi tocchi.

«Sì, è necessario che li guardi male. Sono la tua guardia del corpo. Chiunque potrebbe avere un coltello nascosto e approfittare di un abbraccio per infilzarti come un pollo allo spiedo. Non devono nemmeno pensarci e io sono qui perché se lo ricordino bene.»

Finito con i convenevoli, raccatto un bicchiere con un drink che ha il mio nome e ne butto giù un sorso. È il mio preferito: vodka e succo di lamponi.

«E allora perché permetti comunque che mi abbraccino?» domando a Thymós, riaprendo il discorso di poco fa.

Lui continua a guardarsi attorno, alla ricerca del pericolo. «Perché è gente che conosci e non mi va di proibirti pure di abbracciare le persone.»

Risposta perfetta. Lo detesto. Mi sposto solo per buttare il bicchiere vuoto in uno dei cestini sparpagliati lungo il perimetro.

«Non vai a ballare?» lo prendo in giro.

Alza gli occhi al cielo. «Io non ballo. Mai.»

«Mai mai mai... o ci sono delle eccezioni?»

Si fa più vicino, forse senza nemmeno rendersene conto, e si protende su di me per far avvicinare i nostri visi. Se solo il mio cuore smettesse di reagire così a ogni suo piccolo gesto. Comincia a diventare frustrante, oltre che imbarazzante.

«Mi sta chiedendo di ballare, signorina Lively?»

Scrollo le spalle. «Non lo so, tu non balli mai.»

Non c'è un attimo di esitazione prima che lui dica: «Per te lo farei».

Le sue iridi castane brillano e accarezzano ogni centimetro del mio volto fino a farmi arrossire.

È a quel punto che sorride. «Stai arrossendo o il colorito che hai in viso dovrebbe iniziare a preoccuparmi?»

Trattengo a stento una risata e volto il capo di lato per evitare il contatto visivo. «Sto bene, sto bene. Sono solo arrossita, okay.»

«Aphrodite?» mi richiama.

«Mmm?»

«Occhi su di me» ordina. E, quando lo assecondo, aggiunge: «Vuoi ballare?»

Sì. Sì. Sì, in tutte le lingue del mondo. Ma come possiamo farlo... qui? Davanti a tutti? Sarebbe strano, e mio padre potrebbe vederci. Non è escluso che venga qui per controllare come sta andando la festa.

Abbasso lo sguardo. La sua mano destra è leggermente sollevata, in modo discreto, ed è rivolta a palmo in su. Un invito silenzioso.

«In un posto più appartato. Lontano dalla calca e dove, magari, questa musica di merda si senta meno.»

Mi scappa una risatina.

Sto per ribattere, quando due mani mi afferrano per la vita e mi sollevano da terra. Il divertimento nel viso di Thymós mi rassicura, perché, se fossi in pericolo, avrebbe già impugnato due pistole.

«Andiamo a ballare, festeggiata!» strilla Eros nel mio orecchio.

Non ho il tempo di ribattere e non ho la prontezza di liberarmi dalla sua presa. Provo a chiedere aiuto alla mia guardia del corpo, che invece fa un cenno e mi incoraggia. «Divertiti con i tuoi amici.»

Sempre tenendomi in braccio, Eros mi porta al centro della pista, da mio fratello, che sta baciando con trasporto una ragazza dalla pelle scura e i capelli decolorati al punto da essere bianchi. Quando si stacca e mi vede, la allontana come se nulla fosse e mi attira a sé.

La gente si accorge della mia presenza e si fa più vicina. La musica diventa più alta e, nonostante ci troviamo all'aperto, comincio a sudare come una matta. C'è buon umore nell'aria, ci sono giovani venuti qui solo per festeggiarci, c'è mio fratello che canta a squarciagola le canzoni in spagnolo, sbagliando la pronuncia, e c'è Eros che ci scatta foto, ridendo in modo sguaiato.

Hermes inciampa più volte, rischiando di finire a terra. Eros lo salva sempre all'ultimo e lo sposta in modo che non pesi troppo su di me. Pur essendo ubriaco, riesce a prendersi cura di Herm come solo io so fare. A volte vorrei che Crono avesse adottato anche lui. Vorrei che fosse uno dei nostri fratelli, legalmente.

«Tanti auguri, amore mio!» grida Eros, notando il mio sguardo fisso su di lui. «Mille di questi anni!»

Sorrido. «Si dice cento!»

Eros ricambia e mi si avvicina, lasciando Herm per qualche istante. «Lo so. Ma tu sei così preziosa che ne meriti molti di più.»

Mi scocca un bacio sulla fronte e per un secondo mi sento pienamente felice. Se solo la mia testa non continuasse a tornare al problema degli omicidi, o presunti suicidi, al rapporto delicato con Thymós e a Crono che detta legge sulla mia vita.

I corpi si fanno troppo vicini, i miei spazi personali non esistono più. Per quanto provi a distanziarmi e allontanare le persone, non sembra mai bastare. Comincio a sentirmi male. Non ho mai sofferto di claustrofobia, però questo è troppo.

Scivolo dietro Hermes, che adesso sta ballando in modo fin troppo esplicito con una ragazza bionda, e mi faccio spazio tra la folla. Qualcuno mi riconosce e prova a chiamarmi, ma io mi scuso e accelero il passo. Un secondo in più e sverrò.

Ritrovarmi fuori dalla calca è come riemergere dall'acqua dopo minuti di apnea. Prendo una boccata d'aria, cercando di inalare più ossigeno possibile. Mi porto una mano al petto e mi apparto in un angolo del labirinto, lontana da tutti e dalle luci.

Adocchio Hades, Apollo e Athena nella parte opposta. Bevono e parlottano tra di loro. Di sicuro prendono per il culo ogni persona qui presente. Hermes ed Eros compresi.

«Aphrodite?»

Quasi urlo per lo spavento. Diana, avvolta da un vestitino bianco, se ne sta accanto a me, con un sorriso amichevole. È una delle mie ballerine al locale.

«I giochi sono pronti. Vuoi iniziare ad avvicinarti, mentre gli invitati vengono avvisati dai tuoi fratelli?»

Dovrei cercare Thymós.

Dov'è finito? C'è troppa gente e le luci sembrano essere diminuite, rispetto a prima. Perché?

«Aphrodite? Vuoi venire?» insiste Diana.

Qualcosa non va. La conosco, non benissimo, ma è una pessima bugiarda. O sono diventata paranoica e in realtà vuole solo farmi arrivare prima ai giochi, evitando la massa di invitati che si sposterà in una volta sola, oppure sono una protagonista intelligente e ho fiutato il pericolo.

Fingo di non sospettare. «Sì, certo. Dammi un istante solo. Devo fare una cosa.»

«Che cosa?» chiede subito. Questa invadenza è sospetta. «Puoi rimandarla, Aphrodite.»

Esito, mentre una brutta sensazione mi fa raggelare il sangue nelle vene. D'improvviso, non sento più il caldo, come se la temperatura fosse scesa di colpo sotto lo zero.

Non ho nemmeno il cellulare con me. L'ho lasciato nella tasca dei pantaloni di Thymós, visto che mi seguiva ovunque senza lasciarmi un secondo. Spero mi stia cercando, adesso.

«No, Diana, aspetta solo un...»

Una pistola mi si punta contro, affondando nella mia pancia. Mi immobilizzo. Diana si fa più vicina, coprendo la scena con il suo corpo.

«Ti ho detto di venire con me, Aphrodite. Perché non puoi obbedire?» sibila a denti stretti. «Muoviti, subito!»

«Altrimenti cosa fai, Diana? Mi spari?»

Dubito che il killer voglia farmi fuori ora. Ammesso che dietro tutto questo ci sia lui.

«Altrimenti moriranno tutti, qui dentro. Ti basta?»

D'accordo, questo mi preoccupa.

Alzo le mani, arrendendomi, e lei abbassa la pistola. Mi dà una spinta, spronandomi a addentrarmi nei corridoi del labirinto. Continua a tenere l'arma vicina alla mia schiena.

«Sei tu il killer?»

Abbozza una risatina. «Ti sembra anche solo vagamente possibile? Sono una delle vittime, Aphrodite. Se non ti porto con me per giocare, mi ammazza. Così dice.»

«Okay. Andrà tutto bene, Diana, non preoccuparti.»

«Stronzate» taglia corto, la voce che trema. Dopo un po', tra sé e sé, mormora: «Non avrei mai dovuto accettare un lavoro qui».

Non voglio infierire, per questo sto zitta ed evito di dire quello che penso. Cioè: sì, non avresti dovuto.

In ritardo, mi accorgo che non stiamo prendendo le stradine segnate dalle luci, che aiutano gli invitati a trovare l'uscita del labirinto. Mi sta facendo perdere al suo interno.

Nessuno ci troverà mai.

Thymós, men che meno.

Forse uno dei miei fratelli potrebbe riuscirci, anche se non ne sono sicurissima.

Svolto a sinistra e capisco che la camminata è finita.

Quello che ho davanti mi fa venire voglia di vomitare.

C'è un tavolino quadrato, con due sedie una davanti all'altra. Sopra il tavolo, due coppette da cocktail, con un liquido rosato all'interno. Sono identiche.

La parte peggiore, però, è quello che penzola dalla siepe davanti a me, poco distante dal tavolino. Sono volti umani, porzioni di pelle, ancora grondanti di sangue, muniti di naso e bocca, e privi di occhi.

Trattengo a stento un conato e volto il capo. Ho le gambe molli e mi gira la testa. Non credo che riuscirò mai più a levarmi l'immagine di quelle facce espiantate.

Diana mi lascia per andare a sedersi da un lato del tavolino, davanti al bicchiere. Dà le spalle alle siepi. «Siediti.»

Nonostante le mie gambe rispondano a malapena agli ordini, riesco a prendere posto sulla sedia. La ragazza afferra i bicchieri per il gambo in vetro e li allinea, spingendoli più verso di me.

«Ascoltami bene, Aphrodite.» Le trema la voce. «Dobbiamo fare un gioco.»

«Non è il gioco di compleanno, immagino, vero?»

Scuote il capo e poi fa un respiro profondo. «Queste sono le pozioni di Medea.»

Inarco un sopracciglio. Medea, in mitologia, non è una figura da sottovalutare. Famosa per le sue pozioni e i veleni, ha una lunga storia dietro. Sacerdotessa di Ecate, nota dea delle arti oscure, e nipote di Circe, anch'essa molto familiare con le pozioni. Medea è una delle più grandi esperte di quest'arte: le sue conoscenze potevano guarire, ingannare, ringiovanire o uccidere, e le sue storie sono ricche di vendetta.

Insomma, stiamo partendo da premesse non proprio ottime.

«Devi scegliere uno dei due drink. Uno è per me e uno è per te.»

«Perché devo sceglierne uno? Quali sono le regole?»

«Uno dei due è drogato con un potente allucinogeno, l'altro è un semplicissimo cocktail. Una volta bevuti, dobbiamo trovare la strada giusta per tornare alla zona della festa e avvisare tutti, per evacuare il labirinto. Una di noi avrà più possibilità, se avrà bevuto il drink normale. L'altra... Un po' meno.»

Non è finita qui.

«Abbiamo quindici minuti per scegliere e per trovare la strada, prima che l'ingresso del labirinto venga sbarrato e tutto il perimetro prenda fuoco, uccidendo le persone al suo interno.»

19

DOLORE...

Quando Giasone la tradì per sposare Glauce, Medea meditò una vendetta terribile: prese un vestito e una corona, li intinse in una sostanza tossica e li inviò alla principessa come dono di nozze. Appena Glauce indossò l'abito, il veleno iniziò a bruciare la sua carne. Creonte, nel tentativo di salvarla, abbracciò la figlia ma fu pervaso dal veleno, morendo insieme a lei.

Aphrodite

Osservo i due bicchieri davanti a me. Il liquido all'interno è *identico.* Non c'è nulla che possa far capire quale dei due sia drogato.

Come dovrei fare per vincere il gioco?

Prendo in mano quello a sinistra, scrutandolo con attenzione.

«Cosa stai facendo? Scegline uno e andiamo!» mi aggredisce Diana.

La ignoro e continuo a studiarlo. Percorro lo stelo e mi fermo al piedino, il fondo che gli permette di poggiarsi. C'è un quadratino bianco, così piccolo da poter essere visto solo a una distanza minima. È incollato al vetro, ma lo stacco con facilità.

Non è un semplice pezzo di carta minuscolo, bensì un foglietto più grande, che dispiego con le dita tremanti. C'è una scritta: *bicchiere non drogato.*

Che cosa?

Lo riattacco alla coppa, per non confonderlo con l'altro, e vado a controllare anche il secondo. C'è lo stesso identico pezzo di carta, con una scritta opposta: *bicchiere drogato.*

Diana osserva le due etichette sui bicchieri. «È una presa per il culo, vero? Non è possibile che ci abbiano dato una soluzione così facile. Magari non si aspettavano che avremmo guardato, però mi sembra strano.»

«Pure a me.»

Mi sposto dalla sedia e mi inginocchio a terra, tra l'erba, sistemandomi sotto il tavolino. Diana lancia un'esclamazione sorpresa, mentre tasto con le mani il ripiano del tavolo.

Non c'è nulla.

Maledizione.

Ci sono ancora le nostre sedie, in realtà. Controllo e... sotto la mia, infatti, trovo una busta nera.

«Diana, guarda sotto la tua sedia se anche tu hai una busta.»

Lei obbedisce, seppur confusa, e io comincio a scartare la mia. Un altro foglio, in cartoncino spesso e del medesimo colore della busta. Il contenuto mi lascia ancora più stupita di prima.

«Anche io ne ho una! Però bianca.» Diana si rimette seduta. Ha aperto la sua e sta leggendo, senza aspettare un secondo in più. Vedo la speranza nel suo viso affievolirsi, mentre gli occhi scorrono sul foglio. «Non c'è nulla. Non c'è scritto niente!»

Aggrotto la fronte e le faccio cenno di voltare il foglietto. Quando lo fa, ne ho la conferma. Bianco. Immacolato. Nessuna traccia, nemmeno una lettera o un segno. Un marchio qualsiasi.

«E la tua?»

Nella mia c'è scritto tutto quello che non c'è scritto nella sua. Con un avvertimento iniziale:

Questa busta è pensata solo per chi avrà la fortuna di sedersi sulla sedia giusta. Puoi scegliere di condividere il contenuto con l'altra persona, oppure puoi essere egoista e salvarti.

Di seguito:

Regole del gioco.

1) *Le etichette sotto i bicchieri dicono la verità.*
2) *L'allucinogeno impiegherà due minuti a fare effetto e, nonostante questo sarà intenso, durerà mezz'ora.*
3) *Il bicchiere non drogato non dà allucinazioni, però porta inevitabilmente alla morte.*

Non ho idea di cosa significhi, ma decido comunque di condividerlo con Diana. Lo sbatto sul tavolo e lo spingo fino a lei, che legge avidamente senza emettere un fiato. Terminata la lettura, mi punta i suoi occhi addosso.

«È uno scherzo?» domanda, come se fossi io l'ideatrice del gioco. «Vogliono farci credere che il bicchiere non drogato sia più pericoloso di quello drogato?»

«Avrebbe senso» le dico. «Perché quello drogato provoca allucinazioni. Un effetto... "da niente", visto che ne conosciamo gli effetti. Nel bicchiere non drogato, però, sappiamo solo che non c'è l'allucinogeno. Quindi, non sappiamo cos'altro contenga. Non è detto che sia un drink totalmente innocuo.»

Per qualche istante, lei sembra riflettere sul mio ragionamento. Non ho nemmeno il tempo di pensare di averla convinta, che Diana emette un verso disperato. «No, è impossibile. Non ha senso. Non ha...»

Accade in fretta. Diana comincia a delirare, il suo respiro si fa irregolare e gli occhi si spalancano sempre di più. Scatta in piedi, guardandosi attorno, come se il *game master* fosse qui e ci stesse osservando.

Cosa che non escluderei, in effetti.

«Diana, per favore, calmati. Siediti e discutiamone...»

«Non c'è tempo! Voi Lively avete sempre una scappatoia, vero? Trovala!» mi grida contro. «Trovala! Me lo devi! Devo uscire salva da qui, io volevo solo un lavoro, mettere da parte i soldi e...»

La sua mano raggiunge i bicchieri. Le urlo di fermarsi, ma lei strappa via le etichette e le butta a terra. Afferra entrambi i calici e io la blocco per il polso. Poi ragiono sul fatto che se facessimo rovesciare il contenuto anche di uno solo, probabilmente il gioco salterebbe e moriremmo entrambe.

Diana comincia a camminare, con i calici in mano. Ride. Come una pazza.

«Ehi, stronzo. Ci vedi? Il gioco non vale più! Ho tolto le etichette. È finita!»

Non arriva alcuna risposta. Non c'è nessun movimento, attorno a noi, se non quello di una folata di vento che scuote l'erba della siepe più vicina. Nel mentre, il tempo scorre. E il labirinto rischia di bruciare, uccidendo tutti.

«Diana, metti il culo sulla sedia e poggia quei maledetti bicchieri» le ordino.

Lei è ancora in preda al delirio. La paura ha preso il sopravvento. «E se rovesciassi il contenuto?» continua, a voce più alta. «Mi senti? Se lo rovescio sull'erba, cosa fai? Annulli il gioco?»

Ci farà ammazzare. Questa idiota ci farà crepare entrambe.

«Diana, siediti e troviamo una soluzione. Stiamo perdendo tempo!»

Lei, finalmente, si degna di guardarmi. Un sorrisetto cattivo le incurva le labbra e si avvicina a me, poggiandosi al ripiano del tavolino.

«Aphrodite, perdonami, ma non mi fido di te.»

«Non ti fidi di me?»

«Se ci fosse Athena, al tuo posto, potrei anche affidarmi a lei e alla sua intelligenza. Tu, invece...» Mi sbeffeggia, gli occhi illuminati dalla follia. «Sei brava solo a scoparti ragazzini ricchi per soldi e ballare nel tuo locale, ubriaca marcia ogni notte. Come diavolo speri di trovare una soluzione a questo gioco?»

Ogni parola è uno schiaffo in faccia. Sono così sconvolta da non riuscire ad aprire bocca.

«Non puoi risolvere...»

Invece che terminare la frase, capovolge il bicchiere nella mano sinistra e ne rovescia il liquido rosa sull'erba.

Spalanco la bocca e il mio cuore perde un battito. Vorrei saltarle addosso e ucciderla io stessa, se solo non avesse ancora l'altro drink in mano. «Diana!»

Non accade nulla, però. Possibile che il gioco continui lo stesso, senza le condizioni iniziali di partenza?

Approfitto del momento in cui Diana si sta guardando attorno, in attesa che il killer intervenga, e le strappo di mano l'altro calice. Un po' del liquido cola fuori e mi bagna la pelle, ma riesco a salvarlo.

Lei si volta con uno scatto, inferocita. «Ridammelo, oppure...»

Un rumore forte mi fa pietrificare. Il rumore... di uno sparo.

Lo capisco quando il suo corpo sussulta e i suoi occhi si spalancano. La bocca, aperta, emette un rantolo di dolore. O forse di stupore?

Una chiazza di sangue comincia ad allargarsi sul tessuto del vestito che indossa, dandomene conferma, talmente rapida che capisco all'istante di non poter fare nulla. Diana ansima, emette dei versi strozzati, e mi fissa con gli occhi che stanno per uscirle dalle orbite. Poi crolla sull'erba.

Mi inginocchio e tento di spostarla a pancia in su. Ha ancora gli occhi aperti, rivolti al cielo. Una lacrima le riga la guancia sinistra.

Premo due dita sul suo polso: non c'è battito. Mi è morta davanti e, sebbene sia tutta colpa sua, la realtà dei fatti è che è anche mia.

Diana.

D.

AphroDite.

Forse, fin dall'inizio, era destinata a questa fine.

«Hai dieci minuti per completare il gioco.»

È una voce robotica, forte eppure in qualche modo lontana, che squarcia il silenzio apparente e mi fa accapponare la pelle. Non perdo nemmeno tempo a tentare di individuarne la provenienza.

Osservo il bicchiere rimasto. Non so quale sia dei due, se quello drogato o no. Però non ho scelta, giusto? Devo berne il contenuto e basta.

Lo riprendo in mano e mi alzo. Se è quello drogato, ho due minuti per trovare la strada nel pieno delle mie facoltà. E devo sfruttarli. Bevo in due sorsi e lo lancio a terra, do una spinta in avanti e inizio a correre.

Le luci che erano state messe per potersi addentrare senza perdersi sono sparite dappertutto. Se avessi tempo, mi fermerei a tastare tra le siepi per vedere se sono state solo spente o tolte direttamente. È troppo buio, e le pareti del labirinto sono masse rettangolari e scure.

Continuo a correre e davanti a un bivio decido di girare a sinistra. Finisco in un vicolo cieco. Torno indietro, vado a destra.

Ho fatto pochi metri e mi trovo tre strade diverse tra cui scegliere.

Se esco da qui, insieme agli invitati, faccio bruciare io stessa questo labirinto di merda.

Non ho nemmeno il telefono. Non ho un orologio al polso. Non posso tracciare il tempo che scorre. E non sono una persona atletica.

Slaccio in fretta il cinturino dei sandali e abbandono le scarpe, restando a piedi nudi.

Riparto alla carica, però bastano pochi passi per farmi risalire il cuore in gola e costringermi a rallentare, complice anche lo spavento. La musica, al centro del labirinto, è forte. Mi arriva con chiarezza. Se provassi a urlare, sprecherei fiato. Nessuno mi sentirebbe.

A meno che Thymós non si sia già addentrato qui e mi stia cercando.

Provo a riprendere la corsa. La gola mi brucia come se andasse a fuoco, i miei polmoni non reggeranno ancora a lungo. Sbaglio di nuovo strada e mi ritrovo in un vicolo cieco. Ritorno indietro, ormai grondante di sudore, e opto per un'altra via.

Dopo pochi secondi, mi sento mancare la terra da sotto i piedi. Sono di nuovo al punto di partenza del gioco.

Davanti al tavolo con le due sedie e con il corpo di Diana a terra.

Scatto come un fulmine, nonostante mi senta quasi svenire per lo sforzo. E mentre percorro quella che mi sembra una nuova strada, due mani mi afferrano per i fianchi.

«Aphrodite!»

È la voce di Thymós? Sembra la sua.

«Thymós» esclamo, con sollievo.

La mia schiena si scontra con il suo addome duro. Potrei scoppiare a piangere dalla gioia. Mi volto all'istante e, non appena vede la mia espressione sconvolta, si preoccupa.

«Cos'è successo? Dove sei finita? Perché sei entrata qui da sola?»

I contorni del suo viso sono sfocati, nonostante io sia ferma e con i piedi piantati per terra. Eppure, sono sicura che si tratti di lui.

«Il killer! Mi ha attirata qui per un gioco. Dobbiamo tornare alla festa e far evacuare tutti, prima che il labirinto prenda fuoco!»

«Aphrodite...» La sua voce si distorce sulla fine.

Stanno iniziando le allucinazioni?

«Andiamo! Forse mi hanno drogata, stanno iniziando le allucinazioni.»

Mi libero dalla sua presa ma lo afferro per il polso, tirando per farlo muovere.

Thymós non si sposta di un centimetro. Continuo a forzare, ma lui sbuffa e mi aggancia l'avambraccio, attirandomi a sé. Con il braccio libero, mi avvolge la vita.

«Ferma.»

D'un tratto, il suo tono è freddo e distante. Ben diverso dal modo in cui si è sempre rivolto a me. «Thymós?»

«Purtroppo, Diana non ti ha detto una cosa... Che al gioco partecipa anche il killer e che può intralciarti il percorso» sussurra contro il mio orecchio.

Mi pietrifico.

Poi ho una reazione istintiva, che è quella di fare un balzo in avanti per coglierlo di sorpresa e liberarmi. Non serve a nulla. Mi riprende senza sforzo e mi fa sbattere con irruenza contro di sé.

«Dove credi di andare, Aphrodite?» cantilena.

«No, no, no, no...» comincio a ripetere, come una cantilena. «Non è possibile. Non sei tu il killer. Non sei tu...»

Lui mi scoppia a ridere in faccia. «Perché no? Perché sono la tua guardia del corpo? Sei davvero così stupida?»

La violenza delle sue parole fa più male della sua stretta attorno al corpo.

«Non pensavo che sarebbe stato così semplice ucciderti» mormora. «Temevo di dover completare tutte le lettere del tuo nome, con le tue ballerine del cazzo. E invece, eccoti qui...»

In cuor mio, continuo a non crederci. Non è possibile.

«L'unico modo per uccidere un Lively è ottenere la sua fiducia. Non te l'ha insegnato papà a non fidarti troppo delle persone?»

Scuoto la testa con forza e tento, di nuovo, di liberarmi. Thymós sbuffa e avvolge il braccio attorno al mio collo, tenendo l'altro in vita. Stringe per qualche secondo, facendomi mancare il respiro.

«Proteggerti mi dava un bel guadagno... Ma ucciderti me ne darà uno maggiore.» Schiocca la lingua. «Niente di personale, Aphrodite. Avrei ucciso chiunque di voi per soldi.»

«No!» grido con tutto il fiato che mi è rimasto. Scalcio e mi dimeno, invano, perché ogni parte del mio corpo sembra diventare malleabile come plastilina. Mi sembra di non avere più un briciolo di energia.

«Cosa farai, adesso? Piangerai? Mi supplicherai di risparmiarti la vita? Ti concedo un minuto. Un ultimo minuto di vita. Scegli bene cosa vuoi farne.»

È inutile protestare. È inutile ribattere o appellarmi a una morale che, evidentemente, non ha. Non gli importa di me e non gli è mai importato. Non posso cambiare l'ultima pagina della storia, ma posso decidere come arrivarci.

Alzo il mento, tentando di richiamare a me tutta la calma di cui sono capace. Devo recuperare le forze. «No, non piangerò. E non ti supplicherò. Io non supplico. Io non piango. E, soprattutto, non sono la stupida che mi reputano tutti!»

Io lotto.

Mi affido al mio braccio buono, il destro, e scarico in lui le ultime briciole di forza che mi sono rimaste. Carico il colpo e gli do una gomitata al basso ventre, prendendolo in pieno.

Thymós geme e si piega all'indietro, allentando la presa. Un solo sforzo... e riesco a liberarmi.

Cado in avanti, però. Le gambe non mi reggono. E le mani sembrano affondare nell'erba, come se fosse sabbie mobili. Impreco mentre tento di liberarmi e trovare stabilità.

«Questo non avresti dovuto farlo» sibila Thymós, alle mie spalle.

È a terra pure lui, le mani sul basso ventre, e i suoi occhi azzurri sono iniettati di rabbia.

Sbatto le palpebre.

Azzurri?

Thymós ha gli occhi castani.

Sbatto le palpebre di nuovo. Ora sono bianchi. Ripeto l'azione. Cambiano colore una terza volta, diventando neri.

E il suo viso comincia a sdoppiarsi, rendendone ogni dettaglio sfocato. Più lo guardo, più non sembra lui.

Attorno a me, le pareti del labirinto si muovono. Le siepi si allungano verso l'alto, così in alto che sembrano sfiorare la luna. *Non è possibile. Non è realistico.*

«Aphrodite...» cantilena Thymós, o chiunque sia.

Ora che lo osservo, sembra lui e al tempo stesso non è lui.

Sto avendo le allucinazioni. Ho preso il bicchiere drogato. Non so se esserne felice o se disperarmi. Quanto tempo mi manca? E chi è la persona che ho davanti?

Scivolo all'indietro e mi alzo in piedi, grata della scoperta che Thymós non è un traditore. Comincio a correre senza voltarmi indietro, sperando che lo sconosciuto non mi segua.

Il terreno, sotto i miei piedi nudi, trema, dandomi un senso di vertigine da farmi quasi vomitare. Sbatto contro una siepe e i rami mi graffiano un lato del viso, impigliandosi poi nei miei capelli. Il pavimento si ferma, ma sembra inclinarsi verso il basso.

È solo un'allucinazione. Non è reale.

Devo proseguire.

Niente di tutto questo è vero.

Mi libero dai rami e riprendo la corsa.

«Aphrodite» mi chiama qualcuno alle mie spalle. «Vieni qui,

Aphrodite, e fatti togliere quel bel faccino. Così la gente smetterà di dirti che sei solo bella!»

Strizzo gli occhi per non piangere. Svolto a sinistra e scivolo contro un'altra siepe, graffiandomi il braccio. L'adrenalina mi scorre in corpo con un'irruenza tale che non sento più l'affaticamento per la corsa.

Voglio andarmene da qui. Voglio uscire. Voglio salvare le persone dentro il labirinto.

«Aphry!»

Mi blocco. Alla fine della stradina, prima di una curva a destra, c'è la figura di mio fratello. Hermes. I riccioli biondi sono una massa scura ma ben visibile. L'unica cosa che identifico.

Mi getto a capofitto tra le sue braccia.

«Herm! Dio, mi hai trovata!» Quasi scoppio a piangere.

«Ti ho trovata, sì, dove diamine eri finita? Perché sei entrata nel labirinto da sola?»

«Mi hanno ingannata» butto fuori velocemente, le parole che si sovrappongono. «Dobbiamo raggiungere gli altri...»

«Prima che appicchino l'incendio, sì» conclude, risoluto. Mi prende per mano. «Andiamo, so la strada.»

Lo sto per seguire, quando ripenso alla sua frase. *Prima che appicchino l'incendio.* Oppongo resistenza e mio fratello si gira, confuso.

«Come fai a sapere dell'incendio?»

Dapprima confuso, rinuncia subito alla farsa e le sue labbra si distendono in un ghigno cattivo. «Questa volta te l'ho resa più semplice. *Forse* non sei così stupida.»

Anche il suo viso si sdoppia, diventando un'accozzaglia di ombre e forme che non riesco a rimettere al loro posto.

Quando prova ad afferrarmi per bloccarmi, ormai esausta, mi rendo conto che non posso più appellarmi alla forza fisica. Non me ne resta alcuna. E nel mio momento peggiore, nonostante il caldo asfissiante, la paura e gli oggetti attorno a me che sembrano perdere corporeità, rievoco un ricordo.

Tutte le volte in cui ho spiato gli allenamenti in palestra di Hades, Athena e Apollo con i loro istruttori. Quelli a cui volevo partecipare pure io, quelli in cui dovevo nascondermi fino a quando qualcuno non veniva a cercarmi sotto l'ordine di mio padre.

Mira alla gola. Un colpo netto con la mano.

Allungo la mano e colpisco mio fratello all'altezza del pomo d'Adamo. Lui emette un verso strozzato e arretra, il momento perfetto per permettermi di svignarmela.

Ormai sono lenta, i piedi mi pesano come se avessi dei mattoni da cento chili legati alle caviglie. Ogni passo è una sofferenza, ogni respiro sembra raschiarmi la gola e darmi più dolore che ossigeno per andare avanti.

«Aphrodite! Aiutami!»

La voce di Athena. Straziata dal dolore.

Mi volto. Mia sorella è legata a una siepe che sembra la stia risucchiando. Piange come non l'ho mai vista fare in vita mia.

«Aiutami, Aphrodite! Ti prego, non lasciarmi qui! Sono reale!»

«Non sei reale!» strillo, tappandomi le orecchie.

Perché, per quanto già lo sappia, i miei occhi continuano a ingannarmi. Tutto ciò che vedo non sembra frutto di un'allucinazione spaventosa. È così reale che, mentre continuo a correre, vengo assalita dai dubbi.

Tento di convincermi da sola che Athena non può essere lì. Athena non mi direbbe mai «sono reale», perché la vera Athena non può sapere che c'è una versione di lei irreale.

La musica è sempre più forte.

Che sia un segno che sono vicina al traguardo o un'allucinazione sonora? Non so che tipo di droga ci fosse, lì dentro. Non so che tipo di allucinazioni dovrebbe scatenare. Anche le voci mi sembravano vere, d'altronde.

Non mi fido più di nulla. Nemmeno di me stessa e dei miei sensi.

Mi sento incorporea. Mi sento fluttuare e poi sprofondare.

Non so più di cosa sono fatta, non so più se il rumore dei miei passi sia vero o no. Non sono nemmeno sicura di essere in movimento.

Forse sono ferma? No. Cammino. Corro. Sfreccio più veloce di prima.

La ferita sul braccio, causata dalla siepe, sanguina. La pulisco sul vestito. Ma non lo macchio. Il mio sangue è reale? Mi sono davvero ferita, prima?

E se fossi ancora ferma al tavolo? Se non mi fossi mai spostata? E se non fossi dentro il labirinto?

E se io non esistessi? Io esisto? Magari non sono mai nata. Magari non sono nemmeno Aphrodite Lively.

Chi è Aphrodite Lively?

Niente è reale. Nemmeno l'Olimpo.

La mia vita è un'allucinazione. Nemmeno respirare è vero. Mi sento soffocare. Sto respirando?

E se fossi morta? Non posso esserlo.

O sì?

Come faccio a sapere come ci si sente a non essere vivi? Sono mai stata viva?

Non respiro. *Non respiro. No, respiro*. Sto respirando.

Ho freddo, così tanto da avere brividi violenti, che mi scuotono il corpo e mi fanno sbattere i denti. Però poi ho caldo, un caldo asfissiante che mi imperla la fronte e mi fa colare il sudore ai lati del viso.

Soffoco di nuovo e mi sento morire. Spalanco la bocca. Cosa è reale? Di cosa posso fidarmi? Nulla è...

Una svolta a destra.

Davanti a me c'è la pista da ballo. Gremita di persone. La musica mi perfora i timpani, non la sopporto, forse per colpa delle droghe. Non mi sembra vero.

È vero? O è un'allucinazione?

Mi manca il respiro. Sto per svenire, ne sono certa.

«Aiuto» sussurro. La voce mi esce gracida.

Un ragazzo incontra il mio sguardo, si muove a tempo e regge un bicchiere di birra. Sorride, incuriosito, ma qualcosa cambia all'istante. Devo avere l'aspetto di una matta.

Anche il suo viso si sdoppia. Come quello di Thymós. E di Hermes.

Oh, no.

No.

No.

Non sono arrivata...

«È qui! Eccola!»

Tra la calca di corpi danzanti, cinque figure si fanno largo, sgomitando. A capofila c'è Hades, seguito da Athena, Apollo, un Hermes ancora brillo ed Eros.

«Dove sei...» comincia Athena.

«Che cazzo ti è successo?» la interrompe Hades. Arriva per primo, prendendomi tra le sue braccia e stringendomi. Non riesco a reagire.

«Sta sanguinando in viso e sul braccio» sento dire da Apollo. Almeno, credo che sia la sua voce.

«Aphrodite?» mi chiama qualcuno. *Ma chi?*

Un viso poco chiaro compare davanti a me e mi scruta. Qualcosa mi tira la palpebra dell'occhio destro. «Non vorrei sbagliarmi, ma sembra sotto effetto di qualche sostanza strana...»

Eros?

«Portiamola via» conviene Hades, ancora attaccato a me.

Io gli afferro la camicia, tirandola verso il basso. «Sei reale? Sei vero? Siete veri? Io sono vera? Ti prego, dimmi che sei reale. Ti prego, ti prego, ti prego...»

I suoi occhi grigi, del colore giusto, mi fissano stralunati. Poi la sua mascella ha un guizzo. Lui è nitido. Ancora per poco, temo. «Andiamo via. Poi ci occuperemo dello stronzo che ti ha fatto questo.»

Abbiamo fatto pochi passi, prima che mi ricordi. «Dovete far uscire tutti!» grido.

È così improvviso che Hades trasalisce e tutti i miei fratelli, Eros compreso, si voltano con uno scatto, spaventati.

«Il labirinto... *Fuoco*... Fate uscire tutti!»

La lingua mi si arrotola da sola dentro la bocca. Provo a spiegarlo meglio, ma escono solo suoni confusi. Scoppio a piangere per la disperazione. Non voglio che qualcuno muoia.

E voglio sapere dov'è Thymós.

«Va bene» mi rassicura Hades. Si rivolge a qualcun altro. «Fate evacuare il labirinto per precauzione...»

Non serve, ormai è troppo tardi.

Il rumore di uno scoppio ci fa sobbalzare.

Una fiammata improvvisa si innalza dalla parte opposta in cui ci troviamo noi, vicina ai tavoli con i drink e il cibo. È questione di secondi prima che comincino tutti a gridare e correre. In pochi attimi, è il delirio totale. Le pareti del labirinto cominciano a incendiarsi, lentamente, ma con una spinta esponenziale.

Hades mi solleva da terra e mi prende in braccio. Si muove anche lui verso l'uscita.

La gente si spintona, si insulta, qualcuno cade a terra e viene calpestato senza pietà. Ci sono così tanti corpi che si muovono che il mio cervello non riesce a elaborarli tutti, mischiandoli in masse di colore informi.

«Thymós» biascico.

E se fosse ancora dentro il labirinto per cercarmi? Si sarà accorto della mia sparizione. E se non avesse trovato la strada? Se fosse rimasto bloccato lì?

Ripeto il suo nome con forza. Spalanco gli occhi e mi guardo attorno, nel tentativo inutile di individuarlo. Non riconosco nessuno. Non riconosco nemmeno i tratti del volto di mio fratello. Mi guardo il corpo, stretto tra le sue braccia. Non mi sembra il mio.

Non sono mai stata così male in vita mia.

Urlo il suo nome, ancora. Possibile che Hades non mi senta?

Continuo a ripeterlo anche quando varchiamo l'uscita del labirinto. Una sirena familiare mi fa capire che ci sono i pompieri. Forse anche l'ambulanza.

«Thymós» sputo fuori, per l'ennesima volta.

Hades abbassa il capo, guardandomi. «Lo troveremo. Sarà qui fuori...»

«No!» Non riesco a parlare.

Dev'essere ancora lì dentro.

Tento di scendere dalle sue braccia e mio fratello mi asseconda, pur tenendomi per paura che possa perdere l'equilibrio. Attorno a me, le persone si sparpagliano e lasciano spazio ai pompieri.

Il labirinto è in fiamme.

Thymós dov'è?

Dov'è Thymós?

Scatto in avanti con l'idea più stupida del mondo: entrare per cercarlo. Non serve che qualcuno mi blocchi. Il mio cervello si spegne, come la luce di una stanza dopo aver premuto l'interruttore. Immediato, istantaneo, impossibile da fermare.

Crollo a terra.

L'ultima cosa a cui penso è lui.

Thymós.

20

...E CONFORTO

Dal fuoco, Efesto forgiava armature, armi e oggetti straordinari, così da mostrare il potere trasformativo e distruttivo dell'elemento.

Thymós

La prima cosa che fa Aphrodite quando apre gli occhi è dire il mio nome. Le scappa di bocca come un rantolo.

«Thymós.»

Le stringo la mano piano, ma con fermezza. «Sono qui, ehi.»

Aphrodite si guarda attorno e capisco che sta riuscendo, pian piano, a mettere a fuoco l'ambiente in cui si trova. Delle rughe di espressione compaiono sulla sua fronte, poi si distendono. Ha capito che non è la sua camera.

È la mia.

Non c'è nemmeno una luce accesa e la luna stanotte è nella sua seconda fase, incapace di gettare abbastanza luce su di noi. La portafinestra, alle mie spalle, è spalancata per far passare un po' d'aria.

«Cosa è...» Si blocca. Sembra confusa.

«Stai tranquilla. È finito tutto.»

«Ma...»

«Sei fuori dal labirinto. L'incendio è stato spento.»

«E...»

«Nessuno si è fatto male. Nessuno è morto.» Sospiro. «A parte la tua dipendente. Diana?»

Nei suoi occhi leggo rimorso e dolore. Poi, consapevolezza. Più passano i minuti, più si fa vigile e recupera lucidità. «Siamo alla "D".»

«Già.»

Tre lettere, ancora. Possibile che debbano davvero morire tutte prima di trovare l'assassino? Che cazzo sta facendo Crono Lively?

«Sei reale?» la domanda, posta in tono incerto, quasi mesto, mi risveglia.

Allunga la mano e attende che la tocchi. Seppur dopo un attimo di esitazione, avvicino la mia. Le nostre dita si sfiorano, in un contatto delicato. Una scarica mi attraversa il corpo, facendomi provare il desiderio irrefrenabile di attirarla a me e abbracciarla.

«E non mi vuoi uccidere, vero? Non sei tu il killer, Thymós?»

Beh, non erano questi i discorsi che immaginavo una volta sveglia. Mi lascia a bocca aperta per qualche istante, prima che riesca a tirar fuori la voce.

«Cosa stai dicendo? Perché mi fai delle domande simili, Aphrodite?»

Lei afferra la stoffa delle lenzuola bianche e ci giocherella, mentre comincia a raccontarmi cosa è successo dentro il labirinto. È ancora sconvolta, ma ha chiaramente bisogno di parlarne per avere ulteriori rassicurazioni. Mi racconta dell'allucinazione, di me che volevo strangolarla e delle mie parole violente. Mi racconta anche di Hermes e Athena, e del delirio in cui è caduta.

Sembrano passare minuti infiniti prima che io riesca a elaborare tutto il suo racconto. È... orribile. Dove cazzo ero quando l'hanno trascinata via? Avrei potuto impedirlo.

«Cristo. Che diavolo ti hanno dato?» borbotto, passandomi le mani tra i capelli.

Una scarica di rabbia mi costringe ad alzarmi dalla sedia che ho sistemato al lato del suo letto. Afferro il primo oggetto che trovo sottomano, l'abat-jour del comodino, e lo scaglio contro il muro.

Ogni parte del mio corpo trema. Di rabbia, forse anche paura, e tanto pentimento.

«Hai dormito quasi per un giorno intero, Aphrodite» la informo, a denti stretti. «Ti sei svegliata una volta e hai chiesto dell'acqua, ma eri così intontita che nemmeno sembravi cosciente. Forse nemmeno lo ricordi.»

«No, non lo ricordo.» Si volta verso il comodino, dove ho sistemato una bottiglia d'acqua riempita fino a metà. Ne tracanna qualche sorso, prima di dirmi in un sussurro: «Thymós, avvicinati».

Peccato che io non riesca a muovermi. Vorrei continuare a distruggere questa stanza, lanciando per aria ogni oggetto che incontro.

«Thymós?»

Scuoto la testa. «No, Aphrodite, per favore.»

Testarda com'è, si libera definitivamente delle lenzuola e poggia i piedi nudi a terra, cercando una stabilità che non sono sicuro abbia.

Mi volto all'istante. «Cosa fai? Non sforzarti.»

«Ho dormito per quasi un giorno, direi che è pure ora di mettere il culo fuori dal letto» bofonchia.

Quando prova a raggiungermi, faccio un passo in avanti per sfuggirle. Le do le spalle e non accenno a voltarmi. Lei prova a girarmi intorno, ma io sono parecchio bravo a imitare i suoi movimenti.

D'improvviso, le sue dita calde mi circondano il polso. «Thymós.»

Non reagisco. Non voglio che mi veda in viso. Non voglio che veda le ferite e i lividi, anche se è inevitabile che prima o poi accadrà. Solo... non vorrei che avesse proprio ora questa preoccupazione.

Aphrodite accende la luce. Così, sospiro e mi arrendo, voltandomi verso di lei. Ho l'occhio destro mezzo chiuso e violaceo, il labbro inferiore spaccato e vari segni che mi marchiano la pelle, di cui, onestamente, non mi importa.

Mi raggiunge in poche falcate e mi afferra il viso tra le mani, stando attenta a dove tocca. «Cosa ti è successo?»

«Tuo padre non era molto contento che fossi finita in pericolo e che ti avessero drogata.» A chi altro avrebbe potuto dare la colpa, d'altronde? «Mi ha convocato nel suo studio subito dopo l'incidente. Mi ha messo davanti a una scelta. Potevo farmi licenziare seduta stante e tornare nella mia città, o farmi picchiare da uno dei suoi uomini e avere una seconda possibilità per continuare a essere la tua guardia del corpo.»

Sul suo viso meraviglioso si accende una scintilla di rabbia, per poi svanire non appena sembra arrivare un altro pensiero più importante. «Le hai disinfettate, almeno?»

«Non ho avuto tempo.»

«Come sarebbe a dire che non hai avuto il tempo? Cosa avevi da fare, tutto il giorno?»

Quanto potrà mai essere imbarazzante dirle che sono stato tutto il tempo con lei a osservarla?

«Dovevo tenerti d'occhio» ammetto, con una timidezza che stupisce me per primo.

Aggrotta la fronte. «Sei rimasto qui... fermo... ad aspettare che mi svegliassi? Senza fare altro?»

«Ogni tanto sono uscito sul terrazzo a prendere aria.»

«Hai dormito?»

«No.»

«Hai mangiato?»

«Hermes mi ha portato un panino. Era tremendo, ma l'ho buttato giù.»

«Avresti dovuto prenderti cura di te stesso. Io dormivo, Thymós» mi ricorda. Beh, lei usa il cervello più di me.

«Avresti potuto svegliarti da un momento all'altro. Non volevo che ti ritrovassi da sola. Insomma, venivano anche i tuoi fratelli a controllare come stessi, ma non rimanevano più di mezz'ora.»

Certo, perché sapevano che non aveva senso rimanere al suo capezzale. Sono io l'idiota di turno.

«Mio padre non ti avrebbe colpito di nuovo, lo sai, vero? Potevi allontanarti.»

Abbasso il capo. «Non l'ho fatto per tuo padre.»

«È per questo che sono in camera tua e non nella mia?»

Annuisco. «Dovevo averti vicina. Anche tuo padre era d'accordo con la mia decisione.» Abbozzo una risatina infelice. «A patto che non ti sfiorassi e dormissi per terra, piuttosto che accanto a te. Altrimenti mi avrebbe tagliato le mani.»

A questo punto, dovrei essere senza mani, gambe e forse anche senza lingua.

Con un cenno del capo indica la porta del bagno. «Andiamo, ti medico le ferite.»

Faccio per obbiettare.

«Non accetto repliche.»

Giunti in bagno, mi fa sedere sopra la tavoletta abbassata del wc. Resto immobile, mentre lei apre uno sportello sotto il lavandino e raccatta batuffoli di cotone e disinfettante.

Spalanco le gambe e le faccio spazio in mezzo, invitandola con un sorrisetto sghembo. Arrossisce appena, poi si infila nel varco che le ho aperto. Comincia subito a disinfettarmi la pelle, tamponandola con un batuffolo di cotone. Non mi lamento, non fino a quando arriva al labbro, che è quello messo peggio.

Il dolore è così pungente che sibilo, la mia mano va d'istinto ad avvolgere la coscia di Aphrodite.

«Scusa» mormora lei, come se fosse un suo dovere dispiacersi del mio dolore.

«Scusa» mormoro io, per aver reagito toccandola.

Finisce applicandomi una pomata per lividi, anche se le dico che non ce n'è bisogno. Troppo cocciuta, come piace a me.

E quando restiamo fermi, senza sapere cosa fare, comprendo dalla luce che le brilla negli occhi che, in realtà, lei ha le idee ben chiare.

Sospiro, incapace però di trattenere un sorrisetto. «Sputa il rospo.»

Sussulta. «Come?»

«Dimmi.»

Alla fine, si rende conto di non potermi nascondere nulla, e la cosa sembra piacerle. «Sei in debito di un ballo con me, ricordi?»

Giusto. Il ballo che avremmo dovuto fare prima che Eolo ed Hermes la trascinassero in pista. Prima che Diana la minacciasse e la portasse dentro il labirinto, per fare quel gioco del cazzo.

«Ti sei appena svegliata da...» tento.

Posa l'indice sulla mia bocca, piano, stando attenta a non toccare le ferite. «Sto bene, lo giuro. E voglio un ballo, qui, con te. Voglio fare un normalissimo e stupidissimo ballo, come le persone comuni, invece che parlare di un assassino che mi ha drogata e buttata dentro un labirinto.»

Ci rifletto un attimo, anche se non serve a niente. Il suo desiderio è diventato un desiderio anche mio. E ho il presentimento che, d'ora in poi, sarà sempre così.

Le tendo la mano, come si fa solitamente per invitare qualcuno a ballare, e lei la afferra. La differenza di dimensioni mi provoca un moto di tenerezza. Sono io a ricondurla in camera ma, non appena provo a fermarmi, Aphrodite schiocca la lingua e mi tira verso il terrazzo.

Sta piovigginando e la luna emana un bagliore flebile; si vede qualche stella, puntini luminosi incastonati nell'oscurità totale che catturano subito uno sguardo di Aphrodite, incapace di non volgere gli occhi al cielo notturno.

Aggancio le mani attorno alla sua vita, richiamando la sua attenzione, e lei fa lo stesso con le sue, però attorno al mio collo. Iniziamo a dondolare al ritmo di... nulla, in realtà. Le farei notare che non c'è musica, se solo me ne importasse effettivamente qualcosa. Chi se ne frega della musica quando ho una scusa per stringerla a me.

«Perché non volevi farmi vedere le ferite? Te ne vergognavi?» mi domanda, dopo pochi secondi.

Mi scappa una risatina sprezzante. «Affatto.»

«E allora perché? Illuminami.»

«Non volevo che scoprissi perché me le sono procurate.»

«Non capisco. Non volevi che scoprissi che è stato mio padre? Da lui me le aspetto certe cose, purtroppo. E se ti riferisci, invece, a possibili sensi di colpa, li ho, okay...»

Scuoto la testa. Lei mi scruta e cerca nel mio viso una risposta che è chiara e palese. Ho un addestramento militare. Diamine, l'ho afferrata mentre si lanciava giù da un balcone.

«Avresti potuto stendere qualsiasi uomo di mio padre. A maggior ragione se era solo uno. E tu ne hai nominato uno, vero?»

«Avrei potuto stenderlo, sì.»

«Non lo hai fatto.»

«Mi sono lasciato colpire, dal primo pugno fino all'ultimo.»

Si ferma dal nostro ondeggiare poco elegante. «Sei matto? Per quale moti?...»

«Perché me lo meritavo» sbotto, senza nemmeno lasciare che finisca la domanda. «Ecco cosa succede quando allento la presa, una sola volta. Rischi la vita. Ti drogano. E...»

Le afferro il braccio e le indico il graffio che lo attraversa dall'omero a sotto il gomito. È ancora di un rosso acceso, nonostante glielo abbia disinfettato.

«Guarda. Ti sei pure ferita.»

«Non è nulla» tenta di rassicurarmi. «Non mi fa nemmeno male, Thymós. Ti prego.»

Abbasso lo sguardo. «Avrei dovuto proteggerti.»

«Non è colpa tua.»

«Sì.»

«No.»

«Sì.»

«Basta!»

Alzo il capo, lentamente, e la metto a fuoco. Percorro la sua figura, dalla testa fino ai piedi nudi. Percepisco la sua rabbia, la frustrazione per la mia testardaggine. Ma sento anche l'elettricità propagarsi nell'aria, che viaggia da me a lei, incessante e violenta. Ormai sono convinto che l'attrazione che lega i nostri corpi sarebbe percepibile anche se ci fossero chilometri tra di noi.

Le afferro il viso con entrambe le mani e me lo porto vicinissimo, fissando i contorni delle sue labbra. «Posso baciarti anche se ho la ferita sul labbro?»

Aphrodite respira a fatica. «Sì, ti prego.»

Abbozzo un sorrisetto. «Mi preghi, Aphrodite?»

«*Ti prego.*»

«Non farlo mai» la sgrido, con gentilezza. «Non hai bisogno di pregarmi per ottenere qualcosa.»

Faccio scontrare le nostre labbra senza darle il tempo di replicare. Non voglio darle un bacio dolce. Voglio darle un bacio che non si possa dimenticare, a cui ripenserà quando il mio incarico qui sarà finito e ci separeremo.

Aphrodite rafforza la stretta sul mio collo e mi stringe a sé, facendo aderire i nostri corpi. Gemo nel bacio e il mio verso carico di frustrazione, perché nessun contatto sembra mai essere abbastanza con lei, la fa rispondere con altrettanta foga. Ansimo contro la sua bocca e incollo il suo corpo al mio come se ne andasse della mia vita.

Ma poi lo sento. Il dolore pulsante che richiede la mia attenzione.

Mi stacco appena. «Il labbro fa un male cane.»

«Non preoccupar...»

«Al diavolo, voglio baciarti comunque» la interrompo, per poi posare di nuovo le labbra sulle sue.

Questo bacio è più calmo, meno violento, ed è lei a renderlo tale, pretendendo la delicatezza che mi faccia sentire meno dolore.

Lo interrompo di nuovo, maledicendo me e la mia intera esistenza. «Okay, basta, scusami. Fa male in ogni cazzo di modo.»

Lei mi accarezza il viso, facendomi sussultare per il piacere improvviso. «Stai bene?»

Ha pure il coraggio di chiedermelo. Come se fossi io quello che ha visto il peggio. Forse, in un certo senso, è così.

Della mia morte non se ne farebbe nulla nessuno, a chi importerebbe? Ma la sua?

La sua sarebbe devastante.

«Ho avuto paura» ammetto.

«Perché, se mi fosse successo qualcosa, mio padre te l'avrebbe fatta pagare?»

«Perché, se ti fosse successo qualcosa, non me lo sarei perdonato» scandisco ogni parola con lentezza e rabbia. «E, in parte, sì. Non voglio farmi mutilare da quel pazzo di Crono Lively. Questo mondo di merda ha bisogno di anime belle come la tua a renderlo migliore» bisbiglio. «Non ti lascerò mai più sola, te lo giuro, Daisy. Troverò quel killer e ti ridarò la tua vita.»

21

BENEDIZIONE...

Afrodite ha un influsso benefico sul mare:
è colei che riesce a placare le onde e i venti,
la dea del mare calmo e della navigazione serena.
Per questo motivo, è spesso associata a Poseidone.

Aphrodite

Da quando mi hanno attirata dentro il labirinto e drogata durante quel gioco letale, i miei fratelli sono diventati le mie guardie del corpo. Cercano di tenermi sott'occhio in qualsiasi occasione e per tre sere consecutive hanno rinunciato a lavorare per stare nel mio locale.

Thymós non ha preso bene questa nuova situazione. Non ha mai fatto commenti espliciti, ma io credo che si senta offeso, oltre che in colpa. È lui la mia guardia del corpo, d'altronde, e vedere che i miei fratelli si sentono in dovere di fargli da vice forse gli fa credere che lo ritengano incapace. Persino la mattina, ormai, hanno preso l'abitudine di unire tre tavolini e fare colazione con me.

Vorrei dire loro che preferirei mantenere le vecchie tradizioni: io fuori con il mio libro e loro in cucina che schiamazzano e parlano senza sosta. Ma non voglio offenderli. Lo fanno per me, perché mi vogliono bene, e non ho intenzione di ferire i loro sentimenti.

Il labirinto è bruciato per metà, e dalla mattina dopo è iniziato un viavai incessante per ricostruire le parti distrutte e riportarlo alla sua forma originaria. Speravamo che l'incidente potesse farlo scomparire per sempre, e invece Crono Lively ha altri progetti che riguardano quel luogo maledetto. Che lui abbia sempre voluto completare la famiglia, con gli altri figli a cui dare i nomi dei restanti dèi greci, lo sapevamo già. Eppure, in cuor mio ero convinta che si sarebbe arreso.

Con un sospiro, rotolo a pancia in giù nel letto e cerco una nuova posizione comoda per continuare con la lettura del mio libro.

La portafinestra è aperta e una leggera brezza pomeridiana soffia attraverso le tende. È calda, e anche piacevole; ha quel tipico odore dei pomeriggi d'estate, quella sensazione di calore che ti fa sudare il retro del collo e correre in doccia dopo pochi minuti.

La curiosità nel proseguire con la storia che sto leggendo è più forte, però.

Se solo non ci fosse una enorme distrazione, che passeggia lungo il terrazzo mentre parlotta al telefono. Thymós.

Riabbasso lo sguardo nello stesso istante in cui lo sento salutare e chiudere la chiamata. Non mi volto quando sento i suoi passi farsi vicini e rimango immobile persino quando avanza nella camera.

La sua presenza è ingombrante, e non intendo in senso fisico. Quando mi è vicino, diventa difficile concentrarmi persino sui miei stessi pensieri. Devo chiuderlo fuori dalla mia testa a calci e con tutta la forza di cui sono capace.

«Leggi?» rompe il silenzio.

«Mmm mmm.»

«Ti disturbo se resto qui?»

«No.»

«Bene, perché non me ne sarei andato comunque. Cercavo di essere gentile.»

Mi mordo il labbro per ricacciare indietro un sorriso.

Il materasso si abbassa e il letto cigola appena, sotto il peso di una seconda persona. Il profumo di Thymós mi stuzzica le narici.

Lo osservo mentre si sdraia accanto a me, di fianco, con il braccio piegato per reggere il viso con il palmo della mano. È rivolto verso di me, un sorrisetto sornione gli incurva le labbra carnose e le iridi brillano di una malsana voglia di provocarmi.

Inarca le sopracciglia. «Che c'è? Ti distrae la mia vicinanza?»

«Affatto.» Ritorno alle pagine.

«Sembrerebbe il contrario.»

Scrollo le spalle. «Pensavo solo a quanto poco professionale sia il tuo comportamento.»

Lui fatica a nascondere una risata davanti alla mia frecciatina. Era quello che ripeteva sempre lui all'inizio. *Non è professionale. È poco professionale. Bla bla bla.*

«Posso farti una domanda?»

«Anche due» lo incoraggio.

«Ottimo, perché in realtà sono almeno dieci le cose che vorrei chiederti.» Nell'ammetterlo, si tira su, fino a sedersi sul letto, con l'ampia schiena poggiata contro la testata. Sistema un cuscino dietro di sé e incrocia le braccia al petto.

Okay, ora sono curiosa. «Dimmi, avanti.»

«Tu leggi tantissimi libri, no?» Indica quello che ho aperto in questo istante. «Se ti chiedessi qual è il tuo preferito, sapresti dirmelo?»

Sgrano gli occhi. La domanda peggiore che si possa fare a un lettore. «Uno? Uno solo?»

Annuisce, lo sguardo divertito di fronte al mio evidente panico.

«Dio, uno è poco. Posso dirtene... venti.»

Thymós scoppia a ridere. «Venti sono troppi, andiamo. Non vale così.»

«Ma è impossibile sceglierne uno!»

«Ci sarà stato un titolo che ti è venuto in mente, d'istinto, non appena ti ho posto la domanda.»

Beh... non ha poi tutti i torti. Perché, in effetti, c'è. E mi ritorna adesso, tra i pensieri, dandomi della bugiarda. Pretende che io lo ammetta e faccia il suo nome.

«*Piccole donne*» mormoro. «Credo che sia il mio libro del cuore, il primo a cui ho pensato, e uno dei primi che ho letto.»

«Uh, un classico.»

«Sì, ma leggo davvero di tutto. Classici, thriller, romanzi rosa, narrativa generale, distopici, fantasy... Qualsiasi cosa mi appassioni dai primi capitoli.»

Thymós mi studia a lungo, come se fossi una cavia da laboratorio con la quale ha l'opportunità di poter avere una conversazione. «Ne hai mai lasciato uno in sospeso perché non ti piaceva?»

«Certo. Sono molto selettiva con le letture. Se dopo una certa quantità di pagine non mi sento coinvolta, allora la abbandono. La vita è troppo breve e ci sono troppi libri al mondo.»

La sua mano si tende fino ad afferrarmi una ciocca di capelli. Se la rigira attorno all'indice, per istanti interminabili.

«Io non ho mai letto *Piccole donne*.»

«No?»

«In realtà non ho letto quasi nulla, nella vita» borbotta. «Non ne ho mai avuto il tempo... o la voglia.»

Chiudo il libro e mi giro completamente verso di lui. «Nemmeno i testi più famosi e classici?»

Ci riflette un attimo. «Beh, ho letto i primi cinque capitoli di *Harry Potter*. È un classico?»

Mi scappa una risatina poco elegante, che lo contagia e lo fa sorridere di rimando. Sto ancora ridacchiando quando mi metto in piedi e gli faccio cenno di aspettare.

«Ci penso io.»

I miei libri sono un po' sparsi ovunque. In camera mia, in soggiorno, nella mia biblioteca personale della villa e nella mia stanza a Yale, nel dormitorio. Ma i miei preferiti sono sempre a portata di mano, bene o male. Così, comincio a rovistare tra gli scaffali, alla ricerca dei titoli che Thymós deve assolutamente leggere.

«Daisy? Che...»

«Eccoci! Iniziamo da sette libri» annuncio, tenendo la pila tra le braccia. «E quando li finirai, passeremo ad altri.»

Butto fuori le parole velocemente, mentre porgo i volumi a Thymós, uno alla volta. Lui li afferra, con l'aria spaesata, ma anche un debole sorriso che gli illumina il volto. A mano a mano che glieli do, lui studia i titoli e le copertine.

«Oh, Dio, non vedo l'ora che li inizi. Non vedo l'ora di sapere cosa ne pensi, poi! E quali ti piaceranno di più. Quali di meno. Tra parentesi, sappi che sono pronta a litigare se hai qualcosa di brutto da dire su questi libri, chiaro?»

Thymós aggrotta la fronte. «*Le avventure di Peter Pan*?»

Mi tuffo sul letto di pancia, con poca grazia. «Non penserai mica che Peter Pan sia solo un cartone Disney.»

«*Cent'anni di solitudine*» riprende.

«Vai avanti, vai avanti» lo incoraggio, eccitata di vederlo scoprire i libri che ho selezionato per lui.

«*1984* di Orwell. Questo l'ho già sentito.»

Gli strappo di mano il prossimo volume della pila. «*Assassinio sull'Orient Express*. Ho scelto anche un giallo, di una delle autrici più famose di sempre. Non è la sua opera che preferisco, ma è un classico e va letto almeno una volta nella vita.»

Thymós sorride. «Bello. Mi piacciono i gialli.»

Il suo sorriso si spegne quando si accorge di cosa lo attende dopo la Christie. Si rigira il tomo tra le mani, un cipiglio tanto divertente quanto buffo stampato in volto. Me lo mostra come se non ne fossi già consapevole.

«*Twilight*? Stai scherzando? Quello sui vampiri che brillano?»

«Certo. È un classico indispensabile.»

L'idea di vederlo leggere *Twilight* mi divertiva troppo per lasciarlo fuori dalla mia accurata selezione di titoli. E poi, a dirla tutta, a me è piaciuto.

Thymós si passa una mano tra i capelli e sospira. «D'accordo. Inizio dal giallo, ti faccio compagnia mentre leggi anche tu.»

Sorrido sotto i baffi mentre riprendo la mia lettura, ma con la coda dell'occhio seguo i suoi movimenti, il modo in cui le dita grosse della mano sfogliano le prime pagine e si fermano quando arriva all'inizio della storia.

Potrebbe essere una cosa estremamente stupida ed esagerata, ma avere qualcuno accanto a me che condivide il momento della lettura mi rende felice come riescono poche cose al mondo.

Così felice che fatico persino a concentrarmi sul libro che dovrei leggere.

«Tu sai già chi ha commesso l'omicidio?»

«Sì, ricordo la storia.»

«Chi è?» chiede di getto.

Scoppio in una risata e, quando lo guardo, sembra a metà tra l'imbarazzato e l'offeso.

«Cosa c'è? Perché ridi?»

«Non te lo posso mica dire io!» lo sgrido. «Lo scoprirai leggendo.»

Thymós sbuffa a gran voce e riprende, mentre io continuo a sorridere come una scema e rileggo la stessa frase dieci volte perché la mia concentrazione è scesa sotto lo zero.

All'improvviso, sento dei polpastrelli sfiorarmi il fianco. Thymós sta tenendo il libro con una sola mano e nel frattempo il braccio libero è allungato verso il mio corpo. Mi accarezza la schiena, sopra il vestitino leggero che porto e che ora vorrei con tutto il cuore lanciare per aria.

Non sembra nemmeno che se ne renda conto, quasi fosse un contatto spontaneo, naturale come respirare. Tiene la fronte aggrottata mentre legge e le sue dita scivolano fino al mio fondoschiena, dove il tessuto comincia a risalire fino a scoprirmi.

Thymós emette un gemito soffocato, sofferente.

«Qualche problema?» lo provoco.

Pessima mossa.

Inarca un sopracciglio. «Io?»

«Sembri distratto. Poco concentrato sulla tua lettura, o sbaglio?»

Thymós fa un sorrisetto sghembo che mi toglie il fiato. «Mi sembra più il contrario, visto che da quando ti sto toccando il tuo corpo si è avvicinato sempre di più al mio.»

Maledizione. È vero? Non ci ho fatto caso. Controllo lo spazio che ci separa e ha ragione. I nostri corpi si stanno praticamente toccando, devo aver azzerato io le distanze, smaniosa di sentire le sue mani addosso.

Mi schiarisco la gola e con un gesto secco sistemo il mio libro. «No, affatto. Sono totalmente immersa nella storia.» Sventolo appena il volume, sorridendogli. «Molto bella. Niente potrebbe farmi perdere la concentrazione.»

Thymós annuisce, piano. Lo interpreto come un gesto che vuole chiudere il discorso, però, quando ritorno alla storia, percepisco un'elettricità nell'aria che preannuncia guai.

Guai, di quelli piacevoli.

Tengo gli occhi incollati sul foglio, eppure non perdo ogni minimo spostamento d'aria. Capisco subito che Thymós ha chiuso il suo libro e lo sento poggiarlo sul comodino. Dopodiché, il suo corpo si sposta, senza troppa intenzione di essere silenzioso.

Non mi volto, sebbene muoia dalla voglia di farlo. Nemmeno quando si mette alle mie spalle, puntellando le ginocchia ai lati dei miei fianchi e intrappolandomi. Il tessuto dei suoi pantaloni sfrega contro le lenzuola, segno che sta scivolando più in basso.

Il suo corpo ampio e caldo svetta su di me, si avvicina fino a quando non ne sento il calore contro la schiena. Una mano mi scosta i capelli, sistemandomeli sulla spalla sinistra, e la sua bocca si accosta al mio orecchio.

«Niente potrebbe distrarti?» sussurra, piano.

«Esatto.» La parola esce come uno squittio imbarazzante.

«Allora continua a leggere, Daisy» sibila, una nota di sfida nella sua voce roca e profonda. «Ignorami.»

Non capisco cosa voglia fare fino a quando non accade. Fino a quando le sue mani mi afferrano i fianchi, senza esitazione, e sollevano il vestito fino a metà schiena. Con l'indice, percorre l'intera lunghezza della colonna vertebrale, dove raccoglie al suo passaggio il sudore.

«Hai caldo?» mi chiede.

«Un po', ma non importa.»

«Non sembra.» Accompagna le parole facendo scorrere le dita sulla mia pelle. Quando arriva ai glutei, e li accoglie pienamente nei palmi delle mani, sussulto per il piacere. «Sei ancora concentrata, vero?»

«Sì» affermo in fretta. «Sarebbe gradito il silenzio, inoltre. Le tue domande continue mi disturbano.»

Una risatina maliziosa aleggia per la stanza. «Sei diabolica, Daisy. Per questo mi fai impazzire così tanto.»

Mi mordo con forza il labbro per non cedere e riprendo a leggere il libro di cui credo di aver scordato ogni dettaglio, ormai.

«Farò il bravo, non emetterò un fiato» promette. «Vediamo se sarai altrettanto brava tu.»

Con le mani agganciate ai miei fianchi, mi spinge il bacino verso l'alto, facendomi staccare la parte bassa dal materasso. Il mio corpo non si oppone, si lascia guidare come se non fossi più io a comandarlo, ma Thymós.

Però, poi, risuona un campanello d'allarme nella mia testa che mi fa irrigidire. «No» bisbiglio, sentendo il panico impossessarsi di me.

Thymós si ferma. «Che succede?»

«Lì dietro no.»

«Cosa...»

Con uno scatto, mi libero dalla sua presa e mi metto a pancia in su. I nostri sguardi si incontrano e sono certa che nel suo ci sia qualcosa di molto vicino all'apprensione, se non paura.

«Non capisco. Ho fatto qualcosa di sbagliato? In tal caso, scusami...»

Scuoto la testa rapidamente, l'idea che si addossi la colpa mi fa stare peggio. Deglutisco a vuoto, dopodiché decido di spiegarglielo.

Dietro le cosce, dove sta arrivando... ho la cellulite. Tanta. E me ne vergogno. Non voglio che lui la veda così da vicino, che la tocchi. Non gli piacerebbe, rovinerebbe il momento.

Segue un silenzio carico di tensione. Almeno, la mia. Perché Thymós ha la fronte aggrottata e butta fuori uno sbuffo d'aria dal naso. Sembra... arrabbiato?

Sono sempre stata ben consapevole dei miei chili di troppo, delle curve che i vestiti aderenti mettono in evidenza, dei fianchi larghi e delle cosce prosperose. Sono ben consapevole della taglia sulle etichette dei miei indumenti. E non mi è mai importato.

Ma le imperfezioni che ho sulle cosce... Ci ho provato a far finta di nulla, mi sono convinta che da una certa distanza non si notino nemmeno. Ho provato creme, calze contenitive e indossato minigonne solo quando strettamente necessario.

Credo che non ci sia nulla di male nell'averla, è normale. Eppure, il mio cervello non riesce a convincersi ad accettarla sul mio corpo.

«Non voglio metterti a disagio» dice, dopo poco. «Quindi prima te lo chiederò: posso afferrarti per i fianchi e girarti fino ad avere il tuo bel culetto davanti, di nuovo?»

«Io...»

Thymós si protende in avanti, fino a sfiorarmi la punta del naso con il suo. Le sue labbra mi posano un bacio sulla guancia, così delicato e romantico da farmi dimenticare per quale motivo fossi nel panico.

«Ti fidi di me?» chiede.

Annuisco.

«Posso voltarti di nuovo?»

Annuisco di nuovo.

Si riallontana e prendendomi per la vita mi fa risistemare a pancia in giù. Scosta il vestitino fino a scoprirmi la zona bassa e le sue dita tamburellano piano sulle cosce. Proprio lì, dove so che la mia pelle non è liscia.

D'improvviso, si china e inizia a baciarmela. La bocca di Thymós lascia una scia umida, tempesta le mie gambe di baci. Parla tra uno schiocco e l'altro, senza staccarsi da me.

«La tua cellulite non è brutta, non è una cosa che rovina il momento, non è una cosa che non mi piacerebbe vedere. Ogni centimetro del tuo corpo è meraviglioso. Sei così perfetta che trovarti delle imperfezioni mi fa tirare un sospiro di sollievo» mormora, e i suoi denti graffiano piano la mia pelle. «Persino dirti che sei perfetta suona banale, Daisy.»

«Thymós...»

Si risolleva e con una mano sul mio fianco mi tiene ferma. L'altra scivola davanti, sfiorandomi con dolcezza la curva della pancia sporgente. Percorre l'elastico degli slip e, con una mossa sicura, affonda dentro, avvolgendomi completamente.

«Sei bella da impazzire, non nasconderti da me» ordina, ora più duro, quasi arrabbiato. «Io voglio ogni parte di te, anche quelle che credi siano brutte. Ogni centimetro del tuo corpo che mi permetti di toccare per me è una benedizione.»

Accarezza con due dita la lunghezza della mia intimità. La mia non è la reazione di una ragazza concentrata sul suo libro, perché mi viene spontaneo piegarmi ancora di più all'indietro, facendo scontrare il mio fondoschiena con il cavallo dei suoi pantaloni. Allargo appena le gambe, quanto mi riesce, per lasciargli un accesso migliore.

Thymós si avvicina di nuovo al mio viso e mi lascia un morsetto sul collo, dopo avermi succhiato la pelle. *«Synéchise na diavázeis, allá kai me ta pódia sou anoichtá, Sírio.» («Continua a leggere, ma continua anche a tenere le gambe aperte, Sirio» in greco)*

«Sto leggendo» mormoro a fatica, proprio nello stesso istante in cui il suo dito medio stuzzica la mia entrata e affonda dentro con un colpo deciso.

Soffoco un gemito, eppure lui non se lo perde a giudicare dalla risatina bassa che gli fa tremare il torace. La sento riverberare contro la mia schiena e scuotermi.

Inizia a muoversi dentro di me, con spinte lente e profonde. Le mie pareti interne si chiudono attorno al suo dito e il mio bacino si sposta appena, implorandolo di darmi di più e di non fermarsi neanche per un istante.

Quando infila anche l'indice, riempiendomi con maggiore forza, il piacere è troppo intenso. Mi fa arricciare la punta dei piedi e libero un gemito rumoroso dalla bocca.

La mano di Thymós che mi reggeva il fianco risale fino al mio collo. Raccoglie la chioma di capelli dalla spalla e la arrotola, per poi tirare verso di sé per farmi inclinare la testa quanto basta a darmi un bacio.

Le sue labbra si muovono contro le mie, seguendo quasi alla perfezione il ritmo delle due dita che spingono in mezzo alle mie cosce con smania. Nell'istante in cui gemo di nuovo, la lingua di Thymós mi schiude le labbra con forza e attutisce i miei versetti fino a farli scomparire.

«Hai detto che ti serve silenzio» ansima contro la mia bocca. «I tuoi gemiti fanno parecchio rumore, Daisy.»

Inarco la schiena, dandogli un colpo alla patta dei pantaloni gonfia. «Ti danno fastidio?»

Questa volta il gemito che riempie lo spazio tra di noi è suo. Così profondo che per un attimo temo mi farà venire.

Sfila e poi rinfila completamente la mano dentro i miei slip e, continuando a muovere le dita, mi spinge di nuovo contro il suo inguine, facendomi strusciare la curva dei glutei contro la sua erezione.

Abbandono il libro, abbandono il gioco e mi dichiaro sconfitta. Reggendomi al cuscino, mi sollevo fino a stare in ginocchio sul letto insieme a lui. La mia schiena aderisce al suo addome, mentre il mio bacino nudo sfrega contro il tessuto fresco dei cargo che indossa.

Accompagno i movimenti delle sue dita e, al tempo stesso, cerco di dare un po' di piacere anche a lui. Thymós incolla le labbra al mio orecchio, lo mordicchia e risucchia il lobo, mentre mi regala una serie di gemiti rochi.

Il mio corpo si scioglie in balia del suo tocco, del modo in cui sembra sapere già quali corde toccare per produrre la melodia più bella.

Sembra persino capire il momento in cui sto per venire, perché sfila le dita, provocandomi un verso di frustrazione. Non ho il tempo di adattarmi. Mi spinge sul materasso e mi solleva di nuovo il bacino. Le sue labbra carnose prendono il posto delle dita e non ho l'occasione di godermele quanto vorrei perché bastano pochi colpi della sua lingua calda per farmi venire sulla sua bocca.

Il mio corpo è scosso da tremiti violenti, mentre vengo e libero tutti i gemiti che nessun altro uomo ha mai sentito.

Thymós mi lascia un bacio sull'interno coscia, seguito da un morsetto affettuoso, prima di poggiare il viso sulla mia schiena e premere l'orecchio contro di essa, per ascoltare le vibrazioni che emettono i gemiti di piacere di cui lui è responsabile.

Respiro a fatica, anche dopo svariati minuti dall'orgasmo. E vorrei rifare tutto da capo, vorrei spingermi ben oltre, vorrei avere quest'uomo in ogni modo possibile e concesso.

Se lo facessi, però, temo che il mio cuore non reggerebbe. Lo sento battere all'impazzata, quasi come se volesse fracassarmi la gabbia toracica e tuffarsi tra le mani di Thymós.

Lui non fiata, comprende che sto cercando di raccogliere tutti i pezzi in cui mi ha scomposta, e mi fa compagnia. Mi sfila il vestitino, lasciandomi in intimo, e riempie di baci la mia schiena sudata. Accarezza il mio corpo con adorazione, con dolcezza, persino le parti che ai miei occhi sono brutte.

«Tuo padre è via per un viaggio d'affari, vero?» domanda, alla fine.

Rispondo dopo qualche istante. «Sì. Perché?»

«E quei rompicoglioni dei tuoi fratelli?»

«Saranno in giro per l'isola. Li conosci: non stanno mai fermi.»

«Bene.»

Si stacca da me e la mancanza di contatto tra i nostri corpi è un'assenza che pesa più di quanto avrei mai potuto immaginare.

Non ho il tempo di dispiacermene ancora, dato che Thymós mi solleva dal materasso e mi prende in braccio, come se fossi una principessa.

«È ora di fare un bel bagno rinfrescante, sacca di soldi ambulante.»

Quando penso che stia per portarmi in vasca, Thymós attraversa la portafinestra che dà sul balcone e io comprendo quali sono le sue vere intenzioni. Inizio a ridacchiare e agito i piedi per aria godendomi la sensazione di essere trasportata dalle sue braccia forti.

Non sembro pesargli per nulla, mentre scende le scale laterali e si immette nella stradina che conduce alla spiaggia privata. Solo una volta arrivati lì mi mette giù. Prima che possa incamminarsi verso il mare, lo afferro per l'avambraccio e lo blocco.

«Non penserai mica di fare il bagno così?»

Thymós inarca un sopracciglio.

Nel momento in cui aggancio i bordi degli slip e li tiro giù, restando completamente nuda, la sua bocca si spalanca. È così buffo che non riesco a trattenermi dal ridere.

«Che c'è, Thymós?» lo provoco, iniziando a camminare all'indietro, verso l'acqua. «Sei rimasto senza parole?»

Lui segue ogni mio movimento e nel mentre comincia a spogliarsi a sua volta. «Un giorno o l'altro mi farai venire un infarto, Aphrodite Daisy Lively. Maledizione...»

Gli volto le spalle e corro, in direzione del mare. «Muoviti, dai!»

Ho appena toccato l'acqua fresca quando due braccia mi cingono i fianchi e mi sollevano da terra. Il petto nudo e muscoloso di Thymós preme sulla mia schiena e le sue labbra morbide si insinuano tra i miei capelli. Mi morde il collo in modo affettuoso, facendomi sghignazzare.

Nel frattempo, avanza nell'acqua, tenendomi ancora per aria, fino a raggiungere un punto abbastanza alto.

«Sei davvero impossibile da gestire» mi sgrida. «Ma non so davvero come farò quando dovrò andarmene.»

22

...E MALEDIZIONE

Afrodite diventa nella tradizione romana Venere e,
secondo un antico richiamo alle dee orientali,
si pensò abitasse il cielo sotto forma di stella. Facilmente,
poi, fu associata all'omonimo pianeta.

Thymós

«Ho chiesto a nostro padre di farmi avere una pistola» esordisce Hermes, con indosso solo una vestaglietta in raso gialla, aperta sul corpo nudo. Si siede proprio accanto a me, davanti a Daisy.

Lancio un'occhiata schifata al suo inguine, ma poi assottiglio gli occhi, concentrandomi sulla cosa importante. «Una pistola? Perché mai?»

«Così, se Aphry è in pericolo, posso sparare a chiunque stia provando a darle fastidio.» Prende la pila di pancake in mano, come se fosse un panino, e dà un morso generoso. «Devo *f*olo imparare a prendere la mira! Mi in*f*egni, Termos?»

Resto a bocca aperta. «Hermes, le armi non sono giocattoli. E, da quello che ho visto, se ti mettessi in mano uno spray al peperoncino saresti capace di spruzzarlo in faccia a tua sorella, invece che su un potenziale aggressore.»

Hermes manda giù il boccone a fatica. «Una volta ne ho comprato uno e me lo sono spruzzato in bocca per capire che sapore avesse.»

Avrei tante domande, però non sono sicuro di voler conoscere le risposte.

«Comunque, se mi darai lezioni tu, imparerò tutto ciò che c'è da sapere. Quando iniziamo?» riprende Herm, senza demordere.

«Mai» taglio corto. Prendo un morso della mia mela e mastico con foga. «Sinceramente non c'è nemmeno bisogno che tentiate di farle da guardie del corpo. Ci sono già io e vengo pagato per questo.»

«Se non ce n'è bisogno, perché sono riusciti a drogarla e farla perdere nel labirinto?» mi incalza Athena.

«Perché volevo darle un momento di libertà il giorno del suo compleanno.»

«Darle un momento di libertà non significa perderla di vista.» Athena scatta in piedi. Apollo le afferra il polso, già pronto a contenere la sua furia e qualsiasi gesto avventato. «Dovremmo dire a nostro padre di licenziarti.»

Vorrei insultarla. Vorrei incazzarmi con lei e lanciare in aria tutto. Purtroppo, però, una parte di me le dà ragione e non riesco a prendermela. D'altronde, nessuno potrebbe incolparmi più di quanto non faccia già io.

«Diglielo, coraggio. Se vuoi ti accompagno» la provoco.

Col cazzo che mi farò licenziare, però. Io non me ne vado.

Io.

Non.

La.

Lascio.

Prima che Athena possa aprire bocca, Hades emette uno sbuffo rumoroso che attira l'attenzione di tutti. «Thena, smettila di fare sempre la testarda invincibile. Il giorno in cui arriverà quello più forte di te...»

«Il giorno in cui arriverà uno più forte di me io sarò morta» lo interrompe.

Apollo la strattona per il polso e lei si arrende, rimettendosi seduta, senza mai staccare lo sguardo da me.

«Non è colpa sua» interviene Daisy, alla fine, prima di girare la pagina del libro. «Ha sempre fatto il possibile. Quindi, smettiamola con questi discorsi, per favore. Nessuno verrà licenziato.»

«E ricordiamoci un'altra cosa» la segue a ruota Herm. Ha già finito il suo panino di pancake e sta rubando una fetta di melone dal piatto di Apollo, che lo lascia fare, rassegnato. «Solo un Lively può uccidere un altro Lively. Chiunque sia il killer, e non è uno di famiglia, non farà mai niente ad Aphrodite.»

Gli altri fratelli si scambiano degli sguardi interdetti.

«Che diamine stai dicendo?» chiede Hades.

«Non lo so. Suonava solenne.»

Questo è il momento in cui iniziano a discutere di idiozie e Daisy si estranea da tutto, concentrandosi sul suo libro. Rimango a osservarla, mentre i suoi fratelli parlano e diventano pian piano un rumore di sottofondo.

Ogni cosa, in lei, è così maledettamente bella che mi sembra di essere diventato un animale privo di autocontrollo. La vorrei prendere in braccio, davanti a tutti, per poi portarla in camera mia e chiuderla lì dentro. Mio ostaggio fino a quando non ha più energie in corpo.

Estraggo il cellulare dalla tasca e le scrivo un messaggio.

Il vestito che indossi mi sta facendo diventare matto. Liberati dei tuoi fratelli, stanotte, ho bisogno di restare solo con te.

La scelta del vestitino non è stata casuale, posso scommetterci. Lo ha scelto per farmi diventare stronzo. È corto appena sotto il sedere e ha le maniche lunghe e larghe, ma è fatto di una stoffa che sembra leggerissima, trasparente, con tanti fiorellini gialli a decorarlo.

Lei lo legge e trattiene a stento un sorrisetto.

E cosa vuoi fare in quei venticinque minuti?

Trattengo un sospiro.

Attenta a quello che scrivi, Daisy. Non provocarmi.

Solo a te è concesso provocare?

Tu non hai un cazzo in mezzo alle gambe e un'erezione che potrebbe destare molti sospetti tra i presenti.

Si morde il labbro, forse per non ridere.

Ti basta *così poco*?

Tu sei *così tanto*.

La sua reazione è impagabile. Arrossisce fino alle punte dei capelli e agita le dita, come se non sapesse cosa rispondere. Solleva i suoi occhi azzurro mare nei miei e io ricambio con aria di sfida, mentre do un altro morso alla mela.

«Non vuoi continuare a leggere, Aphrodite? Forse le chiacchiere continue dei tuoi fratelli ti danno fastidio?» la stuzzico.

Si schiarisce la voce e mi risponde in un tono distaccato. «Continuerò a leggere quando ne avrò voglia io, fatti gli affari tuoi, Thymós.»

Ghigno, ma vengo presto interrotto da una nuova figura che fa irruzione sul terrazzo. Rea Lively. Bella come sempre, con i lunghi capelli biondi legati in una treccia elaborata, una camicia bianca e un paio di pantaloni a vita alta, bordeaux. Il viso, privo di trucco, è radioso ma dall'espressione affilata. E i suoi occhi marroni sono puntati su Daisy.

«Aphrodite, tesoro, ti dispiace seguirmi un attimo? Devo parlarti.»

La raggiunge senza porre domande. Il mio corpo reagisce di conseguenza e si alza dalla sedia. Rea mi intercetta. «Da sole. Non c'è bisogno di te, resta pure qui.»

Non mi muovo. «È il mio lavoro.»

Lei mi squadra da capo a piedi, mentre decide la mia sorte. Alla fine, sospira e fa un cenno d'assenso. Incastra il suo braccio con quello della figlia e le dice: «Andiamo, coraggio».

Rientriamo in casa, loro due davanti a fare strada e io dietro, a pochi passi di distanza. Iniziamo a salire le scale che portano alle camere.

«Dove andiamo?» chiede Daisy.

«In camera tua.» Si volta a guardarla. «Perché sembri tesa? Non sono tuo padre, lo sai.»

Avrei da ridire, visto il modo in cui lo asseconda in tutto e per tutto, però solo ora mi rendo conto che forse, nella maggior parte dei casi, lo fa per paura. Dargli corda potrebbe essere l'unico modo per non passare guai a sua volta.

Rea apre la porta della camera di Daisy e la fa entrare per prima. Io avanzo per ultimo. Sembra tutto come sempre, fatta eccezione per due dettagli nuovi.

Davanti alla portafinestra, c'è un telescopio fissato su un treppiede. E sul mobiletto lì vicino un libro enorme, dalla copertina blu notte.

Gli occhi di Daisy stanno brillando e non mi sfugge il leggero fremito delle mani.

Sfiora il telescopio come se fosse fatto di cristallo. «Mamma...»

Rea le si affianca, le mani congiunte dietro la schiena e il mento all'insù. «Un po' in ritardo, non ho avuto l'occasione di dartelo prima.

Ho dovuto farlo arrivare in un giorno in cui tuo padre era fuori per lavoro. Sai com'è...»

Sì, un mastodontico coglione misogino, ecco com'è.

«La pietra preziosa che ti abbiamo regalato al compleanno era un'idea di tuo padre. Non ho potuto mettere bocca sulla scelta e, in fin dei conti, il collegamento che ha fatto con la tua passione per l'astrofisica mi sembrava carino.»

«Ma?...» la sprona a proseguire. Fa scorrere il dito lungo il tubo ottico in metallo.

«Voglio che tu abbia anche qualcosa che ti piace davvero» mormora, e la sua voce assume una sfumatura dolce. «So che vorresti studiare Astrofisica a Yale e so che tuo padre non te lo permetterà mai. Questo telescopio, però, ti permetterà di osservare tutti gli astri nel cielo che ami tanto, Aphrodite. Quel libro...» Lo indica. «È una guida dettagliata a come usarlo al meglio e individuare le costellazioni e i pianeti.»

Do una sbirciata alla copertina. È un manuale, credo.

«So che sei intelligente e, di sicuro, conosci già tante cose. Ho immaginato che potesse comunque tornarti utile» conclude.

Intelligente è riduttivo per una come lei. Però, mi rincuora sapere che almeno Rea ne è consapevole e che, in segreto, provi a rendere la vita dei figli meno infelice.

«Ti piace?»

«Tantissimo» bisbiglia Daisy, senza smettere di toccare il telescopio, gli occhi lucidi. «Grazie mille.»

Anche se di giorno non si può osservare nulla e non sembra essere messo in una posizione vantaggiosa, Daisy sistema il cavalletto e si avvicina all'oculare. Non riesce a smettere di sorridere mentre traffica con il suo telescopio.

«Ti chiedo solo una cosa, Aphrodite: non dire nulla a tuo padre. Non so quanto gli farebbe piacere saperlo...»

23

INFERNO...

Eros, nel mito orfico, nacque dall'uovo d'argento schiuso nel grembo dell'Erebo. Fu il risultato dell'amore tra la scura Notte e il Vento, un ermafrodita dalle ali d'oro con quattro diverse teste d'animale: quella di un leone, di un toro, di un serpente e di un ariete.

Thymós

DAISY ha passato tutta la giornata a leggere il manuale regalatole dalla madre. È rimasta incollata alle pagine, sdraiata sul suo letto, e ha fatto solo una pausa per mangiare il pranzo che Herm le ha portato in camera. Me ne sono accertato io.

Dal canto mio, ho preferito lasciarle il suo spazio e il suo svago. Sono sempre rimasto nei paraggi, pronto a ogni evenienza, senza disturbarla con chiacchiere inutili.

Non appena il sole è tramontato e il cielo è diventato una volta cupa, illuminata solo dalle stelle e dalla luna, ha inaugurato il suo telescopio. L'ho vista, dalla mia portafinestra, sistemarsi sul terrazzo. E sono rimasto lì, a osservarla, come uno stupido.

L'ho guardata, studiata, ammirata, fino a quando non mi sono sentito un completo coglione. Anche un po' inquietante, in realtà. Ho immaginato come sarei potuto apparire, visto da fuori, e non è stata una bella visione.

Motivo per il quale sono rientrato nella mia camera, imprecando contro me stesso. Una doccia fredda era tutto ciò di cui avevo bisogno per calmarmi e riordinare i pensieri, che si stanno troppo spesso perdendo in sentieri pericolosi.

Sto finendo di allacciare le scarpe quando qualcuno bussa alla mia porta.

«Sono io» mi informa la voce di Daisy.

Trattengo a stento un sorriso. «Entra.»

Quando me la ritrovo davanti, mi accorgo all'istante che qualcosa non va. Ogni parte del suo corpo mi sta comunicando che è in stato di apprensione, dal modo in cui si tortura le mani al suo spostare il peso da un piede all'altro.

«Mio padre ci vuole in sala da pranzo il prima possibile.»

Ottimo. L'ennesimo episodio di megalomania di Crono Lively. Qualcosa mi fa temere che non avrà parole carine per me e che sto per passare dei guai. O forse è solo la mia coscienza sporca a portarmi alla paranoia.

«Scendiamo subito.»

Mentre finisco di allacciare le scarpe, con la coda dell'occhio noto la sua figura minuta addentrarsi nella mia camera, passeggiando avanti e indietro per ingannare l'attesa.

Non dura troppo, perché si ferma davanti alla scrivania con il mio PC aperto sulla pagina del corso di Astrofisica, a Yale.

Non basta, però. Spostando lo sguardo, lì accanto, troverà un quaderno aperto, riempito di scritte nella mia grafia disordinata. Nero su bianco, c'è una serie di informazioni su come iscriversi al corso, i requisiti curriculari, tutti gli esami in programma e le tempistiche.

«Che hai fatto?» sussurra, scandendo ogni parola.

Mi metto in piedi e la raggiungo, fermandomi alle sue spalle. «Potrebbero tornarti utili quelle informazioni, non credi?»

Ride, senza alcuna traccia di felicità. «Mio padre non me lo permetterebbe mai. Non deve nemmeno sapere che mia madre mi ha regalato il telescopio.»

«Perché non ti imponi, Daisy? Fagli capire che...»

Mi interrompe. «Credi che non lo abbia mai fatto? Sarò pure indifesa fisicamente, ma so lottare per le cose che voglio, a parole! Ci ho provato in ogni modo, Thymós, ogni maledettissimo modo. In cambio ho ottenuto solo un'umiliazione dopo l'altra. *Astrofisica? Perché non prendi la mia carta di credito e vai a fare un po' di shopping per distrarti? Ancora questa storia, Aphrodite? Non si addice a una ragazza come te. Ti interessa l'astrofisica? Ma sai almeno cos'è? O l'hai confusa con l'astrologia, quella marea di cazzate che piace a voi femmine? Se ti piace l'astrofisica, vai in un planetario e non perdere il mio tempo con le tue idiozie.*» Si lancia in un'imitazione del padre che, a dirla tutta, è abbastanza accurata.

Si ferma, ansimante. Ho come l'impressione che si sia trattenuta perché, se mi ripetesse tutte le cose che si è sentita dire dal padre, arriveremmo a Natale del prossimo anno.

«Non posso fare nulla, *nulla*» calca sulla parola. «Non ho il controllo della mia vita, Thymós, ancora non ti è chiaro?»

Abbassa il capo, nascondendomi un'espressione triste che ho imparato a conoscere bene. L'ho vista spesso e l'ho sempre odiata.

Con la punta delle dita le sollevo il mento e la costringo a guardarmi. «Lo faremo di nascosto. Tuo padre paga personalmente le tasse? Non credo. Ti chiede degli esami che hai dato? Non credo. Potrebbe comunque scoprirlo? Sì, è probabile. Ma gli importa così poco di voi, in fin dei conti, che magari quando ne verrà a conoscenza sarà troppo tardi. Vedrà i tuoi voti ottimi e, forse, se ne farà una ragione.»

Scuote il capo, sconsolata. «Non posso...»

«Tua madre è dalla tua parte, mi pare di aver capito» proseguo. «Lei può aiutarti. Lo so, lo farebbe.»

«E tu non sai cosa ci farebbe mio padre se lo scoprisse.»

Vorrei andare ora da Crono e porre fine alla sua inutile esistenza.

Accorcio le distanze fino a spingerla contro la scrivania. La chiudo tra il mio petto e il ripiano in legno.

«Tieni a mente una cosa, Daisy, e non dimenticarla mai» mormoro, scandendo ogni parola. «Tuo padre mi paga per proteggerti. Ciò vuol dire che se lui prova a farti del male, io faccio del male a lui. Chiaro? E voglio vedere come farà a licenziarmi da dentro una cazzo di bara.»

«Non puoi fare così» taglia corto. «Non voglio. Non puoi rischiare così tanto solo per me. Cosa ne sarà dei tuoi genitori e di tua sorella, se Crono ti farà del male? Pensi che io, poi, potrei vivere serena sapendo di aver distrutto la tua famiglia? Mi fa male dirtelo, ma devi farti gli affari tuoi, Thymós. Sul serio.»

Scivola via dalla mia presa, lasciandomi il peso insopportabile della sua assenza e il dolore di non poterla aiutare.

Eppure, deve esserci un modo. Non sono un tipo che si arrende, perciò la inseguo e la blocco prima che apra la porta e scappi via. La richiudo dandole un colpo con la mano.

«Nella vita, non si lotta mai per un'unica battaglia, Daisy» sibilo. «Se lottassimo solo per noi stessi, sai quante persone al mondo resterebbero indifese? Perché i soldati vanno in guerra? Perché i medici curano le persone? Perché gli scienziati passano anni della loro vita a cercare cure per malattie che non hanno? Perché se ci facessimo tutti i cazzi nostri non esisterebbe alcuna umanità.»

«Tu non puoi lottare per me, Thymós. Hai cose più importanti di cui occuparti.»

«Mio padre è malato. Tu sei schiava di un uomo violento e dispotico. Entrambi soffrite, ma non è una gara: il dolore non si mette a paragone. Ognuno ha il proprio.»

Non mi risponde, non mi guarda, resta immobile ed è una tortura.

«Io non voglio lottare *per* te, Daisy» aggiungo, avvicinando il viso all'incavo del suo collo. Le sposto la coda di cavallo, poggiandogliela sulla spalla, e accosto le labbra al suo orecchio. «Io voglio lottare *con* te. Perché sei in grado di combattere le tue battaglie, lo sai, vero? Lasciati aiutare. Non arrenderti. Mai. Mai, Daisy. La vita è una sola, ed è tua. Vai a prenderti tutto quello che ti spetta, maledizione.»

Daisy fa scontrare la fronte contro la porta, dando un piccolo colpo, e io spero che stia riflettendo con attenzione sulle parole che le ho rivolto.

«Io non voglio che ti faccia male anche tu» risponde, dopo qualche minuto di estenuante silenzio. «Perché vuoi aiutarmi? Mi conosci da poche settimane.»

«Perché solo una persona senza morale resterebbe indifferente. Ho visto troppo per stare zitto e fermo.»

«Posso soppor...»

«No che non puoi sopportare! Ti fai in mille per gli altri e nessuno si fa in due per te. Riprenditi uno di quei mille pezzettini in cui sei scomposta e usalo per te stessa.»

Non so quantificare quanto tempo passi, prima che lei sussurri: «Ci proverò».

Annuisco, anche se mi dà ancora le spalle, e abbasso il braccio, in modo tale che possiamo aprire la porta e raggiungere la sala da pranzo.

Prima che esca, mi sporgo per darle un buffetto sulla guancia. «Andiamo, sacca di soldi ambulante.»

Attraversiamo il corridoio in silenzio e ai piedi delle scale sento una porta aprirsi. Il gemello nudista, con un completo viola ma senza camicia sotto, cammina a passo svelto e con il respiro accelerato. Non indossa nemmeno i calzini, è a piedi nudi.

«Eccomi, ci sono, eccomi!»

«Perché sei senza fiato?» lo interrogo e me ne pento subito.

Sorride. «Stavo scopando.» Ci indica. «Voi ancora niente?»

Gli afferro la nuca in un gesto affettuoso e lo spingo piano. «Smettila una buona volta.» Perché rispondergli «mi piacerebbe moltissimo scopare con tua sorella» sarebbe eccessivo.

Le porte della sala da pranzo sono spalancate e a quanto pare mancavamo solo noi. Crono se ne sta in piedi, al lato del tavolo, con un completo semplice e una cravatta cremisi. I suoi occhi si illuminano quando vede Daisy. «La mia bellissima figlia.»

«Grazie, papino» risponde Hermes.

Apollo abbassa il capo e ride in silenzio.

«Accomodatevi. Thymós, chiudi le porte, per favore» interviene Rea.

Mentre faccio come mi è stato chiesto, Daisy ed Hermes si siedono. Lui, alla sinistra di Hades, davanti a lei. E lei alla destra di sua madre, a capotavola. La affianco subito, prendendo posto.

«Ci sono diverse cose di cui dobbiamo discutere» comincia Crono. «Partiamo prima da un'informazione importante e veloce: il Ballo d'Estate verrà anticipato. Da agosto, passerà a luglio, al massimo tra dieci giorni, giusto il tempo di avvisare gli invitati e assicurarci che venga curato nei minimi dettagli.»

«L'assassino non può mancare a un evento del genere. Con la confusione che si creerà, attaccare sarà un gioco da ragazzi. Noi chiuderemo ogni entrata dell'isola e organizzeremo un gioco, a cui verrà invitato l'assassino stesso. Si farà vivo» lo accompagna Rea, con i capelli legati in uno chignon tirato che rende il suo viso più austero.

La loro totale fiducia in questo piano mi preoccupa, perché puzza di presunzione e qualsiasi cosa potrebbe andare storta. Se l'assassino non si presentasse?

Nessuno fiata. Immagino che non si possa controbattere a una decisione di Crono Lively.

Crono fa un cenno e riprende. «Ieri notte sono partito per consultarmi con degli amici che fanno dei lavori... *particolari*, visto che la polizia non ci sarebbe utile.»

Non ci sarebbe utile è un modo alternativo per dire che non può far entrare la polizia in quest'isola.

«Volevo un consulto per capire come fermare questo assassino, prima che arrivi ad Aphrodite. Non siamo sicuri al cento percento che lo scopo sia ucciderla, ma anche un dieci percento basterebbe a mobilitarmi.»

Si avvicina al suo posto, dove solo ora noto esserci un fascicolo accanto al piatto. Lo apre e gli dà un'occhiata disinteressata, per poi sbatterlo di nuovo sul ripiano.

«Stando alle analisi dei nostri medici, l'allucinogeno somministrato ad Aphrodite la sera del suo compleanno è la stessa tossina rilevata nei corpi delle vittime precedentemente uccise.»

Gli unici ad avere una reazione immediata sono Apollo e Athena. È quest'ultima a prendere la parola. «Quindi... sono davvero omicidi o dei finti omicidi?»

«Diciamo che è molto probabile che i drink delle ragazze vengano drogati con potenti allucinogeni, in quantità così elevate da portarle al delirio. L'assassino si avvicinerebbe mentre sono in preda alla follia, spingendole a suicidarsi. Per avere la coscienza pulita. Almeno, questa è un'ipotesi» spiega Crono. «I medici stanno cercando negli altri cadaveri dei segni che indichino che sono morte per mano di loro stesse. È difficile da stabilire. La ragazza impiccata nei bagni del locale di Aphrodite potrebbe confermare la prima teoria: l'assassino l'ha convinta a impiccarsi o l'ha ingannata, giocando sulle sue allucinazioni visive.»

Fa una pausa e i suoi occhi ambrati che brillano di pazzia si posano su Daisy.

«C'è un dettaglio in più, che ho deciso di condividere solo ora con voi per spiegarvi il perché della decisione che è stata presa questa mattina.»

«Quale dettaglio?» chiede lei, impaziente. «E perché solo ora?»

Un lampo di irritazione gli deturpa il volto. «Aphrodite, non sono tenuto a condividere con te i dettagli di questi omicidi. Non ti riguardavano.»

«Stanno uccidendo le mie dipendenti! E probabilmente vogliono arrivare a me! Come può non riguardarmi?»

Crono ora non batte ciglio, mantiene un'espressione calma. «Cosa sarebbe cambiato se te lo avessi detto tempo fa? Nulla. Sono state informate solo le persone di competenza e tu non sei tra queste, Aphrodite. Smettila di sopravvalutarti!»

Mi mordo l'interno della guancia per non urlare. Mi basterebbe poco a estrarre una pistola dalla tasca e spararagli una pallottola nel cervello. Ammesso che ne abbia uno.

«Dunque, possiamo procedere o no?» chiede Apollo.

A rispondere è Rea. «Dopo il ritrovamento di ogni vittima, questa veniva lasciata nella sala operatoria del nostro medico, Cuspiael, a seguito della visita, in attesa che il loro corpo venisse restituito. I volti erano deturpati, come sappiamo. Ma c'è un dettaglio particolare...»

«Quale?» incalza Apollo, smanioso di sapere.

Crono si avvicina alle seconde porte della sala e temo che debba ancora avvenire l'evento più importante. «Alcune avevano il collo rotto, altre la giugulare recisa.»

«Una persona non può rompersi il collo da sola» interviene Athena. «La giugulare, con un po' di coraggio, se la può tagliare. Ma il collo...»

«A meno che non abbia saltato da qualche altezza» la interrompe Crono. «Sempre sotto suggerimento di qualcuno. O magari erano talmente fuori di sé da averlo fatto di loro spontanea volontà. L'unico fatto certo è che sono tutte state drogate. Pensavamo che fossero solo le solite pasticche che i clienti dell'Olimpo prendono, tra un gioco e l'altro, tanto per divertirsi. Il fatto che fosse la stessa sostanza nel corpo di Aphrodite cambia le carte in tavola.»

Daisy sbatte la mano sul tavolo, come colta da un pensiero improvviso. «Il bicchiere da cui ho bevuto io era un calice di Vodka Martini con liquido rosa dentro, sapeva chiaramente di lampone. Stanno drogando i drink del mio stesso locale. Per la precisione, il drink che porta il mio nome. Aphrodite.»

«L'assassino gira per il suo locale, indisturbato?» sibilo, la mia mano si serra in un pugno.

«Un'altra mancanza nel tuo lavoro da guardia del corpo» mi provoca Athena, a braccia conserte.

Mi sporgo oltre il tavolo. «Come faccio a scovarlo se non so che cazzo di faccia ha?»

«Thymós, sei pregato di rivolgerti in modo più educato a mia figlia» mi riprende Crono. «Capisco che Athena a tratti possa essere snervante, ma non mancarle di rispetto.»

«A tratti...» scimmiotta Hermes. «Sarà un palo nel culo anche dentro la bara.»

Athena alza gli occhi al cielo, però ammutolisce.

«Nel frattempo... Anche il corpo di Diana ha subito un tentativo di deturpazione, nella sala di Cuspiael.» Crono ghigna, nonostante stia parlando di cose macabre. «In realtà, non lo abbiamo trovato, una volta spento l'incendio. Le fiamme devono averlo divorato. Ma noi abbiamo finto di averlo recuperato intatto e lo abbiamo portato fuori su una barella coperta, in modo da imbrogliare l'assassino. Di sicuro stava osservando il suo operato.»

Dalla porta ormai spalancata, due uomini grossi, addetti alla sicurezza, stanno trascinando dentro un ragazzo incappucciato. Indossa degli abiti semplici e stropicciati e oppone resistenza. Mugola delle lamentele, ma deve avere qualcosa a tappargli la bocca.

«Qualcuno, l'altra notte, è stato beccato nella sala di Cuspiael, dove abbiamo messo l'esca.»

Crono gli scopre il capo, afferrando il cappuccio nero come se fosse qualcosa di disgustoso.

«Eros?» esclama Hermes.

Il viso di Eros è tumefatto, peggio delle mie condizioni dopo l'incidente del labirinto. È deforme, pieno di lividi e con entrambi gli occhi mezzi chiusi. È lui, però, senza dubbio.

Nella sala, il silenzio ha lo stesso suono di unghie che stridono su una lavagna.

«Abbiamo trovato questo idiota, esatto» ci informa Crono. Il suo volto è distorto dalla delusione. «Non aveva armi con sé. Però, qual era il motivo di andare a sbirciare il corpo se non perché legato al killer?»

Eros non fiata.

«Aspetta.» Athena scatta in piedi. «*Legato* al killer? Non è lui il killer?»

«Affatto. Abbiamo esaminato i filmati delle varie telecamere montate in giro per l'isola. Purtroppo, ci sono punti ciechi e al sicuro dal nostro controllo. È lì che avrà agito l'assassino. E, stando alla ricostruzione degli eventi, nelle fasce orarie in cui sono avvenuti gli omicidi abbiamo filmati di Eros in cui sta facendo altro. Ha un alibi di ferro.»

«Allora perché lo hai ridotto così? È innocente!» lo difende Daisy.

«Non è innocente. Lui sa qualcosa, ma non vuole dircelo.» Crono accompagna la frase dandogli un calcio sulla testa. Eros crolla di lato, senza potersi reggere sulle mani, legate dietro la schiena. Sbatte il viso con violenza sul pavimento. Credo che stia provando così tanto dolore da non riuscire nemmeno a lamentarsi.

Daisy scatta in piedi e i miei riflessi sono buonissimi, se solo lei non fosse così sconvolta da liberarsi subito dalla mia presa. Corre incontro a Eros, ed Hermes le è a fianco in un istante. Mentre Daisy si inginocchia per guardarlo, Herm resta in piedi, guardingo.

«Eros...» sussurra Daisy. «Ti prego, dimmi che sei innocente.»

Stento a credere anche io che lui abbia un qualsiasi coinvolgimento in questi omicidi. Non lo conosco bene, d'accordo, però è impossibile.

«Non c'entro... nulla...» biascica a fatica. Una lacrima gli scorre in viso. «Sono andato a controllare Diana quando mi sono ricordato dei visi. Volevo avere una... conferma.» Le parole escono lente, forse per farcele capire bene senza doversi ripetere.

«Conferma di cosa?»

Non risponde. Dubito sia per il dolore. Sta omettendo un dettaglio importante.

«Portatelo via. Lo tortureremo fino a quando non dirà qualcosa di utile.» Crono sventola la mano per aria come a volersi liberare di un moscerino.

I due uomini afferrano Eros come se fosse un sacco della spazzatura e lo trascinano via, fuori dalla sala da pranzo.

Hermes è così scioccato da essere immobile, nella stessa posizione, da minuti. Sbatte appena le palpebre e sembra in trance.

«Come fai a essere certo che non sia proprio Eros l'assassino?» domanda Hades.

Crono fa spallucce. «Eros non mi mentirebbe. Una volta ridotto in questo stato, avrebbe confessato.»

«Lo scopriremo durante il Ballo d'Estate» interviene Rea. «E, ancora prima, il prossimo venerdì. Se morirà un'altra ragazza, sapremo già che Eros è innocente come sospettiamo.» Lei non si è mossa e regge il suo calice di vino, impassibile a tutto.

Finalmente, Hermes si riprende. Non dice nulla e Daisy lo guida fino al tavolo per aiutarlo. Anche Hades, Apollo e Athena sembrano provati dalla scoperta.

«Ultima questione della serata.» La voce di Crono è più alta di prima, intrisa di qualcosa che va ben oltre la rabbia. È furia omicida, la riconosco subito. «Thymós?»

Raddrizzo la schiena e cerco di convincermi che non sta per accadere quello che, in fondo, ho sempre saputo che sarebbe successo. «Sì, signore?»

«Hai toccato mia figlia?»

La domanda suona come uno schiaffo in pieno viso.

Ad Apollo cade il bicchiere di mano, andando a frantumarsi a terra.

Nella tensione creatasi, Hermes interviene a bassa voce, solo per farlo sentire a noi. «Sarebbe meglio specificare con cosa, perché secondo me lo ha fatto con le mani, con la lingua, con il caz...»

«Smettila» lo sgrida Rea.

«Alzati in piedi e guardami, Thymós. Dimmi la verità. Ora!» grida Crono, il viso paonazzo e gli occhi quasi fuori dalle orbite.

Obbedisco. «Signore.»

«Hai toccato mia figlia?»

«Sì, signore. Per proteggerla è inevitabile che, a volte, i nostri corpi entrino in contatto.»

Per poco non gli rido in faccia.

Crono sghignazza in modo inquietante, scuotendo la testa, fino a quando non scema in un sospiro stanco. Dalla tasca interna della giacca estrae una pistola.

Sollevo le mani in aria, arrendendomi.

Crono mi punta l'arma contro, prende la mira e spara.

24

... E PARADISO

Eros è il dio alato della passione
e del desiderio, raffigurato con arco e frecce.
Il mito vede due tradizioni principali:
Eros come prima delle forze a sorgere dal Caos
assieme a Gea e Nyx, ed Eros figlio di Ares ed Afrodite,
più giocoso e vicino alle passioni umane.
È chiaro quindi il richiamo all'amore
come forza generatrice e distruttrice assieme.

Aphrodite

VEDO l'esatto istante in cui preme il grilletto. Una voce nella mia testa grida a squarciagola, sfogando tutta la paura che non posso liberare a voce.

Thymós non si muove, non sembra provare nemmeno a schivare la pallottola.

Il proiettile gli sfreccia a sinistra, all'altezza del braccio, e lo sfiora di striscio. Lacera la maglia come il taglio di una lama. Se gli ha fatto male, non lo dà a vedere in maniera eccessiva. Fa una smorfia, prima di ricomporsi e portarsi la mano sulla ferita.

Gli corro incontro e lo afferro per le braccia, per poi studiare con attenzione il piccolo squarcio sul bicipite, dalla quale sta scendendo un rivolo di sangue. «Stai...»

Mi allontana con un gesto secco, seppur non troppo brusco. Capisco subito il motivo: mostrare preoccupazione nei suoi confronti farà solo accrescere i sospetti di mio padre.

Crono ci studia con un sorrisetto infelice. «Allora, hai messo le tue mani da poveraccio addosso a mia figlia?»

«No, signore» risponde, impassibile.

«Thymós, mentirmi aggraverà la tua situazione» gli ricorda. Fa un cenno a uno dei suoi uomini, che estrae un grande coltello dalla lama affilata. «Non scherzavo quando ci siamo conosciuti. Ti taglierò le mani, ma con una recisione netta e veloce. Prima ti amputerò ogni dito, uno alla volta, e solo alla fine procederò con la mano intera. Mi godrò ogni istante.»

«Papà, non c'è stato nulla tra me e Thymós» intervengo. È inutile sperare di fargli cambiare idea, ma questo non significa che io non possa provarci.

Lui mi congeda con un gesto noncurante. «Non mi importa della tua parola. Le donne mentono di continuo, siete esseri manipolatori e scaltri. Quindi, risparmia il fiato e vai a sederti.»

«Invece io parl...» continuo.

Hermes scatta in piedi e tenta di afferrarmi. «Aphry, per favore, fatti da parte.»

Crono sbuffa e comincia a camminare, percorrendo tutto il perimetro della sala da pranzo.

«Credete che non ci siano telecamere nel mio studio?» Non appena pronuncia la frase, capisco dove mette le radici il suo sospetto. «E le videocamere, oltre ad aver ripreso l'intruso che si è intrufolato qui pochi giorni fa, hanno colto anche un momento tra Aphrodite e Thymós che non mi è piaciuto. Eravate troppo vicini, e i vostri corpi tradivano una complicità certamente non professionale.»

Maledizione. Come immaginavo.

«Hai interpretato male» riprovo. Il mio tono è così risoluto che per un attimo mi illudo di aver recitato bene. «Thymós è sempre stato al suo posto, così come io sono sempre stata al mio.»

Hermes trattiene a stento una risata. Per fortuna, Crono non ci fa caso. Mia madre, invece, sì. Lei sa. Qualcosa mi suggerisce che lei sappia ogni cosa, ma allora perché non interviene e ci sbugiarda una volta per tutte?

«Supponiamo che io voglia crederti» mormora Crono. «Sei disposta a dimostrarmelo con un piccolo gioco?»

I suoi giochi non promettono mai nulla di buono.

«Sì» rispondo comunque.

Crono allarga le braccia in modo plateale e basta solo questo a far scattare in piedi Rea. È preoccupata. E questo fa preoccupare anche me. Cosa ci aspetta?

«Due possibilità.» Richiama uno dei suoi scagnozzi, quello con la lama stretta al petto. «Io faccio venire qui Hephaestus e gli dico di mettere le mani addosso ad Aphrodite, toccandola come più gli pare. E se Thymós non reagisce e non batte ciglio, allora mi convincerò che non c'è assolutamente nulla tra voi due e ammetterò di aver frainteso. Torneremo alla nostra cena e poi potrete congedarvi, come vostro solito. Oppure...»

Mi sento sbiancare.

«Oppure io non faccio venire qui Hephaestus, ma taglio la mano di Thymós, lo spedisco all'ospedale e noi riprendiamo con la cena. Ammesso che questa scena macabra non tolga l'appetito a qualcuno di voi» conclude con un sorriso sornione.

Per un po', aleggia il silenzio. Nemmeno io so cosa dire. Mio padre ha sempre avuto comportamenti folli, però... questo va oltre. Farmi toccare da uno semisconosciuto? Solo per dimostrare di avere ragione?

«Io scelgo...» rompe il silenzio Thymós.

Crono fa schioccare la lingua e scuote il capo. «No. Il gioco è per mia figlia. Sarà lei a scegliere.»

Ovviamente.

«Cosa cambia tra Hephaestus e Thymós? Perché il primo può toccarmi e il secondo no? Sei incoerente e ipocrita» butto fuori, al limite della sopportazione.

«Hephaestus viene da una famiglia ricca e per bene. Ha la tua età e un futuro brillante davanti. Thymós è la tua guardia del corpo, ha dieci anni in più di te, è povero ed è fottuto in testa. Un ex militare che non ha niente da fare nella vita. Le sue manacce non devono nemmeno sfiorarti.» Ghigna. «In più, non mi piacciono le persone che mi mentono e non obbediscono ai miei ordini.»

Serro i denti così forte che temo di spaccarmeli. Non è una vera scelta, è solo un modo per fotterci la testa e prenderci in giro. Siamo sempre stati tutti delle pedine nelle sue mani, utili solo a essere sballottati sul tabellone di gioco per farlo arrivare ai suoi traguardi perversi.

«Fai venire Hephaestus» sussurro.

Fisso gli occhi su Thymós, all'istante, avvertendolo silenziosamente di non fiatare, di non muovere nemmeno la punta delle dita. Non dobbiamo mostrare alcun coinvolgimento.

Le sue iridi marroni sembrano implorarmi. Sembrano persino lucide, pronte a liberare delle lacrime che portano tutte il mio nome.

Hades fa sbattere il pugno sulla tavola, facendo sobbalzare le posate lì accanto, e richiama la mia attenzione.

I miei fratelli sembrano ancora più incazzati della mia guardia del corpo. Forse è davvero così, perché sopportiamo, tutti quanti, da troppo tempo. Ammonisco pure loro con un'occhiataccia.

Nessuno deve mettersi in mezzo.

Crono non dosa affatto la forza quando picchia Hades, Hermes e Apollo. Non voglio che si facciano male, di nuovo, solo per difendermi da un gioco che siamo comunque costretti a fare.

Hephaestus fa il suo ingresso in sala da pranzo, con l'aria di chi non sa cosa sta accadendo e teme il peggio per sé stesso.

Lo raggiungo senza aspettare di essere chiamata. Prima lo faremo, prima finirà.

La frustrazione mi monta dentro a ogni passo che mi avvicina a Hephaestus. Le mani mi formicolano e il respiro comincia ad accelerare.

Sono stanca di dover subire.

Stanca di dover sopportare come mi ha insegnato mia madre. Come ci riesce, lei? Io non credo di avere più alcuna forza.

Mi guardo attorno, alla ricerca dell'aiuto di qualcuno. Hades. Apollo. Hermes. Athena. Ricambiano la mia occhiata, ma non emettono un fiato. Nei loro visi c'è la stessa sofferenza che sto provando io.

Rea, invece, tiene il capo chino, come se non volesse guardare, come se fosse doloroso pure per lei.

«Tocca mia figlia.»

L'ordine fa sussultare Hephaestus. I suoi occhi a mandorla saettano tra Crono, Thymós e me. Crono, perché ha paura che sia un tranello. Thymós, perché ha paura che gli staccherà la testa dal corpo.

«Toccarla?»

«Toccala. Mettile le mani addosso.» Hephaestus diventa bianco come un lenzuolo, tanto che temo stia per svenirmi davanti. «Fallo, se non vuoi che mi infastidisca ulteriormente. Contesti i miei ordini?»

Lui si affretta a negare e si inumidisce le labbra. Nemmeno lui vuole farlo. Ma tutti, qui, hanno paura di Crono Lively. Così, allunga le braccia e mi sfiora solo i capelli biondi, per primi.

Non riesco a guardare. Serro le palpebre e le strizzo, forte, come se non vedere potesse anche aiutarmi a dimenticare.

Il suo tocco delicato e freddo arriva sul mio viso; percepisco le punte delle dita accarezzarmi la guancia e scendere lungo il collo. Quando si ferma sulla spalla, mi sento mancare l'aria.

Nell'istante in cui scivola verso il torace per sfiorarmi il seno, sotto l'approvazione di Crono, smetto di respirare.

Mi preparo al peggio.

Che non arriva.

O, almeno, arriva sotto forma di Thymós, ma per Hephaestus.

La sua figura imponente si frappone tra i nostri corpi, allontanando Hephaestus. Lo spinge via, con una violenza tale da farlo quasi volare. Si schianta contro il muro, di schiena, emettendo un gemito raccapricciante.

L'impatto della sua nuca contro la parete produce un rumore sordo che fa accapponare la pelle anche a me. Mi dispiace, in realtà. È una vittima anche lui.

«Me lo ha detto lui!» si difende Hephaestus, tenendosi la parte in cui ha sbattuto. Una smorfia di dolore gli deforma il viso perfetto. «Non potevo disobbedire!»

Thymós lo afferra per il colletto della camicia da damerino. «Non potevi davvero? Quindi, se ti avesse obbligato a violentarla, lo avresti fatto?» Lo scuote appena, facendogli sbattere di nuovo la nuca. «Pezzo di merda.»

«Lo sai anche tu di cosa è capace!»

«Mi farei tagliare le mani, piuttosto che metterle addosso a una persona che non mi ha dato il suo consenso.»

Due uomini di Crono intervengono afferrando Thymós per le braccia, allontanandolo da Hephaestus prima che lo ammazzi. Hephaestus esce velocemente dalla sala dopo aver avuto un cenno da Crono.

Crono tiene il capo basso, le spalle scosse da quella che credo essere una risatina. «Dunque, avevo ragione.»

«Daisy...»

Aggrotta le sopracciglia. Sono poche le cose che odia come quando usiamo i nostri primissimi nomi. «Si chiama Aphrodite, non Daisy!»

Thymós ignora la correzione. «L'ho solo difesa. Non significa che l'abbia toccata.»

«E cosa significa che tu ci tenga così tanto a difenderla, Thymós?» lo incalza Crono, fingendosi incuriosito.

Il pomo d'Adamo di Thymós si abbassa a vista d'occhio. Esita, esita così tanto da farmi comprendere che sta per cambiare la traiettoria delle nostre vite. Vorrei urlargli di pensarci, di fermarsi. Vorrei corrergli incontro e portarlo via, ma è tardi.

Thymós dà una risposta sincera.

«Che Daisy mi piace. E che, anche se non ricambia e non c'è futuro per noi, nessuno le farà del male sotto la mia supervisione.»

Crono rimane spiazzato, ma si ricompone quasi subito. «E vorresti farmi credere che non è successo nulla tra di voi?» Ride. «Conosco mia figlia. Non sa resistere a un bel corpo e a una bella occasione per scopare.»

«Crono!» esclama Rea.

Io mi sento sprofondare. Non che sia qualcosa di nuovo, gliel'ho già sentito dire, ma non in maniera così esplicita, non davanti a tutti. È umiliante, è avvilente, è doloroso. Ho tanto di più di quello che crede.

Noto lo sforzo che sta facendo Thymós per non saltare addosso a mio padre.

«Sa cosa? Ha ragione» butta fuori. «Ho visto sua figlia nuda, con le gambe aperte per me. Mi piacerebbe raccontarle tutti i dettagli delle nostre serate, di quanto abbia un sapore dolce sulla mia lingua e di quante volte le ho fatto gemere il mio nome...»

Il mio cuore ha smesso di battere.

I miei fratelli hanno tutti la stessa espressione sconvolta.

Mio padre diventa paonazzo in viso ogni secondo di più.

Thymós sospira, scuotendo la testa con finta aria rammaricata. «Ma preferisco raccontarle di quanto sua figlia è intelligente. Del cervello brillante che nasconde dentro la testolina. Di quanto è tenace e provocante, impavida e furba. Del suo sarcasmo studiato e della sua infinita dolcezza. Del modo in cui sembra perdersi in altri mondi quando legge e dell'amore che ha in viso quando guarda i suoi fratelli. Della sua incapacità di mangiare in maniera composta e della grande passione che ha per il cibo. Di quanto lotti contro le sue imperfezioni ma sia capace comunque di volersi bene, perché l'estetica non è assolutamente tutto per lei. Di quanto si impegni per accrescere il suo bagaglio culturale, di quanto studi e ami conoscere cose nuove. Di quanto sogna di sentirsi dire che è intelligente e non bellissima. E di quanto arrossisce quando, però, sono io a dirle che è una creatura meravigliosa.»

Non mi rendo conto delle lacrime fino a quando non ne sento il sapore salato sulla punta della lingua. Le spazzo via dal viso con il dorso della mano, ma scopro subito che Hades ha gli occhi fermi su di me e non se le è perse.

«Lei non la merita» conclude Thymós, perché, se deve farsi ammazzare, tanto vale dire tutto quello che vuole a Crono. «E nemmeno io, ha ragione. Nessuno merita una donna come lei. Eppure, qualcuno ha deciso di fare questo dono al mondo; e allora perché nessuno la tratta come dovrebbe essere trattata?»

Crono comincia ad applaudire, con un sorriso canzonatorio. «Che bel discorsetto, Liakos. Davvero commovente. Sei proprio un gentiluomo.»

Thymós prova a fare uno scatto in avanti.

«Che c'è, Thymós, vuoi picchiarmi?» lo sbeffeggia. «Se poi ti ammazzo, come farà la tua famiglia? Lascerai morire tuo padre perché hai voluto difendere l'onore di una ragazzina che non ti amerà mai? Sul serio? La tua mancanza di lealtà verso la famiglia mi provoca disgusto. È una vergogna, che uomo sei?»

Nonostante la pacatezza dei suoi toni, gli si avvicina e gli tira un pugno in pieno viso.

«No!» grido, d'istinto.

Athena e Hades mi bloccano ancora prima che riesca a sollevare il piede da terra.

Crono ride a gran voce, sguaiato come un folle in preda al delirio. Questa volta il suo pugno colpisce lo stomaco di Thymós, facendolo piegare in avanti. Lui, però, non emette nemmeno un rantolo.

«Sei licenziato, Thymós» dice, prima di assestargli un altro pugno sul labbro che era già stato colpito giorni prima, come punizione per la festa di compleanno.

«No!» strillo. «Ti prego, no!»

Non è razionale, non riesco a frenarmi dal protestare.

«Hai tempo fino alle 8 di domani mattina per fare i bagagli e sparire» conclude. Estrae un fazzoletto dalla tasca e si pulisce le mani immacolate, come se colpirlo lo avesse macchiato di un sudiciume invisibile. «Se alle 8 e un solo secondo so che sei ancora su quest'isola, ti faccio impiccare nella camera di mia figlia. Chiaro?»

Thymós annuisce e basta.

Cerco di attirare l'attenzione di mio padre, ma Hades mi stringe piano il braccio e mi sussurra di non fare nulla. Sappiamo entrambi che peggiorerebbe le cose, così come sappiamo che vederci supplicare lo appaga e basta.

Crono va a sedersi al suo posto, a capotavola, e si versa un po' di vino nel calice. «Allora, possiamo iniziare la cena?»

Con un solo cenno, ordina agli uomini di portare via Thymós.

I due lo trascinano fino alla porta e la aprono con un calcio. Lui si libera della loro presa prima che lo possano buttare fuori come un animale randagio e appestato.

Quando le porte si chiudono alle sue spalle, mio padre esclama: «Aphrodite, se ti vedo anche solo guardare quella maledetta porta da cui è uscito, finirà malissimo per te. Siediti e mangia!»

Mando giù il groppo che ho in gola e riprendo posto, lanciando un'occhiata alla sedia accanto a me, vuota, dove solo un quarto d'ora fa stava Thymós.

Rimango ferma, con il capo chino e gli occhi puntati sul mio piatto vuoto, a combattere con la nausea. Qualcuno, forse Hermes, si preoccupa di servirmi del cibo. Provo a sussurrare un ringraziamento, ma la mia voce non esce.

«Allora, com'è andata la giornata?» chiede Crono, mentre taglia un pezzo di bistecca.

Come se non fosse mai successo nulla.

Come se non mi avesse appena distrutta.

Come se non stesse rovinando la nostra vita da quando abbiamo messo piede su quest'isola.

Nessuno risponde, motivo per cui è Rea a fornirgli una frase di circostanza, generica, tanto per non farlo indispettire.

E mentre sento la voce di Crono, in sottofondo, qualcosa scatta nella mia testa. Un sentimento prepotente, che pretende di essere ascoltato e assecondato. Quello che un tempo era dolore si tramuta in rabbia.

Balzo in piedi nello stesso momento in cui Herm mi sussurra: «No, Aphry».

«Aphrodite, cosa credi di fare?» mi incalza Crono, lasciando cadere la forchetta.

«Vaffanculo» gli grido contro.

La parola sembra echeggiare in tutta la sala. Segue un silenzio assoluto.

Approfitto dello stupore generale per voltare le spalle all'intera tavolata e dirigermi verso le porte. È a quel punto che sento una sedia strisciare. Presumo quella di mio padre, intenzionato a raggiungermi e punirmi.

Rea lo blocca. «Ci penso io, continua a mangiare.»

Il rumore dei tacchi sul pavimento si fa vicino, fino a quando non percepisco la presenza di mia madre incombere alle mie spalle. Mi giro, fronteggiandola, e pregandola con uno sguardo di non farlo.

Lei sta dando le spalle a Crono e ai miei fratelli. «Farò piano» sussurra così impercettibilmente che devo tendere l'orecchio. «Fingi che ti abbia fatto male.»

Non lo vedo arrivare, talmente è repentino, ma lo sento solo sul viso. Uno schiaffo, a palmo pieno, forte ma sopportabile. Sforzo un'espressione sofferente e accompagno il movimento spostando il capo di lato, in modo che sembri più violento di quanto non è stato.

«Ora vattene. Domani mattina tornerai qui e chiederai scusa a tuo padre.»

Grazie... mamma.

«Thymós!» esclamo, da dietro la porta della sua camera.

Do un pugno alla parete.

«Aprimi, per favore» insisto. «Ti prego, apri.» Do una seconda manata.

Passano secondi infiniti, in cui mi convinco che sta raggiungendo la porta e sta venendo da me.

«Devi andartene, Daisy.»

Di certo non quello che immaginavo nella mia testa.

«Non vado da nessuna parte. Fammi entrare» replico, seccata. «Se pensi di sparire domani mattina, senza avermi salutata o vista un'ultima volta, ti sbagli, Thymós Liakos. Perché ti rincorro anche su una barchetta a remi e ti tiro giù dal motoscafo che ti starà portando via dall'isola. Te lo giuro, cazzo!»

Poggio la mano alla porta e do un colpetto.

«Ho bisogno di vedere il tuo viso» aggiungo in un soffio. «Ho bisogno di vederti.»

Non c'è altro che io voglia.

Devo aver pronunciato le paroline magiche, perché la chiave nella serratura scatta e la porta si spalanca. Non ho nemmeno il tempo di guardarlo che due mani mi afferrano per la vita e mi attirano dentro. La porta si richiude alle mie spalle con un botto.

In un attimo, mi ritrovo con la schiena al muro e il corpo caldo di Thymós premuto sul mio.

«Daisy...»

È da un po' che mi chiama solo con il mio primo nome, e non è mai suonato così bene come sulle sue labbra.

Aggancio la base del suo collo, incastrando le dita tra le ciocche sull'attaccatura.

«Non voglio che tu te ne vada. Parlerò con mio padre. Lo convincerò. Farò il possibile.»

«Non metterti nei casini per me, Daisy. Se proprio devi lottare per qualcosa, lotta per la libertà di studiare quello che desideri e di vivere la vita come la vuoi. Non per me.»

Boccheggio, presa in contropiede. Avere già una causa per cui lottare non significa non potersi concentrare su altro.

«Non voglio che tu te ne vada» ribadisco.

Thymós mi regala un sorriso triste, così triste che temo possa piangere da un momento all'altro. Scuote la testa, come a chiedermi scusa. «Sirio, non posso fare altrimenti. Lo sai anche tu.»

Certo che lo so.

Mio padre non cambia idea. Mai.

Thymós mi afferra il viso con entrambe le mani e poggia la sua fronte sulla mia. «Domani mattina me ne andrò, contro la mia volontà. Quindi, ti prego, ti supplico, Daisy, non dirmi che possiamo risolvere la situazione. Non guardarmi con quegli occhi pieni di lacrime. Non lo sopporto.»

Faccio un respiro profondo e annuisco, costringendomi a essere una persona forte e razionale. «Domani te ne andrai, ma noi abbiamo ancora tutta la notte. Resta con me, tutta la notte.»

Sospira. «Renderà tutto più difficile. E tu te ne pentirai, domani.»

«Non mi pentirò di nulla.» Con entrambe le mani afferro l'orlo della sua maglietta nera e la sollevo. Mi aiuta alzando le braccia.

Perlustro ogni centimetro del suo addome nudo e il desiderio cresce in me come una sete indomabile.

«Daisy» mi richiama con voce tremante.

Le punte delle mie dita scorrono lungo i suoi pettorali e tracciano le linee degli addominali, scavando tra le pieghe fino a conficcarci le unghie. Quando arrivo alla zona inguinale e sbottono i pantaloni, sussulta.

Mi alzo in punta di piedi e lui si abbassa per aiutarmi ad accostare la bocca al suo orecchio. «Voglio tutto questo. Non me ne pentirò mai, perché in qualche modo io ti riavrò.»

I suoi occhi lucidi cercano la più piccola traccia di tentennamento nel mio viso, ma io continuo a guardarlo con determinazione.

La sua mano si insinua alla base del mio collo e affonda le dita tra i capelli, prima di far schiantare la bocca contro la mia in un bacio disperato. Dura poco, perché si inginocchia e mi toglie le scarpe. Nella sua risalita, lascia una scia umida di baci lungo le mie gambe.

Non ho il tempo di trattenerlo giù. Mi afferra per il fondoschiena e mi solleva, mentre io aggancio le gambe attorno ai suoi fianchi. Non mi bacia, mi guarda e basta, con così tanta ammirazione che mi sento avvampare.

Capitombolo nel letto, a pancia in su. Thymós svetta su di me, ancora in piedi, e percorre la mia intera figura come se fossi un pasto prelibato con il quale sta per banchettare e saziarsi.

«Hai intenzione di restare a guardarmi senza fare nulla?» domando, inclinando la testa di lato.

Si avventa sul mio vestito bianco, cercando la zip per slacciarlo e togliermelo. Il problema è che non ce l'ha, è un tubino aderente, con i pantaloncini incorporati alla gonna. Dovrei mettermi in piedi e forzare, perché è una taglia più piccola della mia attuale e ci sono entrata a fatica.

Thymós se ne accorge e, prima che possa anche solo sentirmi mortificata, fruga in una delle tasche dei pantaloni. Ne estrae un coltellino. Afferra il tessuto al lato, allontanandolo dalla mia pelle, e ci fa scorrere la lama affilata, lacerandolo fino alla fine. Lo rimette a posto e conclude la sua opera con le mani. Agguanta i lembi e, con un singolo strattone che gli gonfia i muscoli delle braccia, lo rompe completamente.

Osservo la stoffa bianca planare sul pavimento.

«Te ne ricomprerò uno» mormora.

«Voglio ben sperare.»

Gli strappo un sorriso, che svanisce non appena mi sollevo per dare uno strattone ai suoi pantaloni, implorandolo indirettamente di spogliarsi. Lui non se lo fa ripetere, abbandona anche i suoi indumenti per terra e rimane nudo, al lato del letto; una visione che mi fa venire l'acquolina in bocca e che non riesco a smettere di fissare.

La sua mano vola attorno alla mia gola e unisce di nuovo le nostre bocche. Gemo contro la sua lingua, che si è già fatta spazio e rincorre la mia con movimenti scoordinati e frenetici. Quando applica una pressione maggiore attorno al mio collo, libero un rantolo di piacere e lo afferro per il fondoschiena, tentando di attirarlo contro di me, sul letto.

Thymós interrompe il contatto, le sue iridi sono adombrate dal desiderio mentre aggancia i miei slip e con uno scossone li rompe. Me li toglie con un gesto secco e li lancia a terra.

Per quanto sia eccitante, lo guardo a bocca aperta. «Hai finito di rompermi i vestiti?»

Lui ghigna e si china su di me, le dita agguantano le mie ginocchia e mi spalanca le gambe, insinuandosi nello spazio che ha creato. Mi lascia un bacio sul collo, tenero, e mi sussurra: «Girati e fammi vedere tutto il tuo corpo meraviglioso, Daisy».

Girarmi significa dargli la schiena e metterlo, di nuovo, vicinissimo alla mia... Il mio corpo si irrigidisce.

«Non è niente di cui devi vergognarti» bisbiglia. «Sei bella da togliere il fiato.»

Mi rilasso, senza neanche costringere il mio cervello a farlo. Il modo in cui mi tocca, il modo in cui mi guarda, il modo in cui pronuncia le parole che mi rivolge bastano a farmi credere che è tutto vero.

Thymós aggancia le braccia attorno alle mie gambe e mi fa voltare con un unico gesto. Con la pancia premuta sul materasso, mi guardo indietro, proprio mentre lui fa scorrere le mani sulla mia schiena.

«*Thymós*.»

Mi osserva, sotto la flebile luce della stanza. Passa le mani sotto i glutei, la zona che più mi mette a disagio, sfiorandola con dolcezza.

Quando sento le sue labbra, al posto delle dita, emetto un verso di sorpresa. Strofina la bocca sulla mia pelle, baciandola e succhiandola. Il suo nome mi sfugge di nuovo, involontariamente.

Si china su di me, coprendomi con il suo corpo caldo, e si infila nell'incavo del mio collo. Volto la testa, sperando che mi baci, invece lui lascia le nostre bocche vicine e ansima contro le mie labbra.

«Non c'è una singola parte di te che sia brutta, Daisy, ficcatelo in testa. Non devi pensarlo mai più. Non devi dirlo mai più. Chiaro?»

Senza aspettare risposta, si posiziona alla mia entrata e io spalanco le gambe per fargli spazio. Strofina il suo membro nella piega dei miei glutei, stuzzicandola fino a farmi piagnucolare. Con una mano si regge al materasso, con l'altra mi afferra i capelli e li rigira fino a ottenere un appiglio, per poi tirarmi il capo all'indietro. Stampa un bacio famelico sulla mia bocca, mandando una scarica di brividi che mi attraversa fino alla punta dei piedi.

Lo trattengo, con il suo labbro inferiore pinzato tra i miei denti, e lui spinge piano fino a trovare la mia entrata.

«Voglio vederti in viso» mormora.

Mi fa voltare di nuovo, provocandomi un versetto di irritazione dovuto all'attesa infinita. A pancia in su, con le sue mani grandi e callose che mi tengono le gambe spalancate, capisco che sta per accadere.

Thymós si sposta solo per aprire il cassetto del comodino e prendere il preservativo. Strappa l'involucro con i denti e se lo infila con altrettanta facilità.

Dischiudo le labbra per chiamarlo e implorarlo di procedere, ma non ne ho l'occasione perché Thymós mi penetra con una spinta rapida e decisa.

Affonda dentro di me con un solo movimento, profondo al punto da farmi roteare gli occhi all'indietro. L'urlo che mi scappa di bocca non mi fa vergognare, però fa immobilizzare lui, dentro di me.

«Se continui così, farò davvero una pessima figura» borbotta, ansimante.

«Non ti fermare» gli ordino. Faccio scorrere le unghie sulla sua pelle, aumentando la pressione di secondo in secondo.

Comincia a muoversi piano, tra le mie gambe, riempiendo ogni parte di me alla perfezione. All'inizio, brucia e fatico a adattarmi alle sue dimensioni, ma, dopo piccoli e delicati movimenti del bacino, il piacere mi travolge mozzandomi il respiro.

Gli circondo il collo e lo attiro a me, più stretto, più vicino, e lo bacio come se ne andasse della mia vita. I nostri movimenti sono scoordinati, caotici, e per la foga sbattiamo i denti. Non che mi importi, in realtà. E lui sembra dello stesso avviso, perché spinge dentro di me con forza crescente.

Esce di colpo e riaffonda fino a dove riesco a contenerlo. La spinta mi fa gemere forte, dentro la sua bocca, e lui mi afferra la lingua succhiandola come una belva.

Inizio anche io a muovere i fianchi per venirgli incontro. Thymós ansima così forte che temo stia per avere un infarto.

Con il bacino comincio a compiere delle circonferenze e le mie pareti si stringono attorno a lui, che spinge così forte da far scivolare il mio corpo all'indietro. Lo riafferra per il fianco, avvicinandomi di nuovo.

Quando provo a chiudere gli occhi, consapevole di essere vicina alla fine, Thymós mi sgrida. «Occhi su di me, Daisy.»

L'angolo delle mie labbra si incurva in un sorriso. Se vuole giocare con me, dovrebbe come minimo aspettarsi che faccia anche io la mia mossa.

Approfittando della sua vulnerabilità, lo afferro e ribalto le posizioni, facendolo sdraiare di schiena. Mi sistemo a cavalcioni su di lui e continuo quello che ha iniziato. Se possibile, con una foga maggiore della sua.

Thymós non fa nulla. Lascia che io pianti i palmi sui suoi addominali, per reggermi, e che guidi ogni spinta che ci sta portando all'orgasmo. Mi guarda dal basso, come se fossi la cosa più bella del mondo, e fa scorrere le dita lungo ogni centimetro di pelle scoperta a cui riesce ad arrivare.

Mi basta un ultimo sguardo all'uomo sotto di me, con la pelle ambrata e calda e gli occhi marroni che mi ammirano con venerazione, per raggiungere l'apice e iniziare a tremare violentemente.

Thymós si gode ogni secondo e mi stringe forte quando il mio corpo minaccia di crollare in avanti. Accompagna la mia discesa, piano, e accosta le labbra al mio orecchio: «Non ho ancora finito con te».

25

OPPOSTI...

Secondo il mito, la lira era lo strumento musicale di Orfeo, leggendario poeta e musicista capace di incantare uomini, animali e persino gli dèi con la sua musica. Dopo la sua tragica morte, Zeus collocò nel cielo la sua lira andando a creare l'omonima costellazione, di cui Vega è la stella più luminosa. Altair, invece, è la stella più luminosa della costellazione dell'Aquila, animale sacro a Zeus che spesso veniva raffigurato accanto a lui e che, si racconta, fu usato per portare il fulmine.

Thymós

Il cuore mi martella nel petto, lo sento rimbombarmi nelle orecchie, mentre stringo a me il corpo di Daisy. Vorrei spostarla solo per poggiare un orecchio sul suo petto e accertarmi che anche il suo sia impazzito come il mio. Ho bisogno di sapere che proviamo le stesse cose.

«Vuoi che me ne vada?» mi chiede dopo qualche istante, cogliendomi di sorpresa.

«Andartene?» ripeto, indignato.

«Sì. Magari dopo aver concluso non c'è più la necessità di...»

La attiro a me senza parlare e la sistemo in modo che stia sdraiata sul fianco, con la testa poggiata sul mio petto. Le sistemo i lunghi capelli biondi, in modo che non rimangano incastrati sul suo collo e non le diano fastidio. Si stendono sul cuscino, simili a raggi di sole accecanti, e io ci passo le dita in mezzo, accarezzandoli con cura, solo per distrarmi dal moto di rabbia che mi ha provocato la sua domanda.

«Daisy, quello che c'è tra di noi non si può di certo chiamare "amore"» mormoro. «Ma non è nemmeno un rapporto puramente carnale, basato solo sull'attrazione fisica. Non sei solo un corpo magnifico e un viso perfetto. Sei anche una mente brillante, un intero mondo di cose che purtroppo nessuno ha mai voluto ascoltare. Devi iniziare a comprenderlo. Voglio che tu ti dia il valore che meriti.»

La sua mano traccia disegni immaginari sul mio torace. Mi sorprende quando si allunga per darmi un bacio sullo zigomo, proprio nel punto in cui ho tatuato la «X» in onore di mio padre. «Posso raccontarti una cosa di astronomia?»

Il cuore quasi mi scoppia nel petto. Non capisco nulla delle cose che le piacciono, però non desidero altro che sentirgliele raccontare mentre mi sforzo di comprenderne anche una sola virgola.

«Certo. Ti ascolto.»

«Hai mai sentito nominare le stelle Vega e Altair?»

«Sì, mi pare di sì.»

«C'è una leggenda che le vede protagoniste e che a oggi viene festeggiata in Giappone con la festa di Tanabata, il 7 luglio. La storia narra che Orihime, una giovane e abile tessitrice, viveva sulla sponda della Via Lattea, rappresentata come un fiume celeste, che separa la costellazione di Altair da quella di Vega. Essendo così diligente nel suo lavoro, Orihime trascurava la sua vita sociale e non aveva tempo per innamorarsi. Il padre, l'imperatore celeste, preoccupato per la solitudine della figlia, decise di organizzare un incontro con un giovane pastore di nome Hikoboshi, che viveva sulla riva opposta del fiume. Quando i due si incontrarono, si innamorarono perdutamente l'uno dell'altra. La loro passione era così forte che passavano quasi tutto il loro tempo insieme. Ciò li portò a trascurare i loro doveri celesti: Orihime smise di tessere e Hikoboshi lasciò che le sue mucche pascolassero senza controllo. L'imperatore, infastidito dal comportamento di Orihime e Hikoboshi, decise di punirli separandoli e facendoli vivere su lati opposti della Via Lattea.»

Sospira, perdendosi per qualche secondo a tamburellare i polpastrelli sulla mia clavicola.

«L'imperatore, però, sapeva anche essere buono e umano. Si commosse per la tristezza dei due innamorati e concesse loro una grazia. Decise che se il cielo fosse stato sereno e senza pioggia durante la notte del 7 luglio, Orihime e Hikoboshi avrebbero potuto incontrarsi di nuovo attraverso un ponte fatto di ali di gazze, chiamate "*kasasagi*". Questo evento magico sarebbe avvenuto solo una volta l'anno, permettendo loro di stare insieme per un'unica notte.»

Assimilo ogni sua parola, ed è così brava a raccontare la storia che appare nella mia testa come una limpida sequenza di immagini reali. «Continua.»

«In Giappone, la festa di Tanabata è celebrata con molta allegria e colori. Le persone scrivono desideri su pezzi di carta chiamati "*tanzaku*" e li appendono a rami di bambù decorati, sperando che si avverino. Le strade si riempiono di spettacoli, danze, canti e buon cibo. È un momento in cui la gente si unisce per esprimere amore e speranza.»

Fisso l'armadio davanti a me e con la mano accarezzo la schiena nuda di Daisy, sovrappensiero. «Stai cercando di dirmi qualcosa, Sirio? Vuoi che ci incontriamo clandestinamente ogni 7 luglio?»

Ride.

«Perché io sono certo che non potrebbe mai bastarmi un solo giorno all'anno.»

«Gli dèi antichi sono più misericordiosi di Crono Lively. Lui non ce lo permetterebbe» sussurra lei.

Ha ragione. Una profonda tristezza mi avvolge il cuore come una gabbia di rovi e ogni respiro che faccio mi graffia la carne con le sue spine. «Avrei voluto continuare a conoscerti, Daisy» ammetto. «Finito il mio compito da guardia del corpo, sarei tornato qui solo come Thymós e ti avrei chiesto di parlarmi di qualsiasi cosa ti passasse per la testa. Volevo conoscere ogni lato di te, ogni pensiero di cui sei fatta. Volevo innamorarmi di te. E volevo che tu ti innamorassi di me.»

«Thymós, ti prego, non dirmi queste cose poche ore prima di andartene.»

«Siamo un ossimoro, noi due. Coppie di opposti che sembrano non poter avere futuro» riprendo, ignorandola. «Sei *l'amore* che placa la mia *ira*, *l'acqua* che spegne il mio *fuoco* di rabbia e sofferenza. Sei la *luce* che illumina il mio *buio*. Il *sole* che asciuga la mia *pioggia*. Il *rumore* che riempie i miei *silenzi* tristi. Il *dolce* che dà piacere alla mia lingua *amara*. Sei il *bianco*, l'unione di tutti i colori dello spettro, che compensa il mio *nero*, la loro totale assenza. Sei *l'eterno*, in una vita che ho sempre pensato *limitata*. Sei la *tempesta* eccitante che smuove la mia *quiete*. Sei il *conforto* al mio *dolore*. Sei anche la *benedizione* che il destino ha voluto darmi, in una vita di *maledizioni*. Le porte del *Paradiso* che si aprono dopo aver passato una vita all'*Inferno*» scandisco ogni parola contro il suo orecchio, per accertarmi che non si perda nemmeno una sillaba. «Sei il *saluto* che vorrei non diventasse mai un *addio*.»

Daisy non fiata e temo di avere esagerato e che scapperà via, spaventata dalle mie parole. Invece, solleva il capo e fa scontrare i nostri occhi. Non serve altro, perché una lacrima le bagna la pelle e finisce nella sua bocca. La catturo con un bacio. Persino le sue lacrime hanno un buon sapore. Tutto, di lei, è buono.

«Non voglio che tu te ne vada» bisbiglia.

La stringo più forte, come se potessi inglobarla a me e renderla una parte del mio corpo. «Non voglio andarmene.»

«Restiamo svegli fino all'alba» propone allora. «Non perdiamo un singolo minuto.»

Mi viene da ridere. «Sei sicura di riuscire a fare le ore piccole, Sirio?»

Annuisce, speranzosa, e io la accontento.

«Allora, perché non mi racconti altre leggende legate alle stelle? O non mi parli di astrofisica?»

Se possibile, il suo volto si illumina. Nonostante la tristezza per la nostra separazione, la mia richiesta le porta tutta la gioia che le avevo anche, indirettamente, strappato via. Il petto mi si gonfia di orgoglio.

Così, Daisy riprende a parlarmi di ciò che la appassiona più di ogni altra cosa. L'universo, le stelle, i pianeti e i fenomeni celesti. Quando mi racconta i miti e le leggende, capisco ogni parola. Quando passa a fatti più scientifici e specifici, faccio del mio meglio. Lei capisce che sono in difficoltà e mi spiega di nuovo tutto, fino alla nausea, cambiando anche i termini per trovarne di più semplici e immediati. Non perde mai la pazienza, e io non perdo mai la voglia di ascoltarla. Se il tempo si bloccasse così, sarei felice.

Non c'è nulla di più affascinante di una persona che ti parla di ciò che la appassiona.

E Daisy è la donna più meravigliosa che abbia mai avuto l'onore di sfiorare anche solo con gli occhi. Non oso immaginare come sarei ridotto, adesso, se avessi avuto l'opportunità di conoscerla ancora meglio. Sarei completamente innamorato. Pazzo di lei. Com'è giusto che sia.

O forse lo sono già e sto cercando di ingannare la mia mente.

Daisy racconta, fino a quando la sua parlantina non si fa più lenta e incerta, intervallata da sbadigli sempre più frequenti. Sta per addormentarsi. Sono le 5 del mattino e le sue palpebre premono per abbassarsi.

Se ne accorge e lotta per restare con me. Io le sussurro che va bene, che deve dormire e lei protesta. Protesta fino a quando non mi chiede di fare l'amore, ma non come prima. In modo dolce. Così, la sistemo a pancia in su e mi posiziono tra le sue gambe. Lo facciamo di nuovo, ma questa volta è delicato. È ancora più intenso di prima, se possibile.

I suoi gemiti sono fievoli, eppure intensi, e riempiono la stanza, le mie orecchie e il mio cuore. Daisy ha gli occhi su di me, come da tradizione, e brillano di un sentimento così bello e puro che l'idea di andarmene via mi fa venir voglia di piangere come un bambino.

Viene per prima, di nuovo. Non mi interessa concludere. Esco da lei e mi impegno a baciarle ogni centimetro di pelle. La bacio per quella che sembra un'eternità. E quando mi accorgo che ormai è troppo stanca, ritorno al suo fianco e la cullo contro di me.

«Non andartene...» biascica.

Il tempo non è dalla nostra parte, però, e non vuole regalarci nemmeno un minuto in più. Ha le grinfie su quella che avrebbe potuto essere la donna della mia vita e non la lascia andare, la trascina velocemente nel mondo dei sogni, lontana da me.

Lo capisco. Chi non se la terrebbe tutta per sé, una come lei?

«Buonanotte, Sirio.» Le bacio le labbra.

Aggrotta la fronte. «Svegliami prima di lasciare la stanza, ti prego.»

No, farebbe male.

«Thymós...» riprova. Se mi implorasse di nuovo di svegliarla, potrei anche cedere. «Io sono convinta che gli opposti, in realtà, siano perfetti per stare insieme, sai?» Si ferma e sbadiglia. «Credo che noi due ci completiamo perfettamente.»

Sorrido, intenerito, e Daisy si addormenta tra le mie braccia. Non so per quanto rimango fermo a osservarla dormire, ma la sveglia sul comodino cattura la mia attenzione quando manca meno di un'ora alle 8 del mattino.

Devo andarmene.

Scendo dal letto e mi rivesto. Infilo tutti i miei vestiti nel bagaglio con il quale sono arrivato qui e me lo metto in spalla. Non ho molto tempo per salire su uno dei motoscafi che arrivano alla spiaggia e lasciare l'isola.

Rubo cinque secondi al mio destino e mi inginocchio al lato del letto. Daisy è vittima di un sonno profondo, russa appena.

Le bacio la fronte.

«Magari un giorno ci incontreremo di nuovo anche noi. Gli dèi avranno pietà e ci concederanno un giorno, come a Vega e Altair» bisbiglio.

Le sue palpebre hanno uno scatto impercettibile.

«Tha se agapoúsa me káthe ína tou sómatós mou» mormoro. *(«Ti avrei amata con ogni fibra del mio corpo» in greco)*

Mi sollevo e arretro. Decido di uscire dalla portafinestra per non fare rumore in corridoio e svegliare qualcuno.

Arrivato all'esterno non c'è ancora caldo e l'aria fresca del mattino mi colpisce in viso punzecchiandomi la pelle.

Richiudo la portafinestra alle mie spalle, con gli occhi serrati, nel tentativo di resistere dal guardarla un'ultima volta. Faccio due respiri profondi e allungo la gamba, pronto a prendere le scalette laterali per passare dalla scorciatoia che mi ha mostrato Daisy tempo fa.

Ancora prima di muovermi percepisco di non essere solo. E so per certo chi è la presenza, su questo terrazzo, che mi fissa e mi attende.

«Ehi» saluto per primo. «Posso voltarmi o sei nudo?»

Hermes non risponde. Così, mi giro. Ha una t-shirt e dei pantaloncini da basket addosso.

Incredibile. Allora possiede dei vestiti.

La sua espressione è dura e a un primo impatto mi lascia perplesso. Sembra arrabbiato con me. Che motivo avrebbe, però? Cosa ho fatto di male?

«Qualcosa non va?» chiedo.

Hermes continua a non rispondere. Comincio a pensare che sia sonnambulo.

Poi, però, mi viene incontro. A passo lento e meccanico. Ha le mani serrate in due pugni, lungo i fianchi.

Vuole colpirmi? Beh, credo che lo lascerò fare e per dargli un po' di soddisfazione fingerò anche che faccia male.

A pochi centimetri di distanza, solleva le braccia e mi circonda il collo. Hermes Lively mi sta abbracciando. Non voleva riempirmi di botte. Voleva solo... stringermi in una presa affettuosa.

Gli do qualche pacca sulla schiena, sconcertato da quello che sta accadendo. Perché lo fa? Non mi merito la sua rabbia, ma nemmeno il suo affetto.

«So che ci rivedremo, Termos» dice, ancora premuto sul mio corpo, in una presa asfissiante. «Non è finita qui.»

«Lo spero» borbotto. «Anche se le probabilità sono basse.»

«Avete scopato, vero?»

«Non rovinare il momento.»

«Scusa, scusa.»

Rafforza la stretta. Manca poco e mi commuoverò per colpa di questo idiota nudista.

«Grazie per aver...»

«Protetto tua sorella? È stato un dovere, ma anche un piacere.»

La sua risatina esce sconsolata. «Grazie per aver reso felice mia sorella, anche se per poco tempo.»

26

... E SIMILI

Si narra che Crono, dopo essere stato sconfitto da Zeus, non venne solo imprigionato nel Tartaro ma anche inviato nell'Isola dei Beati, luogo della pace e dell'abbondanza. Qui, secondo alcune versioni, sarebbe diventato un sovrano giusto e benevolo, molto diverso dalla narrazione che lo vede dio crudele e divoratore dei propri figli.

Aphrodite

SONO passati quasi quattro giorni da quando Thymós è partito.

Non mi ha svegliata per salutarmi, come gli avevo chiesto. E, forse, mi va bene così, perché non lo avrei lasciato andare. Non ne ho mai avuto alcuna intenzione.

Ho letto tanti libri nella mia vita, ed è naturale che io ne abbia trovati molti con finali che mi hanno lasciato l'amaro in bocca. Di norma, impiego qualche giorno a farmene una ragione e accettarlo.

Il tempo è così: nemico e amico allo stesso tempo.

Eppure, la storia tra me e Thymós non è il triste esito di un libro già concluso. È un finale che non mi piace e che voglio cambiare. La nostra vita, in fondo, è l'unica storia che possiamo riscrivere a nostro piacimento, anche se alcune cose non si possono impedire.

Non ho potuto impedire il suo allontanamento, certo, però non significa che non possa fare nulla per riavvicinarci.

Una cosa persa non va abbandonata, bensì cercata.

Mancano pochi giorni al Ballo d'Estate, è tardo pomeriggio e il sole sta cominciando la sua discesa, pronto a incontrare l'orizzonte e a fondersi con la linea del mare.

Indosso un vestito elegante, uno di quelli che piacciono a nostro padre e in cui ci vorrebbe vedere sempre. I capelli sono acconciati in morbide onde, il trucco è impeccabile e un rossetto rosso sangue mi tinge le labbra. Tutto è in ordine, come vuole lui.

Quando esco sulla terrazza del soggiorno, so già chi troverò seduto su uno dei divanetti in rattan, accomodato tra i morbidi cuscini bianchi.

Apollo.

Se ne sta a torso nudo, con un paio di pantaloni da ginnastica, i capelli ancora bagnati dalla doccia, presumo, e una chitarra acustica in grembo. Strimpella un motivetto a me sconosciuto, mentre osserva la piatta distesa d'acqua davanti a sé.

Non mi guarda, però so che mi sente arrivare. Me lo suggeriscono l'irrigidirsi del suo corpo e il sussulto accennato che lo scuote. Non batte ciglio e non smette per un istante di pizzicare le corde.

Io prendo posto al suo fianco e fisso lo sguardo sulla spiaggia.

«Hai un piano» dice.

Sorrido. Apollo è silenzioso, a un occhio esterno può sembrare che non presti attenzione a nulla o che sia perennemente annoiato. La realtà è che osserva come non fa nessun altro. E sa capirti anche solo dal linguaggio corporeo.

«Ho un piano» confermo.

«Ed è un'idea folle.»

«Ed è un'idea folle.»

Inclina il capo in avanti, verso lo strumento a corde, e una lunga ciocca di capelli gli ricade sul viso portando con sé una gocciolina d'acqua.

«E vuoi un mio parere perché sai che sono il più intelligente.»

«E voglio un tuo parere perché sei il più calmo e razionale» correggo.

Lui si ferma e libera una mano per darmi un buffetto sul naso.

Il contatto fisico non è il suo forte. Di rado si vede Apollo Lively sfiorare qualcuno; lo fa solo con le persone a cui vuole davvero bene. E sono poche.

Prima di arrivare a Yale, noi fratelli non facevamo giochi ed eravamo tipi più socievoli. Capitava che facessimo amicizia con i compagni di scuola e che avessimo le nostre frequentazioni.

Apollo, no. Lui non parlava con nessuno. Non dava confidenza a nessuno. Stava con noi e basta. È introverso, diffidente, un po' burbero e freddo. Ogni tanto mostra anche il lato più sicuro, quello protettivo. Ha una personalità affascinante, ma di rado la mostra completamente anche a noi fratelli.

Forse crede di non poter piacere agli altri, e la cosa gli sta bene. Non è uno che cerca l'approvazione di tutti.

«Aphry, non credo di voler conoscere il tuo piano» mormora dopo un po'. «Perché ti impedirei di metterlo in atto, se dovesse essere pericoloso per te.»

«È pericoloso, ma mi renderà felice.»

Due iridi verdi mi inchiodano sul posto. «La tua sicurezza viene per prima, mi dispiace. Se cerchi qualcuno che metta davanti la tua felicità, allora dovresti andare da Hermes. Se vuoi qualcuno che bilanci entrambe le cose, Hades. E se vuoi qualcuno che ti appoggi perché è fuori di testa... Athena.»

Un'analisi perfetta della nostra famiglia.

Mi lascio andare contro lo schienale del divanetto. «Non ho altre opzioni.»

«Sei innamorata di lui?» bisbiglia. Non serve che dica il suo nome.

«Non lo so, sinceramente. Resta il fatto che non posso sopportare di averlo lontano un giorno di più. In realtà, la sua presenza mi ha fatto capire che non posso più sopportare tante cose, Apollo» ammetto. «E ora che lui non c'è, pesano tutte così tanto che a volte mi sembra di non riuscire più a respirare.»

«Se i tuoi sentimenti per lui sono ancora così deboli, è meglio seppellirli e scappare.» La durezza delle sue parole va in disaccordo con il tono dolce che sta usando per pronunciarle. «I legami con persone che stanno fuori dal nostro mondo sono pericolosi. Un lusso che non possiamo concederci.»

«Per questo stai sempre alla larga da tutti?»

Scrolla le spalle e azzarda una nota sulla chitarra. Suona triste. «Ho avuto una sola amica in tutta la mia vita, prima che mi adottassero. Mi ha insegnato a non affezionarmi a nessuno, perché la vita ti toglie ogni piccola cosa bella che ti dà.»

Questo mi fa drizzare le orecchie, d'improvviso distratta dal mio piano e incuriosita dal fatto che non sapevo nulla di questa storia. «Chi era?»

«Non importa, ormai. Non la vedo da anni e non credo la vedrò mai più» liquida la faccenda, e capisco che non mi dirà altro. Apollo è così. Se ha deciso di non dirti una cosa, se la porterà nella tomba.

«Beh...» Gli do una spallata giocosa per alleggerire la situazione. «Noi siamo una cosa bella. Noi, i tuoi fratelli. E siamo ancora insieme, da anni ormai. La famiglia è ciò che resta sempre, a prescindere. O così dovrebbe essere.»

Come un riflesso involontario, la sua mano va a sfiorare il ciondolo che ha al collo. Quello che hanno regalato a me ed Herm per il compleanno: *A3H2*. Le nostre iniziali. Athena, Apollo, Aphrodite, Hades, Hermes. Lo faccio anche io e il contatto con il semplice pezzo d'argento mi fa sorridere.

«"Così dovrebbe essere"» ripete. «Eppure, a volte ho la sensazione che qualcosa, prima o poi, ci separerà.»

Non mi piacciono questi discorsi, per nulla. Per quanto possano essere logici e razionali, perché nella vita nulla è eterno e ogni cosa è destinata a perire, non li voglio ascoltare.

Gli metto una mano sulla spalla e accarezzo la sua pelle abbronzata dal sole. «Comunque...»

«Pensaci bene prima di fare qualcosa di pericoloso» mi precede. Sta per dirmi qualcosa di sentimentale, perché non riesce a guardarmi negli occhi. «Se vuoi riprenderti lui... o qualsiasi cosa senti che ti manca, fallo. Te lo meriti, tu più di chiunque altro al mondo. Ma stai attenta, perché questo mondo è troppo crudele con le persone belle come te.»

Mi si inumidiscono gli occhi. Resto a fissarlo, in silenzio. Anzi, non fissarlo: *contemplarlo*. Apollo nasconde più di quanto mostra, e una parte di lui rimarrà sempre un mistero anche per noi che siamo i suoi fratelli.

Con un sospiro, mi rimetto in piedi. Ho un piano da portare a termine.

«Avviso te e tu farai da tramite con quelle teste calde dei nostri fratelli. Non scendete subito, per cena. Ho bisogno di una mezz'ora da sola con nostro padre.»

Apollo si irrigidisce. Gli leggo in faccia l'intenzione di bloccarmi o di rivolgermi qualche discorso volto a farmi desistere. Alla fine, strizza gli occhi e sospira, in lotta con sé stesso. «Mi ammazzeranno quando lo scopriranno.»

Athena, Hermes e Hades si arrabbieranno per la mia decisione di affrontare Crono Lively senza il loro appoggio. Io e Apollo sappiamo bene perché ho scelto così. Anche loro lo sanno, solo che non sarebbero capaci di razionalizzarlo subito. Metterli in mezzo significa esporli alla furia di nostro padre e vederli soffrire fisicamente per colpa mia.

«Ora vai, prima che cambi idea e ti leghi da qualche parte.»

Mi avvio verso la portafinestra del soggiorno e, quando metto piede oltre la soglia, Apollo ricomincia a suonare. Più forte di prima. Resto lì qualche istante in più, solo per ascoltarlo. È sempre stato bravissimo, la chitarra è il suo strumento, ma sa suonare anche il violino, la batteria, il basso, l'ukulele e l'arpa. È un piccolo genio musicale. Un piccolo genio in tutto, a essere onesti.

Con ancora le note della canzone in testa, attraverso il soggiorno della villa e mi dirigo verso le grandi porte della sala da pranzo. Crono arriva sempre per primo, lo sappiamo tutti. Stasera, però, sarò io la prima. Un primo, piccolo, messaggio per lui: le cose devono cambiare.

La sala è vuota, ma la tavola è apparecchiata, sopra una tovaglia bianca si trovano due mazzi di fiori. Le caraffe d'acqua sono già riempite e ci sono tre bottiglie di vino. I piatti in porcellana, bianchi e immacolati, sono sistemati ai loro posti.

Vado a sedermi a capotavola, dove dovrebbe esserci mio padre. Accavallo le gambe e attendo, facendo oscillare il piede nel tentativo di calmarmi.

Osservo le lancette dell'orologio da parete, ascolto il ticchettio di secondo in secondo, fino a quando non passano cinque minuti e le porte davanti a me si spalancano.

Crono fa la sua entrata, con il suo solito completo elegante. Mi nota subito e si arresta, la fronte aggrottata. I suoi occhi ambrati perlustrano la mia intera figura.

«Aphrodite» saluta, cauto. «Cosa fai già qui?»

Lancia un'occhiata all'orologio. Sono le 8. In genere, noi figli arriviamo per le 8.30. Nostra madre, dieci minuti prima.

Gli indico uno dei posti che spetta a noi. «Accomodati. Dobbiamo parlare.»

Inutile dire la solita frase fatta, perché so esattamente dove trovo il coraggio di comportarmi così. Thymós. Sono le sue parole a rimbombarmi in testa da giorni, mentre escogitavo questo piano e lo metto in atto ora.

Mio padre mi guarda con circospezione, so che vorrebbe protestare, eppure qualcosa in me lo convince a obbedire al mio ordine, per la prima volta. Si siede in modo da poterci guardare in faccia e afferra un coltello dalla tavola, giocherellandoci come se fosse un oggetto innocuo.

«Allora, cosa vuoi?»

«Voglio solo tre cose.»

Sorride. «Sentiamo.»

«Prima di tutte...»

«Che assuma di nuovo Thymós? Prevedibile la mente di una donna» mi interrompe.

Serro i denti con uno scatto violento. «Prima di tutte: rinunciare agli studi di Psicologia e cominciare, a settembre, con Astrofisica a Yale.»

«No. La seconda?»

«Che Thymós venga assunto di nuovo e torni qui, immediatamente, con un aumento di duecentomila dollari.»

«Scordatelo. La terza? Spero sia un po' più realistica. Che tu ci creda o no, non mi piace non accontentare i miei figli.»

«Avrò la stessa dignità dei miei fratelli. Non farò più quei giochi umilianti nel privé del mio locale. Non verrò più trattata come una principessina. Non verrò più stereotipata come una donna incapace di avere la sua libertà. Non dovrò più passare un singolo istante con Min Joon, il ragazzo che mi hai presentato come Hephaestus. E...»

Mio padre sventola la mano libera per aria, come a scacciare via il suono fastidioso delle mie parole. «Aphrodite, non ho tempo da perdere con queste cazzate.»

«Non sono cazzate. Voglio studiare Astrofisica, voglio Thymós di nuovo qui e voglio la mia libertà dalla tua visione maschilista e ignorante» scandisco ogni parola a denti stretti. La mia rabbia trabocca come acqua da un vaso ormai colmo, che continua a essere riempito.

Scuote il capo, ancora. «No.»

«Immaginavo una risposta simile» convengo con tranquillità. È ora di mettere in atto il mio piano. «Rendiamolo un gioco. Uno di quelli che ci piacciono tanto, no?»

Crono si drizza sulla sedia, incuriosito dalla mia proposta inaspettata. Mi crede capace solo di ballare davanti a uno sconosciuto dentro un privé, per lui rappresento una carta girata. Non ha la minima idea del suo valore e di cosa potrebbe fare.

«Aphrodite.»

Da una tasca nascosta del mio vestito estraggo una rivoltella. Mio padre sgrana gli occhi e fa per parlare, ma lo precedo. «Nel tamburo della pistola ci sono sei fori per i proiettili, come penso tu sappia già. Cinque di questi sono vuoti. C'è una sola pallottola. Giocheremo alla roulette russa fino a quando non dirai di sì a tutte le mie richieste.»

Faccio ruotare il tamburo con un colpo secco. Crono scatta in piedi, ancora con il coltello stretto tra le dita. «Aphrodite!» tuona, con il solito tono che usa quando è davvero infuriato con noi.

Di norma, mi ha sempre spaventata; adesso, il suo nervosismo mi appaga.

«Dimenticavo» lo avverto. «Non farò ruotare il tamburo dopo ogni colpo. La probabilità di morire aumenterà a ogni sparo.»

«Molto divertente, Aphrodite. Ora rimettila a posto, non è un giocattolo.»

Gli punto la pistola contro. «Siediti o sparo.»

Ghigna. «Non lo faresti mai.»

Miro, come meglio mi riesce, alla sua pancia e premo il grilletto. Il meccanismo scatta, ma non succede nulla. Non ho beccato il foro con il proiettile. Lui fa un passo indietro, spaventato. «Devo continuare? Siediti, padre, se tieni alla tua vita.»

«Ma...»

«Siediti» ordino, di nuovo.

Lentamente, il suo corpo si abbassa e si riposiziona sulla sedia. Sta diventando sempre più pallido. «Non costringermi a vederti morire.»

«Mi preferiresti morta? Preferiresti vedermi dentro una bara piuttosto che farmi studiare Astrofisica? O riavere Thymós qui? O non costringermi a usare il mio corpo per arricchirci alla sala gioco?»

La sua mano stringe la lama del coltello così forte che un rivolo di sangue comincia a colargli sulla pelle, cadendo in piccole gocce sulla tovaglia immacolata. Lo lascia andare con un gesto meccanico. Il taglio sembra profondo, anche se la sua espressione è tranquilla.

«Voglio studiare Astrofisica» ripeto.

«No. Non è per te. Non è...»

Mi punto la rivoltella alla tempia. Lui urla. Io premo il grilletto. Il colpo va a vuoto, eppure sobbalzo come se mi avesse ferita e sbatto le palpebre accigliata. Il cuore mi batte così veloce che non riesco a identificare i singoli battiti, si mischiano l'uno all'altro in un ritmo confuso e caotico. Potrei morire di infarto.

«Thymós torna. Subito.»

Non mi dice di no con la voce, però i suoi occhi parlano chiaro. Butta fuori uno sbuffo d'aria dal naso e serra le palpebre; con la mano insanguinata si massaggia la tempia, incurante di macchiare gli abiti costosi. «Quell'uomo ti ha toccata!»

«Perché lo volevo io» lo difendo. «Thymós mi ha toccata perché gliel'ho chiesto *io*. Non ha mai scavalcato la mia libertà, al contrario di *te*. L'ho voluto io. Ogni cosa che è successa, ogni volta che è successa.» Per la rabbia sparo un altro colpo. Di nuovo a vuoto.

Sbatte il pugno sul tavolo, facendo tremare le posate. «Hai solo due colpi sicuri, Aphrodite. A questo punto dirti di no è più semplice. Non andrai fino in fondo, non sei così stupida.»

Un altro lampo d'ira mi fa premere il grilletto, di nuovo. E, di nuovo, sono viva. Ma mio padre sembra quello in procinto di morire di crepacuore. Se non ricordassi a memoria tutte le parole che mi ha rivolto in questi anni, rimarrei commossa dal terrore che mostra all'idea di perdermi.

«Perché se lo faccio io sono stupida, ma se lo fa uno dei miei fratelli è coraggioso e degno della tua approvazione?» esclamo. Tengo la pistola contro la tempia, la mano mi trema con violenza. «Sono come loro! E, se sono indietro in qualcosa, è perché a loro hai permesso di impararla e a me no! Anche io posso lottare. Anche io posso difendermi. Anche io posso fare giochi intelligenti. Non mi interessa vivere solo di rendita, non mi interessa sposarmi e sfornare venti figli. Voglio la mia vita, voglio tutto quello che può darmi! Voglio faticare, voglio brillare, voglio fare carriera, voglio contribuire al mondo, così come voglio anche l'amore e il matrimonio e tutte le cose frivole e non necessarie. Ti è chiaro o deve davvero finire con un proiettile nella mia testa?»

Crono non fiata. So che non si è perso una sillaba del mio discorso. Ho solo due colpi, ancora. Uno mortale, uno sicuro. Non so quale dei due arriverà prima.

«Astrofisica» scandisco. «Thymós con l'aumento di trecentomila...»

«Avevi detto duecento, prima.»

Sorrido. «Ho cambiato idea. E, se mi interrompi un'altra volta mentre parlo, salgo a cinquecento.»

Lo fisso, sfidandolo a dire altro, ma lui serra le labbra in una linea retta e mi fa cenno di terminare.

Perciò, ricomincio da capo. «Astrofisica. Thymós qui, con l'aumento di trecentomila dollari. Pari dignità con i miei fratelli.»

«E se dico di no?»

Muovo appena l'indice sul grilletto, catturando la sua attenzione su quel punto. Crono scatta in avanti, senza osare avvicinarsi, forse per paura che mi spinga a premere davvero. «Ho solo due tentativi, padre. Vuoi rischiare? Rischi tutto pur di non darmi nulla, o mi concedi delle cose così semplici e facili e continui ad avere cinque figli?»

La sua bocca si muove veloce. Sta buttando fuori una serie di imprecazioni a bassa voce, ne colgo poche ma sono abbastanza volgari. I secondi passano, i palmi mi sudano e temo che mi dirà di rischiare. O peggio, che la sua agilità gli permetta di strapparmi l'arma di mano e ribaltare la situazione. Se chiudesse il mio gioco così, sarebbe davvero l'umiliazione finale per me.

«Dai così poco valore alla tua vita, Aphrodite?» bisbiglia, in un becero tentativo di manipolarmi.

«Al contrario: le do così tanto valore che preferirei morire piuttosto che continuare a essere tua schiava. Voglio vivere come decido io.»

Il suo pomo d'Adamo si abbassa.

Sta per cedere?

Sto per perdere?

«Dai a nostra sorella quello che vuole» sopraggiunge un'altra voce. Maschile. Famigliare. Mio fratello Apollo.

Lui sta davanti a tutti. Alle sue spalle, ma distanti di pochi centimetri, ci sono Hermes, Athena e Hades. Le loro espressioni sono tese quanto i loro corpi, in posizione di guardia. I miei fratelli.

Le persone che più amo al mondo.

In questi giorni ho pensato spesso a scappare da qui, raggiungere Thymós e provare a rifarmi una vita. L'ho voluto tanto e lo vorrei tanto tutt'ora. Rinuncerei a tutti i soldi di famiglia e vivrei nella povertà, pur di essere libera. L'unica cosa che mi ha sempre frenata sono stati i miei fratelli. Senza di loro, io non esisto, non posso vivere. Non ci lega il sangue, ma le nostre anime sono connesse in modo irreparabile e le nostre vite non possono separarsi.

Apollo incrocia il mio sguardo e nella durezza del suo viso si apre un varco di dolcezza. «Scusami, ho dovuto raccontarlo anche a loro.»

«E ha fatto bene» dice Herm, facendo un passo avanti. «Avresti dovuto avvisarci. Per tanto tempo ti abbiamo detto di sopportare nostro padre invece che incoraggiarti a lottare. Non ti abbiamo mai difesa sul serio perché credevamo che fosse la decisione giusta. Meritavi che ti stessimo accanto. Se lo avessimo fatto, ora non saresti qui con un cazzo di revolver puntato alla tempia. Ci dispiace.»

Mi si inumidiscono gli occhi. Non voglio che gli altri combattano per le mie cause, ma mi accorgo solo ora che avere il loro sostegno è fondamentale.

Athena mi sorride, radiosa. «Bel gioco, comunque. Vero, padre?» Si rivolge a Crono. «Io credo che mia sorella sia tanto intelligente quanto me. E se non la pensi così, sei tu quello stupido.»

Lui le punta l'indice contro. «Non azzardarti a parlarmi così, Athena! Posso raggiungerti in un istante e...»

Hades, Apollo ed Hermes le si parano davanti, circondandola come se fossero uno scudo umano. «E cosa, padre?» lo incalza Hades, provocatorio. «Prima devi passare sui nostri cadaveri.»

«Mi basta schioccare le dita e i miei uomini vi farebbero a pezzi.»

«Vero, ma prima che ci facciano fuori tutti, forse uno di noi riuscirebbe a farti male» interviene Apollo. «Mmm?» aggiunge, quando nostro padre non ribatte.

E lui ci ama troppo per permettere ai suoi uomini di sfiorarci.

Richiamo l'attenzione di Crono su di me. «Due colpi. Concedimi quello che ho chiesto o sparo.»

«Aphrodite.»

«Hai tre secondi» insisto. «Uno...»

«Io...»

«Due...» Rafforzo la presa sulla pistola.

Sto per pronunciare il tre, quando mio padre crolla in ginocchio, sul pavimento, e grida. Lancia un urlo disperato, intenso e prolungato al punto da rendergli la voce gracchiante.

Quando smette, davanti ai nostri occhi spalancati, esclama: «D'accordo. Hai vinto! *Non sparare*».

«Giuralo.» Non mi fido della sua parola. È sempre stato un uomo che la mantiene, ma con me potrebbe fare un'eccezione.

«Lo giuro! Però...»

Tendo le orecchie. «"Però" cosa? Non ci sono *però*.»

Solleva le mani in aria. «Puoi studiare Astrofisica, però prima finirai Psicologia. Non ti manca molto. Ti chiedo solo di non interrompere un percorso che hai iniziato. Non sei il tipo, vero, Aphrodite? Laureati in Psicologia e poi ti potrai iscrivere ad Astrofisica.»

Rimango di sasso. Ora che ha accennato al discorso, mi rendo conto che ha ragione. Non mi piace lasciare le cose inconcluse. Psicologia, pur essendo un ripiego, mi piace, e non voglio gettare la spugna. Sono avanti con il programma, forse potrò laurearmi in anticipo. Ancora un anno, magari, e poi comincerò con quello che amo davvero. Adesso che ci penso bene, mi piacerebbe da morire avere lauree in diversi ambiti.

«Va bene» mormoro. Punto la pistola al soffitto e premo il grilletto. Il proiettile sfreccia a velocità disumana e si conficca nel muro.

Quasi mi viene da ridere.

Sarei morta.

Stavo per morire, sul serio.

E, invece, sono viva. Oggi è il giorno in cui lo sono più che mai.

Abbandono la rivoltella a terra e mio padre non perde un secondo di più, allunga il braccio e me la porta via.

In poco tempo, i miei fratelli mi sono addosso. Le prime braccia che mi stringono sono quelle di Hermes, il mio gemello. Il suo profumo di fragola, così famigliare fin da quando eravamo piccoli, mi stuzzica le narici e io lo respiro a pieni polmoni.

«Sei matta» bisbiglia al mio orecchio. «Sei fuori di testa.»

Mentre lo abbraccio, incrocio gli occhi verdi di Apollo, che sorride, raggiante come l'ho visto poche volte. «Era un'idea davvero folle, però strepitosa. Sono fiero di te.»

Hades gli circonda le spalle in un abbraccio buffo. «*Siamo* orgogliosi di te, Daisy.»

Non appena pronuncia il mio vero nome, mi ricordo che manca ancora un dettaglio. Non mi basta che Thymós venga qui. Non posso aspettare che Crono lo faccia contattare e lo riporti sull'isola. Nella migliore delle ipotesi sarà qui domattina. Voglio andare da lui, voglio vedere dove vive, conoscere i suoi genitori e riportarlo da me.

Non aspetterò che sia lui a tornare. Andrò a riprendermelo.

«Hai l'espressione di una che non ha ancora finito di combinare guai» mi risveglia Hades.

Mi sporgo oltre la sua figura. Nostro padre sta provando a pulirsi il sangue sui pantaloni del completo. L'ho visto tante volte di pessimo umore, ma stasera va ben oltre.

«Fammi avere l'indirizzo di Thymós, vado da lui» dico a Crono.

Aggrotta subito la fronte. «Cosa? Tu non vai da nessuna parte. Non te ne andrai a Creta. Puoi aspettare che torni lui, domani pomeriggio.»

«Ho detto che voglio...»

«E io ho detto...» mi interrompe ancora.

Non ho più la rivoltella. Afferro la prima cosa che mi capita: un bicchiere in vetro di Murano, fabbricato su misura a Venezia da un artigiano, un pezzo unico a cui so che mio padre tiene. Lo scaglio contro il muro, a pochi centimetri di distanza dalla sua figura. L'oggetto si frantuma in mille pezzi.

«Vado dove diavolo mi pare» chiarisco, una volta per tutte.

Do le spalle ai presenti e mi avvio in direzione delle porte. Appena varcata l'uscita, sento chiaramente Hermes dire: «Adoro quando lanciate posate, piatti e bicchieri».

27

COMPLEMENTARI

Nota principalmente per essere la dea dell'amore e della bellezza, Afrodite aveva anche forti legami con la guerra. In alcune versioni del mito, accompagnava Ares e i loro figli, Fobos e Deimos (rispettivamente il Terrore e la Paura), nei campi di battaglia, ispirando la passione selvaggia dei guerrieri.

Aphrodite

THYMÓS vive a Heraklion, capitale di Creta, dotata di un enorme porto di cui si serve l'intera isola. È una di quelle mete a cui non interessa davvero dei turisti, non è fatta per modernizzarsi e adattarsi.

Mi ci vogliono cinquanta minuti di volo diretto per arrivare dall'aeroporto di Atene a quello di Heraklion. Senza bagaglio e con dei vestiti comodi scelti in fretta, salgo sul primo taxi che trovo disponibile e recito a memoria l'indirizzo che ho scritto nelle note del telefono. La via in cui si trova la casa dei genitori di Thymós.

Non voglio disturbarli, non solo perché è quasi mezzanotte, ma perché sono un'estranea. E, conoscendo la situazione delicata del padre, l'ultima cosa di cui hanno bisogno è trovarsi davanti una Lively in piena notte.

Voglio solo dire di persona a Thymós che ha di nuovo il suo lavoro e che ho bisogno che riparta con me.

Il taxi si ferma davanti alla casa, in una strada in cui le abitazioni sono tutte simili tra loro, piccole e carine, ma anche abbastanza decadenti, come se fossero vecchie e nessuno si fosse mai curato di mantenerle. Dopo aver pagato il tassista rimango in piedi, immobile all'imbocco del vialetto.

L'erba è brillante e curata, però non c'è nemmeno un fiore. I muri esterni sono giallo crema e in alcuni punti presentano macchie nere e usure del tempo.

Forza e coraggio, Aphrodite. Ti sei lasciata cadere da un balcone, non puoi aver paura di conoscere la madre dell'uomo che ti piace.

Busso contro la porta, evitando il campanello per non fare troppo rumore.

La porta si apre piano, proprio quando sto per arrendermi, e mi rivela la figura di una donna parecchio avanti con l'età. Ha due occhi verdi bellissimi e i capelli castani legati in una coda bassa. Il viso, segnato da qualche ruga, è disteso in un'espressione serena. Non sembra che la abbia appena svegliata.

«Kalispéra, boró na se voithíso, despoinís?» («Buonasera, posso esserti utile, signorina?» in greco)

Non ci provo nemmeno a parlarle in inglese e mi adatto al greco. «Buonasera, mi scusi tanto per il disturbo. Mi chiamo Aphrodite.»

Le porgo la mano, in attesa che la stringa.

La donna la osserva, poi sorride intenerita, come se avessi fatto qualcosa di sciocco. «È difficile trovare qualcuno, qui in Grecia, che non conosca Crono Lively e la sua famiglia, sai?» continua, in greco. «Io sono Elpída, molto piacere.»

Oh. Giusto. Avrà capito chi sono dal primo momento in cui ha guardato dallo spioncino della porta. Quando faccio per abbassare la mano, lei me la afferra tra le sue, calde e gonfie, e me la stringe in modo affettuoso.

Poi ripenso al suo nome. Elpída, *speranza* in greco. Il figlio si chiama *ira*, invece. Che sia una tradizione di famiglia? Mi ritrovo a sorridere tra me e me.

«Cosa ti porta qui, Aphrodite?»

«Sto cercando suo figlio.»

Le sue labbra si stendono in un sorriso materno. Con un cenno del capo indica l'interno della casa, alle sue spalle. «Vuoi accomodarti un attimo o vuoi andare subito da lui?»

Sapendo che in quella casa c'è, con molta probabilità, il padre malato di Thymós, non mi va proprio di fare la figura dell'intrusa a quest'ora. «Sarebbe meglio di no. Non voglio disturbare.»

Elpída fa un verso di scherno e si fa da parte, costringendomi a entrare. Non credo ammetta repliche, con la severità affettuosa tipica di una madre, per cui le sorrido e avanzo. Con non poco imbarazzo, in realtà.

La casa è fresca e umida, l'arredamento è essenziale e semplice, ma vecchio e dimesso, avrebbe bisogno di più cura. Gli spazi sono stretti, niente a che vedere con quelli a cui sono stata abituata io, e mi chiedo come possa starci un uomo grande quanto Thymós. Da come la donna si muove però mi sento subito a casa, accolta.

Elpída mi porta dritta in cucina, dove ci sono un frigo, due fornelli, il lavandino e un tavolo con quattro sedie. Lì, a occuparne una, c'è un uomo anziano, forse anche più di lei.

«Ti presento mio marito, Michalis.»

Quando lui solleva il capo e posa lo sguardo sul mio viso, mi rendo conto che la presentazione era superflua. Ha gli stessi occhi marroni e lo stesso sguardo intenso del figlio. La somiglianza è così lampante che mi sembra di aver visto un'anticipazione di come sarà Thymós tra una quarantina d'anni.

«Buonasera» saluto anche lui in greco. «Mi chiamo Aphrodite Lively, è un piacere conoscerla.»

Mi aspetto uno sguardo ostile. In genere, non siamo ben visti noi Lively. Invece, l'uomo mi sorride. «Sei la famosa Daisy.»

Daisy.

«Thymós ci ha parlato tanto di te» continua l'uomo. «Oh, ci ha parlato di te fino allo sfinimento! Vero, tesoro?»

Elpída lo sta sgridando con un'occhiataccia, però poi si rasserena e sospira. Mi fa una carezza dolcissima sulla schiena. «È vero. E i suoi racconti non ti rendono giustizia: sei molto più bella di come ti ha descritta.»

Mi sento avvampare.

Ma non ho il tempo di imbarazzarmi troppo, perché il padre di Thymós mi distrae. Solo ora mi sembra di notare i segni della sua malattia. È un uomo stanco, così magro che i suoi polsi ossuti sembrano potersi spezzare da un momento all'altro, ha la pelle giallognola e tirata. Sono sicura che abbia meno anni di quanti ne dimostra.

«Daisy, cosa ti porta qui a quest'ora?» domanda proprio Michalis.

«Sono venuta per vostro figlio» prendo tempo.

Infatti, entrambi si scambiano un'occhiata perplessa. Era ovvio che fossi qui per lui.

«Ho costretto mio padre a ridargli il lavoro.» Meglio sorvolare sulla parte in cui mi punto una rivoltella alla tempia.

La madre di Thymós si porta una mano al cuore, mentre un sorriso di sollievo le illumina il volto. «Sul serio?»

Anche Michalis ne sembra felice, sebbene sia più contenuto nelle espressioni facciali. D'altronde, riottenere il lavoro significa guadagnare altri soldi, soldi importanti. Per la madre deve significare procedere con la cura sperimentale e avere una speranza in più di salvare il marito, per lui... forse è solo un modo per far felice la moglie. Ai miei occhi pare più un uomo rassegnato.

«Grazie per averci regalato una speranza in più» mormora Elpída.

Mi si riempie il cuore di orgoglio. «Non c'è bisogno di ringraziarmi.»

Michalis mi fa un cenno e lancia uno sguardo all'orologio da parete, appeso sul muro. «Non manca molto alla fine del suo turno, giù al porto. Sei ancora in tempo per raggiungerlo. Oppure puoi aspettarlo qui.»

Elpída scatta verso il frigo. «Puoi aspettare qui, cara! E magari mangiare qualcosa. Ti va un *dakos*? Posso metterci sopra un po' di feta e pomodorini. Altrimenti, è avanzato qualche pezzo di *saganaki*.»

Sto per rifiutare nel modo più cortese che mi riesce, nonostante siano piatti greci che adoro, quando un'altra figura irrompe in cucina. È una ragazza bellissima che avrà all'incirca la mia età, con la pelle olivastra e una folta chioma di ricci castani.

«Ma bene, guarda chi c'è qui» è la prima cosa che le esce di bocca.

Thymós deve aver raccontato di me proprio a tutta l'intera famiglia.

«Cosa ci fa, lei, in casa nostra?» domanda la nuova arrivata, squadrandomi con interesse.

«Aphrodite, piacere» le dico porgendole la mano.

Lei nemmeno la guarda. «Okay, e quindi?»

«*Agápi*! Non parlare così agli ospiti» la rimprovera Elpída, che si affretta subito a scusarsi con me. Non ho più molti dubbi sul legame di parentela che la lega a Thymós.

«Sono qui per ridargli il lavoro e portarlo via con me, dopo essermi quasi sparata un proiettile nel cervello perché tutto ciò potesse accadere. Ti basta o vuoi altri dettagli?»

Lei mi studia in silenzio, sembra soppesare le mie parole. O forse mi sta giudicando pazza.

Senza abbandonare questa gara di sguardi, mi rivolgo alla madre. «Mi scusi per aver parlato in questo modo a sua figlia.»

«"Figlia"?» mi fa eco la ragazza. «Io sono la ragazza di Thym.»

Il mondo si ferma.

E il mio cuore con lui.

Non è possibile.

Non...

Elpída le dà uno schiaffetto sul braccio. «Smettila!»

Lei scoppia a ridere, smorzando la tensione. «Stai tranquilla, Lively, sono sua sorella. E ora vai a riprendertelo, non ne posso più di vederlo girare sempre con quel broncio sofferente.»

La madre e il padre si scambiano un sorrisetto compiaciuto. Mi faccio spiegare da entrambi come raggiungere il porto a piedi, da qui, utilizzando una scorciatoia che le mappe del telefono non potrebbero mostrarmi. Li ringrazio di cuore e, prima di avviarmi, Elpída mi stringe in un abbraccio timido.

Devo impormi di non correre per mantenere un minimo di dignità. Cammino veloce per le strade di Heraklion. Incrocio qualche turista, non difficile da distinguere dagli abitanti della città, e osservo i locali prossimi alla chiusura.

Nonostante l'ora, il porto è ancora brulicante di vita. La luna alta nel cielo e le stelle gettano bagliori sull'acqua nera, che sembra una distesa di seta luminosa.

Lì, sul molo, si affaccendano diversi uomini che svolgono gli ultimi compiti della giornata. Eppure, non è difficile individuare la figura di Thymós.

Indossa dei pantaloni di jeans chiari e delle scarpe da tennis ed è a torso nudo. I suoi muscoli, bagnati dal sudore, fanno risaltare ancora di più le pieghe della pelle abbronzata. È impegnato a scaricare delle merci da una nave, aiutato da altri quattro uomini, sicuramente più grandi d'età.

Non serve che mi sforzi di non dare nell'occhio. Qui, la gente è così impegnata nel lavoro che non mi nota nemmeno mentre percorro il molo per raggiungerlo.

Pensavo che sarei stata nervosa; invece, sono parecchio calma. Più mi avvicino a lui, più mi rendo conto che la sua vicinanza scatena in me la pace più rassicurante. È la lontananza che mi rende irrequieta.

«Thymós» chiamo il suo nome a voce alta.

Il suo corpo si pietrifica. Resta teso, in avanti, mentre stringe un pacco tra le braccia. Lo riappoggia a terra, con movimenti lenti, e con ancora meno rapidità si volta nella mia direzione.

La sua espressione è impagabile. Vorrei riderne, ma non ne ho la forza, perché trovarmelo di nuovo davanti mi ha fatto persino dimenticare come si respira.

Le mani mi tremano per il desiderio di saltargli addosso. Sento che, se passerò un secondo in più senza toccarlo, potrei morire.

La sua bocca si dischiude in una piccola «O». Fa un passo incerto in avanti, poi un secondo. Io lo imito; percepisco già l'elettricità tra i nostri corpi, un campo magnetico che alimentiamo noi stessi e che potrebbe esplodere da un momento all'altro.

«Cosa ci fai, tu, qui?» domanda, mentre un sorrisetto gli incurva le labbra piene.

È un Thymós diverso da quello che ho conosciuto sull'Olimpo. Non più ordinato, con i vestiti tutti uguali e neri. I capelli sono spettinati e sul viso campeggia un leggero strato di barba.

«Sono venuta a riprenderti» gli dico senza troppi giri di parole.

Lui inarca un sopracciglio. Il suo sorriso è fuori controllo, ora le labbra premono per scoprire i denti. È forse la terza volta che lo vedo sorridere così.

«A riprendermi?»

Scrollo le spalle. Non sono ancora pronta a dirgli tutto ciò che penso.

Accorcio le distanze tra di noi. Inclino il capo di lato, mostrandogli l'accenno di un sorriso gentile, e premo le mani sulle sue spalle. Prima che possa accorgersene, lo spingo all'indietro con tutta la forza che ho.

Preso alla sprovvista, il suo corpo perde l'equilibrio. Reagisce troppo tardi. Nonostante i suoi riflessi, si schianta nell'acqua scura, provocando schizzi per aria.

Si voltano tutti a guardarlo per qualche istante, prima di ritornare ai loro doveri, come se nulla fosse successo.

Il suo viso riemerge, sputacchiando acqua ovunque, i capelli completamente appiccicati sulla nuca. Con un movimento rapido delle mani se li porta all'indietro.

«E questo per cos'era?» esclama, senza alcuna traccia di rabbia, però. Ne sembra divertito.

«Questo è perché te ne sei andato senza svegliarmi per un ultimo saluto, come ti avevo chiesto» lo aggredisco, fingendo un tono offeso. «Ora torna qui e baciami.»

Mi aspetto che si lamenti, che esiti un minimo o faccia altre domande. Invece, Thymós si avvicina al molo in legno e poggia i palmi sulla superficie. Con un gesto fluido si solleva ed esce dall'acqua, il corpo grondante e i vestiti che aderiscono alla sua pelle.

Mi lancia un'occhiata penetrante e si muove piano nella mia direzione. Gli bastano pochi passi per raggiungermi.

Con le mani mi circonda il viso, avvicinandolo al suo. I suoi occhi perlustrano ogni dettaglio del mio volto, forse incredulo che io sia davvero qui.

«Daisy...» soffia contro la mia bocca. «Tu sei fuori di testa.»

«Non è la prima volta che me lo dicono oggi.»

E proprio quando penso che mi stia per baciare, ribalta le posizioni e le sue mani scivolano dal viso ai miei fianchi. So cosa sta per fare, però non ho la forza di impedirlo. Ed entrambi finiamo nell'acqua fresca.

Il contatto mi provoca un sollievo inaspettato. Riemergo all'istante, grazie alla sua presa salda. Mi stringe a sé, facendomi sentire la cosa più preziosa che ha al mondo. Con la mano mi agguanta la coscia e se la porta attorno ai fianchi, indicandomi di affidarmi a lui, perché non mi farà affondare. Nuota per entrambi, agitando le gambe e il braccio libero.

«Ora siamo pari» mormora.

Con un rapido movimento della mano, colpisco la superficie dell'acqua, schizzandolo dritto in faccia. Thymós chiude gli occhi con uno scatto e sputacchia, costringendomi a spostarmi, mentre ridacchio e fingo che tutto questo mi dia fastidio.

Prima che possa rifarlo, mi blocca. «Cosa fai qui, Daisy? Sul serio.»

So che non è la stessa domanda di prima. E io ho una risposta diversa, infatti.

«Finirò Psicologia, ma poi mi iscriverò ad Astrofisica. Mio padre ti ha assunto di nuovo, con un aumento di stipendio di trecentomila dollari. E d'ora in poi non avrò nulla in meno dei miei fratelli e di mia sorella.»

Rimane sbigottito. «Hai deciso di farti valere o tuo padre è finalmente morto?»

«Ho preteso tutto io» affermo con fierezza. «Ho giocato alla roulette russa con lui. A ogni no che mi dava, io premevo il grilletto.»

La sua bocca si spalanca e l'orrore provato gli deforma i tratti bellissimi del viso. «Stai scherzando, vero? No, non stai scherzando» si risponde subito da solo. Scuote la testa. «Daisy, Daisy, Daisy...»

«Ho ottenuto tutto quello che volevo» sussurro.

L'eccitazione con cui realizzo per davvero ciò che è successo nelle ultime cinque ore potrebbe farmi sorridere per il resto dei miei giorni.

«Eímai perífanos gia séna. Perífanos gia ti gynaíka pou eísai. Perífanos gia ti gynaíka pou tha gíneis» bisbiglia contro il mio orecchio, scatenando una scia di brividi. *(«Sono fiero di te. Fiero della donna che sei. Fiero della donna che diventerai» in greco)*

I suoi occhi brillano di orgoglio, un'emozione che per anni ho sempre voluto vedere in quelli di mio padre. Ho rinunciato da tempo, non perché sia una cosa impossibile, ma perché è una cosa di cui non mi importa più. Non voglio più rendere fiere le persone sbagliate.

«Voglio che tu la veda, la donna che diventerò.»

«Non vedo l'ora di assistere al raggiungimento dei traguardi che hai sempre desiderato, Daisy. Voglio godermeli tutti, dal primo all'ultimo, perché so che saranno infiniti. Non posso desiderare altro.»

Il mio corpo ha un sussulto. Non sono ancora abituata ad avere con me una persona che crede così tanto nelle mie capacità.

«Torna con me sull'Olimpo» lo supplico. «E resta con me, Thymós. Noi non siamo opposti.»

Mi scruta con nuova curiosità. «Ah, no?»

Faccio cenno di no. «Siamo complementari. Le relazioni umane non si basano su quanto abbiamo e quanto ci manca. Bensì, su come due persone si incastrano, compensandosi a vicenda.»

La sua mano, sott'acqua, mi accarezza la coscia e raggiunge il mio fianco. Mi stuzzica la pelle e, pur essendo un gesto distratto, mi fa impazzire.

«Stai attenta, Daisy» mi avverte, l'espressione seria, «perché, se continui così, io mi innamorerò di te e non potrò mai più tornare indietro. Stai attenta a quello che mi chiedi. Se io, domani, torno con te ad Atene, non me ne andrò più. E se tuo padre proverà a licenziarmi, di nuovo, credo che non ci penserò due volte a mettergli le mani addosso.»

Aggancio le mani attorno al suo collo, rendendogli le carezze che sta facendo a me. «Nessuno ti manderà via.»

Thymós avvicina le nostre teste e fa scontrare, piano, la sua fronte con la mia, chiudendo gli occhi. «Posso confidarti una cosa?»

«Tutte quelle che vuoi.»

«Mi sei mancata.»

«Lo so.»

Ride piano. «Mi sei mancata da impazzire, come non mi è mai mancato nulla nella vita.»

Ho il cuore che rischia di sfondarmi la gabbia toracica. «Sono qui. Non permetterò mai più a nessuno di portarti via da me.»

«E mi dispiace non essere tornato a prenderti. Non potevo, non subito. Ma, prima o poi, lo avrei fatto.»

Lo stringo a me in un abbraccio, lasciando che mi scarichi addosso la sua rabbia per poterla trasformare in amore.

«Mio padre ti avrebbe ucciso, e la tua famiglia ha bisogno di te. So perché non sei tornato. Non era il tuo dovere. Non tutti possono tornare dalla persona che vogliono, ma ciò non significa che il loro sentimento sia meno forte.»

Finalmente si stacca, pur restando incollato al mio viso. Uno spazio minuscolo separa le nostre labbra. «Quindi lo sai che ti voglio, vero? Che voglio te, e nessun'altra. Sicuramente non sono l'unico, non sono nemmeno il primo, ma voglio essere l'ultimo. Anche se meriteresti...»

Poso l'indice sulle sue labbra, facendolo ammutolire. Mi sollevo appena, torreggiando su di lui. Thymós mi circonda la vita e continua a mantenerci a galla senza sforzo.

«Dammi il bacio che ti ho chiesto, ora. Sei ancora la mia guardia del corpo e devi obbedire ai miei ordini.»

Lui si protende verso l'alto per accontentarmi, poi si blocca e volta il capo verso il molo, dandosi un'occhiata rapida attorno. «Qui? Davanti a tutti?»

«Perché no?»

«Non so, mi dispiacerebbe dar loro la notizia che la donna più incredibile del mondo è mia. Magari possono illudersi ancora per un po', quegli sfigati che ti guardavano come un branco di cani bavosi...»

Getto il capo all'indietro e scoppio in una risata fragorosa. Rido di gusto, felice come non mai. Perché Thymós non mi ha definita «la donna più bella del mondo», ma la più «incredibile» e io non mi abituerò mai.

«Thymós...»

Le sue labbra si scontrano con le mie con violenza, lasciandomi senza fiato. Non mi importa, perché il mio corpo è fatto apposta per modellarsi al suo, adattarsi ai suoi tempi e combaciare come due pezzi costruiti per stare insieme.

Si stacca dopo pochi istanti, ansimando come un pazzo. La tristezza improvvisa gli adombra i tratti.

«Tu sei la cosa che più mi fa paura al mondo.»

«Perché? Io non voglio ferirti.»

Si inumidisce le labbra, riflettendo con attenzione sulle sue prossime parole. «Mi è stato portato via tutto. La rabbia è sempre stata l'unica cosa che non ho mai perso. E poi sei arrivata tu. Una carezza in una vita di schiaffi in faccia, una parola gentile in un'esistenza di ingiurie e insulti. Il desiderio che ho espresso a ogni compleanno, che ora che si sta avverando mi lascia addosso il terrore che possa scivolarmi di mano. Se tu te ne andassi, io perderei la testa. Lo capisci?»

«Andrà tutto bene» lo rassicuro con dolcezza. «Fidati di me.»

Sembra voler ribattere, poi desiste e mi bacia la fronte. Appena provo a parlare, mi zittisce con un bacio sulle labbra e procede a prendere d'assalto ogni centimetro del mio viso, mentre io sghignazzo come una bambina.

Alla fine, mi stringe contro il suo petto e mi accarezza la schiena. «*Se zilévei kai o Seírios.*» (*«Anche Sirio è invidiosa di te» in greco)*

28

PASSATO...

Afrodite è la dea
dell'inganno e della seduzione,
e protegge chi la onora e punisce i suoi detrattori,
che siano divinità o mortali.

Aphrodite

MANCANO due ore all'inizio del Ballo d'Estate.

Nostro padre ha un piano che non ha voluto condividere con nessuno, fatta eccezione per i suoi uomini. L'isola sarà chiusa ai clienti e verranno fatte entrare solo le famiglie ricche e spocchiose, amiche dei nostri genitori. Quelle che, di norma, vengono sempre invitate ai balli dell'Olimpo e che frequentano spesso le sale gioco.

Stiamo ancora cercando l'assassino, motivo per cui tutti i dipendenti sono obbligati a presentarsi al ballo. Ognuno dei loro nomi è stato inserito in una lista e verrà controllata la loro presenza all'ingresso. Chi dovesse mancare verrà rintracciato e punito. Anche Eros parteciperà: ammanettato in un angolo e circondato dagli scagnozzi di Crono.

Non ho alcuna certezza che stanotte troveremo il killer, ancor meno speranza. D'altro canto, non conosco nemmeno i dettagli di questo piano. Non abbiamo avuto nemmeno l'occasione di insistere, perché è da quando sono tornata con Thymós che mio padre non si fa vedere. Non si presenta né a cena né a pranzo. Lo stesso vale per nostra madre, che si è degnata di informarci dei pochi particolari di questo ballo stamattina a colazione. Due minuti ed era sparita di nuovo.

L'intera villa è immersa in un silenzio inquietante. I miei passi mentre salgo le scale sono l'unico rumore udibile. Anche nel piano con le camere da letto regna la pace assoluta. O la quiete prima della tempesta.

Tutte le porte sono chiuse, segno che i miei fratelli e mia sorella si stanno preparando per il ballo. Mentre avanzo lungo il corridoio, mi accorgo che ce n'è una aperta.

La camera di Hades.

Mi fermo sulla soglia, con la mano poggiata allo stipite, e mi azzardo a guardare al suo interno.

Lui è in piedi, davanti allo specchio a muro, con solo un paio di pantaloni eleganti addosso. Il torace nudo e muscoloso è illuminato da un fascio di luce che attraversa la portafinestra. La camicia e la giacca che indosserà, invece, sono stese sul letto.

Mio fratello osserva il suo riflesso con intensità, come se stesse cercando di capire a chi appartiene il volto del ragazzo che ricambia il suo sguardo.

Non capisco cosa sta facendo. E mi viene in aiuto lui, involontariamente. La mano destra si solleva e va a sfiorare il lato del viso deturpato dalla cicatrice.

Il mio cuore ha un singhiozzo.

Hades si volta di lato e fa scorrere la punta delle dita lungo l'addome, andando a tracciare il sentiero immaginario che percorre la sua pelle. Si blocca dove inizia il bordo dei pantaloni, la mano sta tremando. La allontana con uno scatto e se la passa tra la chioma corvina, emettendo un sospiro.

«Spiona» mi rimbecca.

Mi pietrifico, e poi mi rilasso subito. «Posso?»

«Certo.»

Mentre gli vado incontro, il suo corpo crolla sul pavimento, seduto davanti allo specchio a gambe incrociate. Io mi fermo alle sue spalle e infilo le mani tra le ciocche luminose e umide. Gli accarezzo la cute, facendo scorrere le dita tra i capelli perfettamente districati.

Hades chiude gli occhi, beandosi del mio piccolo massaggio, ma l'espressione di dolore preme per uscire e rovinare tutto.

Mi chino il tanto da affondare il viso tra i suoi capelli e posarvi un bacio. «Hades...» sussurro.

«Ci sono giorni in cui evito qualsiasi parete specchiata per non vedere la cicatrice» mormora. «Ci sono giorni in cui non mi interessa di averla. E ci sono giorni in cui mi guardo e mi chiedo perché io debba essere così... *rovinato*.»

Mi avvicino ancora di più per abbracciarlo forte. Adagio il mento sulla sua nuca e resto così, ferma e immobile, a stringere il suo corpo carico di dolore. Magari, riesco a prenderne un po' io e a rendere tutto più sopportabile per lui.

Hades è meraviglioso. Non lo dico perché gli voglio bene ed è mio fratello, ma perché è la realtà.

Quando era piccolo, si metteva sotto la pioggia e teneva il viso rivolto al cielo. Sperava che l'acqua, bagnandogli la pelle, guarisse la cicatrice. Che la lavasse via. Io e gli altri lo osservavamo, da dentro casa, senza mai provare a richiamarlo o dirgli che sarebbe stato inutile. Sapevamo che non avrebbe funzionato, ma lo amavamo così tanto che la sua fiducia aveva instillato una goccia di speranza anche in noi.

«Lo sai che resti comunque bellissimo, vero?»

Fa una smorfia. «Aphrodite...»

«Sono seria. Quando ti guardo, io non vedo la tua cicatrice.»

«E quando io mi guardo, vedo *solo* la cicatrice.»

«Non ti...»

Sospira e azzarda un'occhiata allo specchio. «Aphrodite, lo sai che ti voglio bene. Sai che sei una parte della mia anima. Ma... Tu non ti accorgi di come mi guardi, a volte. Con dispiacere. Lo fanno anche Herm, Apollo, Athena e nostra madre. Io non ve ne faccio una colpa, ma succede. Lo fanno tutti. Un misto di orrore, dispiacere, disgusto e indifferenza. Perché, a volte, le persone pensano che fingere di non vedere un evidente difetto fisico sia più "delicato". Si sforzano così platealmente di non guardare che diventa persino peggio.»

Non so cosa rispondere. Per quanto io voglia fargli cambiare idea, è difficile articolare bene le parole se non sono sicura di ciò che voglio dirgli. E io non posso vedere da fuori il modo in cui guardo gli altri.

«Vorrei che qualcuno mi guardasse come se fossi normale» aggiunge, fioco.

«Sei sempre piaciuto alle ragazze, Hades...» tento.

Schiocca la lingua. «Ti stupiresti di quante mi hanno chiesto di lasciarmi i vestiti addosso, dopo aver visto che la cicatrice proseguiva lungo tutto il corpo. O quante mi hanno chiesto di tenere il viso di lato durante il sesso, mostrando loro la parte non rovinata.»

«Solo perché nel passato hai vissuto tutto questo, non significa che il tuo futuro non possa essere diverso» bisbiglio, con sincerità. Io ne sono la prova vivente.

Sembra captare i miei pensieri. «Forse sì, forse no. Ma il passato è l'unica esperienza che ho e non mi fa sperare in un miglioramento.»

«Dimmi chi sono quelle stronze. Ci penso io a loro.»

Hades scoppia in una risata limpida e pura, e il suo corpo si scioglie dalla posizione rigida in cui era. Mi avvolge i polsi e mi tira giù, accogliendomi tra le sue braccia. Rido anche io con lui e gli do uno schiaffetto sul braccio per sgridarlo.

«Vedo che la tua guardia del corpo ti sta insegnando a picchiare duro» mi prende in giro.

Allungo la mano per scompigliargli i capelli e lui si ritrae.

«No» mi rimprovera. «Se me li spettini, poi prendono una brutta forma quando asciugano.»

«Diva» borbotto.

È il primo a risollevarsi e porgermi le mani per aiutarmi a fare lo stesso. Accetto di buon grado e capisco che è il momento di separarci, almeno finché non comincerà il ballo.

«Ti guarderò le spalle, stasera» dice, come a leggermi nel pensiero.

«C'è Thymós, lascia che se ne occupi lui.»

Aggrotta la fronte. «Oh, ma io lascerò che se ne occupi lui. Difatti, se ti succede qualcosa, lo ammazzo.»

Alzo gli occhi al cielo. So che esagera, eppure lo conosco abbastanza da essere certa che ci sia anche un fondo di verità. «Non ammazzerai proprio nessuno. Bevi una camomilla e stai sereno.»

Hades si sporge verso di me per tirarmi una ciocca di capelli. Lo allontano, infastidita, e mi dirigo verso la porta. Quando mi volto, di nuovo sulla soglia, lui ha già preso la camicia in mano e la sta infilando.

«Hades?»

«Mmm?» risponde, senza guardarmi, troppo impegnato a vestirsi.

«Un giorno troverai la persona che ti guarderà e ti farà sentire normale» gli prometto. «Una persona che non avrà paura di domandarti come ti sei fatto la cicatrice, che la guarderà senza dispiacere e che, invece di chiederti di nascondergliela durante il sesso, te la bacerà.»

Mio fratello si blocca, un solo braccio infilato nella giacca. Continua a sfuggire al contatto visivo con me.

«Ne dubito.»

Ignoro il suo pessimismo. «Ma visto che sei un idiota musone e orgoglioso, dovrò darti una spinta io per fartelo capire» concludo. «E non vedo l'ora, sinceramente.»

Lo lascio da solo senza aggiungere altro e senza aspettarmi una risposta. Ho visto Athena in una relazione e ho visto Apollo ed Hermes, anche se per entrambi è finita male. Hades, però, mai. Non ci ha mai presentato una ragazza e non ha mai amato qualcuno. Attendo con impazienza il giorno in cui lo vedrò innamorato.

Sono così sovrappensiero, mentre mi fermo davanti alla mia porta e afferro la maniglia, che mi accorgo in ritardo di non essere sola.

Un corpo caldo svetta su di me, alle mie spalle, e lo sento avvicinarsi fino a aderire con la mia schiena. Il profumo di fresco di Thymós mi invade le narici e chiudo gli occhi.

Una mano si posiziona sul mio fianco, l'altra preme sulla porta, sopra la mia testa, chiudendomi ogni via d'uscita.

«Ciao» sussurra contro il mio orecchio, facendomi venire la pelle d'oca.

«Ciao» la voce mi trema.

Nessun uomo mi ha mai fatto lo stesso effetto che mi fa lui. Quasi mi vergogno di me stessa.

«Vai a prepararti per il ballo?»

La sua mano sposta l'orlo della camicetta che indosso e le dita si infilano sotto, entrando a contatto diretto con la mia pelle. Scivola davanti, poi, avvolgendomi la pancia.

Mugugno in risposta.

«E io devo prepararmi al vestito mozzafiato che indosserai? Quanto rischio l'infarto, stasera?»

Mi sento avvampare. «Quanto ti piace il rosso?»

Thymós sfrega la punta del naso contro il mio collo e lascia una scia di baci sulla pelle. «Mi piacerebbe qualsiasi colore su di te, Daisy.»

«Pensavo di fare un bagno» rispondo dopo qualche istante. «Magari la mia guardia del corpo potrebbe aiutarmi.»

La sua risata roca mi invade l'orecchio e con una lieve pressione mi costringe a girarmi. Quando mi trovo a faccia a faccia con lui, rimango senza parole. Non indossa i suoi soliti abiti, i cargo e la t-shirt. Ha un completo elegante, seppur senza cravatta. La camicia ha i primi tre bottoni slacciati.

«Per quanto mi piacerebbe...» mormora, perlustrando il mio corpo con uno sguardo languido e lento. «Tuo padre ha convocato tutti gli addetti alla sicurezza per discutere del ballo. Non posso non presentarmi.»

Trattengo uno sbuffo.

Lui lo nota e ride.

Prima che possa protestare, si piega su di me e mi lascia un bacio sul collo, restando con le labbra incollate alla mia pelle. Agguanto la sua nuca e lo tengo lì dov'è, incapace di separarmi da lui.

Avvicino la bocca al suo orecchio. «Vorrà dire che mi toccherò pensando a te.»

Lui si irrigidisce e butta fuori uno sbuffo d'aria che va a riscaldarmi il collo. «Daisy...» mi sgrida.

Gli sollevo il capo e intrappolo il suo labbro inferiore tra i miei denti, succhiando la sua carne e impedendogli di trasformarlo in un bacio vero e proprio. Mugola di piacere e di frustrazione, e l'adrenalina dovuta all'aver riacquistato il controllo mi scorre in corpo, inebriandomi.

«Chiuditi a chiave» mi raccomanda, una volta allontanatosi. Cerca la mia mano e intreccia le nostre dita, restio a lasciarmi andare completamente. «Qualcuno rimarrà comunque di pattuglia qui fuori, ma chiuditi a chiave.»

Annuisco.

Abbozza un sorriso incerto per smorzare l'improvvisa tensione. «L'ultima impresa da guardia del corpo della sacca di soldi ambulante.»

Faccio spallucce. «Così pare.»

Le nostre mani si separano e Thymós fa un passo indietro, gli occhi scuri ancora fermi sul mio viso. Gli sorrido, per fargli capire che va tutto bene, e lui si riavvicina a me per darmi un bacio sulla fronte.

Con la bocca ancora premuta, mormora: «L'ultima, *pagato*. Dopo questa, continuerò a proteggerti. Ti insegnerò a difenderti. E starò al tuo fianco fino a quando lo vorrai».

Chiudo gli occhi con un enorme sorriso in volto. Le sue parole mi riecheggiano nella testa e mi scaldano il cuore, in un impeto di felicità come ne ho provati pochi nella vita.

29

...PRESENTE...

Si dice che Afrodite fosse madre di diverse divinità minori. Eros, che incarnava l'amore e il desiderio, Anteros, che incarnava la rabbia per l'amore non corrisposto, Imene, dio del matrimonio, e Priapo, dio della fertilità e della sessualità.

Aphrodite

Io e Apollo arriviamo davanti al sontuoso ingresso della sala da ballo tenendoci a braccetto. Lui indossa una semplice camicia nera, sbottonata fino all'ombelico, che lascia intravedere il busto tatuato. Io, un lungo vestito a sirena rosso carminio.

Di guardia, ci sono cinque uomini della sicurezza, affiancati da una donna dai capelli bianchi con un tubino aderente. Al suo fianco, si trova uno stand appendiabiti in oro su cui sono disposte delle tuniche rosse.

Thymós se ne sta poco più in disparte, a braccia conserte. Quando ci vede, ci si avvicina e mi si affianca. I suoi occhi perlustrano il mio corpo, fasciato nel vestito rosso a cui avevo accennato poche ore prima. Si porta una mano al petto, fingendo un dolore improvviso.

«Bella da infarto, come temevo» mormora.

Aggancio l'indice al suo, dietro la mia schiena, per cercare un piccolo contatto.

La sconosciuta rivolge un cenno di rispetto a me e Apollo e ci invita a entrare, ma ferma Thymós. E di conseguenza mi blocco anche io, incapace di procedere senza di lui.

Gli viene data una delle tuniche rosse e gli viene intimato di indossarla. Ha le braccia larghe, per adattarsi a qualsiasi corporatura, e un cappuccio che pende sulla schiena.

«Perché lui sì e noi no?» domando in un sussurro ad Apollo.

I suoi occhi verdi sono rivolti a una coppia adulta che viene accolta dopo Thymós. Anche loro vengono costretti a indossare le tuniche.

«Ho un'ipotesi» mormora mio fratello, ma non accenna ad aggiungere altro. *Tipico di lui.*

Thymós ci raggiunge e mi posa una mano sulla spalla. La mascella è contratta e gli occhi sono due pozze scure, adombrate dalla tensione. Si guarda attorno con rapidi movimenti e la sua attenzione oscilla sempre da me all'ambiente che ci circonda.

«Andiamo» mi sprona.

Oltrepassiamo le porte.

Quello che mi ritrovo davanti non è ciò che mi aspettavo da un ballo che dovrebbe celebrare l'estate. Una stagione luminosa e felice.

Al contrario, la sala è cupa. Le poche luci disseminate nell'ampio spazio sono poste sulla pista da ballo, le zone più esterne sono avvolte nell'oscurità e fatico a vedere chi ci sia. I tavoli sono coperti da tovaglie nere e persino i bicchieri sono dello stesso colore, semitrasparente però. Non c'è una sola decorazione che faccia pensare all'estate o qualcosa di sereno.

La cosa ancora più inquietante è la distesa di mantelli rossi che popola la sala. Ogni persona qui presente ne indossa uno. Persino i camerieri che girano con vassoi di champagne, alcuni con il cappuccio sollevato.

Sto per farlo notare ad Apollo, chiedendogli quale ipotesi abbia in mente, ma lui mi precede. Indica qualcosa in fondo alla sala, qualcosa che mi era sfuggito. «Solo noi Lively non abbiamo il mantello.»

All'estremità del lato più corto della sala, su un palchetto rialzato, si trovano i soliti due troni su cui Rea e Crono prendono posto per osservare il ballo. L'apice del narcisismo dei miei genitori. Questa volta però, a fianco a loro, ci sono altre cinque poltrone meno vistose. Su tre di queste siedono Hades, Athena ed Hermes.

Nessuno di loro ha il mantello.

La cosa davvero inquietante però è che le sedute sono racchiuse in una gabbia di vetro, la cui porta di accesso è sigillata e controllata da un uomo della sicurezza, con un mitra agganciato al petto.

«Cosa cazzo significa?» sibila Thymós.

«Non vi ha parlato di questo, durante la riunione?» indago. Ha lasciato il corpo di sicurezza all'oscuro del piano completo?

Scuote il capo. «Ci ha solo impartito gli ordini e divisi nelle varie zone da controllare. Io starò con te, per esempio. Tutta la sera. Avresti dovuto vedere la sua faccia mentre lo stabiliva. Mi odia con ogni fibra del suo essere.»

Avanziamo lungo la pista, con le luci puntate addosso, sotto gli occhi di tutti. Apollo un passo davanti a me, Thymós al mio fianco. La mia guardia del corpo continua a guardarsi attorno con l'aria di una belva pronta a sbranare chiunque mi si avvicini.

Quando siamo a pochi metri dalla gabbia, mio padre sorride e con un pigro gesto della mano invita me e Apollo a raggiungerlo. Mio fratello non fiata. L'uomo davanti alla porta d'entrata lo perquisisce in fretta e lo fa entrare, ma, quando si rivolge a me, Thymós si mette in mezzo.

«Scordati di perquisirla.»

«Sono ordini del signor Lively.»

Non si fida nemmeno dei suoi figli?

Crono si mette in piedi e si avvicina al vetro. «Entra, Aphrodite. Solo questa gabbia è al sicuro.»

Una gabbia che tiene noi al sicuro significa che tutto il resto della sala è una zona pericolosa. Ma perché? Qualcosa mi dice che la colpa non è del killer che potrebbe agire indisturbato, ma del gioco che i miei genitori hanno orchestrato.

«Entra subito, Aphrodite» ripete Crono, questa volta più indisposto di prima.

Thymós gli si para davanti, dandogli le spalle. Mi viene da ridere per la sfrontatezza del gesto. «Vuoi andare subito lì o vuoi stare un po' qui fuori?»

«Non ha libertà di scelta!» strilla mio padre, spostandosi in modo da non essere coperto dall'ampia schiena di Thymós.

Non lo guardo nemmeno, tengo gli occhi fissi sulla mia guardia del corpo. «Vorrei restare qui. E magari fare un ballo.»

Thymós lancia un'occhiata veloce a mio padre, che ora sbatte il pugno contro il vetro, richiamandomi come un cagnolino. Avrò ottenuto ciò che desideravo con il gioco della roulette russa, ma alcune cose non cambieranno mai e per certi aspetti mio padre continuerà a trattarmi come una bambolina da controllare.

«Allora facciamoglielo vedere bene» dice Thymós.

Sorrido. «Gli scoppierà una vena.»

«Motivo in più per farlo.»

Thymós si sposta di lato, liberando la visuale di tutti, e si china leggermente con la mano tesa. «Mi concedi questo ballo, Daisy?»

Il mio nome lo pronuncia a voce più alta, per evitare che Crono se lo perda.

Detesta quando usiamo i nomi che avevamo prima di venire adottati. Per lui non ha mai contato nulla chi eravamo prima di allora.

«Volentieri» rispondo e gli prendo la mano.

«Aphrodite!» tuona mio padre. «Dobbiamo iniziare i giochi, non c'è tempo per uno stupido ballo. E quando avrò dato il via, tu dovrai stare qui dentro insieme alla famiglia!»

Mi chiama altre volte, però io sposto l'attenzione solo sui miei fratelli. Apollo scuote il capo, esasperato dalla mia voglia di infastidire nostro padre. Hermes sfoggia un sorriso a trentadue denti e mi mostra il pollice. Athena gli dà un colpo alla spalla per farlo smettere: non è il caso che Crono ora se la prenda anche con lui.

«Thymós, sei pagato più di mezzo milione per proteggerla e la tua mossa brillante è farla ballare lì in mezzo alla gente?»

Lui si volta piano, con la mia mano ancora stretta nella sua. «La mia mossa è rispettare la sua volontà. Se qualcosa andrà male, la proteggerò io. Se *lei* avesse insegnato anche a sua figlia a difendersi, come ha fatto con gli altri, sarebbe stato meglio. Ma non tutti i genitori prendono le decisioni giuste. L'unica persona dalla quale dovrei proteggere Aphrodite è proprio lei, suo padre.»

I miei fratelli strabuzzano gli occhi e spalancano la bocca.

«Io ti ammazzo, te lo giuro!» minaccia Crono, il viso paonazzo e le mani strette in due pugni.

Thymós fa un passo avanti e dà un colpetto al vetro. «Antiproiettile, come immaginavo. In ogni caso» sospira «sa benissimo che da solo non potrebbe vincere contro di me, ha bisogno dei suoi scagnozzi. E adesso abbiamo altre priorità, giusto? Rimandiamo a domani. Le prometto che mi ritaglierò un po' di tempo per darle l'occasione di provare a uccidermi.»

Sto per intimargli di smetterla di provocare mio padre, che sarebbe benissimo capace di torturarlo e bruciarlo vivo su una pira. Invece, Thymós arretra e mi conduce sulla pista, lasciandosi alle spalle un Crono Lively parecchio incazzato. L'orchestra, nell'angolo sinistro e opposto al palco dei troni, suona una canzone lenta e dai toni cupi e ammalianti. Ci sono tante coppie che danzano, con i loro mantelli rossi.

Cominciamo a muoverci, ma Thymós, le mani a mezz'aria e la fronte corrugata, tiene la testa bassa. Sembra stia pensando intensamente a qualcosa, e che sia anche ben deciso a tenermi all'oscuro di tutto.

«Ehi?» Applico una lieve pressione sotto il suo mento e gli sollevo il capo, facendo incrociare i nostri sguardi.

Lui si mordicchia il labbro e si scioglie in un'espressione stanca. «Non ho la minima idea di come si balli. Qui, sembra che tutti sappiano cosa fare. Io non...»

Gli porto le braccia attorno alla mia vita e aggancio le mie attorno al suo collo, avvicinando i nostri corpi. Comincio a ondeggiare sul posto e lo spingo appena in modo che mi imiti. Siamo ridicoli, rispetto agli altri che inventano vere e proprie coreografie. Sono tutti abituati alle feste sull'Olimpo, sanno cosa aspettarsi e sanno come soddisfare le aspettative dei miei genitori, che vogliono che tutto sia in perfetto accordo.

Thymós sorride appena. «Siamo gli unici a ballare così.»

«E allora?»

«Sono sicuro che tu sappia ballare molto meglio, Daisy.»

«È vero, ma voglio ballare con te. E se tu balli così, anche io ballerò così.»

I suoi occhi brillano d'emozione, prova a nascondermelo chinando il capo verso il basso. In questo momento, non è l'uomo burbero che ho conosciuto. Distaccato, un po' saccente e freddo. È un uomo che non ha mai ballato nella sua vita a una festa elegante e che vuole essere alla mia altezza, ignaro di esserlo già.

«Quindi, possiamo ballare come vogliamo noi? Ignorando quello che fanno gli altri?» chiede, dopo qualche istante.

«Assolutamente sì.»

Thymós si stacca e mi afferra la mano, portandola in alto per farmi compiere una giravolta su me stessa. Scivolo all'indietro e, quando lui mi attira di nuovo a sé, la mia schiena si scontra con il suo torace. Non appena provo a voltarmi, pianta entrambe le mani sui miei fianchi e me lo impedisce.

Abbassa il volto fino a sfiorarmi il lobo dell'orecchio. «E così?»

Mi accarezza piano i fianchi. «Te l'ho detto che sei la creatura più bella del mondo, stasera?»

Trattengo il respiro. La stoffa sottile del mio vestito mi fa sentire ogni cosa. Il suo corpo emana calore come se bruciasse.

«Posso solo immaginare come ci staranno guardando gli amici ricconi dei tuoi genitori. Un poveraccio che mette le mani addosso alla preziosa figlia di Crono Lively» continua. La punta della sua lingua percorre il profilo del mio orecchio, e poi si ferma per mordicchiare il lobo. «Che ci guardino, che guardino le mie manacce piene di calli su di te e si chiedano com'è possibile che tu sia mia.»

Con il braccio sinistro gli aggancio la nuca e affondo le unghie tra i capelli. Tenendo il ritmo della canzone, muovo appena i fianchi contro di lui, facendolo ringhiare a bassa voce.

Sento solo la presenza di Thymós, qui con me, e tutte le emozioni che mi fa provare. Con lui posso essere chi voglio, con lui posso andare oltre i limiti e divertirmi. Sapendo che, in ogni caso, lui mi proteggerà.

Con lui è diverso, ogni cosa è più viva e brillante. È come scoprire che, per tutta la vita, non hai visto le vere tonalità dei colori. Iniziare a scoprire quanta luce c'è nel mondo, quante sfumature possano esserci di uno stesso colore.

Sono sempre stata innamorata dell'idea dell'amore, ma non ho mai provato davvero l'amore in cui ho creduto tanto. Thymós comincia a mettermi il dubbio che sia proprio lui quello che aspettavo. L'uomo di cui potrei innamorarmi per il resto dei miei giorni, fino al mio ultimo respiro e oltre.

«Vorrei solo restare ancora un po' qui, nel presente» bisbiglia, di colpo, cogliendomi impreparata.

«Cosa intendi?»

Lui mi fa compiere una giravolta, per poi attrarmi di nuovo al petto. I suoi occhi bruciano nei miei, di qualcosa che sa di desiderio ma anche dolore. «Il futuro che incombe su di noi, stanotte, è spaventoso.»

Aggrotto la fronte. «Cosa stai...»

«Daisy?»

Ho la gola secca. «Sì?»

«Daisy, devo parlarti di una cosa» mormora.

Il tono mi mette subito in allarme. Ogni muscolo che ho in corpo si paralizza e mi allontano appena per impedirgli di baciarmi di nuovo. Nessun «devo parlarti» è mai finito con una bella notizia.

«Possiamo andare un attimo in un posto appartato e...»

La voce tonante di mio padre lo interrompe. È seduto sul suo trono, con la gamba accavallata che ondeggia pigramente e il microfono in mano. «Signore e signori, è ora di riunirci tutti sulla pista da ballo, per favore.»

«Dobbiamo andare» Thymós cambia argomento. «Coraggio. Facciamola finita.»

«Ma...» La cosa che doveva dirmi? Non può lasciarmi con un'altra preoccupazione addosso.

Poi mi accorgo che Hermes è in piedi, vicino al vetro, e strizza gli occhi alla ricerca di me. Devo raggiungere la mia famiglia. Anche gli occhi grigi di Hades mi parlano. Con un cenno del capo mi dice di raggiungerli e obbedire a nostro padre.

È ora dei giochi, non possiamo più rimandare.

Esito quando lo scagnozzo di mio padre mi tiene la porta dell'enorme teca di vetro aperta e guarda di sottecchi Thymós, attento a non farlo entrare. Non voglio che rimanga fuori, ma è il suo dovere. Anche se convincessi mio padre a tenerlo al sicuro con noi e a non farlo giocare, Thymós rifiuterebbe.

«Vai, stai tranquilla» mi rassicura con un cenno.

Prima che possa dargli le spalle, mi afferra la mano e ne bacia il dorso.

La porta si chiude alle mie spalle e io vado a prendere posto sull'unica sedia rimasta vuota, sotto lo sguardo infuriato di mio padre. Non sollevo il capo. Non sopporterei di incontrare i suoi occhi.

Crono scatta in piedi, il microfono ancora in mano. «Miei cari ospiti, benvenuti al Ballo d'Estate!»

I presenti applaudono; alcuni lanciano grida di gioia ed eccitazione, mentre il padrone di casa si bea del rispetto – dovuto alla paura, più che a nobili ragioni – che le famiglie benestanti, provenienti dalle più disparate parti del mondo, gli stanno dando, e attende che finiscano le loro ovazioni per continuare.

«Come sapete, non è un ballo dell'Olimpo senza un gioco.»

Ora, nessuno si muove. La curiosità di sapere e la paura di scoprire aleggiano in tutta la sala, impregnando l'aria.

«E stasera, voi tutti giocherete a: Caccia al ladro.»

Qualcuno mormora.

Io e i miei fratelli ci scambiamo occhiate preoccupate. Le cacce non finiscono mai bene. Per definizione, richiedono una morte, se non più di una.

«Le regole sono semplici: giocano tutti quelli che indossano un mantello rosso. In ogni mantello, troverete una tasca interna. E in una sola di queste vi è un assegno da un milione di dollari. Controllate, ora, ma non rivelatelo. Chi dovesse averlo, sarà il ladro.»

Fa un cenno agli invitati, che cominciano a tastare dentro i mantelli e a sussurrare sempre più concitati. Anche Thymós esegue l'ordine, l'espressione impassibile.

«Il gioco dura mezz'ora. Chi non è il ladro, dovrà identificarlo e condannarlo a morte.» A uno schiocco di dita, i portoni si aprono e avanza almeno una quindicina di uomini armati. «Se riuscirete a uccidere il ladro, sarete salvi e ognuno di voi vincerà la somma dell'assegno. Ma se i trenta minuti dovessero scadere e il ladro non fosse stato identificato, sarà lui o lei a portare a casa il bottino e gli altri presenti moriranno.»

Nessuno fiata.

Forse, stiamo tutti aspettando che mio padre scoppi a ridere e ci dica che è uno scherzo. Ne ha fatti di giochi folli, ma questo va ben oltre. I giochi dei balli non sono mai stati mortali, non ha mai messo in pericolo le stesse famiglie che finanziano da anni le sale gioco e con cui intrattiene rapporti... stretti. Qui ci sono politici, agenti governativi, sovrani di piccoli Stati e pure qualche membro di stirpi reali.

È completamente impazzito.

«Avete cinque minuti per preparare le vostre strategie. Vi ricordo che non potete mostrare le tasche, nel caso veniste accusati. Subireste una penalità che consiste nell'amputazione delle mani. Le tasche vengono controllate una volta che la persona è stata condannata a morte dagli altri. Buon divertimento» si congeda così.

Io e i miei fratelli scattiamo in piedi quasi in contemporanea e accerchiamo i nostri genitori. «Che razza di gioco è? Non potete fare una cosa del genere!» esclama Athena.

Mio padre si liscia la giacca come se niente fosse. «Hanno firmato un accordo, prima di entrare. Sono libero da qualsiasi responsabilità.»

Apollo si passa una mano tra i capelli. È pensieroso, ma non sconvolto come noi. Inizio a pensare che nessuna forma di violenza lo destabilizzerebbe. «È questo il piano? Mi pare piuttosto fallimentare.»

«Con molta probabilità, il killer è qui. Almeno, è quello in cui abbiamo sperato. Loro...» Indica gli ospiti, ormai andati nel panico. «Diventeranno delle bestie. L'istinto di sopravvivenza li porterà ad accusare chiunque, si stermineranno a vicenda. Se il killer fosse qui, potrebbero risolverci un grande problema.»

Il viso dell'uomo di cui sono quasi certa di essermi innamorata irrompe nella mia testa.

«C'è anche Thymós, lì in mezzo!» sbraito. «Ci sono i tuoi amici! Famiglie intere! I nostri dipendenti, pure» gli ricordo. «Non puoi farli ammazzare a vicenda perché speri che tra loro ci sia il killer che vuole uccidermi!»

Crono si fa più vicino a me, sovrastandomi. Gli occhi sono due pozze ambrate prive di emozione e piene di risentimento, così fredde che mi fa paura.

«Non potrebbe importarmi di meno. La tua vita vale più di tutte le loro messe insieme. Se devono morire perché tu viva, così sia. Sono stanco di questo assassino che pare introvabile; stanotte lo provocherò per farlo uscire allo scoperto. E succederà.»

Hades interviene, mettendosi al mio fianco. «Padre, hai scampato tanti processi. Ma un crimine del genere... Sarà difficile riuscire a corrompere qualcuno per insabbiarlo. Rifletti bene.»

L'uomo finge di pensarci qualche secondo, poi fa un sorrisetto buffo. «Fatto. Dubito che incastrerebbero me, io non ho alcuna arma in mano.» Solleva le braccia con aria confusa. «E anche se dovesse accadere, la prigione vale la vita di mia figlia.»

No, no, no, no.

C'è anche Thymós. Non posso perderlo.

E non voglio che tutte queste persone muoiano solo perché io possa di nuovo vivere tranquillamente. Non è questo il modo corretto per trovare l'assassino.

Mio padre è irremovibile, però.

Tento un'ultima volta. «E se il killer non fosse qui, stasera? Avrai ucciso tutti per nulla!»

«Sarà un gran peccato.»

Guardo Rea, in cerca di aiuto, ma lei ricambia senza muovere un singolo muscolo facciale. So che non è d'accordo, eppure non si pronuncia.

«Ferma il gioco!» impongo a Crono, tornando su di lui. «La vita in pericolo è la mia, e io non voglio che...»

Neanche mi lascia finire. «No.»

Sto per ribattere, quando Apollo mi posa una mano sulla spalla e cattura la mia attenzione. I suoi occhi sono socchiusi, mentre fissa nostro padre. Sta pensando. Il suo brillante cervello sta arrivando a una conclusione a cui nessuno è ancora giunto.

Poi, lui e Athena si guardano. Annuiscono. I primi a capirlo.

«Lui *sa* chi è il killer» dice Apollo.

Mi viene da ridere. Persino Hermes fa un versetto di scherno. «Impossibile. Ce lo avrebbe detto.»

Crono Lively si risiede sul suo trono, afferra un bicchiere colmo e prende un sorso, mentre studia la sala davanti a sé. Sta pregustando il divertimento che gli porterà questo gioco.

«Sì, lo so» conferma, dopo quelli che sembrano minuti interi.

La mia mascella potrebbe toccare terra. Anche nostra madre lo sa, a giudicare dal modo in cui il suo corpo è diventato rigido e il colorito del viso più pallido. Temo possa svenire da un momento all'altro.

Uno schianto contro il vetro ci fa sobbalzare tutti, tranne Crono. Un amico di nostro padre, col mantello rosso, ha avuto il tempo di sbattere il pugno sulla parete. Uno della sicurezza lo ha già afferrato e lo trascina via mentre grida: «Crono! Non puoi farci questo, cazzo! Sei impazzito? Ferma tutto! Ferma questo gioco di mer...»

Crono sorride. «Marcel» ce lo presenta. «Canada. Una moglie, quattro amanti. Tutti maschi.»

«Chi diamine è il killer?» sbotto, riportandolo all'argomento principale.

«Io in realtà vorrei avere altri gossip su Marcel» interviene Hermes.

Athena lo spinge via. «Dicci chi è» insiste.

Crono sospira e si scola l'intero bicchiere. Invece che riporlo sul tavolino accanto al trono, lo lancia a terra, frantumandolo in tanti pezzettini. «So la sua identità, ma non conosco la sua faccia.»

Sta omettendo altro, come suo solito.

Gli faccio un'altra domanda, ma la mia voce viene sovrastata dal rumore di un gong lungo e prolungato, così forte che persino noi dentro la gabbia dobbiamo tapparci le orecchie.

I presenti in sala fanno smorfie di dolore e fastidio.

La caccia è iniziata.

«Signori, voi siete i Cacciatori» esclama Crono, gli occhi ambrati che brillano di follia. Il suo grido interrompe il chiacchiericcio agitato. «E quegli uomini, in mezzo a voi, i Giustizieri. Accusatevi, fate le vostre ipotesi, e uscitene vincitori.»

Alle spalle dei miei genitori c'è lo schermo con il conto alla rovescia. Trenta minuti. Un ladro. Un milione di dollari in palio che farebbero gola anche al più ricco qui dentro, per non parlare di chi lavora per noi.

Prima che si scateni l'Inferno, i miei occhi incontrano quelli di Thymós. Non posso lasciarlo andare così.

Scatto verso la porta e batto i palmi fino a farmi male. Una mano mi afferra, ma io la scanso via. «Vieni qui!» grido a Thymós.

Lui scuote il capo tra sé e sé e, mentre la gente sta già litigando, ne approfitta per avvicinarsi. Poggia anche lui le mani sul vetro, in corrispondenza delle mie. «Daisy.»

«Convinco mio padre e porto anche te qui, al sicuro. Aspetta, non ti muovere, lascia che io...»

Provo ad allontanarmi, pronta a implorare mio padre e umiliarmi, ma Thymós batte contro la parete e mi richiama all'attenzione. Sul suo viso c'è determinazione, ma anche sofferenza. E qualcosa di più cupo che non riesco a identificare e mi spaventa a morte.

«È meglio così, Daisy. Me lo merito.»

Aggrotto le sopracciglia. Il cuore mi batte così veloce che temo di stare per avere un infarto. «Cosa stai dicendo? No che non...»

«È la mia occasione di espiazione» mi interrompe.

Uno sparo lo fa voltare per guardarsi alle spalle. Un uomo è stato appena giustiziato e ora stanno controllando se ha lui l'assegno. Attimi di silenzio, una tasca vuota. Eccola, la prima vittima innocente.

«Espiazione? Di cosa diavolo parli, Thymós?» Comincio ad arrabbiarmi. Perché non vuole il mio aiuto?

Lui abbassa il capo, incapace di reggere il contatto visivo. «Espiazione dalla colpa di essere il traditore, Daisy. Me ne sono pentito tempo fa, quando era ormai troppo tardi. Se sopravvivo a questo gioco, ho la possibilità di rimediare.»

Solleva la testa. Spero che stia mentendo, ma a quale pro? Perché dirmi queste cose? Non è possibile che sia un traditore. E, poi, cosa intende con «traditore»? Il killer stesso? No, non è possibile. O lo è? L'opzione più banale e ovvia è davvero quella giusta? Ha assoldato un assassino per farsi assumere come guardia del corpo e guadagnare i soldi di cui ha bisogno?

No, *non* ci credo.

No, *non voglio* crederci.

Nella sua espressione c'è il rimorso di chi è colpevole. Il dolore di chi sa di avermi appena spezzato il cuore. La paura di chi sa che non verrà perdonato.

«Thym...» Il suo nome mi muore in gola.

«Perdonami, Daisy» è l'ultima cosa che dice prima di darmi le spalle ed entrare all'Inferno.

30

...E FUTURO

Zeus decise di dare Afrodite in moglie al dio della fucina Efesto,
così da evitare che il suo fascino scatenasse guerre tra gli dèi.
Era la più bella dell'Olimpo, a differenza del suo
promesso sposo, zoppo e deforme.

Aphrodite

La sala è diventata un'accozzaglia disordinata di voci e corpi. Gli invitati si accusano tra di loro, qualcuno urla, altri scappano ai lati della pista, dove è più buio. Gli uomini con i mitra, i Giustizieri, si dividono. Alcuni restano a sorvegliare la zona centrale, altri si separano per andare a scovare chi sta provando a nascondersi.

«Dove credi di scappare, Hamilton?» strilla una donna. «Uccidetelo! È sicuramente lui il ladro! Sparategli!» Lo afferra per il braccio, ma lui si libera dandole uno schiaffo violento che la fa cadere a terra.

Un Giustiziere spara diversi colpi per aria, diretti al soffitto, con l'intento di richiamare all'ordine quello sciame di persone che sta perdendo la testa a soli cinque minuti dall'inizio del gioco.

«Te la faremo pagare, Crono!» sbraita un uomo sulla settantina, con i capelli grigi fissati all'indietro. «Non la passerai liscia, questa! Ferma questo maledetto gioco!»

Mio padre non reagisce. Allarga le braccia, come un pigro dio che osserva gli uomini nel loro vano tentativo di cambiare un destino che ha già scritto. «Non volete vincere un milione di dollari? Trovate il ladro. Potete riuscirci.»

«Come dovremmo fare a trovarlo? Siamo almeno una cinquantina di persone, qui dentro. Senza contare i tuoi dipendenti!» si aggiunge un altro, dalla pelle scura e la testa rasata. «Sei pazzo!»

Io non riesco a tornare al mio posto. Continuo a stare a ridosso della porta, dentro la gabbia, con i palmi premuti contro il vetro.

«Dovremmo uccidere le guardie e aprire la porta» propone qualcun altro, dal fondo. «Apriamo la gabbia e uccidiamo lui, quella puttana della moglie e i suoi figli orfanelli di merda!»

Ecco, questa è una delle cose che non bisogna mai dire a Crono Lively. Può accettare tutto, tranne le offese alla sua famiglia. Chi lo conosce lo sa bene.

Il viso di mio padre si fa duro, d'improvviso sprezzante. Si protende in avanti, sul trono, e fa un cenno con la mano. Uno degli uomini armati agguanta il colpevole per il cappuccio del mantello e lo sbatte a terra. L'impatto della nuca con il pavimento è così violento che lo uccide sul colpo ma, per liberarsi da ogni dubbio, il Giustiziere carica il mitra e spara alla sua testa senza pietà. Serro gli occhi e conto fino a cinque prima che il rumore cessi.

Mi viene da vomitare.

«E per la cronaca» riprende Crono. «Non potete aprire la porta. È dotata di un meccanismo interno per il quale solo le impronte mie e dei miei famigliari possono far scattare la serratura.»

Abbasso il capo verso la maniglia interna. Lì, difatti, c'è uno schermo con un'impronta digitale. Chiudo le mani in due pugni, davanti a me, e faccio un respiro profondo. Potrà tornarmi utile questa informazione. Forse, mio padre crede che non sia abbastanza coraggiosa da scappare e buttarmi in mezzo alla folla, ma si sbaglia.

Quando volto il capo alla mia sinistra, incrocio lo sguardo di Eros. È in un angolo della pista, ammanettato e con le caviglie legate. Pure lui indossa il mantello rosso, però non è spaventato. Non oso immaginare cosa gli abbiano fatto nei giorni in cui è stato rinchiuso. La morte sarebbe più clemente delle punizioni di Crono.

Altri due mantelli scarlatti si spostano a sinistra, tuffandosi nell'oscurità. Crono reagisce con un'alzata di occhi al cielo. Schiocca le dita e pronuncia un nome a voce alta.

In pochi secondi, la sala viene illuminata completamente, come accade di solito durante i Balli. Non ci sono più zone d'ombra, ogni suo angolo è visibile alla perfezione. A bordo pista c'è una schiera di gente che tenta di nascondersi. Ci sono anche altri uomini armati, che interrompono la loro corsa.

«Qualcuno di loro deve essere il ladro» ipotizza Marcel, l'uomo già nominato da mio padre prima. «Perché scappare, altrimenti? Uno di loro ha trovato l'assegno ed è andato a nascondersi. Gli altri lo hanno fatto solo perché sono degli stupidi codardi privi di capacità di ragionamento.»

Ha ragione. Se non hanno altre indicazioni per trovare il colpevole, tanto vale procedere per questa strada. Chi è stato il primo a muoversi?

«Dobbiamo ammazzarli tutti, per toglierci il dubbio» conclude quindi.

Cosa?

«Ma ci sono almeno venti persone!» protesta una donna dai boccoli rossi. «Non possiamo farle giustiziare tutte!»

«Tra di loro c'è sicuramente il ladro, Annalise» chiude il discorso Marcel. «Fidati di me.»

Hermes, alle mie spalle, emette un verso seccato. «Ma se ti scopi quattro uomini diversi. Quale fiducia, Marcel?»

Gli altri partecipanti iniziano a farsi convincere dalla strategia di Marcel e pian piano si solleva una moltitudine di mani che vota per l'uccisione dei venti che hanno provato a nascondersi. Solo tre di questi tentano un'ultima fuga, prima di venire afferrati senza pietà e messi in fila al centro della pista da ballo.

Una volta sotto le luci, stanno in piedi con i visi rivolti alle nostre sedute. Mio padre si alza dal trono e si avvicina alla vetrata antiproiettile, socchiudendo gli occhi come per scrutare meglio le loro facce. Sta cercando il killer tra di loro? Perché? Conosce la sua identità, ma non il volto. Cosa diamine significa?

«Padre, ti prego, poni fine a tutto questo» lo supplico. «Scopriremo chi è il killer in un altro modo.»

Lui non sembra ascoltarmi. La sua espressione si fa sempre più rassegnata, scuote il capo ed emette un verso infastidito. Con un movimento della mano, impartisce l'ordine di farli fuori.

Il primo corpo crolla a terra senza che io veda il momento in cui riceve il colpo. Uno dei Giustizieri controlla la sua tasca e annuncia che non era il ladro. Quando tocca al secondo, abbasso lo sguardo e sussulto non appena mi arriva il rumore dello sparo.

Le dita di mio padre tamburellano contro la parete, in un ritmo sempre più frenetico. «Dove diavolo sei...» sibila.

«È inutile. Come speri di trovare una persona di cui non conosci l'aspetto?» gli chiedo.

«Non conosco quello *attuale*» corregge, dandomi una nuova

informazione. «Ma forse, con un po' di sforzo, potrei ricollegarla al mio ricordo.»

Gli prendo la mano, costringendolo a guardarmi negli occhi. Lui non sembra irritato dal mio gesto. «E se non fosse qui? E se si fosse lasciato scappare l'occasione di presenziare al ballo? E se comparisse domani e mi uccidesse? Non far morire altri innocenti. Puoi ancora fermarti. *Ti prego*.»

Solleva il braccio libero e le esecuzioni si fermano quando tocca al terzo, ormai. Tutta l'attenzione è su di me e mio padre, che non mi stacca gli occhi di dosso e ha un'espressione così criptica che potrebbe dire o fare qualsiasi cosa, in questo momento.

Accorcia le distanze tra di noi e china il capo, per abbassarsi al mio livello. «*Nessuno* si intrufola nella mia isola e minaccia uno della mia famiglia. *Nessuno* uccide il mio personale. *Nessuno* si prende beffe di me in questo modo, Aphrodite. Il killer uscirà fuori stanotte, e io lo scuoierò vivo prima di decapitarlo senza pietà. Ti è chiaro? Tieni per te i tuoi discorsi perbenisti e dimostra di essere una Lively!»

Stringo i denti. «No.»

Sorride e si fa ancora più vicino, tanto che indietreggio, ma lui mi recupera subito. «Vuoi sapere chi, tra i miei cari amici, ha l'assegno da un milione?»

Non rispondo, perché so che me lo dirà a prescindere.

Lentamente, infila la mano dentro la giacca ed estrae dalla tasca interna un assegno. Me lo sventola sotto gli occhi. Un milione di dollari. Eccolo, l'oggetto incriminato che dovrebbe far giustiziare il ladro e far vincere i Cacciatori.

Persino i miei fratelli, accanto a noi, scattano in piedi con espressioni sconvolte.

Mia madre non batte ciglio. Certo, lei sapeva tutto. Io so comunque cercare le debolezze di mia madre, i piccoli gesti che la tradiscono. Guardo la sua mano, poggiata sul bracciolo del trono. Le dita tremano appena. È un movimento impercettibile, però lo noto. È l'unico segnale che indica che Rea Lively è in stato di apprensione e ansia.

«Volevo rimandare questo momento...» riprende mio padre. «Volevo vedere tutti i volti dei condannati, prima di farli uccidere, per accertarmi che non fossero chi penso che sia il killer. Mi sono stufato. Procederemo con il gioco.»

«Cosa intendi?» La voce mi trema.

Non c'è bisogno dell'intelligenza di Apollo per capire come proseguirà la caccia.

Mio padre mi afferra la mano e ci mette l'assegno sopra, per poi costringermi a chiudervi le dita attorno. La solleva in aria, mostrando agli invitati che sono io il ladro, adesso.

«Padre!» esclamo.

«Che diavolo fai?» gli urla contro Hermes.

Mio padre poggia l'impronta digitale sul tastierino identificativo e la guardia all'esterno abbassa la maniglia, aprendo la porta.

Vuole gettarmi lì fuori, nella fossa dei leoni. Vuole che faccia da esca.

L'orrore mi fa risalire un conato di vomito. Non è possibile. «Eri pronto a uccidere metà dei presenti per trovare il killer, e adesso mi butti alla loro mercé?» sibilo.

Cerco disperatamente lo sguardo di mia madre. Si sta sforzando di non ricambiarlo, tenendo il mento all'insù e gli occhi freddi puntati sulla pista da ballo.

Mamma? Mamma, aiutami. Le madri dovrebbero fare questo, non è vero? Mamma!

«Figlia mia» sussurra Crono al mio orecchio. «Sei un'esca, è vero, ma nessuno ti toccherà. Li uccideremo prima, fidati di me. Il killer non permetterà che sia questo branco di ricconi a farti fuori, vuole essere lui ad averne l'onore.»

Scuoto il capo con rapidità e lo supplico con lo sguardo. Ho abbastanza orgoglio da non doverlo fare a parole, abbastanza speranza che ritrovi la lucidità e decida di ritornare sui suoi passi.

«Signori?» grida Crono, perché gli altri lo sentano senza microfono. «Ecco il vostro ladro. Avete il coraggio di condannarla a morte?»

La guardia all'esterno mi afferra il polso e prova a tirarmi fuori dalla gabbia.

Vedo di sfuggita un movimento al mio fianco. Hermes si lancia su mio padre, intenzionato a fare chissà cosa. Mio padre lo allontana con un pugno dritto nello stomaco. Il corpo del mio gemello viene scaraventato contro una delle sedie e si cappotta a terra, in una posizione innaturale. Athena gli va subito incontro per aiutarlo.

Apollo e Hades sono i prossimi a voler affrontare nostro padre.

Con loro ci andrà giù pesante, lo so già. Perché Hermes non sa lottare, però Apollo e Hades sì, e non sarà un pugno a mandarli ko. Si faranno male, di nuovo. E non voglio che sia colpa mia.

Non oppongo resistenza e mi lancio fuori, tirandomi la porta alle spalle. Li distraggo da nostro padre. Gli occhi verdi e grigi dei miei fratelli si spalancano, lo choc che deforma loro il viso per la mia decisione.

Mio padre ha ragione.

Se non voglio che muoiano altre persone, devo fare da esca. Se il killer è qui, interverrà. Se non è qui... sarà un bel casino da risolvere. Stanotte, e nei giorni a venire.

«Non ti azzardare.» Thymós ci si para davanti e scaglia un pugno dritto in faccia all'uomo che mi sta artigliando il braccio. Gli fa perdere la presa, ma è grosso il doppio di lui e contraccambia con un pugno che fa scivolare la mia guardia del corpo all'indietro.

La loro lotta non serve a nulla. Due dei Giustizieri sono alle mie spalle ancora prima che li senta o veda arrivare. Mi avvolgono gli avambracci e mi trascinano verso il centro della sala. Thymós grida e prova a raggiungermi, ma l'altro uomo lo agguanta per il collo e gli dà una gomitata nella schiena.

«Stai fermo e non opporti!» gli intimo, disperata. «Non opporti!»

Come se Thymós potesse obbedire all'ordine di non difendermi e non proteggermi. Si risolleva tossendo, mentre un calcio lo prende di fianco e lo fa ricadere sul pavimento.

I suoi occhi si scontrano con i miei. Il dolore che li attraversa mi fa tornare in mente le sue parole. Perché è un traditore? Un traditore non ti guarda in quel modo e non si fa picchiare da uno grosso il doppio pur di salvarti.

Arrivata al centro della pista, gli amici di mio padre si accalcano attorno a me, pur mantenendo una distanza significativa. Mi scrutano con incertezza. La loro attenzione scivola dal mio viso alla mano chiusa a pugno, in cui tengo l'assegno che mio padre mi ha infilato con la forza.

«Non possiamo farla uccidere» rompe il silenzio una donna dai tratti asiatici e lunghi capelli neri, lisci come spaghetti. «Se uccidiamo la figlia di Crono Lively e vinciamo il gioco, lui ce la farà pagare comunque. Non c'è modo di vincere.»

«Almeno proviamoci» si oppone un altro.

«Sei matto? Meglio un colpo di mitra in testa che essere fatto a pezzi da quell'uomo.»

«Beh, se ci ucciderà a prescindere, tanto vale fargli del male facendolo assistere alla morte di sua figlia.»

Tengo lo sguardo su mio padre. Siamo lontani, eppure so che lo sta ricambiando.

«Non uccidetela!» esclama Thymós, a qualche metro di distanza. Lo scagnozzo di mio padre lo tiene ancorato al pavimento, premendogli il piede sulla schiena e la canna del mitra alla nuca.

«Morirai anche tu, bastardo» gli ricorda un altro. «Che cazzo dici?»

«Se mi alzo e ti raggiungo, ti stacco i bulbi oculari e te li infilo nel culo» ringhia Thymós.

Lo scagnozzo di mio padre sogghigna. «Quasi quasi ti lascio andare per godermi la scena.»

Marcel allora interviene, indicando Thymós. «Uccidiamo prima quello lì. Così non ci darà più fastidio.»

«No!» sbotto, incapace di frenarmi. Ma nessuno mi ascolta, o sembra sentirmi.

Mio padre, da dentro la gabbia, applaude. Un sorriso sornione si fa spazio, lentamente. «Ora sì che iniziamo a ragionare. Potete far uccidere chi volete, anche se non è il ladro. L'importante è che il ladro sia morto prima che terminino i trenta minuti.»

Lo schermo alle sue spalle segna che ne sono trascorsi dodici. Sta per scoccare il tredicesimo.

Comincio a credere davvero che il killer non si presenterà. Il killer non è qui e questo gioco mortale è inutile.

«Allora, Crono» lo richiama un uomo dal forte accento britannico. «Cosa ne dobbiamo fare di tua figlia? È lei il ladro.»

«Leonard, ti ho già spiegato le regole del gioco. Dovete dare l'ordine ai Giustizieri e loro la uccideranno. Volete vincere i soldi e la vostra vita?»

Hades e Apollo scattano in avanti come furie. Aprono la porta della gabbia e si precipitano sulla pista, seguiti dall'occhiata innervosita di nostro padre, come se fossero due cagnolini che si sono liberati del guinzaglio. Dai lati della sala, quattro uomini si mettono in mezzo per impedire loro di avvicinarsi troppo a me.

Athena ed Hermes arrivano pochi istanti dopo.

Il mio gemello gonfia il petto e ne affronta uno. «È mia sorella. O ti sposti, o ti spacco la faccia» ringhia con gli occhi iniettati di sangue.

L'uomo, con il mitra appeso al petto, estrae una seconda arma. Toglie la sicura alla pistola e la punta alla tempia di mio fratello.

Herm deglutisce, alzando le mani in segno di resa. «Okay... Forse per questa volta non ti spacco nulla...»

«Levala» gli ordina Athena, il tono tradisce però la preoccupazione che sta provando. «Sposta quella cazzo di arma da mio fratello.» Quando lo scagnozzo esegue l'ordine, lei dà una gomitata a Herm. «Smettila, chiaro? Non fiatare.»

Sono d'accordo. Tento di ammonirlo con uno sguardo, ma i suoi occhi azzurri sono lucidi e pieni di dolore. Per me. «Andrà tutto bene» mimo con il labiale.

Non finisce qui la mia storia. Non è così che si concluderà tutto.

Devo scoprire la verità su Thymós.

Devo studiare Astrofisica.

Devo vedere i miei fratelli innamorarsi.

Devo vedere mia sorella diventare la madre che ha sempre sognato di essere.

Devo vedere realizzarsi i miei sogni e quelli delle persone che amo.

E devo vedere la bara di mio padre, per poter vivere il resto della vita serena.

Io ho un futuro, lo vedo ogni volta che sogno, ogni volta che chiudo gli occhi per dormire. Nessuno può portarmelo via.

Faccio un respiro profondo. «Coraggio, allora. Uccidetemi.»

Persino i Giustizieri si scambiano delle occhiate, temendo in un trucchetto architettato da Crono. D'altronde, chi assicura loro che poi non li punirà? Crono inventa i giochi, sceglie le regole, e le cambia a suo piacimento. Siamo i Lively. Giochiamo per far perdere gli altri, giochiamo per ingannarli e per umiliarli. Cambiamo *sempre* le regole.

«Facciamolo» conferma Leonard.

«Facciamolo» ripete Marcel. C'è dell'indecisione nel suo linguaggio corporeo. È evidente.

Qualcun altro si unisce a loro e sono pochi quelli che esprimono disaccordo. Una minoranza, però. E la minoranza – mi ha insegnato la psicologia sociale – difficilmente vince. Per farlo, dovrebbe argomentare e dimostrare la propria idea fondandola su basi solide. Qui, nessuno argomenta il perché io non debba morire. Non ci provano, sarebbe tutto inutile.

Il gioco finisce se muore il ladro, e io sono il ladro.

«No!» sbraita Thymós, la sua voce profonda sembra riempire l'intera sala.

Un Giustiziere mi si para davanti. Invece che usare il mitra, estrae una pistola e la avvicina fino a premere la canna fredda sulla mia fronte. Nemmeno lui è sicuro di quello che sta facendo.

Cerco mio padre. Sta osservando la scena, con una mano pronta ad aprire la porta della gabbia. Interverrà?

Cerco mia madre. Anche lei è in piedi, le mani congiunte e portate all'altezza del cuore. Non c'è più nulla da fare, so che non mi aiuterà.

I miei fratelli provano a raggiungermi. Hermes e Athena urlano a mio padre di interrompere il gioco.

«Allora, Crono? Andrai fino in fondo e rispetterai la tua folle tradizione dei giochi, o salverai tua figlia perché non hai le palle?» lo provoca Marcel con un sorrisetto.

Crono non gli risponde.

Fisso dritto negli occhi neri del mio Giustiziere. Non lo vuole fare. Nemmeno io voglio che lo faccia.

«Sparo al tre» mi avverte, tentennando nel modo in cui pronuncia le parole e nel modo in cui impugna l'arma.

Annuisco.

Hermes lancia un urlo straziato.

Thymós riprende a lottare.

Parte il conto alla rovescia. Chiudo gli occhi.

Uno.

Due.

Tr...

«Fermatevi!»

Apro gli occhi. La conta è finita, ma il Giustiziere non ha sparato. Si sta guardando attorno, come tutti i presenti.

«Fermatevi!» ripete la stessa voce.

Ora, sembra più vicina. Proviene dalle mie spalle, più precisamente dall'angolo sinistro della sala.

«Nessuno la ucciderà. Nessuno di voi!»

Una figura incappucciata, con il mantello rosso, avanza velocemente tra i giocatori, che si scansano per farle spazio. Mio padre è già fuori dalla gabbia e ha raggiunto i miei fratelli.

«Non muovetevi» ordina Crono. «Fatevi da parte.»

Il nuovo arrivato si blocca. «Non avvicinarti nemmeno tu.»

Ne ho la conferma. È una voce femminile, molto roca e bassa.

Lui si ferma. «Togli il cappuccio.»

La sconosciuta lo fa cadere con un gesto secco. Per la sala, si innalzano mormorii e versi di sgomento.

È una ragazza, sì, ma ha il volto completamente deturpato. Gli occhi azzurri rimangono l'unica cosa intatta. Le sopracciglia sono rade, il naso ha una forma irregolare e la punta è smussata. La bocca è una linea sottile, sembra che non abbia le labbra. E la folta chioma bionda con la frangia è visibilmente una parrucca.

«Lo sapevo che eri tu» dice mio padre. È soddisfatto, ma anche disgustato.

«Chi è lei?» chiedo.

La ragazza si gira lentamente e mi mette a fuoco. Scannerizza il mio corpo, da capo a piedi, così tante volte che mi fa sentire a disagio. «Io sono te.»

Aggrotto la fronte. Ho sentito bene?

Io sono te.

Sorride, senza alcuna traccia di serenità. «Hai capito alla perfezione, Daisy. Io sono te. Io sono Aphrodite.»

«Hai perso quel nome tanti anni fa» la interrompe Crono. «Hephaestus.»

31

VERITÀ...

Efesto fu il dio del fuoco terrestre, quindi dei vulcani e delle forme eruttive affini, nonché delle arti umane legate al fuoco. Alcuni raccontano fosse deforme sin dalla nascita, altri narrano che la sua deformità fu dovuta a sua madre Era che lo scaraventò a causa della sua bruttezza giù dall'Olimpo.
È il dio degli artigiani e della creazione, capace di fabbricare opere di straordinaria bellezza e ingegno, come i fulmini di Zeus, il carro d'oro di Elio, lo scudo di Achille, i cani d'oro di Alcinoo.

Thymós

La prima cosa che faccio è guardare i fratelli Lively, alla ricerca di un segno che mi indichi che almeno loro hanno capito cosa sta succedendo. Hermes ha la bocca spalancata, Apollo è impassibile, Hades ricambia il mio sguardo, con la stessa confusione che credo di avere anche io dipinta in volto.

La nuova Aphrodite sbottona il mantello e lo lascia cadere a terra. Aggancia le dita sotto la chioma di capelli, rivelando che sono una parrucca, che getta ai suoi piedi con noncuranza.

Davanti agli occhi di tutti, abbassa la zip del vestito semplice che indossa sotto e rimane in intimo. Crono le chiede cosa stia facendo, lei non risponde. Calcia via le scarpe da ginnastica. Slaccia il reggiseno e abbassa le mutande.

La maggior parte dei presenti si volta, per non guardare. Non perché è nuda, ma perché ha tutto il corpo dilaniato come il viso. Le manca il seno. La pelle è raggrinzita, come mangiata dal fuoco. Mi ricorda la cicatrice che percorre tutto il lato sinistro del corpo di Hades.

Non c'è una parte di lei che sia salva.

Tiene il capo alto, con fierezza, però il labbro le trema mentre gli occhi si fissano su Crono, in un gesto di sfida. «Fai uscire tutti e metti fine a questa farsa di gioco. Voglio che qui dentro rimangano solo i Lively. Mio fratello compreso.»

«Chi cazzo è tuo fratello?» domanda Athena.

Ci arrivo non appena lo dice.

Crono lo sa con la sicurezza di chi lo aveva capito da tempo. Senza guardarsi indietro, fa un cenno a una persona rimasta in disparte. «Hai sentito, Eros?»

Vengono liberate le caviglie del prigioniero, ma non i polsi. Lui avanza fino alla nostra cerchia, mentre gli scagnozzi di Crono fanno evacuare la sala da ballo e portano fuori tutti gli invitati. Qualcuno pare restio ad andarsene, d'improvviso incuriosito dal dramma famigliare che si sta consumando.

«Anche Thymós resta» aggiunge Aphrodite. «Levagli il piede e la pistola di dosso.»

L'uomo che torreggia su di me obbedisce con una risatina sprezzante e mi offre una mano per rimettermi in piedi. La rifiuto e mi alzo da solo, scoccandogli un'occhiataccia. Se non si allontana, gli disloco la mandibola.

Adesso anche Rea è uscita dalla gabbia con i loro troni. Mi sfila accanto a passo sostenuto e si fa più vicina al resto della famiglia. Siamo ufficialmente soli, in questa enorme sala da ballo.

«Sono fratelli? Biologici?» domanda Hermes dopo qualche istante, indicando prima la nuova arrivata e poi Eros.

«Gemelli» specifica lui, il capo basso e il tono mesto. Non sembra felice di rivedere sua sorella, anzi.

Rea si schiarisce la gola con un colpo di tosse. «Lei era Hephaestus. Ma ha rinunciato a quel nome tanti anni fa, ancora prima che adottassimo voi cinque.»

Crono azzarda prima uno, poi due passi in avanti, accorciando le distanze dalla ragazza, che ha le mani in vista come un criminale a confronto con la polizia. «Cosa vuoi ancora, Hephaestus? Le nostre strade si sono separate tanto tempo fa.»

Lei guarda Daisy e le rivolge un sorriso inquietante. «Voglio la sua faccia, non è chiaro? Voglio staccarle la faccia e incollarla sul mio viso, per avere la sua bellezza.»

Come?

Non sono un medico ma sono comunque piuttosto sicuro che sia una cosa chirurgicamente assurda.

Anche i presenti sembrano provare la mia stessa confusione. Crono è l'unico che non mostra alcuna emozione.

«Si può sapere che sta succedendo qui?» Apollo è il più diplomatico. «Qualcuno può raccontarci tutta la storia?»

Crono volta il capo di lato, dandoci un chiaro segnale: non sarà lui a farlo. Nemmeno Rea si muove.

Hephaestus, ancora nuda e senza alcuna vergogna, apre bocca per prima. «Io ed Eros siamo finiti in orfanotrofio a undici anni. Siamo stati proprio... salvati da nostro padre e messi lì, in cerca di una famiglia. Era un posto quasi felice, ma anche tanto strano. Un giorno, Crono e Rea vennero in visita. Crono si avvicinò proprio a me, mi osservò giocare con due bambole di pezza, e dopo svariati minuti di silenzio mi disse: "Ti piacerebbe avere una famiglia? Ti piacerebbe tornare a casa con me e mia moglie, Aphrodite?". Mi disse che ero di una bellezza disarmante, una bambina dolce e dai tratti angelici. Mi promise che, se fossi andata con loro, avrei avuto tutto ciò che desideravo e che non mi sarebbe mai mancato nulla. E, con me, anche mio fratello.» Fa una risatina. «Ovviamente eravamo felicissimi entrambi. Dopo tutte le pratiche e l'iter burocratico, arrivammo proprio qui, sull'Olimpo. Le cose, però, andarono subito per il peggio. Dopo neanche una settimana, ci informarono che non eravamo ancora loro figli a tutti gli effetti. Dovevamo dimostrare di meritarcelo, entrando nel Labirinto del Minotauro e trovando l'uscita.»

«Se lo avessimo fatto» irrompe Eros «saremmo diventati ufficialmente Aphrodite ed Hermes Lively.»

Sento il cuore sprofondarmi nel petto. E io che pensavo che la richiesta di farsi attaccare la faccia di Daisy fosse folle.

Comincio a muovermi, con passi studiati, per non attirare l'attenzione. L'unica cosa di cui ho bisogno è essere vicino a Daisy, avere la sicurezza che, qualsiasi cosa accada, io posso proteggerla.

«Io ero come te» Hephaestus si rivolge a Daisy. «Ero bellissima, come te. Ed Eros era come Hermes. Brillante, energico, divertente, allegro e sempre capace di farti sorridere. Eravamo i primi Hermes e Aphrodite, e ci è stato tolto *tutto*!» L'ultima parola la pronuncia urlando.

Daisy arretra per la paura e va a sbattere contro di me, in piedi alle sue spalle. La afferro per la vita, dandole una stretta rassicurante. L'impatto la fa sussultare ma, non appena si accorge che sono io, si rilassa sotto il mio tocco.

«Va tutto bene» mormoro.

«Potete immaginare cosa sia successo, ora» conclude Hephaestus.

«D'altronde, sapevate già che mio fratello è diventato Eros perché è arrivato solo a metà del labirinto e si è arreso. Crono lo ha voluto premiare dandogli un altro ruolo, qui sull'isola. A me... è andata peggio. Sono arrivata alla fine, ma il fuoco mi ha mangiata viva.» Ora, il suo capo è rivolto in direzione di Hades. «Qualcuno di voi può capirlo.»

Hades stringe le mani in due pugni, lungo i fianchi. Percepisco l'istante in cui il corpo di Daisy fa per balzare in avanti, mosso dal desiderio di raggiungerlo e dargli conforto. Così come posso capire, dal suo viso, che sta soffrendo anche per Hephaestus.

La sua bontà è un tratto che mi ha sempre colpito.

«Crono ha deciso che, con il corpo completamente ustionato e deturpato a vita, non potevo di certo rappresentare Aphrodite nella sua bellissima famiglia di dèi. Era comunque affascinato dalla mia intelligenza, perché ero pur sempre uscita dal labirinto. Perciò, mi propose di diventare Hephaestus. Sapete cosa dice la mitologia su di lui, vero? Viene descritto come un dio brutto e deforme.» La sua voce sale di qualche ottava, avvelenata dal risentimento. «La mia bellezza era stata rovinata per l'eternità. Ero uno scherzo della natura, ormai, ma il mio cervello poteva servirgli.»

Non mi stupisce, così come non stupisce nessuno dei presenti. Eppure, avere l'ennesima prova di un'altra vita che Crono Lively ha rovinato ha comunque un peso su tutti noi.

A Crono però sembra non importare. Oggi così come allora.

«Alla fine, ha trovato un'altra famiglia greca che si facesse carico di me. Ha comprato profumatamente il loro silenzio e ha affidato a loro una bambina deturpata.»

«Cos'altro avrei dovuto fare? Tu sei uscita fuori di testa!» la aggredisce Crono, lasciando sbattere le mani sui fianchi. Le punta l'indice contro. «Urlavi, strillavi come una matta, così tanto da passare giorni senza voce. Minacciavi di voler uccidere qualsiasi altro bambino avessimo portato sull'isola. Hai staccato a morsi l'orecchio del cameriere che ti portava i pasti in camera. Sembravi posseduta. Eri un pericolo per tutti!»

Gli occhi di lei si riempiono di lacrime, accompagnate dall'ira che le distorce i tratti del viso. «Invece di aiutarmi a superare il trauma e intervenire chirurgicamente, mi avete dato due opzioni: la morte o l'allontanamento dall'isola! Una scelta semplicissima e piena di empatia, vero?»

Non credo che quell'uomo sappia anche solo che esiste, l'empatia.

«Nessun intervento avrebbe riportato il tuo corpo a quello che era prima. A detta dei medici, avresti rischiato di morire sotto i ferri» irrompe la voce pacata di Rea.

D'improvviso, qualcosa in Hephaestus cambia. Sbatte le palpebre, e le lacrime le scorrono sulle guance, copiose. Rimane in piedi, nuda, a piangere in silenzio, mentre fissa Rea Lively e boccheggia alla ricerca delle parole da dire.

«Tu eri mia madre. Tu eri una madre. Tu *sei* una madre!» grida. Le parole escono confuse, anche se pur sempre comprensibili. «Una madre protegge i figli e li ama. Li consola. Li aiuta. Non sei mai entrata in camera mia dopo l'incidente. Non sei più venuta a trovarmi! Non mi hai nemmeno salutata quando sono partita.»

Le urla sono così acute che devo tapparmi un orecchio.

«Io volevo una mamma!» continua, prima di crollare in ginocchio. Hephaestus ha la schiena scossa dai singhiozzi. «Volevo una mamma! Volevo un papà! Volevo una famiglia! Volevo vivere, volevo essere amata. Volevo essere scelta. Volevo stare con mio fratello.»

I suoi lamenti mi chiudono la gola. Per quanto sia estraneo all'intera vicenda, non è facile assistervi.

Hermes volta il capo, e posso chiaramente notare una lacrima sfuggire al suo controllo. Trattengo Daisy, consapevole che proverà a raggiungerlo per abbracciarlo. Qualsiasi movimento azzardato, soprattutto se compiuto da lei, potrebbe far reagire Hephaestus.

La cosa peggiore di tutte è che Crono non batte ciglio. Osserva Hephaestus dall'alto, con disprezzo.

Rea, al contrario, non lascia trasparire alcuna emozione. Anche se qualcosa mi dice che non è indifferente quanto il marito.

«Non tutti sono destinati ad avere una famiglia, Hephaestus» le dice Crono, alla fine.

Bel modo di rompere il silenzio.

«Non chiamarmi... così...» singhiozza lei.

Quando Daisy prova a fare un passo nella sua direzione, lei lo nota con la coda dell'occhio e scatta in avanti, il braccio proteso. «Non ti azzardare! Se ti avvicini io ti ammazzo!»

Mi metto subito davanti al corpo di Daisy, frapponendomi tra le due, con le braccia allargate. Non ho nessuna arma, a parte la mia rabbia e il desiderio di proteggere la ragazza che amo.

«Vorrei proprio vedere come faresti» la minaccio.

Apollo distoglie l'attenzione da noi. «Come hai fatto a compiere questi omicidi? Eros ti ha aiutata?»

Hephaestus si asciuga il viso con il dorso della mano, fa dei respiri profondi e si prende il tempo per calmarsi. Le mani le tremano ancora quando parla.

«Sono arrivata qui pochi mesi fa, come semplice cliente. È stato facile passare inosservata. Tendo a nascondere quanta più pelle riesco, e sono diversa dalla bambina che la gente che lavora qui ha conosciuto tanti anni fa. Drogavo i drink nel locale di Daisy. E poi sceglievo le sue dipendenti che avevano più tratti in comune con lei. Non ho mai ucciso nessuna di loro direttamente. La droga era un mix di allucinogeni che le mandava in totale confusione. Quelle cretine si sono praticamente suicidate. Alcune precipitavano nella follia, e completavano l'operato da sole. Altre, maggiormente abituate a fare uso di stupefacenti, erano più tenaci e dovevo forzare la mano per convincerle. Come la ragazza che avete trovato impiccata nel bagno.»

Mentre lo racconta, sembra rasserenarsi. Oserei ipotizzare che ne va fiera.

«E una volta finito con le dipendenti?» domanda Daisy.

«Avrei atteso il Ballo d'Estate.» Scrolla le spalle. «È un grande evento che concentra l'attenzione di tutti su questa zona dell'isola. Avrei colpito stasera. Il fatto che fosse stato spostato e poi anticipato mi ha insospettita. A quanto pare, i miei dubbi erano fondati.» Sorride. «Avevo un bel piano per ucciderti durante il ballo. È andato in fumo quando sono entrata qui, stanotte, e ho sentito le regole del gioco.»

Daisy ora si rivolge a Eros. Lui sembra captare gli occhi della ragazza e solleva la testa, rivelando che la sua gemella non è l'unica che sta piangendo. Non è più il ragazzo buffo che ho conosciuto a inizio estate.

«Tu c'entravi qualcosa? L'hai aiutata?»

«No» risponde Hephaestus al suo posto. «Eros non c'entra nulla. Abbiamo perso i contatti quando sono stata adottata una seconda volta. Non mi ha aiutata in nulla, dovete lasciarlo fuori!»

«Sospettavo che fosse lei» aggiunge Eros. «Per questo mi hanno trovato all'obitorio. Speravo di beccarla mentre tentava di rubare i volti delle ragazze e magari farla ragionare, incastrarla, trattenerla e consegnarla subito a Crono per mettere fine a tutta la sua follia.»

«E allora chi ti ha aiutata a muoverti e...» Athena pone di nuovo la domanda.

Accadono due cose in contemporanea. Hephaestus lancia un'occhiata veloce a me, per la prima volta da quando siamo qui. Crono interviene per cambiare discorso, senza accorgersi di quello che è appena successo.

Deglutisco a fatica, mentre tento di ignorare due occhi azzurri che mi fissano con insistenza. Daisy si è accorta dello scambio e mi sta facendo una serie infinita di domande a cui non posso rispondere, non ora.

«Basta così. Questa storia è andata avanti per troppo tempo» taglia corto Crono, ignaro di tutto, o forse completamente disinteressato. «Sono nauseato dalla tua presenza e non voglio mai più vederti.»

Temo che Hephaestus possa dare di matto di nuovo; invece, risponde con una risata fragorosa. Suona forzata e... folle. «No, non è finita. Credi che sia qui senza nulla? Credi che sia qui solo per confessare e poi arrendermi?»

«Cosa diavolo vuoi, ancora? Non ti sono bastati questi dieci minuti di fama? Il tuo patetico teatrino della pietà deve continuare ancora per molto?» sbraita Crono.

«Padre» gli dice Apollo, cauto. «Magari, e dico *magari*, sarebbe meglio non parlarle in quel modo prima di sapere cos'ha in mente.»

Stare a stretto contatto con questa famiglia mi ha fatto avanzare un'ipotesi, che ora Crono sembra quasi confermare. Apollo e Athena mi sono sempre sembrati i preferiti dei genitori.

Difatti, dopo il rimprovero di Apollo, Crono rilassa le spalle. Si passa le mani tra i capelli biondo cenere, spettinandoli, e tira un lungo sospiro. «Dunque, Hephaestus, cosa vuoi?»

Hephaestus indica Daisy. «Voglio la sua faccia. Tutto qui. Poi vi lascerò in pace.»

«Stai scherzando» ribatte Hermes, atono.

«No.» E, nel pronunciarlo, si alza in piedi e va incontro a Daisy. «Voglio il suo viso. Mi sono informata: esiste una procedura chirurgica che permette di impiantarlo su un'altra persona. Datemi la faccia di Daisy, e non sentirete mai più parlare di me.»

Alzo la mano, intimandole di fermarsi. «Fai un altro passo e ti giuro che sarà anche l'ultimo.»

«Non la avrai!» urla Crono, tanto arrabbiato quanto scandalizzato. La sua espressione fa quasi ridere. «Sei ancora più pazza di quando eri bambina. Non ti daremo proprio nulla! Dovrai sparire così come sei comparsa e non mettere mai più piede qui.»

«Ah, sì?» Hephaestus fa dietrofront, cambiando traiettoria. Con un cenno del capo, indica il lungo tavolo sul quale stanno gli antipasti e le prime portate di cibo. «Lì sotto c'è una bomba. Solo io posso disinnescarla. Se non mi date ciò che voglio, farò esplodere tutto.»

C'è un veloce scambio di sguardi. Crono ordina ai suoi uomini di andare a controllare. Cinque di loro sollevano la tovaglia e si inginocchiano a terra, andando a cercare l'ordigno. Passano istanti interminabili, prima che uno si ritragga e faccia un segno di assenso.

«Così moriremo tutti! Tu compresa!» le faccio presente.

Lei fa una smorfietta infantile. «Beh, se non posso essere io Aphrodite, non lo sarà nessuno. O mi consegnate lei, o moriamo tutti insieme. Come una bella famiglia felice.»

Crono Lively è un matto privo di sanità mentale, su questo non si discute. Ma non farà morire l'intera famiglia. Certo è che non può nemmeno consegnarle la sua preziosa Aphrodite. Non può davvero acconsentire a farle rimuovere la faccia per soddisfare il desiderio di Hephaestus. Non è qualcosa di realizzabile, ed Hephaestus non se ne rende conto.

Potrebbe chiedere qualsiasi cosa. Soldi, una casa, mantenimento a vita. Potrebbe chiedere di farsi portare dal chirurgo estetico migliore al mondo e cercare di ottenere di nuovo ciò che ha perduto. Sono passati quindici anni dal suo incidente e la medicina ha fatto passi da gigante.

L'unica cosa che resta da fare è mentirle. Non c'è altra soluzione. Andarle contro e continuare a insultarla come fa Crono peggiorerà la situazione e salteremo davvero tutti in aria.

«Devo assecondarla» sussurra nello stesso momento Daisy, come se mi avesse letto nel pensiero.

Mi faccio da parte, ma la ammonisco con uno sguardo, pregandola, supplicandola, di stare attenta.

«Aphrodite» la chiama. Cattura subito la sua attenzione. «Va bene. Accetto.»

Lei la fissa come se avesse parlato in un'altra lingua. «Come?»

Crono afferra il polso di Daisy. «Sei uscita di testa anche tu, ora?»

Rea lo tira per la giacca, mormorandogli qualcosa all'orecchio, e lui la lascia andare, seppur dopo un attimo di esitazione.

Nel frattempo, Daisy si muove piano, avvicinandosi a Hephaestus.

«Va bene. Sai cosa? Hai ragione tu. Questa famiglia ti ha rovinata, ed è giusto che questa famiglia rimedi. Io, per prima. Ti ho rubato il posto e, in qualche modo, anche il viso. Sbaglio?»

Sbatte le palpebre con foga, le ciglia sono rade e corte. «No, non sbagli.»

«Ecco.» Le sorride porgendole la mano. «Voglio farti questo regalo, perché te lo meriti. Quell'uomo ha fatto soffrire tutti, ma te di più» si affretta a precisare, notando subito la sua stizza. «Ti darò il mio viso. Però tu, prima, devi disinnescare la bomba.»

Hephaestus fa un passo indietro, di nuovo guardinga. «Come faccio a sapere che non menti? Lo voglio ora. Facciamolo ora e poi la disinnesco!»

«È un intervento che richiede tante ore e una certa preparazione» spiega. «Lo sai anche tu. Non possiamo farlo subito. Non appena disinnescherai la bomba, prepareremo le valigie e andremo. Ti va?»

Lo vedo, anche se non vorrei: il momento in cui quella povera ragazza abbassa le difese e crede alle parole di Daisy. Vedo il momento in cui trattiene un sorriso, convinta di aver vinto. Vedo la bambina che voleva una famiglia, come tutti gli altri, e che è rimasta vittima di Crono Lively.

So che la genuina bontà di Daisy non le permetterà di superare facilmente questa serata e l'inganno che ha dovuto mettere in atto.

«Daisy» le regge il gioco Apollo. È così bravo che ha capito di non doverla più chiamare «Aphrodite». «Sei sicura di volerlo fare?»

Daisy prende la mano di Hephaestus, e lei ricambia la stretta, con un po' di incertezza. «Sì, ne sono sicura. È tutto okay.»

Crono fa un verso esasperato. «Non ci posso credere che lo stiate facendo davvero. Siete tutti pazzi, in questa famiglia! Fuori di testa!»

Con molta probabilità sta recitando anche lui.

Daisy strattona appena Hephaestus, per il braccio. «Andiamo insieme a disinnescarla? Così poi possiamo pensare a te.»

Lei annuisce e fa un primo passo, poi si blocca a metà strada e storce il naso. L'ansia mi fa martellare il cuore nel petto, in ogni secondo qualcosa potrebbe cambiare. In un istante, Daisy potrebbe farsi male.

«La disinnesco a patto che mamma o papà rispondano a una domanda» Hephaestus detta una nuova regola. «Se mi sanno dire qual è il mio vero nome, quello che avevo prima che mi adottassero, io disinnesco la bomba.»

Dio, spero con tutto il cuore che Rea sia la donna che, in fondo, io credo che sia. Quindi, non una merda totale come Crono. Che lui non lo ricordi è scontato. Non serve neanche guardarlo in faccia. Infatti non emette un fiato.

«Come immaginavo» borbotta Hephaestus. «Io non la disinnesco, se non date la risposta giusta. E ormai non credo che rimanga troppo tempo.»

«Non è importante il tuo nome precedente. Tu sei Aphrodite, ormai. È quello che conta» prova a salvarsi Crono, con la sua solita faccia da culo.

Hermes e Hades gli lanciano la stessa occhiata esasperata.

Hephaestus scuote il capo con convinzione. «No. Dovete rispondere.»

Posso percepire un cambiamento nel suo corpo, nell'aria attorno a noi. Trema, di nuovo. Sta per avere un'altra crisi, con la differenza che da quest'ultima non si salverà nessuno.

Non posso permettere che finisca così. Non posso permettermi di morire e abbandonare la mia famiglia, prima di tutto. Non posso permettere che Daisy muoia. E, in fondo, ho imparato ad apprezzare anche i suoi fratelli. Lei viene prima di tutti, però voglio salvare pure loro.

«Dimostrateci che vi importa qualcosa dei bambini che adottate!» grida Hephaestus, le braccia allargate al cielo. «Dimostrateci che almeno sapete i nostri nomi. Dimostrateci che non siamo solo giocattoli da comprare e portare qui! Dimostrateci un po' di umani...»

«*Delilah*» le parla sopra Rea. «Delilah Maverick» ripete, aggiungendo persino il cognome. Sposta lo sguardo su Eros. «Logan Maverick.»

C'è così tanto silenzio che sento il cuore pomparmi nelle orecchie.

«William, Malakai, Eli, Daisy, Quinn, Cayden, Ezra, Elizabeth, Kylee, Dorian» continua.

Cayden? Dorian? Ky... cosa?

Rea avanza, i tacchi a spillo che ticchettano sul pavimento lucido. Fronteggia Hephaestus e le mette le mani sulle spalle nude. Sorride, eppure gli occhi glaciali sono colmi di lacrime. «Kyanna, Paul, Oliver, Sabrina, Zac, Darryl, Ben, Cecilia, Anne, Kora...» La voce le si spezza e non riesce a proseguire.

Altri nomi.

Bambini che hanno preso dagli orfanotrofi e che non sono mai diventati parte della famiglia.

Li pronuncia con il dolore che solo una madre può provare.

La sua sofferenza è così limpida e chiara che Delilah scoppia a piangere di nuovo. Crolla a terra, ancora, con la differenza che questa volta c'è Rea ad afferrarla e tenerla ben salda. Invece che rimetterla in piedi, scivola piano insieme alla figlia e la tiene in braccio, facendole poggiare il capo sul suo petto. Inizia a cullarla come si fa con i neonati, nonostante abbia più di vent'anni.

«Va tutto bene» sussurra.

«Mamma... Volevo una mamma...» dice Delilah, stringendosi forte a lei.

«Mi dispiace, figlia mia, mi dispiace. Mi dispiace per te, per i figli che ho ora e per quelli che non ho potuto avere. Mi dispiace...» Le sue parole si mischiano, e deve fermarsi per recuperare la calma. «Vi amo tutti così tanto.»

È una scena devastante, che mi appesantisce il cuore. I miei occhi cercano subito Daisy, che a sua volta sta assistendo al momento delicato tra Rea e Delilah. Grossi lacrimoni le percorrono le guance e si tuffano sulle sue labbra piene. Non ci penso un istante prima di raggiungerla. Lei non si accorge di me fino a quando i miei polpastrelli non si posano sulla sua pelle e spazzano via le gocce salate.

Rea afferra il mantello che indossava Delilah e glielo avvolge attorno al corpo nudo, coprendola. Lei non oppone resistenza, anzi, se lo sistema meglio, come se solo ora si rendesse conto di essere stata nuda davanti a noi.

«Delilah» continua ad abbracciarla. «Devi disinnescare la bomba, tesoro. Salva la tua famiglia. Se non vuoi salvare tuo padre, fallo per me e per i tuoi fratelli. Possiamo ricominciare.»

All'inizio sembra che Delilah non l'abbia sentita, però dopo qualche istante tira su col naso e si sottrae dalla stretta materna, seppur con titubanza.

Comincia a gattonare fino al tavolo. Non ha bisogno di cercare il punto preciso in cui è stato sistemato l'ordigno. Sparisce dalla nostra vista, lasciandoci soli con il tempo che scorre e l'incognita di quanto ne abbiamo ancora prima che sia troppo tardi.

«Siamo sicuri di poterci fidare?» bisbiglia Crono. «E se...»

«Sta' zitto, una buona volta!» lo aggredisce Rea, lasciando diverse persone a bocca aperta.

Questa donna non ne può più di suo marito.

Conto nella mia testa fino a undici prima che arrivi il suono di un bip prolungato.

E, quando cessa, ricompare la figura di Delilah avvolta dal mantello. «Fatto.»

Rea la raggiunge, strisciando a terra come lei, e la avvolge nuovamente in un abbraccio. «Sono fiera di te.»

Mi abbandono a un sospiro di sollievo e incastro le dita della mano con quelle di Daisy. Lei ricambia, e Dio solo sa quanto vorrei fregarmene di tutto e avvolgerla tra le mie braccia. Hermes deve provare il mio stesso desiderio, perché ci raggiunge e stringe la gemella in una presa asfissiante.

Mentre lo fa, guarda me.

Ce l'abbiamo fatta.

Sì, ce l'abbiamo fatta.

Crono è l'unico che non si è ancora sbilanciato. Sembra essersi bloccato nel tempo e, quando ritorna tra noi, ha un'espressione spaventosamente distaccata. L'ambra delle sue iridi è quasi scomparsa, la pupilla è così dilatata da aver nascosto il colore.

Comincia ad avanzare. Si ferma. Impugna la sua amata pistola e spara un colpo secco a uno dei Giustizieri. Il corpo dell'uomo crolla a terra e io devo mordermi l'interno della guancia per non reagire.

«Perché?» esclama Daisy.

Crono fa spallucce. «Era un infiltrato. Ha aiutato Delilah.»

Si ferma davanti alla moglie e a lei.

«Padre» bisbiglia, abbozzando un sorriso.

Lui non batte ciglio. «Non chiamarmi "padre". Non sei mia figlia.»

Mi sento morire io al suo posto.

«Crono, no! No, no, no...» comincia Rea, allarmata.

«Solo una curiosità: ti aspetta qualcuno a casa?» chiede Crono a Delilah.

Esita, poi risponde: «No, i miei genitori sono morti l'anno scorso. Non ho nessuno».

Crono Lively sorride. «Bene, nessuno verrà a cercarti.»

Accade in una frazione di secondo. Punta l'arma su Delilah e le spara dritto in fronte.

Daisy sussulta con violenza.

La sala viene invasa dalle urla straziate di Rea Lively.

32

...E BUGIA

Il legame più evidente tra Afrodite e le stelle è l'associazione con Venere, l'oggetto celeste più luminoso dopo il Sole e la Luna. Chiamato anche «stella del mattino» (Eosforo) e «stella della sera» (Espero), nella tradizione romana il pianeta Venere è stato direttamente collegato alla dea corrispettivo di Afrodite.

Aphrodite

Il sole è vicino alla linea dell'orizzonte, pronto a scomparire nel mare per lasciare spazio alla luna e alla notte. L'arancione scema nel rosa, tingendo il cielo sopra di noi, e si riflette nell'acqua salmastra. Le nuvole, disseminate qua e là, creano giochi intricati di colori e luci.

È uno spettacolo. Uno dei tramonti più belli che abbia mai visto in tutta la mia vita.

Mia madre, sulla riva, indossa un lungo vestito bianco che svolazza appena, mosso dal vento. Ci dà le spalle, mentre raccoglie una conchiglia e la lancia in acqua.

Abbiamo deciso di fare un piccolo funerale privato a Delilah. Rea ci teneva, e lo avrebbe fatto anche senza la nostra partecipazione.

Ci siamo solo io, Hades, Hermes, Apollo, Athena, Thymós ed Eros. Mio padre non è voluto venire. Non che ci aspettassimo un comportamento diverso, non ci ha nemmeno concesso di avere il suo corpo per renderle omaggio. Verrà cremata e qualcuno si libererà di lei, senza lasciare tracce.

Non abbiamo pronunciato una parola. Abbiamo aspettato che fosse Rea a dire qualcosa, ma così non è stato. Ci ha chiesto di stare in silenzio in segno di rispetto per nostra sorella, e al massimo di lasciare una conchiglia nel mare. Come gesto simbolico.

Il suo dolore è straziante. Per una volta, Rea ha mostrato cosa nasconde dietro la sua freddezza.

L'unica ad amare davvero i bambini che porta a casa, dall'orfanotrofio.

L'unica a piangerli, quando accade loro qualcosa.

L'unica a ricordare ogni nome.

«Se volete, potete andare» rompe il silenzio, ancora di spalle e con lo sguardo rivolto al mare. «Grazie per essere venuti con me.»

Io e i miei fratelli ci scambiamo delle occhiate piene di esitazione. Nessuno di noi vorrebbe lasciarla sola. Non in questo momento. Ma potrebbe anche essere ciò di cui ha più bisogno.

Decido di farmi avanti e raggiungerla. Le circondo le spalle e la abbraccio. Mia madre ricambia all'istante, accarezzandomi la schiena.

«Mi dispiace che tu abbia vissuto tutto questo» mormora. «Delilah era solo una bambina ferita, che aveva perso la lucidità.»

Non le rispondo. Vorrei dirle che va tutto bene, però non è così. Persone innocenti sono morte, ragazze che avevano tutta la vita davanti e che io conoscevo. Delilah non andava punita con la morte, avrebbe dovuto pagare le conseguenze dei suoi errori. Potevamo ancora salvarla se Crono non avesse deciso per tutti che la sua vita non contava più nulla.

Sciolgo l'abbraccio per prima e me ne vado. Non torno sulla sabbia asciutta, proseguo lungo la riva del mare. I miei piedi affondano appena, e di tanto in tanto le onde si spingono abbastanza in là da bagnarmeli. Fa ancora caldo per essere le 8 di sera, e l'acqua è rinfrescante.

Solo una persona mi segue. L'unica con la quale ho bisogno di parlare in questo momento. Thymós.

Mi si affianca senza dire nulla, e io aspetto che sia lui a rompere il silenzio. Mi accorgo dopo che sta solo aspettando di essere abbastanza lontano dal resto della mia famiglia.

«Stai bene?»

Annuisco. «E tu?»

«Dipende da quello che accadrà nei prossimi minuti.»

Allora non serve davvero che glielo chieda. Stiamo per riprendere il discorso accennato durante il ballo. *Il traditore.* Lo sguardo che ha scambiato con Delilah, le parole che mi ha rivolto mentre ballavamo prima che cominciasse il gioco, il suo desiderio di redenzione. Cosa significavano?

Una parte di me vorrebbe sapere ogni cosa, un'altra preferirebbe far finta di nulla e vivere con serenità ciò che resta di questa estate turbolenta. C'è ancora la possibilità che vada bene e ci offra un po' di serenità.

«Daisy, ti prego, guardami negli occhi.»

Visto che non lo assecondo, mi avvolge il polso in una stretta delicata e mi scuote appena il braccio. Mi costringe a fermarmi. Rea è un puntino lontano, appena visibile, e i miei fratelli se ne sono già andati.

Quando rivolgo il capo in direzione di Thymós, i suoi occhi marroni e caldi mi stanno fissando. Ci leggo la paura di dire la verità, ma anche la determinazione a essere onesto.

«Comincio a pensare di non voler sapere nulla» mormoro.

Scuote la testa. «Meriti di saperlo, Daisy. Meriti che io ti dica la verità e che sia sincero con te. Anche se poi non volessi più parlarmi e avere a che fare con me. Non posso nasconderti nulla, non più.»

«Io non voglio perderti. E ho paura che quello che mi dirai...»

Le sue mani mi circondano il viso e si avvicina a me, fino a quando le punte dei nostri nasi si sfiorano. «Anche io» sussurra. «Anche io ho paura che tu possa odiarmi. Però ti prego, lasciami parlare.»

Dopo qualche istante di esitazione, gli faccio un cenno d'assenso. Thymós si stacca e mi prende per mano, conducendomi dove la sabbia è asciutta. Ci sediamo vicini, uno accanto all'altra. Lui circonda le mie gambe e se le mette in grembo, avvolgendole con un solo braccio. I suoi polpastrelli tracciano linee immaginarie sulla mia pelle abbronzata.

Lo studio per quelli che sembrano minuti infiniti. Non so quanto tempo passiamo in silenzio, a fare nulla, ma è il tempo necessario a Thymós per riorganizzare i pensieri. E il tempo necessario a me per prepararmi.

«Ieri... ti ho detto di essere il traditore, ricordi?»

«Benissimo.»

«Lo sono davvero, Daisy. Non parlavo a vanvera. Nonostante ciò, non sono un traditore nella storia del killer, Delilah e gli omicidi.»

Deglutisco a vuoto. «E allora in cosa?»

La sua mano si ferma sulla mia coscia, e lui si volta lentamente fino a incontrare il mio sguardo. Il suo pomo d'Adamo si abbassa.

«Sono un agente della CIA» scandisce con chiarezza. «Faccio parte dell'Intelligence, per la precisione lavoro per l'Europe & Eurasia Mission Center.»

Non muovo un muscolo. Il mio cervello sta assimilando l'informazione appena ricevuta. Una vocina nella mia testa continua a ripetere quelle parole fino alla nausea.

«Vai avanti.»

Sospira. «Tuo padre e tuo nonno sono famosi nell'Agency. È da anni che indagano sulla vostra famiglia e cercano prove schiaccianti per metterli sotto processo. Il problema è che hanno agganci in ogni reparto di sicurezza, ci sono talpe ovunque nel nostro sistema. All'inizio, ad averlo notato sono stati solo semplici organi di polizia qui in Grecia. La cosa si è poi spostata a livelli sempre più alti. Non credo che ti stupisca più di tanto, o sbaglio? Considerando la situazione famigliare che hai, è anche abbastanza logico che qualcuno indaghi e tenti di incastrare tuo padre.»

No, non mi stupisce. Mi sono sempre chiesta come abbia fatto Crono a non finire mai in carcere. Ha rischiato, alcune volte, ma se l'è sempre cavata. Non essersi rivolto alla polizia per gli omicidi verificatisi sull'isola è un altro segno ben chiaro della sua situazione.

«E tu...»

«Mi hanno assunto pochi mesi fa» racconta. «L'Intelligence sa delle adozioni numerose, ma non sono una prova sufficiente per incastrarlo. Quando hanno scoperto però che non tutti i bambini adottati erano morti nel labirinto, come Delilah, l'hanno rintracciata e interrogata. Lei ha detto poco e niente, d'altronde è stata con Crono per nemmeno un mese. Non aveva quasi nulla di interessante da offrire. Però poteva aiutare la CIA. Poteva introdursi sull'isola e avere un confronto con lui, poteva aiutarli a raccogliere qualche prova.»

Mi gira la testa. Troppe cose in una volta.

«Il piano era che tornasse e riprendesse il suo posto da Hephaestus, e che ci passasse poi le informazioni. Ma così non è stato. Quando hanno iniziato a verificarsi gli omicidi, un informatore ci ha detto che Crono stava cercando una guardia del corpo per sua figlia Aphrodite. Io ero la scelta migliore. Nato e cresciuto in Grecia, sarei passato inosservato, molto più di un americano. Tuo padre non si sarebbe mai fidato di qualcun altro. Perciò, hanno mandato me.»

Aggrotto la fronte, arrivando solo ora a una conclusione. «Tu sapevi fin dall'inizio che Delilah voleva uccidermi?»

«No, no, assolutamente no» si affretta a correggermi. «L'abbiamo aiutata a infiltrarsi sull'isola, ma poi lei ha chiuso le comunicazioni con noi. Non ci ha mai detto dell'astio che provava per Crono e Rea, tanto meno di quello verso di te. Non sapevamo che lei avrebbe dovuto essere Aphrodite, e non sapevamo nemmeno che Eros fosse il suo gemello. Quando ha smesso di contattarci e rispondere, abbiamo pensato che Crono l'avesse scoperta e uccisa. Io sono rimasto, perché ci tenevo davvero a difenderti da qualsiasi killer volesse arrivare a te.»

Faccio una smorfia. L'unica nota positiva nel racconto. Ma, chissà perché, sento che non è finita qui. «Cosa non mi hai ancora detto?»

«Volevamo incastrarvi tutti, io e gli uomini per cui lavoro. Non solo Crono, ma pure voi figli. Ero costretto dai miei superiori a raccogliere informazioni attraverso di te. Ero una spia.»

Passa qualche istante. Mi sudano i palmi delle mani. «*Eri*?»

«Sono.»

«Sei?» Non ha mai smesso.

«Daisy...» Nella sua voce c'è dolcezza, c'è dolore, c'è pentimento, e anche determinazione. «Tuo padre Crono e tuo nonno Urano vanno fermati. Tutto questo va fermato, te ne rendi conto? E, per quanto i miei sentimenti per te crescano di giorno in giorno, non posso tirarmi indietro. Non posso e non voglio.»

Annuisco. Non so cosa dire. È il suo lavoro. E, in fondo, ha ragione. Ciò non significa che il mio cuore non si stia crepando in milioni di pezzi. «Perché me lo racconti? Perché mi confessi tutto questo, senza temere che io vada a riferirlo a mio padre e ti faccia uccidere?»

«Se c'è una cosa che ho capito, è che tu e i tuoi fratelli siete innocenti. Anche voi dovreste essere aiutati. Anche voi vorreste liberarvi di Crono Lively» risponde. Il suo dito mi solleva il mento, costringendomi a guardarlo. «Voi meglio di me sapete che Crono è pazzo e fuori controllo. E chissà quali altri progetti ha in serbo per il futuro, che nemmeno voi conoscete. Noi abbiamo vaghe idee, tante ipotesi, e sono una peggiore dell'altra.»

«Cosa mi stai chiedendo? Di aiutarti? Di collaborare?»

«Esatto. Tu e i tuoi fratelli.»

Athena non lo farebbe mai. Per quanto sia intelligente e forte, non volterebbe mai le spalle a nostro padre. Non solo per lealtà, ma per paura che lui lo scopra. Apollo è molto vicino a Crono. Hermes e Hades forse potrebbero accettare di farlo, ma a quale prezzo? Se lo dicessi a loro, condividerei il peso di un segreto enorme. E, se nostro padre ci scoprisse, ucciderebbe tutti quanti. Se invece fossi solo io ad aiutare Thymós, non metterei nessuno in pericolo.

«È troppo rischioso» dico, infine. «Non posso parlarne con Herm e gli altri. Due persone possono mantenere un segreto solo se una di loro è morta. Cinque... diventa una strage.»

Thymós allontana la mano dal mio volto e la poggia sulla mia gamba, cauto, come se avesse paura di un mio rifiuto.

«Lo capisco e lo rispetto.»

Il suo sguardo pare chiedermi: *ma tu cosa intendi fare?*

Io cosa voglio fare?

Cosa vuoi fare, Daisy?

«Se mi denunci a tuo padre... sì, mi ucciderà» conviene. «Ma la CIA non si fermerà. E credo che, a prescindere, lui sappia già che l'Intelligence lo tiene d'occhio. Se non mi denunci, invece, possiamo vincere. Hanno atteso per anni di avere contatti con qualcuno vicino a Crono. L'unica pista che avevamo è un certo Crio, figlio adottivo di Urano, diseredato dalla famiglia. Deve aver cambiato identità ed essersi nascosto da qualche parte e, nonostante l'allontanamento dai Lively, siamo sicuri che Urano stia facendo il possibile per tenerlo nascosto.»

Crio? Credevo che mio padre avesse un solo fratello, Iperione.

Ancora una volta, troppe cose insieme.

Thymós mi dice altro, ma io non lo ascolto. Con una leggera spinta delle mani, mi metto in piedi e sfuggo dalla sua presa. Lui non si alza, non prova a trattenermi e non mi richiama neppure. Mi osserva camminare avanti e indietro, in riva al mare, mentre il cielo alle mie spalle diventa sempre più cupo.

«Il Giustiziere ucciso da mio padre ieri... era uno di voi?» chiedo.

«Sì. Ci sono talpe ovunque. Nemmeno tuo padre può fidarsi di tutti. In qualche modo, però, li scova sempre.»

Mi passo le mani tra i capelli, tirandoli all'indietro con troppa forza, e una ciocca mi rimane impigliata tra le dita.

«Daisy, se hai paura... vai a dire tutto a tuo padre. Lo capirò. Ti prego solo di stare calma. Non tormentarti in questo modo. Ti sto lasciando la libertà di scelta.»

È proprio quello il problema. La libertà di scelta. So qual è quella giusta: tradire mio padre e aiutare la CIA. Il problema è che Thymós ha ragione su una cosa: io ho paura.

Voglio stare con lui.

Voglio poter dire tutto ai miei fratelli.
Voglio allontanarmi da questa famiglia.
E voglio proteggerla.
Voglio una vita normale. Voglio dimenticare cos'è successo ieri notte. Voglio... Voglio...
Due braccia mi avvolgono. Non ho alcuna intenzione di sottrarmi, anzi, affondo il viso nel petto ampio e caldo di Thymós e lascio che mi stringa con tutta la forza che ha in corpo.
«Daisy» pronuncia il mio nome un'infinità di volte.
«Non sono abbastanza forte per fare tutto questo, Thymós.»
«Tu sei abbastanza forte per fare qualsiasi cosa tu voglia, mi hai sentito? Non porti alcun limite. L'unico limite è la tua volontà. Chiaro?» Si sposta appena, per afferrarmi il viso. «Puoi fare tutto, ne sei capace. Mi stai ascoltando?»
Una lacrima mi riga il volto, però annuisco freneticamente. «Sì, ho capito, ho sentito.»
E, in cuor mio, so qual è la cosa che voglio fare. Perché, quando Thymós mi ha confessato di essere un agente della CIA mandato qui per indagare sulla mia famiglia, io non mi sono sentita tradita. Neanche un po'. Per quanto vorrei, per quanto ci stia provando, non riesco a dargli colpe.
«Cosa faremo, adesso?» gli chiedo.
Lui esita, dopodiché mi sposta una ciocca di capelli dietro l'orecchio e mi bacia la tempia. «Torneremo in casa e ceneremo, immagino. E stasera riposerai.»
«No, intendo nelle prossime settimane.»
«Passeremo l'estate più bella della tua vita.»
Ora mi viene da ridere. «Smettila, sai cosa intendo. In futuro.»
Thymós mi riavvicina a sé, e poggia il mento sulla mia testa. «Tornerai a Yale con i tuoi fratelli e io prenderò un appartamento vicino al campus, così potremo vederci quando avremo voglia, ma di nascosto. Nessuno dovrà saperlo. In questo modo, raccoglieremo informazioni senza dare nell'occhio. È possibile che a volte dovrò assentarmi per fare rapporto ai miei superiori, o che debba tornare in Grecia per assicurarmi che vada tutto bene con le cure di mio padre, ma... faremo così. Non ti preoccupare, d'accordo?»
Non sembra un cattivo piano. Di contro, nemmeno uno che può

filare così liscio come lo fa sembrare. In ogni caso, è lui l'agente della CIA. Non mi resta che fidarmi.

C'è solo un altro dettaglio che ho bisogno di mettere in chiaro. Ho bisogno di sentirglielo dire, con convinzione.

«Thymós...»

«Sì, *astéri mou*?» *(«Stella mia» in greco)*

«Quello che provi per me è reale?»

Si scansa per guardarmi negli occhi. Ha la fronte aggrottata, e l'ira comincia a distorcergli i tratti del viso. «Come, prego?»

«Hai capito bene. Quello che provi per me è vero? O fingi solo per convincermi a collaborare?»

Thymós mi guarda come se non credesse alle sue orecchie. Butta fuori uno sbuffo d'aria dal naso e apre la bocca per replicare, eppure non esce alcun suono. Le mani scivolano dal mio viso e fa un passo indietro, tentennando.

«Tu pensi che non sia reale, Daisy? Pensi che lo faccia per... Pensi che... io...»

Il vento si porta via le sue parole, e lui non le riprende, perché niente potrebbe esprimere il modo in cui lo sto facendo sentire con la mia accusa.

Mi dà le spalle e si allontana a grandi falcate, rabbioso.

Io non mi muovo. Lo osservo, in attesa.

Thymós si blocca e fa dietrofront, e mentre mi raggiunge dice: «Dimmi se *questo* ti sembra reale, Daisy. Dimmelo».

Le sue labbra si schiantano sulle mie, con una violenza che mi mozza il respiro.

Non è un bacio rude. È il bacio più dolce del mondo, il bacio più dolce che ci siamo mai scambiati. La sua bocca si muove, con calma, studiando ogni centimetro della mia. Mi succhia il labbro inferiore e lo stringe tra i denti, trascinandolo, per poi ribaciarmi. Applica una lieve pressione con la punta della lingua e si fa spazio dentro la mia bocca, cominciando a giocare con la mia. Mi afferra per la nuca, a palmo aperto, e mi inclina il capo cosicché possa rendere il bacio più profondo.

Annulla ogni dubbio che abbia mai avuto.

Mi fa tremare le gambe.

Mi fa aggrovigliare lo stomaco.

Mi fa desiderare di scappare con lui, lontano da tutto questo. Al tempo stesso, fa nascere in me la voglia di lottare.

Quando interrompe il bacio, resta con la fronte premuta sulla mia. Ansimiamo entrambi. «Era reale, Daisy? Era abbastanza reale o devo portarti in camera da letto e dimostrartelo in un altro modo?»

Per quanto gli creda, voglio che continui a dimostrarmelo. E gli basta un'occhiata per capirlo. Thymós mi afferra per il fondoschiena, invitandomi a sollevare le gambe. Le aggancio attorno alla sua vita e lui comincia a camminare verso la villa, sulla sabbia ormai fresca e con la notte che ormai incombe su di noi.

Non incontriamo nessuno, perché gli faccio prendere la scorciatoia laterale, e in meno di tre minuti siamo davanti alla portafinestra della mia camera da letto.

Thymós la apre con un calcio poco delicato e se la richiude alle spalle, dopodiché fa tre giri di chiave.

Non accende nemmeno la luce; la luna, stanotte, è nella fase del plenilunio e sembra essersi appostata davanti alla nostra camera, solo per illuminarci.

Mi spoglia con dolcezza, con rispetto, con devozione. Lancia i suoi vestiti in aria, però, con un impeto che a me non ha riservato. Non si perde in preamboli. Infila un preservativo e si ferma in piedi davanti a me, sdraiata sul letto.

Mi afferra le cosce e mi spalanca le gambe, sistemandosi tra di esse. La punta del suo membro mi stimola l'entrata, già bagnata e scivolosa, e mi penetra con una spinta decisa. Va completamente a fondo, e il piacere è così forte che mi fa rovesciare gli occhi all'indietro e gemere a voce alta.

Questa volta, nessuna mano attutisce il suono.

«Grida quanto vuoi» sussurra al mio orecchio, muovendo il bacino in piccole circonferenze. «Voglio sentirti, Daisy. Sei...»

Afferro la sua nuca, infilando le dita tra i capelli castani e morbidi. «Sei mia»? È questa la frase che sta per rivolgermi? Perché non mi piace affatto.

Esce e rientra, affondando dentro di me con un grugnito. «Sei la donna a cui appartengo» continua la sua frase. «Io sono tuo. Anche quando non mi vorrai più, sarò tuo. È abbastanza reale, per te?»

È una domanda retorica.

Copre la mia bocca con la sua e, reggendosi con i gomiti ai lati del mio viso, continua a penetrarmi senza mai uscire. Non sono spinte violente e veloci, sono affondi ben studiati e lenti. Si prende tutto il tempo del mondo, le mie pareti interne stringono attorno al suo membro e creano l'attrito che fa gemere tanto me quanto lui.

Poggio le mani sui suoi glutei sodi, e spingo il suo bacino verso il mio, cercando di farlo entrare il più possibile.

Va oltre il sesso.

Thymós lascia tracce indelebili sulla mia pelle.

Non voglio che si fermi, e non per il piacere del rapporto sessuale, ma perché non voglio allontanarmi da lui. Voglio provare per sempre la sensazione della sua pelle contro la mia, della sua voce che sussurra al mio orecchio. Voglio per sempre i suoi baci, perché dopo di lui sono certa che non desidererò mai nessun altro.

«È reale, questo?» chiede, di nuovo, in tono provocatorio. «O è finto?»

Abbassa il capo per baciarmi il seno e, mentre dà languidi colpetti di lingua ai capezzoli, affonda così in profondità che l'orgasmo mi investe senza preavviso. Spalanco la bocca ed esclamo il suo nome, colta di sorpresa.

«Per me, è reale» sussurra al mio orecchio, ora più dolce e calmo. «Per me, è la cosa più vera che abbia mai provato in tutta la mia vita.»

Thymós continua a spingere, più veloce, solo per raggiungere anche lui l'orgasmo.

«È reale?»

Questa volta vuole una risposta.

È ancora in mezzo alle mie gambe, seppellito dentro di me.

«Era solo un forte desiderio sessuale, Daisy? O è anche amore?»

Non ho bisogno di rifletterci.

«È reale, Thymós, è reale» sussurro, con la poca forza che mi è rimasta, la vista appannata e le gambe che formicolano.

Si abbandona a un sorriso stanco e felice, prima di crollare sopra di me, incastrando il capo nell'incavo del mio collo. Si regge con le mani per non pesare sul mio corpo, e restiamo così per quella che sembra un'eternità. Qui, insieme, i problemi che dovremo affrontare in futuro appaiono più piccoli di quelli che saranno.

Ha ragione. Dobbiamo solo pensare al resto dell'estate che abbiamo davanti. Voglio che sia la più bella della mia vita, perché non so cosa ci riserva il futuro. In questo istante, non mi fa paura. Ho i miei fratelli. E ho Thymós. E, da oggi, so di avere anche mia madre.

D'improvviso, il corpo di Thymós sprofonda sopra il mio, bloccandomi il respiro. Lo chiamo, ma mi giunge presto il lieve rumore del suo russare. Si è addormentato? Le ultime ventiquattr'ore sono state frenetiche e piene, non mi stupisce.

Gli volto appena il capo, trovandolo con la bocca dischiusa e le palpebre serrate. Respira in modo regolare. Bacio con delicatezza la «X» tatuata sul suo zigomo, prima di liberarmi dalla sua presa.

Per quanto vorrei sdraiarmi accanto a lui, mi costringo a mettere il pigiama e a scendere in cucina. Per casa aleggia il silenzio e non incontro nessuno dei miei fratelli. Oggi siamo liberi di cenare dove vogliamo, saltando tutti i pasti in famiglia. I cuochi ci hanno lasciato le portate in frigo; recupero due ciotoline e le posate, sia per me sia per Thymós. Quando si sveglierà, avrà sicuramente fame. Incastro una bottiglia d'acqua sotto il braccio e ritorno in camera mia.

Mi posiziono al telescopio, con la mia porzione di cibo, e alterno l'osservazione delle stelle a qualche forchettata di verdure grigliate. Il cielo si è addensato di nuvole e, proprio quando temo che non vedrò nulla, riesco a trovare un piccolo spazio aperto.

E... eccole lì. Le stelle del Triangolo Estivo, proiettate verso sud. I tre punti ben evidenti nelle notti d'estate: Vega, Altair e Deneb. Sono astri caldissimi, di tipo spettrale A, dal colore bianco con riflessi blu. Vega illumina la costellazione della Lira, seguita da Altair che brilla nell'Aquila. Deneb, invece, più lontana delle altre, punteggia la coda del Cigno.

Sposto l'obiettivo alla ricerca di Antares. Anche lei punteggia i cieli delle notti estive; è una supergigante rossa conosciuta anche col nome di «Cor Scorpii», ovvero «il cuore dello Scorpione».

Una delle leggende associate ad Antares proviene dalla mitologia greca. Si credeva che Antares fosse il cuore del grande Scorpione inviato dal Titano Gea per uccidere il cacciatore Orione. Nella loro lotta, sia Orione sia lo Scorpione furono colpiti a morte. Gli dèi, in segno di rispetto per la loro coraggiosa lotta, li posero tra le stelle, dando origine alle costellazioni da cui prendono nome.

Non dovrebbe essere troppo lontana. Dovrebbe essere proprio...

«Ehi.»

Mi volto con uno scatto. Thymós è ancora nudo, nel letto, e si sta stiracchiando. Il lenzuolo gli scivola sui fianchi, scoprendo la V dell'inguine e l'accenno di peluria. Stende le braccia verso l'alto, e i suoi muscoli si gonfiano per qualche secondo, dopodiché le lascia ricadere e si gira sul fianco, rivolto verso di me.

«Ehi» ricambio.

Si regge il viso con la mano, puntellando il gomito sul materasso. Ha ancora lo sguardo assonnato. «Torni qui, sulla Terra, da me o resti ancora un po' lì, in cielo, tra le stelle?»

Non serve pensarci. Mi alzo dalla sedia e gli vado incontro. Thymós allarga le braccia per invitarmi, un sorriso enorme gli illumina il viso perfetto.

«Torno da te, sulla Terra» mormoro, una volta stretta al suo petto. «Torno sempre da te.»

EPILOGO
L'ULTIMA ESTATE

QUELLA fu l'ultima estate di Aphrodite. Ma fu la prima estate di Daisy.

Fu l'estate in cui ebbe l'occasione di essere sé stessa. Tutti notarono il suo cambiamento, la libertà che si prese di essere chi era sempre stata. La ragazza che Thymós aveva visto fin dal primo sguardo.

Quella fu l'ultima estate della sua vita, ma anche la prima che ebbe l'occasione di vivere come desiderava.

Fu l'estate delle mattine in terrazzo, con un libro sotto il naso e le sue immancabili fette di pane con burro d'arachidi e marmellata. Gli occhi di Thymós puntati addosso, e le loro gambe che si sfioravano sotto il tavolino. Le mani di lei che giravano le pagine dei libri, e quelle di Thymós che le sfioravano le cosce scoperte, per provocarla e farle perdere la concentrazione. Solo per poi venire interrotti da Hermes, con il suo solito: «Prendete uno dei miei preservativi e andate da un'altra parte!»

Le sere in riva al mare con i fratelli, a fare quei giochi stupidi che non avevano potuto fare da bambini. A ritrovare l'innocenza che nessuno aveva mai concesso loro.

Fu l'estate dei bagni nuda, in mare, nella spiaggia privata. Thymós amava vederla sciogliere i laccetti del costume, gli slip colorati cadere nella sabbia e il suo corpo nudo immergersi nella distesa d'acqua cristallina. Ancora di più, amava raggiungerla e baciarla tra le onde del mare, lì dove nessuno poteva vederli.

Fu l'estate delle albe appena uscita dal locale, con il sudore a imperlarle la fronte e l'umidità che le si attaccava alla pelle mentre tornava a casa con i tacchi in mano e le scarpe da ginnastica ai piedi.

* * *

Daisy circondò il busto di Thymós e si spalmò contro di lui, stringendolo fortissimo. Lui finse un verso disgustato e provò, con pochissima forza, ad allontanarla. «Sei sudata e appiccicosa. Che schifo.»

Lei fece scivolare le braccia più in alto e fece un saltello per afferrargli il viso. Thymós la aiutò abbassandosi con un sospiro intenerito, e lei gli stampò un bacio dopo l'altro. Sulla fronte, sulle palpebre, sulle guance, sugli zigomi, sul collo, sul naso e sulla bocca. A ripetizione.

Hermes rise sguaiatamente, additandoli come «disgustosi piccioncini». Apollo ridacchiò a bassa voce, felice di vedere sua sorella così innamorata.

Thymós agganciò le mani sul fondoschiena di Daisy e la sollevò da terra, prendendola in braccio. Iniziò a camminare, prima di attirare troppo l'attenzione su di loro.

Erano lontani dall'entrata della sala gioco, ma non avevano ancora imboccato la scorciatoia che solo i Lively conoscevano.

«Andiamo, sacca di soldi ambulante.»

Daisy poggiò il capo sulla sua spalla, lasciando dondolare le gambe doloranti. I tacchi le stavano distruggendo i piedi, avrebbe voluto cambiarli con le scarpe da ginnastica che Thymós aveva sicuramente messo nello zainetto che portava in spalla. Era troppo ubriaca per fermarsi, in ogni caso. Stava bene lì, in braccio all'uomo che amava.

«Facciamo un gioco mentre torniamo a casa?» propose Hermes.

«No» risposero all'unisono Hades, Athena e Apollo.

«Oh, andiamo! Perché nessuno mi asseconda mai?»

«Perché hai idee di merda.»

«Sottoscrivo.»

«Sottoscrivimi stocazzo, *Apollo. Sei sempre zitto, ma quando c'è da prendermi in giro diventi sospettosamente loquace.»*

«Ma perché non ti rilassi, ogni tanto?»

«Bambini, non litigate» esclamò Thymós, sia divertito sia esasperato dai battibecchi dei fratelli. Non era il primo a cui assisteva e, a essere onesti, ci stava anche facendo l'abitudine.

Hermes ne approfittò e trotterellò in modo buffo fino a pararsi davanti a Thymós, continuando poi ad avanzare all'indietro. Apollo, ogni tanto, spostava la sua traiettoria per non farlo finire contro i rami degli alberi.

«Okay, Trampolino, rispondi a una domanda: chi è il tuo fratello

Lively preferito? Sii onesto. Sincero. Non preoccuparti di ferire i sentimenti di qualcuno. Tanto Athena non ne ha, ad Apollo non frega un cazzo e i miei non li ferirai perché dirai proprio il mio nome» finì, con un sorriso a trentadue denti.

Thymós lo fissò con la fronte aggrottata. «E Hades?»

«Lui è una Diva. Non gli interessa dell'opinione altrui.»

Daisy, che non si perdeva neanche una parola, ma aveva deciso di non intervenire, picchiettò sulla schiena di Thymós e accostò le labbra al suo orecchio. «Fallo felice e di' il suo nome.»

Hermes amava avere l'approvazione degli altri. Gli importava forse troppo che le persone lo apprezzassero.

Thymós finse di rifletterci a lungo, solo per tenere Herm sulle spine. Alla fine, sospirò. «Tu, Riccioli d'oro.»

Hermes sollevò il braccio in aria in segno di vittoria. «Ah ah! Lo sapevo. Nulla di nuovo. Sentito, Pollo?»

Thymós e Daisy si scambiarono uno sguardo, sorridendo. Ciò che nessuno sapeva era che Thymós non aveva semplicemente assecondato la sua ragazza e il suo gemello. Hermes, in fondo, era davvero il suo preferito.

Fu l'estate delle notti con il frinire rumoroso delle cicale, le mattine afose, le raffiche di vento con l'odore salmastro del mare e i granelli di sabbia che le si incastravano tra le dita bagnate. Un'estate che sapeva di crema solare sulla pelle abbronzata, luminosa come i fuochi d'artificio di metà agosto.

Quell'estate fu anche l'ultima volta in cui lesse il suo libro preferito, un'abitudine che andava avanti da anni, prima di ripartire.

«Daisy» la richiamò Thymós, fermatosi sulla soglia della portafinestra. In mano teneva una sacca da viaggio, e aveva gli occhiali da sole agganciati al colletto della maglia.

Lei sollevò il viso con fare distratto, per rivolgergli un saluto, e tornò a leggere, seduta al solito tavolino. «Mmm?»

«Dobbiamo andare» le ricordò lui. «Tra tre ore abbiamo il volo per tornare negli Stati Uniti, a Yale.»

Aphrodite annuì. «Sì, certo. Dieci pagine e arrivo.» Con l'indice della mano libera picchiettò sul libro.

Thymós si abbandonò a un sospiro e, invece che metterle pressione, andò a sedersi lì accanto a lei per qualche minuto. Si sporse oltre per leggere il titolo del libro dal quale non poteva staccarsi.

Aggrottò la fronte. Lo aveva già sentito... «Non è il tuo libro preferito, questo?»

«Esatto. Te lo ricordi?»

Avrebbe voluto dirle che non c'era una cosa di lei che avesse dimenticato. «Sai già come finisce, perché correre il rischio di arrivare in ritardo per un libro che hai già letto?»

Aphrodite sfogliò una pagina. «Lo leggo ogni anno, l'ultimo giorno d'estate, che coincide con il giorno in cui andiamo via dalla Grecia e torniamo negli Stati Uniti. È una tradizione.»

«Capisco. E quante volte lo hai letto?»

«Almeno dieci.»

«Che cosa?» esclamò lui, incapace di trattenersi.

Aphrodite scoppiò a ridere. «Mi piace.»

«Non ti stanchi di rileggere la stessa storia ogni anno? Ormai non può più stupirti.»

Lei storse il naso e poggiò il libro sulle gambe, per rivolgere lo sguardo sulla sua ex guardia del corpo. «È questo il bello. C'è conforto in una storia che sai già come va a finire. C'è conforto nel sapere che leggerai sempre un lieto fine, e che nessuno potrà togliertelo. Questo libro mi piace perché conosco i personaggi come se fossero miei amici e so come andranno le loro vite. Ogni anno è un po' come andarli a trovare e vedere che sono ancora felici.»

Thymós ascoltò le sue parole e non disse nulla. La osservò per tutto il tempo, fino a quando non terminò di leggere. Amava guardarla. E quando si alzarono per raggiungere gli altri, che li aspettavano giù ai cancelli, la fermò.

«Potresti prestarmelo? Vorrei leggerlo anche io.»

Quella fu l'estate in cui si innamorò per la prima volta nella sua vita. L'estate in cui pronunciò le due parole tanto agognate da un'anima romantica come la sua: «Ti amo».

* * *

Era una notte di metà agosto e, mentre Thymós sonnecchiava nel letto, lei se ne stava davanti alla portafinestra a guardare il temporale che si stava scatenando sull'isola. Il cielo era una massa buia, priva di stelle, ma lei continuava a stare lì, in attesa che si aprisse e ne spuntasse qualcuna.

Thymós era arrivato alle sue spalle, però non l'aveva spaventata. L'aveva circondata con le braccia e stretta a sé, posandole un bacio tra i lunghi capelli biondi. E, nel silenzio intervallato dal rombo dei tuoni, le aveva sussurrato: «Daisy?»

«Sì?»

«Sono così innamorato di te che dovrebbero inventare un nuovo modo per dire "ti amo". Quelle due parole non bastano a dire a una donna come te che la ami. Meriti di più.»

Lei si era pietrificata. Non perché fosse incerta su cosa rispondergli. Sapeva di ricambiare. Aveva solo il cuore gonfio di felicità per il modo in cui Thymós aveva scelto di dirle che l'amava. Era persino meglio che nei romanzi che leggeva da una vita.

«Sarebbe molto bello se mi dicessi che il sentimento è ricambiato, sai?» aggiunse lui dopo un silenzio lunghissimo.

Daisy ridacchiò, abbandonandosi contro l'addome di Thymós. «Mi stavo godendo il momento.»

Lui le baciò l'incavo del collo, inspirando a pieni polmoni il profumo dolce di vaniglia. «Ti amo, Daisy.»

«Ti amo anche io, come non amerò mai nessun altro.»

Quella fu l'estate in cui Apollo, il più distaccato e riservato della famiglia, la abbracciò ventotto volte. Le aveva contate, perché era il fratello meno espansivo di tutti. Sempre chiuso nel suo mondo e nella sua amata solitudine, così tanto che ricevere un gesto d'affetto da parte sua era più raro del vedere la cometa di Halley.

«Mi hai abbracciata ventotto volte, questa estate» mormorò Daisy, ancora stretta tra le sue braccia.

Apollo si irrigidì e poi si staccò appena, senza lasciarla andare. «Le hai contate?» Era confuso, ma anche divertito.

«Certo. Faccio sempre caso ai tuoi gesti d'affetto. Sono rari.»

Lui aveva serrato le labbra in una linea retta, ed era rimasto a fissarla per svariati secondi. «Non mi piace molto il contatto fisico, ma per te posso fare un'eccezione. Quando vorrai un... abbraccio, puoi chiedermelo» balbettò.

A Daisy si inumidirono gli occhi mentre gli accarezzava i capelli castani. «Ti voglio davvero un bene dell'anima, William.»

Quella fu l'estate in cui suo padre le chiese scusa per la prima volta nella sua vita.

E a lei non bastò, ciononostante ne rimase comunque sorpresa. Le disse che la amava, così come amava i suoi fratelli, e che gli dispiaceva non essere la figura paterna che meritavano. Lui non poteva cambiare, ma lei doveva sapere che ogni sua azione aveva il fine ultimo di proteggerli.

Aphrodite aveva annuito alle sue parole, per poi andarsene quando le era stato concesso di congedarsi. Sapeva cosa fosse l'amore e la voglia di proteggere, perché Thymós glielo aveva dimostrato tante volte. E quello che faceva suo padre era una cosa ben diversa.

Fu anche l'estate in cui sorprese sua madre a piangere perché non riusciva più a vivere con Crono. L'estate in cui si azzardò ad andare ad abbracciarla per provare a consolarla. Rea aveva risposto in tono freddo: «Va tutto bene, non preoccuparti. Torna a fare le tue cose».

Fu l'estate in cui Aphrodite ebbe il suo primo telescopio. E ogni notte, dopo aver fatto l'amore con l'uomo che l'amava quanto lei amava le stelle, passava almeno un'ora a guardare il cielo.

«Ehi» la chiamò Thymós con la voce impastata dal sonno.

«Ehi» rispose lei con un sorriso dolce.

Lui si stiracchiò tra le lenzuola e rotolò sul fianco, poggiando il viso sul palmo della mano per reggersi. La guardava con un sorrisetto malizioso e carico d'affetto. Amava vederla col suo telescopio.

«Torni qui, sulla Terra, da me o resti ancora un po' lì, in cielo, tra le stelle?»

Glielo chiedeva sempre. Era la domanda di routine.

E lei, come sempre, spegneva tutto e gli diceva: «Torno da te sulla Terra. Torno sempre da te».

Ogni tanto, lui guardava le stelle e si faceva dare piccole lezioni da Daisy. Capiva poco, però si sforzava di cogliere ciò che poteva. Quando non si sentiva stupido, le faceva domande per avere più chiarezza. Non voleva deluderla. Per lei, avrebbe provato anche a studiare la fisica quantistica.

A volte osservava la volta celeste con il telescopio, seguendo le indicazioni che gli venivano date da Daisy. Ma alla fine tornava sempre su di lei: perché tenere gli occhi puntati sul cielo, quando la cosa più bella da guardare l'aveva lì, accanto a sé, sulla Terra?

Fu l'estate in cui Aphrodite imparò a difendersi e cominciò a sentirsi forte. Thymós, Hades, Apollo e Athena la allenavano a turno. Hades e Apollo le insegnavano la boxe, Athena l'equilibrio e l'agilità. Thymós la faceva riscaldare con le corse e le faceva fare esercizi per i muscoli.

All'inizio fu difficile, ma non mollò mai. Nemmeno quando le tremavano le braccia, con i manubri da 3 chili stretti tra le mani. Nemmeno quando sentiva le gambe cedere e diventare gelatina o l'ultimo minuto di corsa sembrava non finire mai.

Crono andava a guardarla di nascosto, di tanto in tanto. Solo gli altri sapevano che lui era lì, perché Daisy era troppo concentrata sull'allenamento. Quando la vedeva cadere a terra, provava l'istinto di interrompere tutto e portarla via. Ma quando la vedeva rialzarsi, stringere più forte la coda dei capelli e chiedere di rifare tutto da capo, si ripeteva che forse era stato lui quello stupido.

Fu l'estate dei grandi progetti e dei piani studiati nei minimi dettagli. Ideò un programma per dare tutti gli esami di Psicologia e laurearsi il prima possibile, così da iniziare Astrofisica.

Fu l'estate delle risate sguaiate di Hermes in terrazzo, dopo cena. Dei sospiri esasperati di Athena, e dei sorrisi silenziosi di Hades e Apollo. Delle confessioni tra fratelli, dopo qualche bicchiere di troppo, e del conforto che solo chi ti ama davvero può darti. Delle barzellette stupide, dei bagni a mezzanotte, dei corpi sporchi di salsedine, distesi sulle sdraio in balcone, illuminati dalla luna.

«D'accordo!» esclamò Herm con la bottiglia di birra in mano. «Facciamo un giochino stupido. A turno, diciamo cosa vorremmo da questo nuovo anno a Yale. Comincia la Diva, perché le Dive sono sempre prime.»

Hades alzò gli occhi al cielo e prese un sorso della sua birra. Ci pensò su qualche istante, con un'espressione concentrata. «Vorrei che il mio coinquilino nudista smettesse di girare con il cazzo per aria e non andasse in bagno alle 3 di notte.»

Aphrodite e Athena scoppiarono a ridere. Apollo sghignazzò silenziosamente, con il capo basso e i capelli bagnati che gli penzolavano davanti.

Hermes gli lanciò il tappino della bottiglia. «Non è colpa mia se mi viene voglia di fare la cacca solo a quell'ora! Il culo è una parte del corpo involontaria. Non puoi comandarla.»

Hades lo prese in giro ancora un po', dopodiché Athena si schiarì la voce e, con la sigaretta tra indice e medio, parlò: «Io voglio il massimo dei voti in tutti gli esami e farla pagare con qualche gioco ai pezzi di merda che girano per il campus».

Aphrodite le mostrò il palmo all'insù e Athena le diede il cinque.

«Io vorrei conoscere qualcuna che non finisca per innamorarsi di Hades» disse in un sospiro Apollo. La sua espressione tradiva del sarcasmo.

Tutti risero, ma Aphrodite si chiese che cosa desiderasse davvero suo fratello.

«E tu, Aphry?» Hades le pizzicò la guancia. «Cosa vorresti dal prossimo anno?»

Lei non ebbe bisogno di rifletterci troppo. A dirla tutta, era una ragazza che non si vergognava di desiderare tanto. Desiderare e pretendere sono due cose diverse, in fondo.

E lei aveva imparato che esprimere tanti desideri non era poi una cosa così brutta. Aveva capito che c'era ancora una parte sognatrice, in lei, che nemmeno il dolore, l'umiliazione e la sconfitta avevano potuto sopprimere.

«Più di qualsiasi cosa, vorrei che fossimo tutti felici.»

* * *

Daisy avrebbe senza dubbio affermato di essere felice. Non avrebbe voluto nulla in più. Nulla in più degli abbracci di Apollo, delle risate con i suoi fratelli la notte, dei baci con Thymós e dei loro «ti amo», delle mattine a leggere libri e dei sorrisi complici che si scambiava con il suo gemello, metà della sua anima.

Nulla di più di vedere Hades e Haven insieme, o Hermes farsi nuovi amici a Yale, anche se tra questi ci sarebbe stato Liam Baker.

Chiedere di più sarebbe stato da egoisti, era quello di cui era fermamente convinta.

Cominciavano a capirlo anche gli altri. Il tempo non faceva sentir meno la mancanza di Daisy, ma insegnava loro che forse vivere bene era più importante di vivere a lungo. E, quando vivi bene e riesci a farti amare da qualcuno, lasci una traccia nel mondo così indelebile che neanche la morte può farla scomparire.

Se avessero chiesto a Daisy se si sentisse più sognatrice o realista, avrebbe risposto che ora stava nel mezzo. Ci vuole coraggio a sollevare i piedi da terra e sognare, così come ci vuole coraggio a restare ben piantati al suolo. Ma è davvero fondamentale saper fare entrambe le cose. Non importa se sei troppo cinico o realista per reprimere i tuoi sogni. Ciò che conta è avere accanto almeno un sognatore che esprime quei desideri anche per te. E quando Daisy aveva smesso di sognare, i suoi fratelli e Thymós erano intervenuti per farlo al suo posto, fino a farle tornare la speranza.

Quella fu la sua ultima estate, sì, ma fu anche la più bella della sua vita. E, in qualche modo, quel frammento di presente così felice conterà sempre più del futuro che non ha avuto.

EXTRA 1

TRA CIELO...

Thymós

La brezza marina soffia contro la mia pelle, trascinandosi dietro l'odore salmastro del mare. È un pomeriggio d'inverno, e anche qui in Grecia le temperature sono basse. Il sole, però, oggi ha deciso di emanare tutto il calore di cui è capace per porre rimedio e farci sentire ancora una punta d'estate.

Il mio telefono vibra nella tasca dei cargo e lo estraggo, seccato. Mi è arrivato un messaggio da Hermes.

Dove sei? Il funerale è già cominciato.

Due giorni fa mi ha scritto per informarmi sul luogo e sull'ora. Non gli ho mai risposto e avrà sicuramente pensato che non mi sarei presentato.

E, invece, sono proprio qui. Nascosto in un angolino appartato, ad asciugarmi le lacrime come uno stronzo.

Non voglio stare in mezzo a loro. Prima di tutto perché non mi va di condividere il mio dolore. E, secondo, perché non riuscirei a sopportare di vedere la sofferenza dei suoi fratelli. Sarebbe insostenibile. Terzo e ultimo motivo, ma non per importanza: perché potrei uccidere Crono.

Guardo dritto davanti a me.

Sono tutti lì. Radunati in spiaggia e vestiti di bianco.

Sono tutti lì. Fratelli, genitori e persino i cugini.

Sono tutti lì, per il funerale di Daisy.

C'è anche un ragazzo con addosso un paio di pantaloni zebrati che gli stanno evidentemente troppo larghi. Non sono sicuro di conoscerlo, e a essere onesti non mi interessa saperlo.

Crono è accanto all'urna e sta parlando, ma non riesco a distinguere le parole.

I miei occhi si fermano sull'oggetto in metallo. Lì dentro ci sono le sue ceneri. Lì dentro c'è tutta la persona che è stata e che ora non esiste più. Tre giorni fa era un corpo reale, che potevo toccare e amare, e adesso è polvere che mi scivolerebbe tra le dita.

Non so cosa darei per poterla sfiorare di nuovo. La disperazione è così aggrappata alla mia anima che aprirei quell'urna e mi rovescerei le sue ceneri sulle mani, solo per poterla sentire un'ultima volta.

Com'è possibile che lei non esista più?

Era scoccata da poco la mezzanotte, negli Stati Uniti, quando ho ricevuto quella chiamata. Lo schermo del telefono recitava un nome inusuale: *Apollo*. La cosa mi aveva fatto subito sospettare. Lui non è il tipo che mi chiama o che mi scrive. Al di fuori di Daisy, ho sempre e solo comunicato con Hermes e Hades. Mai nessun altro.

«È successa una cosa.»

E lì il mio cuore ha smesso di battere.

Ero partito in Grecia perché mio padre era stato ricoverato e le sue condizioni stavano peggiorando di ora in ora. Quando sono sceso dall'aereo, la possibilità che ce l'avrebbe fatta si era ridotta a meno del cinquanta percento.

Sono andato via dagli Stati Uniti perché ero convinto di dover presenziare al funerale di mio padre. Invece lui si è ripreso, ed è morta Daisy.

Mentre stavo seduto accanto al suo capezzale, pregando che sopravvivesse, Daisy moriva. Ho pregato per lui e qualcuno mi ha ascoltato, togliendomi però la ragazza che amo. Come potevo sapere che avrei dovuto pregare anche per lei?

La vita è ciò che succede quando stai guardando da un'altra parte, ecco tutto.

Un incidente. Uno stupido incidente del cazzo. Athena, sul tetto di Yale, che punta la pistola su Crono per ucciderlo. Athena che esita. Athena che si decide e spara. Crono che colpisce il suo braccio e devia la traiettoria. Il proiettile prende Daisy. Daisy crolla a terra. Non c'è nulla da fare. Muore lì, tra le braccia del gemello, con gli occhi rivolti al cielo.

Una lacrima sfugge al mio controllo, e la spazzo via con un gesto seccato.

Nel frattempo, Crono ha ceduto il posto ai figli. A turno, si susseguono Hermes e Hades. Continuo a non sentire nulla, ed è meglio così.

Da quando Daisy è tornata a Yale, lo scorso settembre, sono sempre stato lì al suo fianco. Di nascosto da tutti, sempre nell'ombra. Mi sono assentato solo due volte. La prima, per rispondere al mio capo della CIA. La seconda, per mio padre, ed è stata fatale.

Se io fossi stato lì... lei non sarebbe morta. Sono più che sicuro che sarei morto al suo posto, e non me ne sarebbe fregato un cazzo. È un destino che avrei accettato.

Ma io non ero lì a proteggerla. Ho fallito.

Ti distrai un attimo, e ti viene portato via tutto.

In quel momento le ceneri di Daisy vengono rovesciate nell'acqua cristallina. Tutto quello che è diventata, ora, galleggia in mare.

Lentamente, se ne vanno via tutti, tranne i fratelli, Haven e il tipo ambiguo con i pantaloni zebrati. Li osservo da lontano, dal mio nascondiglio. Sono seduti sulla riva, e per un attimo ho la tentazione di raggiungerli. Mi chiedo se condividere il mio dolore con loro possa aiutarmi a renderlo più sostenibile.

Non so per quanto tempo io rimanga a rifletterci. Combatto una guerra nella mia testa, contro un esercito di pensieri paranoici. Io da solo, a mani vuote, e loro con le armi impugnate. Non vincerò mai.

Proprio quando provo a fare un passo in avanti, si alzano a turno e spariscono dividendosi in direzioni diverse. La spiaggia rimane deserta. È tutto così immobile che sembrerebbe una foto, se solo non ci fosse il pigro movimento delle onde.

Mi avvio verso il mare, le scarpe affondano nella sabbia, rendendomi difficile l'avanzata. Più mi avvicino, più il mio cuore sembra premere per scoppiarmi nel petto.

Individuo il punto in cui hanno sparso le ceneri di Daisy ed entro in acqua. Non so nemmeno io cosa sto facendo, quali siano lo scopo e l'utilità di questo gesto. Non ci sono, in effetti. Voglio solo toccarla un'ultima volta. Nel modo più stupido e umiliante di sempre.

L'acqua mi arriva a metà polpaccio quando immergo anche le mani e tento di afferrare ciò che può essere rimasto di lei. «Daisy...» mormoro. «Daisy...»

Non è rimasto nulla di lei. *Nulla.* Tutto quello che ho della ragazza che amo è il suono del suo nome tra le labbra.

«Daisy!» bisbiglio, cercando di non piangere.

È solo un nome. Quando moriamo, alle persone che ci conoscono resta solo il nostro nome. L'unica cosa reale. Lettere che scivolano via di bocca.

L'estate scorsa era in questo stesso mare a giocare in acqua, mentre rideva e mi sfidava a spogliarmi per raggiungerla. Ora, è solo cenere che si disperde tra le onde.

Crollo in ginocchio, producendo degli schizzi attorno a me. L'acqua salmastra mi bagna anche le cosce e io chino il capo in avanti, con i palmi piantati sul fondale.

Un completo idiota, vestito e con le scarpe ai piedi, che se ne sta in mezzo al mare a ripetere il nome di una ragazza che non c'è più.

Una mano si poggia sulla mia spalla, ma non mi spavento. Il mio corpo si pietrifica e resta in attesa che chiunque sia dietro di me parli subito.

«Thymós.» È la voce roca e calma di Apollo.

Non gli rispondo.

«Thymós, alzati, coraggio» mi sprona.

Scuoto il capo, eppure so che non mi resta altro da fare. Non posso rimanere qui.

La sua mano si sposta, e il suo corpo avanza nell'acqua fino a mettersi davanti a me. Mi tende il braccio, il palmo della mano all'insù. Un gesto d'aiuto per rialzarmi, una gentilezza quasi fraterna.

La accetto, però non applico alcuna pressione e lascio che siano le mie gambe a rimettermi in piedi.

Apollo rimane a osservarmi, dopodiché fruga nella tasca della camicia bianca e ne estrae un fazzoletto in tessuto del medesimo colore. «Tieni. Asciugati le lacrime, ma non soffiarti il naso, per cortesia.»

Glielo strappo mormorando un «grazie» e lui fa un cenno alla villa alle mie spalle, invitandomi a incamminarmi con lui. Non so quale sia il suo piano, e a dirla tutta non mi fido. Primo motivo: Apollo mi ha sempre lasciato un enorme dubbio sulla sua vera natura. E poi sono un povero coglione che ha perso la donna che amava. L'ultima cosa di cui ho bisogno è asciugarmi le lacrime con un fazzoletto da ricconi, mentre il fratello mi consola.

Io e Apollo procediamo in silenzio. Raggiunta la stradina laterale che collega la spiaggia al balcone, lui prende una svolta familiare a destra e mi porta direttamente sul terrazzo delle camere da letto. Lo stesso che abbiamo condiviso io e Daisy per tutta l'estate.

È su questo terrazzo che lei mi è corsa incontro per baciarmi, sotto la pioggia. E nella mia testa, per quanto fossi felice di quel bacio, regnava un solo pensiero. *La pioggia sta bagnando anche lei, devo metterla al riparo.*

Quel giorno mi sono presentato alla riunione del corpo di sicurezza dell'Olimpo completamente fradicio. Crono aveva sollevato un sopracciglio, vedendomi entrare nella sala e prendere posto su una delle poltroncine in pelle ridotto in quelle condizioni.

«No, Apollo, no, no. Che cazzo...» lo aggredisco, indietreggiando.

Lui nemmeno mi ascolta. Spalanca la portafinestra della camera di Daisy e rimane sulla soglia, in attesa che entri. «Forza. Sto cercando di aiutarti.»

«Daisy è appena morta e tu vuoi farmi entrare nella camera in cui ha vissuto per anni? Sul serio? Qual è il prossimo step? Mi fai vedere i suoi filmini di quando era piccola? Cazzo, in quanti altri modi vuoi infierire?»

Apollo aggrotta la fronte. «Sei sempre così diffidente?»

«Sì.»

«Anche io, per questo mi piaci e so di poterti aiutare.»

Muovo un passo in avanti, poi ci ripenso. «No, non posso. Non credo di riuscire a...»

«Puoi fidarti di me?» mi interrompe.

«Assolutamente no.»

Sorride. «Vedi? Siamo uguali. Entra.»

Se siamo uguali, lui nasconde un segreto più grande di sé. Se siamo uguali, lui sta morendo dentro. Se siamo uguali, io dovrei dare l'impressione di essere uno psicopatico che nasconde la sua propensione all'omicidio con una calma sfacciata.

Mi affretto a entrare nella camera di Daisy. Cerco di dissociarmi, per non assimilarne troppo i dettagli. Costringo la mia testa a vederla come una camera da letto qualunque, e non come la *sua*.

Ma il profumo di questo ambiente è così familiare da farmi mancare l'aria. Mi stuzzica le narici e mi fa inumidire gli occhi. È come quando affondavo il viso nella sua pelle e inspiravo forte, mentre lei rideva perché le facevo il solletico.

«Non sta aiutando» avverto Apollo, sempre più nervoso. «Potrei girarmi e riempirti di cazzotti, te ne rendi conto?»

«Invece sta funzionando.»

Apollo se ne sta poggiato allo stipite della porta, a braccia conserte e con l'espressione soddisfatta.

«*Funzionando?*»

«Sentire il dolore è l'unico modo per attenuarlo» risponde. «Cosa succede quando un oggetto estraneo rimane incastrato nel tuo corpo? Pensaci. Immagina un coltello conficcato nella tua carne. Lasciarlo dentro fa meno male che estrarlo. Il momento in cui lo tiri fuori è il momento in cui senti il dolore più acuto. Ma, se lo lasci lì, non guarirai mai.»

Sbatto le palpebre furiosamente. «E...»

«Tu sei come me» conclude. «Adesso ti sembra che non ci sia sollievo al dolore che stai provando, ma solo perché ti stai impedendo di viverlo. Lascialo libero e vedrai che, quando sarà esaurito, saprai ricavarne qualcosa di buono.»

Faccio per ribattere, lui alza l'indice per aria e mi intima di stare zitto. Vorrei afferrarlo per i capelli e sbattergli la faccia contro il tavolino alla sua destra.

«Capirai, credimi» è l'ultima frase che mi rivolge prima di andarsene, chiudendosi la portafinestra alle spalle.

Rimango solo. E, nel silenzio della stanza, non mi importa più dei discorsi di Apollo. Non c'è più l'irritazione provata nei suoi confronti. Perché mi rendo conto di dove mi trovo. Nella camera di Daisy.

Eccolo, il dolore. Mi investe e mi contamina senza possibilità di sfuggirgli.

Il mio corpo si muove in automatico e va ad aprire le ante dell'armadio. Lì, ci sono ancora i suoi vestiti estivi. Una collezione modesta di vestitini floreali e dai toni pastello, con un angolino dedicato solo al nero. Ricordo quegli indumenti, ricordo benissimo le occasioni in cui glieli ho visti indossare.

Ne afferro uno e me lo porto al viso. Sa di pulito, di qualcosa di appena lavato. Lo getto a terra senza pensarci.

Comincio a cercare, tra gli abiti, uno che lei abbia indossato e che non sia stato lavato di recente. Lo trovo dopo svariati tentativi. È un vestitino corto e largo, giallo crema con fiorellini lilla. Sa di lei. Ha il profumo della sua pelle. Lo premo sul naso e prendo boccate generose, come se fossi appena riemerso dall'acqua dopo minuti di apnea.

Ecco cosa è rimasto. Il suo nome. Il suo profumo sui vestiti. E nient'altro.

Un singhiozzo mi riscuote con forza, facendomi tremare il petto. Lotto per ricacciare le lacrime indietro, ma non ce la faccio. Sono più forti di me. Comincio a piangere copiosamente, bagnando il tessuto dell'indumento. Mi maledico rivolgendomi le parole più brutte che conosco, perché sto cancellando anche l'ultima traccia che è rimasta di lei.

Sulla scrivania c'è ancora il suo PC. C'è ancora la lavagnetta, appesa al muro, con tutti gli schemi che aveva fatto per organizzare gli esami di Psicologia. Il programma perfetto, studiato in una settimana, per laurearsi entro giugno e iniziare subito Astrofisica.

Sotto la scrivania, invece, ci sono due scatoloni aperti. Riconosco le copertine dei libri di Astrofisica che aveva già ordinato per il primo anno universitario. Uno, addirittura, è stato lasciato accanto al PC. Lo aveva già iniziato. Era così curiosa e amante della materia che per lei non era un testo accademico oggetto d'esame, ma un libro da leggere nel tempo libero.

Non riesco più a guardare. Mi affretto in direzione del letto e mi ci siedo, stando attento a volgere le spalle alla scrivania. A tutti quei cassetti pieni di sogni che nessuno le ha dato l'occasione di aprire. Chiusi lì dentro, a chiave, per sempre.

Lo sguardo mi scivola sul telescopio. È nello stesso posto in cui lo ha messo quando glielo hanno regalato. Se mi sforzo, posso immaginarla ancora lì, intenta a utilizzarlo la notte per osservare il cielo e le costellazioni.

Daisy, con solo una maglietta addosso, di tre taglie più grande. Io, ancora nudo, addormentato nel letto, dopo aver lottato per restare sveglio a osservarla il più a lungo possibile.

Posso vederla per un istante anche adesso, qui con me.

«Daisy?» la chiamo con voce rotta.

Lei non mi sente. Continua a usare il suo telescopio come se non esistessi.

«Daisy?» riprovo.

Ma lei è troppo lontana. Non appartiene più alla Terra. Amava così tanto le stelle che è diventata una di loro.

«A quanto pare, questa volta non torni sulla Terra da me. Resti lì, in cielo, tra le stelle» mormoro.

La voce mi si spezza e scoppio in un pianto inconsolabile, persino più forte di quello di pochi minuti fa. Più intenso di quando ho sentito

Apollo dire al telefono: «Aphrodite è morta». Più forte di quando assistevo al funerale.

Le lacrime mi annebbiano la vista, i singhiozzi mi bloccano il respiro e non mi arriva la quantità di ossigeno di cui ho bisogno. Il suo vestito mi scivola di mano e cade a terra. Non ho la forza di raccoglierlo, non vedo più nulla. Attorno a me, la realtà si fa sfocata e distante.

Crollo all'indietro, sul suo letto. Non ha il suo profumo. Non ha il suo calore. Ma io mi ci sdraio comunque, in modo da occupare il lato sinistro, quello in cui ho sempre dormito quando lei era ancora qui. Il posto a destra lo lascio vuoto, nella stupida convinzione che tutto questo si rivelerà un incubo e lei tornerà qui a occuparlo.

«Perdonami» sussurro. «Perdonami se non sono riuscito a proteggerti. Perdona...» Un singhiozzo mi interrompe, scuotendomi così forte che provo una fitta lancinante all'altezza del cuore. Quasi mi strozzo con la mia stessa saliva.

Avrei voluto vederla laurearsi.

Avrei voluto vederla trovare il lavoro dei suoi sogni e intraprendere la carriera brillante che sono certo avrebbe ottenuto.

Avrei voluto vederla libera.

Avrei voluto vederla sorridere ancora un po'.

Avrei voluto sentire il mio nome pronunciato da lei ancora tante volte.

Avrei voluto passare tutto il resto della mia vita con lei. O almeno fino a quando lei non si fosse stancata.

Io non mi sarei mai stancato.

Ricordo il momento esatto in cui mi sono innamorato di lei. È stato qualcosa di violento, rumoroso e impossibile da ignorare. E ho continuato a innamorarmi di Daisy giorno dopo giorno, respiro dopo respiro. Mi sono innamorato di lei così intensamente che non mi ricordo più come fosse non amarla. Non ricordo più cosa ci fosse prima di lei. E ora dovrò vivere per sempre senza di lei.

«Perdonami» bisbiglio, di nuovo, senza voce. «Scusami, Daisy, dovevo essere lì con te.»

Perdo conoscenza piano, con intensità crescente.

Nella mia testa si susseguono suoni indistinti. Il rumore delle onde che si infrangono sulla riva, intervallate dalla risata di Daisy che grida: «Spogliati e vieni con me!» Il rumore delle nostre labbra che si scontrano in teneri baci, il suo respiro contro il mio orecchio quando si addormentava abbracciata a me, la sua voce che mi racconta aneddoti di astrologia, le risate genuine che sapeva scatenarmi e il suono della sua voce quando mi chiamava «amore».

Non c'erano nomignoli particolari. Lei mi chiamava così. Ero più grande di lei di dieci anni, eppure mi faceva sentire piccolo, un esserino minuscolo tra le braccia di una donna alta un metro e sessanta con il cervello più brillante che la Terra abbia mai conosciuto.

Scivolo sempre di più nell'incoscienza. E una storia, in particolare, spintona tra i miei pensieri per prevalere. Il mito di Vega e Altair, i due amanti separati dagli dèi che si potevano incontrare solo il settimo giorno di luglio.

Mi addormento che sto ancora mormorando delle scuse e la federa del cuscino è inzuppata dalle mie lacrime. Mi addormento sperando solo di risvegliarmi da questo incubo.

Quando riapro gli occhi, qualcosa mi sta sfiorando i capelli. Un tocco delicato che si insinua tra le mie ciocche, e poi scende al lato del viso, mi accarezza la pelle e la barba incolta.

Ci metto qualche istante a mettere a fuoco chi ho davanti a me. Sono ancora nel letto di Daisy, disteso nella stessa posizione in cui mi sono addormentato. Ma il posto accanto al mio non è vuoto. Non più.

Daisy è qui. Sdraiata al mio fianco. Indossa lo stesso vestito che aveva la notte in cui l'ho conosciuta per la prima volta. Lo stesso che le ho strappato quando l'ho dovuta afferrare per evitare che cadesse dal balcone.

Mi si mozza il respiro.

E le lacrime mi riempiono gli occhi.

Perché capisco subito che è solo un sogno. Uno stupido gioco crudele del mio subconscio.

«Non sei felice che io sia qui?» domanda lei, la fronte aggrottata dal dispiacere.

Deglutisco a fatica. «No. Significa che quando mi sveglierò tu mi mancherai ancora più di prima.»

Come faccio ad abituarmi alla sua assenza, se poi la ritrovo nei sogni?

Daisy scende con la mano, fino a trovare la mia, e se la porta alle labbra. Lascia un bacio sul dorso e stringe forte, sorridendomi come se andasse tutto bene.

«Ti prego, fa' che questo sogno non finisca mai» sussurro.

Daisy scivola in avanti, facendosi più vicina, e mi lancia una lunga occhiata con quelle sue iridi azzurre come il mare. È senza trucco e i suoi capelli sono scompigliati e gonfi, le ciocche vanno in ogni direzione. Se ne lamentava sempre.

«Invece ti sveglierai e avrai una vita bellissima, amore» mormora piano, come una ninna nanna. «Ti va di farlo per me? Vivi una vita meravigliosa. Stai accanto ai miei fratelli, e avrai sempre un pezzo di me con te. Guarda le stelle nel cielo, e potrai sempre portarti dietro un po' del mio amore. Sii coraggioso e buono, e avrai sempre una parte della mia anima dentro di te. Io non vado via per sempre. Sono ancora qui.»

Scuoto il capo, altre lacrime mi impediscono di formulare dei suoni decenti con le parole. «Non sei... qui...»

«Sono negli occhi di Herm, dello stesso azzurro dei miei. Sono nella calma di Apollo. Sono nell'amore di Athena per i libri. Sono nella testardaggine di Hades. Sono nelle pagine del mio romanzo preferito, che hai voluto leggere a tutti i costi e che hai amato. Sono nel celeste, il mio colore preferito. Sono in ogni cosa che ho sfiorato, anche se non ha più il mio odore. Sono nei sogni che ho lasciato nel cassetto, anche se non li ho realizzati. Sono in tante cose, Thymós. La morte ha cancellato il mio corpo, ma ha lasciato le mie idee, le mie parole, i miei pensieri e le mie passioni. È tutto qui, attorno a te. Ognuno di noi lascia una traccia sulla Terra, segno del proprio passaggio. Sta agli altri mantenerla viva e brillante. E so che ora fa male...»

«Male?» ripeto, con una risatina spezzata.

Mi ignora. «So che non riesci a cogliere neanche un aspetto positivo. Ma guarirà. Il tempo non farà sparire il dolore, non voglio rifilarti le solite frasi fatte. Lo sentirai. Ci saranno giorni in cui sarà più forte, altri in cui ti sembrerà di stare meglio e poi tornerà mozzandoti il respiro e facendoti arrabbiare per averti illuso. Il tempo non può far sparire il dolore, può renderlo più sopportabile. Può aiutarti. Non è cattivo. Quando la vita ti toglie qualcosa, il tempo fa il possibile per alleviare la sofferenza. Devi solo concederti di vivere. È vivere il tuo tempo che sconfigge la mancanza.»

«Daisy...» Tento di calmarmi e riordinare i pensieri. «Come faccio a continuare la mia vita senza soffrire per te? Ti rendi conto che è impossibile?»

«Mi fai una promessa?»

Non capisco se stia cambiando argomento per distrarmi o se c'entri davvero con la mia domanda. «Quello che vuoi.»

«Ricordi il mito di Vega e Altair?»

È proprio uno stupido sogno. Pesca i miei ultimi pensieri e me li ripropone per rigirare il coltello nella piaga. «Certo.»

«I due amanti si incontravano ogni settimo giorno del settimo mese dell'anno. A loro era concesso solo quel tempo per rivedersi. E voglio che, in un certo modo, sia così anche per noi. Voglio che tu ti permetta di piangermi un solo giorno all'anno. Per la precisione, nella notte d'estate che ha più stelle nel cielo, ti concederai di soffrire per la mia assenza. Poi lotterai per ottenere la bella vita che meriti.»

Apro bocca per ribattere.

Lei sorride e mi bacia l'angolo delle labbra. Sembra così reale... Sembra così vero che per un attimo mi illudo di poterla convincere a tornare.

«Sarò sempre tra di voi, amore mio» bisbiglia contro la mia pelle. «Ma, se mi amate davvero, non dovete piangermi. Dovete solo tenermi nel vostro cuore ed essere buoni. Dovete solo guardare le stelle e apprezzare ogni istante della vostra vita.»

Non ho più lacrime in corpo.

Ora, paradossalmente, vorrei solo che questo sogno finisse.

Le sue mani mi circondano il viso e mi costringono a guardarla. «La morte cancella il presente e il futuro, ma non il passato. E voi non dovete piangerlo, dovete celebrarlo.»

«Lo farò, Sirio» le prometto, la vista offuscata dalle lacrime. Dio solo sa quanto vorrei asciugarle e smettere di piangere, così da poter vedere bene il suo viso.

Non so se la sognerò di nuovo, non so se la incontrerò ancora. Voglio che, negli ultimi istanti, il suo volto sia nitido, invece che sfocato dalle mie stupide lacrime.

«Ti a...» Un singhiozzo si mangia la parola.

Daisy ride piano e, se non sono impazzito, ha anche lei gli occhi lucidi. «Lo so, anche io.» Si protende in avanti per baciarmi la «X» tatuata sullo zigomo.»

«Buonanotte, Daisy. Ora puoi riposare in pace.»

«Buongiorno, Thymós» replica. «Ora puoi svegliarti e vivere.»

EXTRA 2
...E TERRA

Thymós

Mi sveglio di soprassalto. Come una molla, scatto sul letto, e mi ritrovo seduto. Il petto si alza e abbassa a un ritmo irregolare, il cuore sembra stia per esplodermi. Ho la fronte sudata e mi sento accaldato.

Le tempie mi pulsano e ho la gola secca. Impiego qualche minuto a svegliarmi completamente e inquadrare bene il posto in cui mi trovo. Neanche mi giro in direzione dell'altra metà di letto. Lo so che Daisy non è qui. Lo so che era solo uno stupido sogno.

E, per quanto sia stato struggente e io ne ricordi ogni istante, nessuna lacrima sfugge al mio controllo.

Era ora che smettessi di frignare. Ho pianto pochissime volte nella mia vita, e quasi tutte erano per Daisy.

La tristezza è ancora lì.

Così come il dolore.

E la disperazione.

Ma si sono fatti da parte, per lasciare il centro del palco a un nuovo sentimento. La furia più cieca. Ciò che ho sempre provato. Non ho mai avuto altro. Ora che non ho più il suo amore, mi resta solo l'ira.

L'ira, accompagnata dalla vendetta.

D'improvviso, è come se una scarica di adrenalina mi avesse attraversato il corpo. So cosa devo fare. So esattamente qual è la mia prossima mossa.

Devo uccidere Crono Lively.

Ho tre pistole addosso. Se ne impugno due, ho più probabilità di riuscire a beccarlo. E, se me le toglie di mano entrambe, posso puntare sull'effetto sorpresa della terza.

Sì, oggi è il giorno in cui i Lively celebreranno due funerali.

Non ho intenzione di lasciare quell'uomo vivo un secondo in più. Mi disgusta pensare che respiri ancora.

Deve morire. Non domani. Non tra una settimana. Non tra un mese. O un anno. Deve morire adesso. E per mano mia. Perché, se nessuno dei suoi figli vuole provarci o vuole farlo, allora mi prendo io questa responsabilità.

In un istante, sono fuori dalla camera e sto percorrendo a grandi passi il corridoio. Ho sceso solo pochi gradini delle scale, quando sbatto contro qualcuno. L'impatto è violento, ma non per me. La ragazza perde l'equilibrio e si inclina all'indietro. Allungo le braccia, terrorizzato, e la agguanto per la vita, facendole riacquistare l'equilibrio.

«Tutto bene?» chiedo, dopo istanti di silenzio assoluto.

Lei non si muove, la sento rigida tra le mie braccia. «Sì, grazie.» Ma non c'è traccia di gratitudine. D'altronde, ero io che correvo come una furia senza guardare.

Alla fine, scioglie la presa e fa un passo indietro, permettendo a entrambi di squadrarci. Ho davanti una ragazza che avrà appena superato i vent'anni, con lunghi capelli arancioni che arrivano alla vita. Gli occhi sono verdi e le labbra color pesca sono strette in una linea retta.

So benissimo chi è. Il fascicolo della CIA sui Lively pochi mesi fa ha aggiunto nuove informazioni sui cugini e gli zii. Iperione, Teia e gli altri orfani con nomi di divinità greche. Lei è Hera.

Devo comunque fingere il contrario, perché non c'è alcun motivo che giustificherebbe il mio conoscere la sua identità.

«E tu chi sei?» le domando.

«Potrei farti la stessa domanda.»

«Ma te l'ho fatta prima io» ringhio. Con un gesto fulmineo, estraggo una delle tre pistole e gliela premo sulla tempia. Tutto parte della recita.

Lei strabuzza gli occhi, però non indietreggia e non dà segno di essersi spaventata. «Cosa diamine stai facendo? Vivo praticamente qui!»

«Ah, sì? Anche io ci ho vissuto. E non ti ho mai vista.»

«Mi chiamo Hera, sono una dei cugini Lively.»

Abbasso subito l'arma e la rimetto a posto. «Scusa. Non si è mai troppo prudenti.»

«Vai a farti una camomilla e poi vai al diavolo» borbotta.

«Sto andando da una persona molto peggiore del diavolo.» Se Crono Lively arrivasse alle porte dell'Inferno, Lucifero si farebbe il segno della croce e tornerebbe a lodare Dio.

Lei aggrotta la fronte, non capendo a cosa mi riferisco. E io approfitto del suo momento di confusione per scivolarle accanto e continuare a scendere le scale. Quando arrivo al piano terra, nel corridoio che conduce al soggiorno e all'ingresso, mi accorgo che qualcuno mi sta fissando.

Sempre Hera. Ancora ferma, a metà scalinata. «Dove stai andando?»

«A uccidere Crono.»

Hera spalanca la bocca, poi la richiude. «Ne è bastato uno di funerale, oggi.»

«Penso che sarete felici di celebrare il suo.» Estraggo tutte le armi, a una a una, per accertarmi che le cartucce siano cariche e che non avrò intoppi.

«Idiota, parlavo del tuo. Cosa ti fa pensare di riuscire a uccidere Crono?» Mentre me lo chiede, si sta avvicinando a me.

La casa è avvolta nel silenzio e nell'oscurità. Tutto è immobile e non fa rumore. Le porte sono chiuse e non c'è neanche una luce accesa. Sembra disabitata. Sembra che se ne siano andati via tutti. Invece, con molta probabilità, saranno rinchiusi nelle loro stanze a piangere la morte di Daisy.

«Se continuiamo a farci questa domanda e a pensare di non poterlo battere, nessuno proverà mai a farlo fuori davvero» concludo.

«Questo non è il modo adatto. Non è lontanamente un buon piano. È una missione suicida. O sei pazzo, o il tuo QI è davvero basso. Quale delle due?»

Nonostante mi stia rifilando un insulto dopo l'altro, il suo tono è gentile e la sua espressione stanca e docile.

«Ha ucciso la donna che amo. Io uccido lui. Anzi, forse hai ragione. Dovrei rendergli il favore e uccidere sua moglie.» Non male come cambio di programma. Il problema è che non sono sicuro che uccidere Rea causerebbe chissà quale dolore a Crono. La ama? Sì. Fino al punto di soffrire e struggersi? No.

Hera sospira e mi raggiunge. Due metri ci separano. «Come ti chiami?»

«Cazzi miei.»

«Okay, molto piacere, *Cazzi miei*. Puoi sederti un attimo e ascoltarmi?»

Serro la mascella. «Posso ascoltarti in piedi.»

Alza gli occhi al cielo. «Senti, ti sto facendo un favore. Potrei fregarmene di te, ed era quello che avrei fatto, se solo non fossi una brava persona. In più, sembri essere davvero innamorato di Aphrodite. Deduco che tu sia... *Termos*? È così che ti chiama Hermes.»

Ancora quel soprannome di merda. Non la correggo, però. Non ho la forza di pronunciare una sillaba.

Avere a che fare, dopo ore passate da solo a piangere Daisy, con una persona reale che mi riporta pian piano alla lucidità mi sta scatenando pensieri contrastanti.

«Se tu adesso vai e provi a uccidere Crono» riprende Hera «morirai. La possibilità che tu ci riesca è davvero bassa, e lo sai meglio di me. Hai davvero così poco da perdere, Cazzi miei? Non hai una famiglia? Non hai un lavoro? Non hai progetti di vita? Non hai qualcuno che ti aspetta, in questo mondo?»

Maledetta stronza dai capelli color carota.

«E se lo uccidessi?» la provoco.

Lei mi guarda come se fossi matto. Forse sto impazzendo e non me ne rendo conto. Forse sono ancora rincoglionito dal sonno e dal sogno. Forse sto ancora elaborando il dolore. Forse non capisco più niente.

«Credimi, finiresti in carcere a vita. E lì ti riproporrei le stesse domande. Non hai nessuno che ti aspetta? Tentare di uccidere uno degli uomini più ricchi del mondo, in casa sua, sulla sua isola privata, è davvero il piano più brillante che ti è venuto in mente?»

Boccheggio. Sì. Devo fare qualcosa. Qualcuno dovrà pur fare qualcosa e fargliela pagare, cazzo.

«O magari è il pensiero impulsivo di un uomo sopraffatto dalla perdita e dal lutto, che agisce facendo la prima cosa che gli è passata per la testa?»

Basta. Stai zitta. Non hai ragione. Hai ragione. Ma io non voglio darti ragione.

Certo che qualcuno mi aspetta.

Mio padre ha ancora bisogno di me. Così come mia madre. E mia sorella. E la CIA.

La CIA.

D'improvviso, ho una presa di coscienza che mi colpisce come uno schiaffo in pieno viso.

È da anni che la CIA tiene d'occhio Crono e Urano Lively. Ed è da mesi che mi sono ripromesso anche io di metterli sotto processo, una volta per tutte. Dopo averli conosciuti e aver visto la crudeltà di Crono, ancora di più. Non posso mandare tutto all'aria. Non posso rovinare tutto con la mia morte.

Devo vivere.

Ecco cosa intendeva Daisy poco fa. Non mi diceva di andare a uccidere Crono, mi diceva di continuare il mio lavoro e incastrarlo.

«Vedo che hai capito.» La voce di Hera mi strappa ai miei pensieri.

La metto a fuoco con difficoltà. Sbatto le palpebre furiosamente e tento di riacquistare la lucidità che mi è sfuggita di mano per un arco di tempo pericoloso.

«Sì.»

Hera fa un sorrisetto. «Bene. Allora non sei scemo.»

Dovrei ringraziarla, dovrei dirle qualcosa. Anche solo un «ciao». Ma non lo faccio. Mi dirigo verso la porta ed esco fuori. Attraverso il giardino della villa, senza passare per la stradina centrale che conduce al cancello. Mi inoltro tra gli alberi di mele, pensando ancora una volta a quanto siano ridicoli, e trovo un posto appartato, dove so che nessuno può trovarmi.

Tiro fuori il cellulare e compongo l'unico numero che so a memoria.

«Finalmente! Tutto bene?» risponde all'istante mia sorella.

«Ho quasi fatto una cazzata colossale» ammetto.

Il cuore ora mi martella in petto come un tamburo alla sola idea di quello che avrei potuto combinare. Cosa diavolo è successo nella mia testa? Non è così che mi comporto, non è così che agisco di norma. Quasi mi vergogno ad ammetterlo.

«Fammi indovinare: volevi uccidere Crono, da solo, per vendicare Daisy.»

«Già.»

Telepatia tra fratelli. Dicono che i gemelli abbiano una connessione mentale potentissima. Io e mia sorella non siamo gemelli, ma siamo sempre stati legati in modo indissolubile. A volte, non ci serve neanche parlare per capirci.

Ed è per questo che non sopportavo di assistere al funerale. Il dolore di Apollo, Athena e Hades sarebbe stato duro, però quasi sostenibile. Quello di Hermes... Non ci sarei riuscito, tremo al solo pensiero.

«Dobbiamo raccogliere le prove per incastrarli» mormoro, dopo un po', mentre giocherello con un filo d'erba del giardino. «Sono bravi a non lasciare tracce visibili. Sono comunque sicuro che le prove siano chiuse da qualche parte. Dobbiamo solo capire dove.»

«Te l'ho detto da sempre: posso aiutarti.»

I nostri genitori non sanno che il loro figlio è un agente della CIA.

E non sanno neanche che pure la loro figlia lo è.

Non volevo metterla in mezzo, avevo paura che si facesse male. È brava nel suo lavoro, senza ombra di dubbio. Forse, anche più di me. Io ho la forza fisica e la resistenza, lei il cervello.

Lei e Daisy andavano davvero d'accordo. Durante la scorsa estate, portavo spesso Daisy a Creta. Lei cucinava con mia madre, parlava con mio padre e poi si sdraiava in spiaggia con mia sorella. Era diventata parte della famiglia senza alcuno sforzo, senza pressione e con una naturalezza che mi aveva lasciato di stucco.

Mia madre, una sera, mi si era avvicinata e mi aveva sussurrato: «Se non la sposi, ti disconosco. Chiaro?»

Avevo riso, e poi sospirato. «Mamma, io la sposerei all'istante. La sposerei in questa cucina minuscola e rovinata, con un anello di carta, se solo fossi certo che è quello che vorrebbe lei.»

«Thy?» mi riporta al presente mia sorella.

Se c'è una cosa che Daisy mi ha insegnato, è che non possiamo limitare gli altri per paura che si facciano male. Mi sono comportato con mia sorella come Crono ha fatto con Daisy.

«Sì, mi serve il tuo aiuto» dico a fatica.

Aleggia il silenzio per un po'. Credo di averla lasciata senza parole.

«Gápi?» la richiamo, con il nomignolo che le ho dato io.

«Torna qui. Andiamo insieme dai grandi capi e mettiamoci subito al lavoro per rinchiudere quei pazzi.»

Sorrido. Mia sorella è una forza. Fuori di testa, spigliata e passionale. Sente tutto il doppio.

E, mentre chiudo la telefonata promettendole di non fare altri gesti azzardati e di tornare subito a casa, sento un profondo senso di pace. Inaspettato. Mi lascia senza fiato e mi illude che le cose possano andare bene.

Nuova vita mi scorre in corpo. La vita che voglio vivere vendicando il suo nome.

Lo farò per Daisy.

Per i suoi fratelli.

E per gli altri bambini che sono finiti in mezzo a quel labirinto.

È ora che cominci il gioco finale. E, questa volta, non vinceranno i Lively.

EXTRA 3

PRIMA DELL'ALBA

Olimpo, novembre 2007

PRIMA *dell'alba, lo faccio.*

Era questa la frase che Rea Lively ripeteva nella sua testa. Una cantilena estenuante che risuonava dentro di lei, una promessa di vendetta, un incoraggiamento rivolto a sé stessa.

Non aveva mai avuto paura di niente, nella sua vita. Prima di incontrare Crono Lively.

Aveva sempre e solo avuto paura di lui, prima di vedere quelli che avrebbero dovuto essere i suoi figli entrare in un labirinto con la probabilità che non ne sarebbero usciti.

Perciò, l'avrebbe fatto. Prima dell'alba. Non per sé stessa, ma per i suoi figli, per quei bambini che aveva amato prima ancora di poter rivolgere loro la parola.

Prima dell'alba, lo faccio, continuava a pensare, dentro di sé, sempre a voce più alta, nella speranza di sovrastare quella di suo marito che si abbandonava a una delle sue solite sfuriate.

«È il terzo bambino che non sopravvive al labirinto» strillava, il viso paonazzo e gli occhi color ambra iniettati di sangue. «Il terzo di fila!»

Chiaramente, non gli importava di quegli innocenti che avevano perso la vita. A lui importava che non si erano dimostrati degni di entrare a far parte della famiglia. *Un'altra perdita di tempo.*

Rea non gli prestava attenzione, continuava a cullare il cadavere del bambino tra le sue braccia, in quell'angolo freddo e buio del labirinto. Osservava i capelli del colore del miele, lisci e morbidi, e li accarezzava mentre faceva dondolare il suo corpo. Aveva gli occhi aperti, era morto così, e quelle iridi marroni le restituivano lo sguardo che lei gli dedicava. Lo cullava come se potesse farlo addormentare, come se potesse accompagnarlo verso la morte con un ultimo gesto d'affetto, una piccola dimostrazione di tenerezza che potesse consolare la sua anima.

«Mio piccolo bambino» sussurrò, ricacciando indietro le lacrime.

Crono non poteva vederla piangere. Sarebbe andato su tutte le furie. Quell'uomo non sopportava il coinvolgimento emotivo della moglie, non approvava che lei avesse pietà, amore da donare, empatia e dolcezza.

Difatti, quando si accorse che Rea lo stava cullando sussurrandogli parole dolci, aggrottò la fronte e un'espressione simile al disgusto gli si dipinse in viso.

«Smettila con questo teatrino patetico, Rea! Lascia quel corpo e torniamo a casa.»

Lei, però, sarebbe voluta rimanere lì. Fino alla fine dei suoi giorni. Come capitava sempre, con ogni piccolo che non superava il gioco. Voleva restare lì con loro, tenendoli tra le braccia e cullandoli fino a quando la morte non fosse arrivata anche per lei.

Col tempo, la cosa era cambiata. Aveva iniziato a reagire, a distaccarsi con maggiore facilità da quando Hades e Apollo erano entrati nella sua vita. I primi due figli adottati, in assoluto, i primi due a essere usciti dal Labirinto del Minotauro.

Non poteva rimanere lì con gli altri figli morti e spegnersi insieme a loro, perché ciò significava abbandonare i bambini che la aspettavano a casa, abbandonarli a Crono.

Rea non poteva di certo ribellarsi al marito. Non era più il ragazzo di cui si era innamorata, e, per quanto il cuore non volesse accettarlo, la sua testa glielo gridava ogni giorno, da anni. Ragion per la quale, era sicura che il più piccolo gesto di ribellione avrebbe comportato il suo allontanamento dalla famiglia.

Crono la amava, ma avrebbe fatto a meno di lei se si fosse messa in mezzo ai suoi progetti. Ai piani che lui e suo padre Urano avevano per la famiglia Lively e per il loro prezioso Olimpo.

Ancora con il bambino in grembo, sollevò il capo verso Crono. «È ancora caldo e la tua preoccupazione è tornare a casa per la cena?»

Lui sbuffò a bassa voce e, agitando la mano per aria, liquidò la faccenda con disinteresse. «Fai come desideri, resta pure qui a piangerlo. Ci vediamo dentro, tesoro.»

Uno dei suoi scagnozzi, uomini pagati per seguirlo ovunque ed eseguire ogni suo ordine, si sistemò a qualche metro da lei. Crono non l'avrebbe mai lasciata completamente sola. Se non fosse potuto restare lui con sua moglie, avrebbe messo una persona fidata a vegliare su di lei.

Rea viveva ogni giorno un lutto diverso. Doveva superare la morte dell'amore che credeva di avere con Crono, la morte dei figli che aveva sempre desiderato e la morte della sua libertà.

Dal suo canto, Crono la amava. Oh, Crono Lively la trovava la donna più bella del mondo e la sfoggiava in pubblico come un diamante prezioso. Certo, lo irritavano la sua compassione e la sua eccessiva bontà, ma faceva finta di non vedere.

Se Rea fosse riuscita a ucciderlo, quella notte, prima dell'alba, lui probabilmente avrebbe provato ammirazione nei suoi confronti. Avrebbe ammirato il coraggio, la forza e l'intraprendenza. Erano le qualità che aveva sempre apprezzato di lei, fin dal primo istante.

La amava, e sarebbe sempre stato così. L'unica cosa che non le avrebbe mai potuto perdonare sarebbe stato mettersi in mezzo ai suoi giochi e al suo impero. Tutto il resto? Nessun problema.

Rea sarebbe stata sempre legata a Crono e a quella vita, perché scappare... non avrebbe avuto un esito positivo.

Lei non poteva fare come Iperione e Teia. Non poteva prendere i figli e lasciare l'Olimpo, Atene, la Grecia, per rintanarsi da qualche parte del mondo in cui vivere una vita normale. Lo desiderava, senza dubbio, però era un progetto irrealizzabile.

Crono l'avrebbe fermata ancora prima di muovere un passo e gliel'avrebbe fatta pagare.

Per questo, prima dell'alba, lei lo avrebbe ucciso.

Ucciderlo era l'unica soluzione per fermare tutto.

Hades e Apollo sarebbero stati affidati agli assistenti sociali che avrebbero cercato per loro una nuova famiglia. Nessun altro bambino sarebbe morto. E lei avrebbe molto probabilmente passato la sua intera vita in prigione. Forse non avrebbe nemmeno provato a difendersi. Non le interessava più nulla, se non mettere fine alla sofferenza.

Forse era ufficialmente impazzita, o forse era più lucida che mai.

Aveva tante voci nella testa che le parlavano. Parlavano, sussurravano, urlavano, mormoravano parole seducenti e ringhiavano avvertimenti. Era difficile star dietro a quel baccano.

Ricordi quanto lo amavi? Quel ragazzo dagli occhi ambrati e dai baci passionali?

E se lui ti scoprisse e uccidesse te, invece?

Fallo mentre dorme. Un colpo secco. Ci puoi riuscire, non è mica un dio immortale.

Sei sicura che così darai una vita migliore a Malakai e William?

Sono già morti troppi bambini, non ti sembra ormai tardi, codarda?

Non è tardi, puoi salvarne altri.

Rimbombavano nella sua mente, così insistenti che doveva strizzare gli occhi e respirare a fondo per scacciarle via o perlomeno abbassarne il volume.

Quella sera, a cena, c'erano solo lei, Crono e Apollo.

Hades si stava ancora riprendendo dalle ustioni riportate nel labirinto; il fuoco gli aveva divorato la parte sinistra del corpo, sfigurandola dalla tempia al piede. La chirurgia non poteva cancellare le cicatrici che sarebbero rimaste impresse per sempre sulla sua pelle, così avevano detto i medici. Crono era rimasto disgustato dall'aspetto del figlio, mentre Rea si era chiusa in bagno, la notte stessa dell'incidente, e aveva vomitato ogni cosa che aveva in corpo per il dolore.

Mangiavano in silenzio. Crono a capotavola, con il calice di vino sempre pieno e fin troppo appetito per un uomo che solo mezz'ora prima aveva visto il cadavere di un bambino.

Rea era immobile, al lato opposto del tavolo, davanti a lui. Osservava le costolette di carne sul piatto e il cucchiaio di purè. Le posate erano ferme sul tovagliolo in lino, e non aveva alcuna intenzione di spostarle da lì. Il bicchiere vuoto. Nemmeno un sorso d'acqua avrebbe sfiorato la sua lingua, quella sera.

Apollo mangiava, poco, ma lo faceva. Non fiatava, se non quando interpellato dal padre. E, in qualche modo, riusciva sempre a farlo contento, dicendogli proprio la cosa che quello voleva sentirsi dire.

Era bastato poco, a Rea, per comprendere quanto fosse intelligente quel bambino. Quanto fosse maturo, per l'età che aveva. Educato e pacato. Eppure, nei suoi occhi, ogni tanto brillava un fuoco che le dava la speranza che avrebbe potuto compiere grandi cose per la famiglia.

Rea aveva provato un affetto istantaneo, nei confronti di William, Apollo. Una tenerezza profonda per il modo in cui i suoi occhi verdi erano sempre tristi ma vibranti, di un colore luminoso. Per i suoi versetti incerti, dati dalla timidezza, ma anche per il suo articolare con precisione le parole, con sicurezza.

Così era stato anche per Malakai, che trovava bellissimo, fuori dal comune, con quei capelli corvini, gli occhi grigi, glaciali, e le guance paffute. Non aveva ancora avuto modo di parlarci, vista la convaléscenza dopo il labirinto, ma desiderava con tutto il cuore poterlo stringere a sé e dirgli che sarebbe andato tutto bene. L'immagine del suo corpicino esile, avvolto dalle fiamme, la veniva a trovare ogni giorno, dandole il tormento.

Rea Lively amava i bambini, e più di tutto amava i suoi figli. Nel momento in cui ne portavano uno a casa, dall'orfanotrofio, anche se non era sangue del suo sangue, sentiva subito un legame indissolubile. Come se stesse stringendo un neonato che aveva appena partorito: per lei tendere la mano a un bambino appena adottato era la stessa identica sensazione.

Quando la cena terminò, Crono fu il primo ad alzarsi da tavola. Si era accorto del silenzio della moglie, perciò le si avvicinò. Il suo corpo muscoloso, fasciato in una camicia elegante e pantaloni neri, incombeva su di lei.

Allungò una mano e le accarezzò i lunghi capelli biondi, che ricadevano in morbide onde sul suo tubino nero. «*Min stenachoriésai. Tha échoume tin oikogéneiá mas kai ta paidiá mas.*» (*«Non essere affranta. Avremo la nostra famiglia e i nostri figli» in greco)*

«Come può non importarti di quelli che abbiamo perso?» sussurrò lei.

Apollo era immobile, con i capelli lunghi legati in una coda, come piaceva a Crono.

L'uomo sospirò, e poi le avvolse il collo, delicatamente, per avvicinarla al suo addome e stringerla in un abbraccio. Le posò un bacio sulla nuca, e per qualche secondo inspirò il suo profumo intenso.

«Mi importa» ammise. «Mi dispiace.»

Lei si fece rigida. «Sì?»

Lui le inclinò il volto verso l'alto, in modo che i loro sguardi potessero incontrarsi. E, in quel momento, Rea vide che nella sua espressione non c'era alcuna traccia di dolcezza o empatia.

«Mi dispiace fare tutti questi buchi nell'acqua» continuò, la voce aspra. «Perdiamo molto tempo, purtroppo. Ma avremo la nostra famiglia, i nostri Olimpi. Tutti e tredici.»

Rea non si mosse. Rimase ferma, come bloccata, mentre il marito si chinava su di lei per sfiorarle le labbra con un bacio.

Dopodiché, se ne andò.

I camerieri sparecchiavano la tavola rettangolare, in silenzio, e cercando di non arrecare il minimo disturbo alla donna che se ne stava lì, seduta, immobile come una statua. La donna che stringeva i pugni sul grembo e si imponeva di non piangere.

«Apollo» chiamò il figlio.

Apollo alzò il viso. «Sì?»

«Vai in camera tua. Fuori dalla sala da pranzo troverai qualcuno che ti accompagnerà» gli disse, come se fosse qualcosa di nuovo. «Lava i denti e fai una doccia prima di metterti il pigiama ed entrare nel letto.»

«Posso andare a trovare Hades, prima?» chiese, balbettando proprio mentre pronunciava il nome del fratello.

Erano stati insieme in orfanotrofio per pochi mesi, eppure sembravano già volersi bene come se avessero condiviso un'intera vita. Apollo aveva aiutato Hades a uscire dal labirinto, gesto che aveva mandato su tutte le furie Crono. E ora lo aiutava durante la convalescenza. Gli leggeva storie di mitologia e, a volte, l'uomo si fermava a osservarli, a spiarli, e non poteva che ripensare a quando era Gavin, Iperione, a leggergli storie rubate dalla libreria del padre. Prima che Crio rovinasse tutto.

«Sì, ma solo due minuti» cedette, incapace di dire di no a una richiesta così semplice e buona. «Mi raccomando.»

Le labbra color amarena del bambino si distesero in un sorriso accennato. «Grazie.»

Rea annuì e si alzò, solo per sgattaiolare nella cucina della villa, dove i camerieri e i due cuochi sistemavano e pulivano. Si fermarono alla sua entrata, per farle un cenno di saluto, e lei li spronò a riprendere le loro mansioni facendo finta che lei non fosse lì.

Nessuno avrebbe mai avuto il coraggio di porle domande, chiaramente, motivo per il quale, quando lei si fermò al lato del bancone con tutti i coltelli, non sentì nemmeno una mosca volare.

Ne scelse uno dall'impugnatura in legno, la lama di almeno quindici centimetri. Ci fece scorrere il polpastrello dell'indice per controllare che fosse ben affilata. Quando un rivolo color cremisi fuoriuscì dalla sua pelle, sorrise. Si portò il dito alla bocca e ripulì il sangue, succhiandolo via.

Prima dell'alba, si ripeté.

Un taglio netto alla carotide. Non bastava altro.

Prima dell'alba, lo farò.

Nell'istante in cui fece ritorno nella sala da pranzo, che doveva necessariamente attraversare per uscire dalle cucine, si bloccò di colpo.

Apollo era ancora lì, seduto, e guardava proprio nella sua direzione. Gli occhi scivolarono in fretta sul coltello che Rea stringeva in mano, eppure non sembrò spaventarsi.

«Vuoi venire con me a trovare Hades?» sussurrò.

Rea boccheggiò e, nonostante il suo umore le suggerisse di chiudersi in camera fino all'arrivo della notte, non resistette. «Io... Sì, sì, certo.»

Come se potesse servire a qualcosa, nascose il coltello dietro la schiena, stringendolo nella mano sinistra. La destra, invece, prese la manina di Apollo.

Passarono insieme per il soggiorno, deserto, e salirono le scale che portavano ai piani con le camere da letto. Lo studio di Crono era al piano terra, e in genere si chiudeva lì dopo cena, prima di andare a fare un giro per le sale gioco dell'isola.

Arrivarono nella camera di Hades proprio nel momento in cui un cameriere stava uscendo con il vassoio del cibo, la sua cena. Il piatto raccoglieva alcuni avanzi, anche se il piccolo mangiava più dei primi tempi.

Era seduto sul letto matrimoniale. Il corpicino era ancora fasciato da garze sterili ma non aderenti, secondo le direttive del medico che si occupava di lui.

Non si voltò in direzione della porta, però. Sapeva cosa stava per accadere: Apollo recuperò il loro libro dalla libreria a muro della camera e si sedette accanto al letto, su uno sgabellino imbottito che veniva lasciato lì appositamente per lui.

Rea rimase in disparte, sulla porta, a osservarli.

Apollo cominciò a leggere per Hades. Rea riconobbe subito le vicende della quarta fatica di Eracle. Erano raccontate in termini più semplici, meno violenti e facilmente accessibili all'età che avevano i due fratelli.

Hades teneva gli occhi chiusi, la testa adagiata sul cuscino. Nonostante l'atteggiamento rilassato, era concentrato e non si perdeva nemmeno una virgola. Ogni tanto Apollo sbagliava a leggere alcune parole e doveva correggersi, balbettando forse per l'imbarazzo.

Si fermò solo quando era evidente che il fratello si fosse addormentato. Aveva il respiro profondo e il capo che pendeva leggermente verso sinistra. Fu in quel momento che Rea si fece avanti e raggiunse i suoi figli. Si fermò accanto ad Apollo, dal lato in cui aveva la mano libera, distanziandolo più che poteva dalla lama affilata che stringeva tra le dita.

«Vuoi fare una cosa brutta?» le chiese Apollo, chiudendo il libro.

Rea sussultò. «Come?»

«Tu mi sembri una persona buona. Le persone buone non dovrebbero fare cose brutte, anche se è per difendersi da quelle cattive.»

«Perché no, Apollo?» lo interrogò, sinceramente curiosa di sapere che lezione di vita potesse darle un bambino di neanche otto anni.

«Perché le persone cattive troveranno sempre il modo di vincere, nonostante tutto.»

Rea serrò la presa attorno al manico del coltello.

«Se perdiamo te» bisbigliò Apollo «resteremo soli con lui.»

Fu il tremolio nella sua voce. Fu quella nota di terrore a farle cadere l'arma di mano, mentre tentava in ogni modo di non mostrare alcuna emozione.

«O peggio...» riprese Apollo. «Potrebbero separarci. E io voglio restare con Hades.»

Crono e Rea avevano avuto modo di conoscere la sua situazione. Hades era stato abbandonato davanti a un cassonetto, appena nato, in un vicolo sporco in una città della contea di Arlington, in Virginia. Da lì, era stato portato a Washington, dove si trovava il Saint Lucifer. I suoi primi anni di vita li ha passati in quell'orfanotrofio; non era un bambino molto pacifico, stando a quanto raccontava la rettrice, e non faceva amicizia con nessuno.

Apollo invece era nato e cresciuto a Baltimora, nel Maryland, in un quartiere di nome Cherry Hill, che non era affatto un bel posto in cui vivere. La madre biologica non aveva soldi, era sola e soffriva di depressione. Apollo le è stato portato via dagli assistenti sociali dopo una segnalazione delle maestre. Lui aveva passato molto meno tempo in orfanotrofio, appena due anni e, come Hades, non era particolarmente incline alla socializzazione. Non perché avesse un carattere iracondo, al contrario era molto timido e riservato.

L'unica persona che era riuscita a far breccia nel cuore di entrambi era stata una bambina dai capelli ramati e gli occhi eterocromi: Haven. Crono era ossessionato da lei e questo era certamente un motivo in più, per Rea, per convincersi a ucciderlo.

«Anche la mia mamma era buona» aggiunse.

«Lo era? Ti trattava bene?»

Apollo si mordicchiò il labbro prima di rispondere: «No, ma non lo faceva con cattiveria. Lei stava male. E mi chiedeva scusa. E io le volevo bene».

Rea dovette fare un respiro profondo per non commuoversi.

«Ti manca?» domandò, dopo un po'.

«Sì...» rispose, incerto. «Però, almeno qui posso mangiare sempre e ho vestiti puliti.»

Rea serrò le labbra e avvolse le spalle del bambino, attirandolo al suo fianco in un abbraccio goffo, eppure sincero. Non sapeva cosa dirgli, non sapeva come rassicurarlo. Sarebbero state solo bugie. Crono peggiorava di giorno in giorno, ed era quasi certa che nel giro di pochi anni avrebbe perso totalmente la testa, rendendo la loro vita un Inferno.

Se lei fosse riuscita a ucciderlo, il problema non si sarebbe posto.

Ma se avesse fallito e Crono avesse ucciso lei...

Un brivido le percorse la spina dorsale e arrivò alla base del collo, artigliandola in una morsa asfissiante.

«So che non sarò mai come la tua vera madre» mormorò, alla fine. «Però ti prometto che farò il possibile per rendere la tua vita felice.»

Apollo non la guardò negli occhi, annuì e basta. La conosceva da pochissimi mesi, non si sarebbe mai fidato di lei così velocemente. Le parole sono solo parole, d'altronde.

«È ora di andare a letto» disse lei, riscuotendosi. Raccolse il coltello, che giaceva ancora sul pavimento, e tese la mano libera ad

Apollo. Lui la afferrò dopo un istante di esitazione, e uscirono dalla camera di Hades.

La sua era poco lontana, la porta era già aperta. Rea lo accompagnò fino all'interno e attese anche che si lavasse i denti e che una cameriera gli facesse un bagno veloce.

Rea e Apollo non si dissero altro. Lei gli augurò la buonanotte in greco, premurandosi di fornirgli la traduzione, e lui la ripeté con una pronuncia quasi perfetta.

Quando spense le luci, non se ne andò. Rimase lì, sulla porta, a osservare il bambino sotto le coperte.

Prima dell'alba, devi farlo. Vai a prepararti.

Continuò a ripeterlo nella sua testa, come aveva fatto nelle ore precedenti, se non con un'urgenza maggiore. Ciononostante, il suo corpo non osava muoversi. Non riusciva a voltare le spalle a quel bambino che, per lei, era suo figlio dal primo momento in cui lo aveva visto.

Si sfilò le scarpe nere, lucide, con il tacco e le lasciò fuori dalla stanza, nel corridoio ormai buio.

In punta di piedi rientrò nella cameretta di Apollo. Per non spaventarlo e non risultare invadente, evitò di sistemarsi sul suo letto, anche se a due piazze. Rubò una copertina in pile dall'armadio e si sedette sulla poltrona viola, sistemata in un angolo.

La luce della luna filtrava attraverso la portafinestra, gettando un'ombra argentea sul pavimento in parquet.

La poltrona era scomoda e troppo piccola, ma la donna riuscì a raggomitolarsi fino a trovare una posizione sopportabile. Appoggiò la nuca contro lo schienale e si rigirò il coltello tra le mani, che ora tremavano.

«Non posso» si ritrovò a bisbigliare, le lacrime agli occhi.

Senza preavviso, tutto il suo dolore si riversò sulla sua pelle, sotto forma di gocce salate, che le inondarono il viso e si tuffarono sulle sue labbra, pretendendo che Rea ne sentisse il sapore.

Pianse come una bambina, pianse come si sarebbe aspettata di vedere piangere il bambino che dormiva, a qualche metro da lei. Pianse fino a farsi venire il mal di testa e fino a dover correre nel bagno privato per soffiarsi il naso e sciacquarsi il volto.

Non si separò dal coltello nemmeno in quei minuti. Non voleva, in caso avesse trovato una motivazione logica per proseguire con il suo piano.

Ma le ore passarono.

Scoccò la mezzanotte.

Apollo mugugnava nel sonno e si rigirava più volte. Le sembrò persino che, a un certo punto, si fosse svegliato e l'avesse guardata.

Arrivarono anche le 3.

L'alba era prevista per le 7.21. Aveva cercato l'informazione quella mattina stessa.

Si addormentò. Si risvegliò con il cuore a mille e disorientata. Per poi ricadere in uno stato di dormiveglia.

Fino a quando l'alba non giunse. I primi raggi del sole si affacciarono timidamente oltre l'orizzonte, e iniziarono a colorare la superficie del mare nei toni dell'arancio e del dorato.

Era l'alba, ma lei non aveva assassinato Crono.

Non lo avrebbe fatto, né oggi, né il giorno dopo, né mai. Non se non avesse avuto la sicurezza matematica di uscirne vincitrice. Il cento percento di probabilità di ammazzarlo senza che le accadesse niente.

Da quel momento in poi, avrebbe fatto il possibile per sopravvivere.

Per i suoi figli.

Perché non rischiassero di ritrovarsi a vivere una vita soli con Crono.

Si sarebbe aggrappata alla vita con le unghie, senza lasciarla mai andare.

Per i suoi figli, ogni alba sarebbe passata esattamente identica alle altre.

EXTRA 4
IL SOLE DI MEZZANOTTE

Ares

Norvegia, 9 luglio 2023

DETESTO dovermi nascondere. Ho un viso troppo bello per fare il fuggitivo. Meriterei di essere esposto alle persone come un'opera d'arte in un museo, invece che scappare di città in città e girare con un cappellino e un paio di baffi incollati in faccia.

Dio, detesto i baffi, ancora di più quelli finti che mi dà Thymós. Prudono da morire, sulla pelle.

Quello che non detesto, però, è il corpo caldo di Hell sdraiato qui accanto a me.

È da nemmeno due mesi che viaggiamo per il mondo, nascondendoci nelle città più disparate e mischiandoci a folle di persone con culture diverse e lingue a noi incomprensibili.

Siamo stati in Italia, in un piccolo paesino vicino a Roma, prima che la paranoia di Thymmy gli facesse pensare che fossimo troppo esposti e quindi era meglio allontanarci dalla capitale. Da lì, è stato un girovagare senza sosta per l'Europa, da una parte all'altra.

Ho visto i cieli grigi della Scozia, ho mangiato un'autentica baguette francese appena sfornata e una paella in Spagna, ho ammirato l'alba in un piccolo paesino della Repubblica Ceca e visto una stella cadente durante una notte particolarmente felice in Lituania. Anche se forse la cosa che ricordo con maggiore gioia è quando, in Austria, Hell ha mangiato tre fette di torta Sacher, una dopo l'altra, con gli occhi che le brillavano di pura gioia.

Abbiamo visto così tanti posti che fatico persino a ricordarli tutti, e non abbiamo ancora finito.

Anche se viaggiamo per evitare che mio nonno scopra che sono ancora vivo e mi ammazzi, nonostante abbiamo inscenato la mia morte durante l'ultima fatica, è divertente.

Thym è un po' musone, Hell è sempre allegra e fa da mediatrice quando battibecchiamo come due bambini.

Non comunichiamo con il resto della famiglia. L'unica eccezione è stata a maggio, durante la cerimonia dei diplomi durante la quale hanno conferito la laurea ad Aphrodite. Thymós non poteva perdersela, così ha chiamato Hermes, ha pianto davanti al cellulare e poi l'ha distrutto prima di imbarcarsi insieme a noi su un volo che ci avrebbe portati in un nuovo posto.

A volte mandiamo cartoline; non hanno mai indizi sulla città in cui ci troviamo e ce ne concediamo una ogni tre settimane. Ci sembrava un buon compromesso.

Se mi manca la mia famiglia? Dio, no. Sono così felice di non vedere più il geco di Liam e sentire le sue cazzate. Estremamente sollevato di non dover sopportare papà Hades e mamma Cohen. Per non parlare del fatto che è bellissimo svegliarsi la mattina e non avere nessuno, in casa, che gira con le palle all'aria come Hermes. E quel rompicoglioni di Zeus? Adoro non avere attorno la sua voce monotona, sempre pronta a impartire ordini e dare giudizi che nessuno ha mai chiesto. Forse Hera è l'unica che mi manca, insieme a mia madre, perché non sono fastidiose. Anche il mio gattino Tredici, che è rimasto con la sorella di Thym.

Mi sto godendo la solitudine. Non sento troppo la mancanza della mia famiglia di disadattati. Eppure, sto scattando foto in ogni città con una macchinetta usa e getta, per farle vedere a tutti quando ci incontreremo di nuovo.

Sto creando un album. Lo so, lo so. Sono patetico. Lasciatemi in pace, per favore. Anzi, niente «per favore». Lasciatemi in pace e basta.

Dicevo, sto componendo un album fotografico di ricordi. Ho comprato un raccoglitore, che ha in copertina un adorabile carlino disteso in un campo di margherite. Stampo tutto prima di partire per la destinazione successiva, e mentre sono in aereo incollo le foto e ci scrivo qualche ricordo, qualche frase divertente, o un battibecco con Thym, o una cosa romantica accaduta con Hell. Stronzate sentimentali del genere.

Sto diventando peggio di Malakai.

E mentre io mi preoccupo solo di nascondermi, sistemare la valigia in aereo, fare tanto sesso internazionale con Hell e scattare foto, Thym e la CIA continuano a lavorare a Pandora.

C'è sempre un momento della giornata in cui lui mi fa sedere e mi costringe a concentrarmi, nella speranza che qualche ricordo possa riaffiorare. Vorrei davvero essere utile, ma il mio cervello non collabora. Non riesco a strappargli nemmeno uno straccio di informazione. Non c'è niente, dentro la mia testa, che si ricolleghi a Pandora.

Non mi resta che sperare in Hermes. Ecco il livello di disperazione a cui sono arrivato: affidare tutto a quel cretino.

Questo è il nostro ultimo giorno a Longyearbyen, una città delle isole Svalbard, in Norvegia. Domani sera partiremo per la Russia, poi ci sposteremo in Asia e, a seguire, in qualche parte indefinita dell'Oceania.

Avrei bisogno di dormire. Dormire serenamente e profondamente come sta facendo Hell, in questo istante. È da poco scoccata la mezzanotte, sarebbe il momento ideale per addormentarmi... se solo non ci fosse ancora il sole, qui.

Lo chiamano «il sole di mezzanotte». È un fenomeno naturale che si verifica nelle regioni polari, dove il sole non tramonta mai per un certo periodo dell'anno, rimanendo visibile sempre.

In parole povere, adesso dovrebbe essere buio, invece il sole è come bloccato all'orizzonte e tinge il cielo di arancio e oro.

Bellissimo, sì. Viva la natura e i suoi fenomeni naturali ambigui, bla bla bla. Però, dopo cinque giorni di luce, inizio a stufarmi. Non riesco a riposare.

Al contrario della mia bellissima e magnifica ragazza, che russa appena, avvolta dalle lenzuola bianche.

Mi chino su di lei per accarezzarle i capelli corti, che ora le arrivano poco sotto il lobo. Ha un'espressione rilassata, di chi è in pace con il mondo. Le sfioro il naso e poi, piano, le labbra screpolate.

Non voglio svegliarla, eppure non riesco a resistere dal posarle un bacio sulla fronte.

Con un sospiro, mi alzo dal letto e cammino in punta di piedi fino a uscire dalla camera. Richiudo la porta dietro di me e raggiungo il balcone adiacente alla cucina.

Lì, trovo Thymós. Se ne sta seduto su una poltroncina in rattan, una delle due appoggiate al muro, e sorseggia una birra.

«Ciao, Ken.»

Lui mi scocca un'occhiata rapida, prima di tornare a guardare il sole in cielo. «Ciao, moccioso. Che fai sveglio?»

Prendo posto sulla sedia libera e gli rubo la birra, per poi assaggiarne un sorso. «Questo sole a mezzanotte non mi fa dormire, lo detesto.»

Si riprende la bottiglia quando ho finito. «Pensa come sto io. La notte non dormo perché c'è troppa luce e la mattina non dormo perché ci sei tu che fai casino con venti versioni diverse della stessa canzone.»

Gli punto l'indice contro. «Si chiama *Toxic* di Britney Spears, portale rispetto.»

Punto lo sguardo sopra le nostre teste. Il sole è una grossa massa intrappolata nel cielo, così luminosa da farmi strizzare l'occhio che ancora vede qualcosa.

«Mi mancano gli Stati Uniti» borbotto.

«A me manca la Grecia, in realtà.»

«Pensa che hai ancora due mesi da passare in giro per il mondo con me.»

Sbuffa. «Non ricordarmelo.»

So che sta scherzando, insomma, è ovvio. Chiunque vorrebbe stare con me.

«In fondo mi vuoi bene e sono il tuo preferito» lo punzecchio, dandogli una gomitata. Non lo smuovo di un millimetro. Questo uomo è un blocco di muscoli in amianto.

«Tu? No, non sei il mio preferito, però ammetto di non trovarti sempre insopportabile.»

Rimango a fissarlo, a bocca aperta. «Hai un preferito? E non sono io? Chi diamine è?»

Ghigna.

Stringo le dita in un pugno e glielo agito sotto il naso, sperando di avere un'aria minacciosa. «Ti conviene non dire il nome della mia ragazza.»

«Sennò cosa fai? Mi colpisci?» ridacchia, osservando la mia mano.

La ritraggo, un po' offeso. «No, figurati. Mi farei male io.»

Le sue spalle vengono scosse da quella che credo essere una risata, ma non aggiunge altro. Beve la sua birra fino a quando non la finisce, e poggia la bottiglia in vetro per terra, accanto alla poltroncina.

«Facciamo un gioco?» propongo, d'improvviso.

«No.»

«Non ci hai nemmeno pensato!»

«Non mi serve. Non gioco con voi Lively.»

«È un gioco innocente!»

Incrocia le braccia al petto e scivola contro lo schienale, allungando le gambe davanti a sé. «Se è il gioco del silenzio, ci sto.»

«Sei noioso. Come ci intratteniamo mentre fissiamo questo sole del cazzo e aspettiamo di poter dormire?»

«Non lo so, ma non sono la tua baby-sitter. Intrattieniti da solo.»

«Allora guardiamo un film.»

Sotto il mio sguardo incredulo, Thymós estrae qualcosa dal suo fianco. Un oggetto di cui non mi ero accorto, e che era nascosto tra il suo corpo e il cuscino della sedia in rattan. Un libro.

Aggrotto la fronte. «Che te ne fai? Sai leggere? Pensavo sapessi solo scazzottare e sparare.»

Sa che è una battuta, ma non perderebbe mai l'occasione di darmi una spinta con aria burbera. «Piantala, poppante.»

Apre il libro a una pagina precisa, e dopo un sospiro comincia a leggere. Mi sporgo in avanti per guardare la copertina. *Cent'anni di solitudine*.

«Wow, leggi la biografia di Apollo?»

Sorride appena.

«Perché leggi? Mi sono perso qualcosa?»

Thymós poggia il libro in grembo e strizza gli occhi, massaggiandosi il ponte del naso con le dita. «Maledizione, quanto sei insistente. Tuo nonno avrebbe potuto tagliarti la lingua invece che metterti un occhio fuori uso.»

Ha ceduto. Ho vinto. Sta per raccontarmi qualcosa.

«Daisy mi aveva fatto un elenco di libri da leggere, la scorsa estate. Una serie di titoli per instradarmi verso la lettura.» Agita il libro che ha ora. «Questo è uno dei titoli selezionati da lei per me.»

Oh.

Era una cosa triste e carina. Ora mi sento quasi in colpa per averlo preso in giro. *Quasi*, eh.

La realtà è che io non so come faccia. Come faccia a vivere ogni giorno della sua vita con il peso di quello che è successo alla persona che ama. Come fa a sopportare ogni secondo che scorre senza di lei. Con la consapevolezza che avrebbero avuto un figlio, in aggiunta.

Non posso capire come si senta e spero di non comprenderlo mai. Non posso nemmeno consolarlo, perché non sono bravo in queste cose. E, di sicuro, Thym non vuole le mie parole di conforto. Ha sempre evitato di parlare di Aphrodite, e io ho smesso di provarci.

Posso però fare una piccola cosa giusta: lasciargli il suo tempo.

Così, mi metto in piedi e gli do una pacca affettuosa sulla schiena. «Leggi pure, io vado in camera.»

Lui non risponde, con gli occhi incollati sulla pagina. Gli do le spalle e rientro in cucina ma, quando sono vicino alla porta, sento chiaramente la sua voce che dice: «Aspetta. Resta».

«Come?»

«Torna qui. Non devi andartene.»

Come a prova di ciò, chiude il libro e lo rimette a posto. Io, comunque, continuo a non muovermi. E Thymós esala un'imprecazione, spazientito.

«Devo pregarti? Riporta il tuo culo qui» dice, indicando la sedia da cui mi sono appena alzato.

A passo incerto, ritorno da lui, e mi siedo senza staccargli gli occhi di dosso. Occhi che esprimono tutta la mia confusione. «Perché?»

«Perché tanto non ti addormenterai. E finirai per disturbare Haz, che invece riesce a dormire. Meglio me che lei.»

C'è anche un altro motivo, molto più forte e profondo, però sembra vergognarsene. «Ah, capito. Sicuramente è solo per Hell, certo.»

Thymós mi fissa. «Sai che hai sempre un sorrisetto da coglione ogni volta che si parla di lei?»

Con le mani vado a tastarmi la bocca. Sì, ha ragione. Cerco di raddrizzarla e smettere di sorridere, con il risultato che riesco a strappare una risata all'uomo più imbronciato del mondo.

Sta ancora sghignazzando quando distendo le gambe e incrocio le mani sulla pancia, guardando il paesaggio davanti a me. Erba, vegetazione, alberi, cespugli, altra erba. Il nulla cosmico.

«Sembri molto felice con Haz» mormora.

«Lo sono» ammetto, in vena di sentimentalismi. «Ho la terribile convinzione che non smetterò mai di amarla. Credo che sarò per sempre innamorato di lei.»

«E perché è terribile?»

Sento i suoi occhi addosso, e la fragilità dei pensieri che sto per esprimere mi impedisce di ricambiare il contatto visivo. Mi fisso le mani.

«Perché un giorno lei potrebbe smettere di amarmi.»

«Quanto sei catastrofico» mi prende in giro.

«Hai ragione. È improbabile.» Mi indico con un sorriso smagliante. «Troppo bello e col cazzo troppo gran...»

Thymós mi tappa la bocca con la sua mano enorme, premendomela sul viso con violenza. «Basta così.»

Tiro fuori la lingua e gli lecco il palmo, costringendolo ad allontanarsi. Se lo pulisce sui pantaloni cargo, borbottando quello che credo sia un insulto rivolto proprio a me.

«Ti ricordi il primo giorno che abbiamo passato qui?» rompe il silenzio dopo un po'.

Annuisco.

«La reazione di Haz al sole di mezzanotte?»

Sorrido, tra me e me. Il primo giorno in cui siamo stati qui, quando abbiamo assistito per la prima volta a questo meraviglioso fenomeno della natura, ne è rimasta incantata.

«Non ha dormito fino alle 6 del mattino, per accertarsi che fosse reale e che il sole non scomparisse sul serio. Era...» Perdo le parole. Poi le ritrovo. «Era come una bambina. Aveva proprio quella gioia innocente e pura che solo i bambini possono provare.»

Thym mi dà ragione con un cenno. «Mi credi se ti dico che il modo in cui guardava questo schifo di sole sempre alto nel cielo era comunque niente in confronto al modo in cui guarda te?»

Okay, adesso potrei diventare rosso in viso. Sento il calore concentrarsi sulle guance e farsi sempre più intenso.

Alla fine, sospiro e fingo di schiarirmi la voce con un colpo di tosse.

«Ares?»

«Che vuoi ancora? Hai altre cose sentimentali da dirmi per mettermi in difficoltà?» sbotto. Quasi quasi me lo prendo io, il libro sulla vita di Apollo, e lo lascio solo qui.

Thymós recupera il telefono, quello che usa per le comunicazioni con la CIA. È l'unico sicuro; nonostante ciò, mi è severamente proibito utilizzarlo. Non so che disastri si aspetti che io possa combinare, però ho deciso di non contestare e arrendermi.

Ho fatto l'irresponsabile per tutta la vita, perché non l'ho mai presa sul serio. Ora c'è Hell, qui con me, in giro per il mondo. Fare un passo falso significa mettere in pericolo anche lei, e non è una cosa che sono disposto ad accettare.

«Ti ho detto di non andartene non perché la tua compagnia mi sia particolarmente gradita» mi informa mentre traffica con il touch screen «ma perché ho capito da un pezzo che ti manca la tua famiglia.»

Mi irrigidisco. Non so bene come reagire. Negare non servirebbe a nulla, per quanto lo vorrei.

La verità è che... ha ragione. Quando siamo partiti, avevo paura che sarebbe stata Hell a soffrirne più di tutti. Invece, lei è molto spensierata e non dà mai segni di nostalgia o tristezza. Si sta godendo questi viaggi frenetici.

Anche a me piacciono, certo. D'altro canto, mi manca la mia famiglia di disadattati ludopatici. Forse mi manca pure Liam, dannazione.

«Mia sorella mi ha mandato una foto da parte loro.»

Thymós mi porge il telefono e io lo prendo. Lì, sullo schermo, c'è una foto di tutti loro. Liam regge il cellulare, in primo piano, sbuca solo metà del suo viso. Haven sta tirando su le labbra di Apollo per farlo sorridere, mentre Hades li guarda sorridendo. Athena ed Hera sono vicine, bellissime e in posa. Zeus è subito accanto a Liam, con una delle sue espressioni che tanto mi piace prendere in giro. Posy sta sdraiato sull'erba del campus, regge la cuccia in cui presumo ci sia Michael Geckson e Nys lo usa come sedia per non sporcarsi il completo elegante. In mano, l'immancabile fiaschetta di vino.

Un moto violento di nostalgia mi colpisce, mozzandomi il fiato. Subito dopo, però, arriva anche una bella sensazione di tranquillità. Loro stanno bene. Presto ci rivedremo.

Troveremo Pandora e le cose si risolveranno.

Devo crederci. Anche se la mia fiducia è ai minimi storici.

Non ci diciamo più niente. Me ne vado una volta per tutte e lascio Thym a leggere la biografia di Apollo, in balcone.

Una volta infilato sotto le coperte, Hell si muove in automatico e mi prende tra le sue braccia, come se avesse capito che ho problemi a dormire.

«Scusami, non volevo disturbarti» sussurro.

Mugugna: «Tranquillo».

«Per caso hai voglia di fare sesso?»

Le strappo una risatina rallentata dallo stato di dormiveglia, il suono così buffo e dolce mi fa sorridere. «Piantala.»

Okay, recepito il messaggio. Forse non è il caso.

Però io sono un sognatore, quindi ci riprovo. «Solo preliminari?»

La sua mano mi dà uno schiaffetto sul braccio, così leggero che sembra una carezza.

«Hell?»

«Che c'è?» biascica, troppo assonnata.

«Penso che sarò innamorato di te per sempre, sai? Non credo proprio che smetterò mai di amarti.»

Il suo corpo si irrigidisce, poi si rilassa e mi stringe più forte.

Non le permetto di rispondermi. Parlo di nuovo, in fretta, perché mi sento patetico.

«Quindi, cerca di non stancarti di me, okay? Amami anche tu per sempre, per favore. Non dovrebbe essere difficilissimo, visto che sono stupendo, però, ecco, te lo chiedo comunque.»

Ridacchia e il suo fiato si scontra sul mio collo. Ne approfitta per lasciarci un bacio. «Uno, quattro, tre.»

Bastano quelle tre parole a darmi un sollievo istantaneo, una calda sensazione di tranquillità che solo Hell porta nella mia vita.

«Ora cerca di dormire, Aressino» mi rimprovera bonaria.

Mi stringo a lei, fino a quando non ho l'orecchio premuto contro il suo petto. Ascolto le pulsazioni del suo cuore, e lascio che siano quelle, alla fine, a farmi addormentare.

I LIBRI PREFERITI DI APHRODITE

RINGRAZIAMENTI

RINGRAZIAMENTI

«SENTIAMO qual è il vostro perché? Perché vi siete alzati stamattina? Perché avete mangiato quella cosa? Perché vi siete vestiti in quel modo? Perché siete venuti qui? Siamo qui per un contatto. La vita riguarda le persone. [...] Amore, tempo, morte. Sì, queste tre astrazioni collegano ogni singolo essere umano sulla Terra. Ogni cosa che vogliamo, ogni cosa che abbiamo paura di non avere, ogni cosa che alla fine decidiamo di comprare è perché in realtà a conti fatti noi desideriamo l'amore, vorremmo avere più tempo e temiamo la morte. Amore, tempo, morte... Cominciamo da qui.»

Questo è il dialogo d'apertura di uno dei miei film preferiti, con protagonista uno dei miei attori preferiti di sempre. Sto parlando di Will Smith e di *Collateral Beauty*. È fondamentalmente la storia di un uomo che deve affrontare il lutto peggiore della sua vita e scrive lettere ai tre concetti astratti di Tempo, Amore e Morte, ma li tratta come se fossero persone. È arrabbiato con loro: la Morte gli ha tolto la figlia, il Tempo non è stato buono e gli ha dato pochi anni con lei, e sente che l'Amore lo ha abbandonato perché per lui era solo nei sorrisi della bambina, nei suoi occhi, nei suoi abbracci, nella persona che era.

È un film che parla del lutto in modo molto delicato e che riesce a trarne un lieto fine, una *bellezza collaterale* che ti spinge ad andare avanti e vivere.

Scrivere di Aphrodite Lively è stata una delle esperienze più belle che ho vissuto, durante la stesura di questa saga. È uno dei miei personaggi preferiti, e la coppia che forma con Thymós penso sia arrivata al primo posto nel mio podio personale. Ironico, eh. Lo chiamerei «karma».

E allora perché l'hai uccisa? Diciamo che questo volume è nato dopo *Game of Titans*, per rimediare un po' alla sua scomparsa, e non immaginavo affatto che scriverlo mi avrebbe avvicinata così tanto a lei. Non volevo che restasse solo un personaggio che è morto tragicamente e che poi è scomparso, avvolto in un alone di pura e banale tristezza. Volevo che avesse di più, volevo che dietro la sua morte ci fosse quella bellezza collaterale di cui ho parlato all'inizio. Quel piccolo ritaglio felice che conta più del futuro che non avrà.

Ci tengo, inoltre, a sfatare pubblicamente il mito che l'ho ammazzata solo perché ero gelosa che lei avesse Thymós (contesto: io Thym lo immagino come Theo James, per me l'uomo più bello del mondo).

Il primo «grazie» di chiusura va a chi ci sta permettendo di tenere in mano questo libro. Potremmo banalmente racchiuderlo in un semplice «il mio editore, Sperling & Kupfer», ma non aiuterebbe a capire quante persone, in realtà, lavorano dietro al prodotto che troviamo in libreria.

Grazie alla mia editor Linda, che cura i miei testi e interviene dove è giusto e necessario, lasciandomi comunque la libertà di esprimermi come voglio senza stravolgere le mie idee. Può sembrarvi una cosa scontata, ma non lo è affatto. Linda, tieni duro, ora ne manca solo uno da editare.

Grazie all'ufficio stampa e a Gaia, la vera star dei firmacopie. Non solo perché organizza i book tour e ci permette di incontrarci, ma perché la sua presenza è ciò che li rende perfetti.

Grazie a tutto il reparto marketing, compreso chi ci ha dovuto lasciare in corso d'opera e che ricorderò sempre, alla fine di tutto.

Una menzione speciale ai grafici che si occupano delle mie cover fruttate, delle bellissime cartoline e di tutti quei piccoli dettagli interni che rendono il libro un po' più speciale.

Grazie a Martina Donati per il suo costante entusiasmo, per amare e difendere il *romance* con la passione che la contraddistingue e per credere così tanto nei suoi autori.

Un grazie enorme, dal profondo del cuore, a te che stai tenendo in mano questo quarto volume. Che tu ci sia dagli inizi o da oggi, non è importante. Scriverei sempre e comunque, a prescindere dalla pubblicazione in libreria o da Wattpad, ma avere voi, che desiderate così tanto leggere ciò che custodisco dentro un foglio Word privato, mi riempie il cuore. Uno *shout-out* devo farlo a chi viene da Wattpad, per la pazienza immensa. Ne abbiamo vissute tantissime da gennaio 2022 a oggi. Per me è stato divertente, per voi forse un po' meno...

Luca, che non cambierei con nessuno al mondo (a parte Theo James... Scherzo...). Grazie perché mi supporti nelle mie passioni e parli dei miei libri come se fossi la scrittrice numero uno al mondo. È molto evidente che non sia così, però nella vita ciò che conta è essere circondati da persone che ti sostengono e credono in te, senza abbatterti.

Mamma, potrei escluderti dai ringraziamenti visto che non leggi i miei libri (sia lodato il Signore per avermi fatto questo regalo immenso), però magari un giorno lo aprirai e vedrai che il tuo nome è qui, dove deve stare. Ti voglio bene.

Ire e Yle, che devono necessariamente andare in coppia, le mie ragazze di Hermes. Valutazioni troppo basse ai libri che consiglio, scarse capacità di orientamento anche con Google Maps aperto, ma vi voglio un bene così grande che persino definirlo «infinito» sarebbe riduttivo. Grazie per ogni cosa che fate, che non è mai scontata e non passa mai inosservata.

Giorgia, Sara, Carlotta e Carola. Sono quattro libri che vi ringrazio, ormai mi sono stancata di dirvi cose carine e sentimentali. Ho una reputazione da Scorpione freddo e timido da difendere. Per questo motivo, ho deciso che vi dirò semplicemente «grazie». Non è facile essere miei amici, sono una persona davvero stressante e lunatica, ma voi ogni volta lo fate sembrare la cosa più naturale del mondo. Mi commuove nel profondo scoprire che c'è qualcuno che non vede tutti i difetti che vedo io, e che li supera senza troppi problemi anche quando sono rumorosi e fastidiosi. Menzione speciale a Giorgia che è la mia preferita (scherzo, Carola, metti giù il pugno).

La mia omonima Mary, che ormai non so più come ringraziare perché ogni parola è superflua, però non può esistere una pagina di ringraziamenti senza il suo nome.

Andrea, che ha seguito tramite sua madre la pubblicazione di *GoD*, capitolo per capitolo, su Wattpad. Purtroppo, ovviamente. Perché ogni serata di quell'estate si concludeva con lui che raccontava agli altri le scene spicy, mettendomi in imbarazzo. Inoltre, il soprannome «Termos» è nato per «merito» suo. Non voleva dare un soprannome a Thymós, però. Non aveva proprio capito come si chiamasse... Ti voglio bene.

Come potrei non citare anche due delle troppe persone che molto spesso, la sera, mi impediscono di scrivere perché mi trascinano a giocare a League of Legends: Gavi e Filippo.

Alessia e Mattia, avrete sempre un posticino in questa pagina e un posto tra i miei ricordi felici.

Ogni persona speciale che fa parte del BookTok/InstagramTok che mi ha dedicato anche solo un messaggio, *grazie*. Vorrei davvero poter scrivere i nomi di tutte le persone che, ogni giorno, supportano la saga di *GoG* creando contenuti meravigliosi, ma sarebbe impossibile. Ammiro tanto la passione, la dolcezza e la simpatia con le quali tutti voi, ragazze e ragazzi, parlate di libri sui social. Tre anni fa ero una lettrice accanita che girava su TikTok cercando consigli su libri da leggere, adesso sono ancora una lettrice accanita che scrolla i Per te e trova, tra i consigli, anche i suoi. Grazie per parlarne, grazie per consigliarli, grazie per includermi nei vostri profili.

Giuro che ho finito. Se ho scordato qualcuno, mi dispiace, ma in questo momento è quasi mezzanotte e la mia camomilla con melatonina sta mettendo ko le mie capacità, già di base molto scarse.

Grazie per aver dato un'opportunità alla storia di Aphry.

Ci sentiamo di nuovo ai ringraziamenti del prossimo volume, l'ultimo, se lo vorrete.

Un abbraccio.

LA NASCITA DEI GEMELLI APHRODITE E HERMES

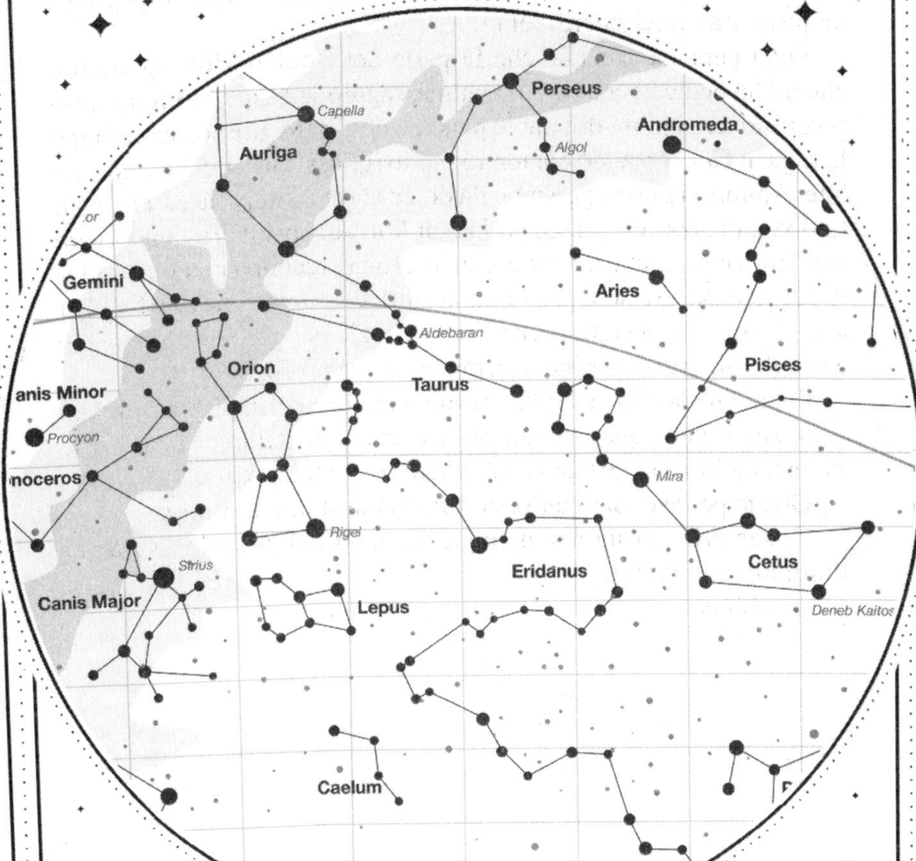

1° luglio 2002, Seattle
(47°36'18''N 122°19'48''W)

IL PRIMO INCONTRO DI APHRODITE E THYMÓS

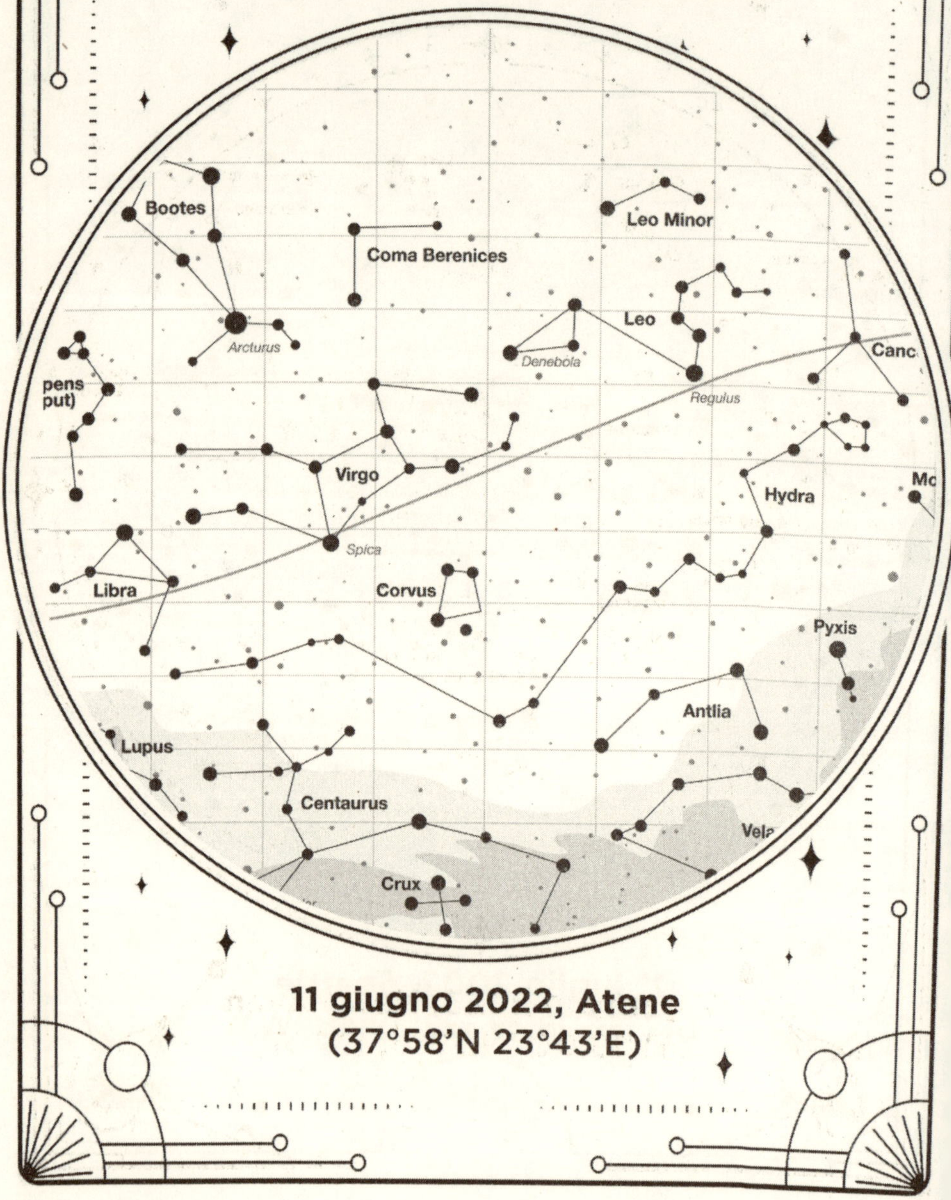

11 giugno 2022, Atene
(37°58'N 23°43'E)

LA MORTE DI APHRODITE

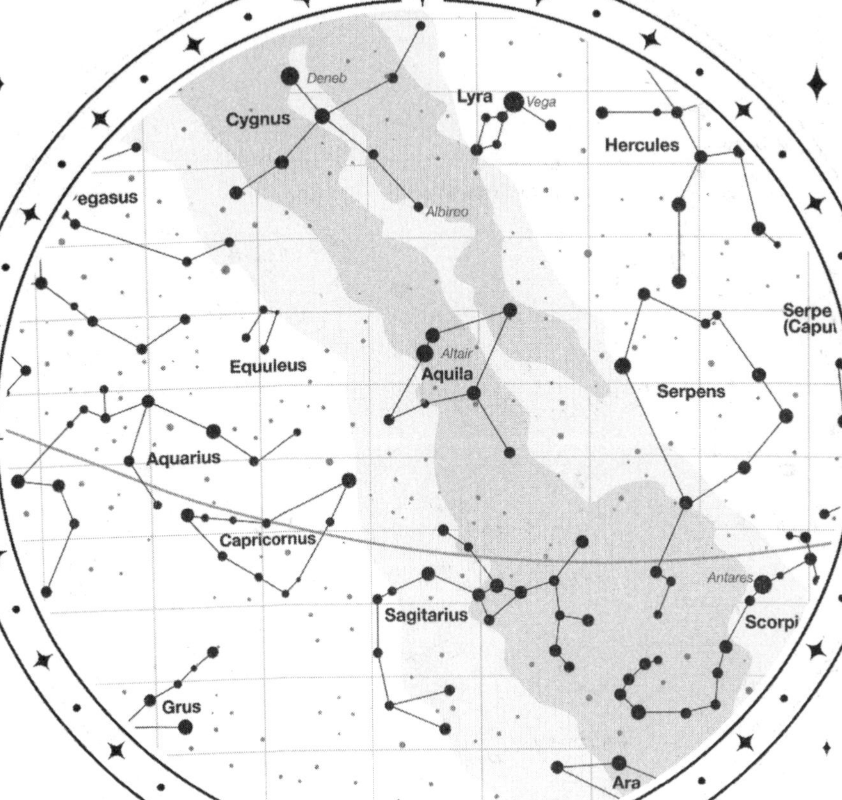

7 gennaio 2023, New Haven
(41°19’00’’N 72°55’21’’W)

La serie continua con...

GAME OF LUST
TENTAZIONE

Nelle pagine successive potrete leggere
il primo capitolo dello spin-off su Hermes,
ultimo volume della saga

Prossimamente in libreria
e in tutti gli store online

1

Hermes

«STANNO arrivando. Quanto gli ci vuole ancora?» esclamo, spazientito, mentre rientro in camera.

Lascio i croissant presi in caffetteria sul tavolino.

Apollo è in piedi, e mi rivolge la sua solita smorfia inespressiva. «Sta finendo di sistemare i capelli. Potrebbero volerci anche ore, in effetti. Forse dovremmo avviarci senza di lui.»

Con uno sbuffo, lo sorpasso. «Andiamo.»

Apollo mi segue a ruota e, quando ci troviamo davanti al bagno, dà due colpi di nocche alla porta.

«Piantala con queste stronzate educate» lo rimprovero. Abbasso la maniglia e apro, senza troppi complimenti.

Hades è davanti allo specchio, vestito elegante come Apollo. Hanno entrambi una camicia nera, con qualche bottone slacciato. Si sta spalmando qualcosa in viso.

Mi lancia un'occhiata omicida. «Che diamine vuoi, tu?»

«Saranno qui fuori a momenti. Porta il tuo grazioso culo da Diva fuori da questa camera.»

Hades sposta lo sguardo da me ad Apollo e, quando si ferma su quest'ultimo, lui alza le mani per aria: «Io non c'entro. Ho bussato e sono in silenzio. Sta facendo tutto lui».

Hades grugnisce e rimette il tubetto di crema dentro l'anta del mobile. Mentre si lava le mani, domanda: «Quanto manca?»

«Questione di qualche minuto» informa Apollo.

Oggi è quel giorno di maggio in cui a Yale avviene la cerimonia di Commencement, quella di conferimento dei diplomi.

Di norma inizia con una processione, durante la quale i laureandi attraversano il campus in abito accademico tradizionale. Si fermano a Old Campus, uno dei cortili centrali della struttura, nonché quello circondato dai dormitori in cui alloggiamo noi.

Non ce ne importerebbe nulla, se non fosse che durante la cerimonia verrà ricordata anche Aphrodite e le verrà data la laurea in memoria. Nonostante non abbia terminato il percorso di studi, della durata di quattro anni, il consiglio di Yale ha tenuto conto dei suoi voti brillanti e del fatto che era molto più avanti degli studenti del suo anno. Le mancavano cinque esami per concludere.

Certo che gliene mancavano pochi. Si era messa a studiare come una pazza, perché era scesa a patti con Crono. Se avesse terminato Psicologia, avrebbe avuto il permesso di iscriversi ad Astrofisica, dopo anni in cui aveva tentato di convincere nostro padre.

Yale le darà la laurea comunque. Crono ha fatto in modo che la sua tragica morte, avvenuta qualche mese fa, si trasformasse in un suicidio con falsa diagnosi di depressione. Per quanto mi abbia fatto incazzare, so anche che è stata la mossa più sicura. Athena ha sparato il colpo. La pistola aveva le sue impronte. Se non ci fossimo affidati a nostro padre per coprire quell'incidente, sarebbe finita in modi peggiori.

Dunque, questa è anche la cerimonia di laurea di nostra sorella. E nessuno se la perderà, per nulla al mondo.

Prima di uscire dal bagno, una volta che Hades ha finito di sistemarsi, aggrotta la fronte e mi indica. Non me, ma il mio petto. Abbasso lo sguardo, confuso.

Ah, già.

Io ho optato per una camicia bianca, e dal collo mi pende una cravatta dorata che non sono riuscito a sistemare.

Mi stringo nelle spalle. «Non lo so come si fa il nodo. Papà non me l'ha mai insegnato. A voi?»

A giudicare dalle occhiate di Apollo e Hades, anche loro hanno avuto lo stesso trattamento.

A nostro padre non è mai importato insegnarci queste cose, come raderci il viso, andare in bici, nuotare. I suoi figli superintelligenti gli servivano ad altro. A giocare, imbrogliare, mentire, raggirare...

«Dovresti toglierla. È ridicola messa così, ti pende sul collo come un guinzaglio» mi prende in giro Hades con un sorrisetto.

Apollo si affretta ad affiancarmisi. «Lascialo stare, non è vero.»

Lo afferro per la spalla, in una presa affettuosa, e mi avvicino al suo viso. «Pollo, se mi fregasse di meno della sua opinione, adesso sarei morto. Non preoccuparti dei miei sentimenti.»

Apollo alza gli occhi al cielo e si libera dalla stretta. «Detesto questo soprannome.»

Entrambi mi danno le spalle ed escono dal bagno. Li rincorro con un balzo, spegnendo la luce nel mentre. «Oh, andiamo. Pollo, Diva ed Hermy. È sempre stato così e sempre sarà.»

La mano di Hades sbatte contro la mia bocca, e in pochi secondi mi ritrovo metà croissant tra le labbra. Ottima tattica per zittirmi, considerando che il cibo è l'unica cosa che mi fa smettere di parlare. Senza aiutarmi con le mani, lo infilo tutto in bocca e mastico con gusto.

«Davvero buono» parlo nel mentre. «Ha marmellata ai frutti di *bofco. Buoniffima.*»

Non mi sfugge il sorrisetto che si scambiano i miei fratelli.

Siamo tornati da poco dalla Grecia. Dopo aver salutato Ares, Hell e Thymós, siamo saliti su un volo per il Connecticut e abbiamo ripreso la nostra vita.

Con la loro assenza, abbiamo modificato di nuovo la sistemazione nelle camere. Io, Hades e Apollo siamo tornati insieme, per mia volontà. Vedere lo stato emotivo dei miei cugini, dopo aver salutato Ares senza sapere quando si sarebbero rivisti, ha fatto montare in me un grande senso di famiglia e unità.

E poi è divertente rompere le palle a questi due musoni.

Mi dispiace per Liam, ma lui adesso è con Posy. Certo, andiamo a controllarli ogni giorno per accertarci che non abbiano raso al suolo la stanza, ma se la caveranno. Speriamo.

Quando Hades apre la porta, Haven è lì ferma, in corridoio. Ad accompagnarla ci sono Athena ed Hera.

Haven e Hades si scambiano un bacio a fior di labbra, lei si alza in punta di piedi per sussurrargli qualcosa all'orecchio. Hades fa una smorfietta triste, e lei gli accarezza il viso.

Athena sbuffa. «Avete finito con le smancerie o dobbiamo aspettare ancora per molto?»

«Thena, scopati qualcuna e smettila di rompere a chi è felice» la prendo in giro, raggiungendola.

Fa per ribattere, ma io la precedo. Le circondo le spalle con il braccio e la stringo a me. Athena detesta essere toccata, fatta eccezione per quello che prevede prendere a pugni la feccia di Yale nelle palestre al piano di sotto.

«Come stai, Thena?»

«Bene, ma gradirei ridurre il contatto fisico, grazie» risponde, provando a sottrarsi alla mia presa.

«Guardate cosa ho ricevuto stamattina» ci interrompe Hera. Sventola una cartolina, con un ghigno.

Il mio radar del gossip si attiva e gliela strappo di mano con troppa foga.

È una cartolina dall'Italia. C'è il Colosseo sul fronte, però sono sicuro che Ares ed Hell non siano davvero lì. Sul retro, invece, è attaccata una polaroid con un messaggio.

«È dall'altra parte del globo e riesce a irritarmi come se ce lo avessi qui davanti» commenta Athena.

Nella foto, Hell, Ares e Thymós sono seduti a un tavolo all'aperto. Di sfondo sembra esserci un giardinetto privato, dall'erba verde e rigogliosa. Hell sorride alla fotocamera, con addosso un vestitino bianco. Ares, dietro di lei, fa una smorfia ridicola mentre le palpa le tette con entrambe le mani. La foto è scattata nel momento in cui Thymós guarda il gesto di Ares, con l'aria seccata.

Il messaggio sulla cartolina dice:

Tutto bene, qui. Ho già preso tre ceffoni. Purtroppo non in camera da letto con Hell, ma da Termos. Stiamo bene.
(SsssSsssSsS SsssSsSSSssss sSSSssSs ← traduzione in Serpentese per Athena.)

Scoppio a ridere a gran voce e lo passo subito ad Haven e Hades. Apollo, che sta girando la chiave nella serratura, si volta per sbirciare. L'angolo delle labbra scatta verso l'alto, ma non appena si accorge che lo sto fissando ritorna serio.

«Coraggio, gli studenti stanno arrivando» ci richiama Athena.

Si incamminano tutti, e solo restando indietro mi rendo conto che c'è un'altra persona. Così silenziosa che non l'avevo notata.

La sorella di Thymós. L'agente Liakos.

Non ho il tempo di sorriderle che alza gli occhi al cielo. «Dai, Hermes, vai. Chiudo io la fila.»

«Ti faccio compagnia, cammina al mio fianco» la invito.

Con un po' di riluttanza, mi asseconda. Non ha optato per un look elegante come noi, ma non importa.

Il suo sguardo saetta verso la mia cravatta, così tante volte che comincio a esserne infastidito. «C'è qualcosa che non va?»

«Non sai fare il nodo?»

«No. Tu sì?»

«Certo. Me l'ha insegnato mio padre.»

«A me mio padre ha insegnato a giocare d'azzardo e imbrogliare la gente. È un problema della gente bella.»

«Stupendo. Dai, fermati un attimo.»

L'agente Liakos si blocca, e mi fa cenno di avvicinarmi a lei. Il resto della famiglia è già alla fine del corridoio e sta uscendo dalla porta laterale, in giardino.

La raggiungo, dubbioso. «Cosa vuoi fare?»

Le mani di Liakos afferrano la cravatta che mi pende dal collo e cominciano a manovrare le due estremità. Il suo viso mi arriva proprio al petto, talmente è piccolina, ed è concentratissimo mentre armeggia con la cravatta.

In pochi secondi, ha fatto il nodo.

Per sbaglio, stringe troppo sul collo, facendomi mancare l'aria per qualche istante. Emetto un rantolo debole, e lei sistema subito. «Scusa. Va bene, ora?»

«Andrebbe meglio con la tua mano attorno al mio collo.»

Per tutta risposta, stringe di nuovo la cravatta e mi priva dell'aria. Mi porto subito le mani al collo e la allento io, fino a scioglierlo a metà. La cravatta è più ordinata di prima, ma continua comunque a pendere appena.

Tutto sommato, mi piace questo stile. È proprio da me.

«Senti, io sono quasi convinto di conoscerti» esclamo, correndole dietro. Per essere bassa, compie falcate enormi.

Io sono altissimo, eppure i miei passi sono piccoli. Che senso ha fare le cose di fretta? È così che la gente invecchia male e si trova le rughe a trent'anni. Devo preservare il mio stato di gloria il più a lungo possibile, prendendo la vita con calma.

«Ah, sì?» Liakos mi tiene la porta aperta, invitandomi a uscire per primo.

«Al mio locale sull'Olimpo. Il The Lust. Mi sei salita in grembo e mi hai baciato.»

Era la notte dopo i giochi di Achille, una delle fatiche organizzate da nonno Urano per Ares. Hanno giocato su una scacchiera a grandezza umana, e mio cugino ha costretto metà della famiglia a confessare i loro punti deboli, i talloni d'Achille. Dopo grandi drammi e mezzi incesti, ci siamo tutti divisi e io, come al solito, ho seguito le vicende da lontano.

Fino a quando non mi sono sentito un guardone inquietante e ho deciso di rintanarmi nel mio locale per concludere la serata con una bella sbronza.

Beh, in realtà non mi sono sentito un guardone, semplicemente non c'era più nulla da spiare.

È lì che sono sicuro di averla conosciuta. Una ragazza mi è salita in grembo e mi ha baciato, per poi chiedermi di giocare insieme. Voleva racimolare i soldi per pagare la retta dell'università.

Sono certo che sia l'agente Liakos. Ma perché lo ha fatto? Era una copertura? Mi spiava? Voleva solo prendermi in giro?

Tengo gli occhi su di lei, nella speranza di cogliere un minimo cenno che la tradisca. Rimane impassibile. Cazzo, è proprio la sorella di Thymós. Hanno entrambi l'espressività di un sasso.

«Impossibile.»

«Io dico di sì.»

«Come vuoi.»

«Hai sempre la faccia di una statua dell'Isola di Pasqua, amore? Fai un sorriso, ogni tanto» la provoco, sperando di ottenere ciò che voglio.

Infatti, lei si volta di scatto verso di me. Le agguanto il viso con la mano e me la avvicino con uno slancio, pronto a baciarla.

Le nostre labbra sono a pochi millimetri di distanza quando lei si scansa. In un secondo, ha ribaltato la posizione. E, non so come, mi ha spinto contro il muro dell'edificio con la guancia premuta sul cemento e le braccia bloccate dietro la schiena.

«*Ahi*» squittisco con tono acuto.
«Cosa pensavi di fare, scusa?»
«Baciarti. Sicuramente, se ti bacio, ho la conferma che eri tu.»
Quella sera ero annebbiato dall'alcol, avevo appena finito di parlare con Thymós di Aphrodite, ed erano successe troppe cose.

Qualche studente di passaggio osserva la scena, divertito, e io fingo un sorriso indifferente.

«Non provarci mai più» mi intima.

«D'accordo.» Ovviamente ci riproverò.

Liakos mi lascia andare, poi mi prende l'avambraccio e mi guida verso il palchetto che hanno allestito all'aperto per la cerimonia. I laureandi sono già radunati nelle prime file. Le successive sono occupate dalle famiglie. Nelle ultime, e tutto attorno, ci sono gli altri studenti del campus.

Individuo la mia famiglia e Liam all'ombra di un albero, poco distante. Nonostante la cerimonia di laurea, noi Lively ci contendiamo le attenzioni del pubblico.

È una cosa che ho sempre amato. Amo che la gente mi guardi, che mi ammiri, che mi trovi bello e attraente. Amo le attenzioni. Potrei morire, senza.

Drammatico? No, sincero.

Raggiungiamo il resto della famiglia in silenzio. Liakos si sistema un po' più lontana da noi, a braccia conserte. Mi ricorda Thymós, in particolare il modo in cui proteggeva Aphrodite.

Tiro fuori il telefono e scrivo un messaggio a un numero non salvato in rubrica.

Ci sei?

La risposta arriva all'istante.

Sì. In fretta. Non possiamo rischiare più di così.

Nel momento in cui la rettrice inizia a parlare delle onorificenze e a premiare alcuni studenti che si sono distinti per i risultati ottenuti, mi irrigidisco e tendo le orecchie.

«...e ora, veniamo alla consegna di una laurea speciale.»

Faccio partire la videochiamata. Thymós risponde al primo squillo. Il suo viso compare in primo piano, e non si vede nulla dello sfondo. Ha comprato un cellulare con una SIM usa e getta solo per assistere alla premiazione di Daisy.

Finita la chiamata, distruggerà tutto e si sposteranno in un altro Stato.

«Oggi vorremmo riconoscere la laurea in memoria ad Aphrodite Daisy Lively. Studentessa brillante di Yale, frequentava il secondo anno di Psicologia quando è venuta tragicamente a mancare. I suoi voti erano i migliori, e tutti i suoi professori concordano sul fatto che fosse una mente brillante e arguta. Ha passato gli esami con il massimo dei voti, e aveva anche iniziato a sostenere i test del terzo anno. Purtroppo, Aphrodite ci ha lasciati questo inverno. Ma noi vogliamo proclamarla dottoressa, a prescindere da tutto. Merita questo premio, merita questo riconoscimento, e merita il minuto di silenzio che vi chiedo di fare ora.»

Per il campus non vola una mosca.

Io abbasso lo sguardo sullo schermo del cellulare. Thymós osserva, con la mano davanti alla bocca. Ha l'espressione dura, ma gli occhi lucidi. Una lacrima gli riga la guancia, e ne seguono subito altre. L'inquadratura trema, come se la mano con cui sta reggendo il telefono non riuscisse a restare ferma per l'emozione.

Lo capisco subito. Non sta piangendo per il dolore. E lo capisco quando anche la mia vista si appanna e piango con lui.

Piangiamo per la felicità. La felicità che le sia stato riconosciuto l'impegno che ha sempre messo in ogni cosa che ha fatto. L'impegno che non è mai mancato, anche quando nostro padre le remava contro e la sminuiva, anche quando i suoi sogni venivano calpestati e la sua dignità offesa.

«Grazie» riprende la rettrice. «Io e il consiglio ne approfittiamo per darvi un ultimo messaggio. Se state affrontando un periodo difficile, se vi sentite sopraffatti e non trovate via d'uscita, cercate aiuto. Sempre. Prendetevi cura del vostro corpo e della vostra mente. Per favore, chiedete aiuto.» Fa un cenno quasi commosso. «Alla fine della cerimonia vi distribuiremo un volantino con delle informazioni che speriamo possano esservi utili. Abbiamo raccolto numeri di previdenza, da chiamare in caso di necessità, e vi abbiamo indicato degli sportelli a cui potete rivolgervi, anche dentro il campus.»

Serro la mano libera in un pugno.

Molto bello, certo. Peccato che Aphrodite non soffrisse di depressione. Peccato che lei volesse vivere e studiare. Nessuno amava la vita quanto lei.

«Grazie, Herm» mormora tra i singhiozzi Thymós.

Non mi lascia il tempo di salutarlo. Riattacca di colpo, lasciandomi a fissare lo schermo nero. Nonostante ciò, mi sembra ancora di sentire il suo pianto.

Controllo com'è la situazione tra i miei fratelli. Apollo è imperscrutabile, Hades ha gli occhi lucidi di emozione, e Athena piange senza emettere un fiato.

Quando Liam le allunga un fazzoletto, lei lo rifiuta.

«Non mi serve, grazie.»

«Tra poco ti colerà il moccio dal naso. Sicura? Cioè, sei comunque bellissima, ma...»

Lo allontano prima che Athena possa dargli un pugno.

Restiamo ad assistere alla cerimonia, anche se io avrei solo voglia di andarmene in camera e piangere. E poi scopare con una persona scelta a caso per risollevarmi il morale.

Sto per girare i tacchi e farlo, ma qualcuno mi richiama. Una voce maschile e sconosciuta.

«Che diavolo...» esclama Apollo, guardando alle mie spalle.

Nel campus è calato il silenzio. Gli sguardi di tutti sono puntati su di noi. La cerimonia è stata interrotta di colpo.

Mi volto, trovandomi a faccia a faccia con un agente della polizia. È alto quanto me, però è robusto il doppio. Ha un bel viso, e non dev'essere nemmeno troppo più grande. Dietro di lui ci sono altri sei uomini.

La sorella di Thymós ha gli occhi sgranati, e sembra confusa quanto gli altri.

Cosa diamine succede?

«Hermes Eli Lively?» mi domanda l'agente che sta davanti a tutti.

«Sì, signore. Qualcosa non va?»

Nonostante il mio sorriso, lui aggrotta le sopracciglia. Dalla tasca, estrae un paio di manette. «La dichiaro in arresto. Ha il diritto di rimanere in silenzio. Tutto quello che dirà potrà essere usato contro di lei in tribunale. Ha diritto a un avvocato, e se non può pagarne uno gliene verrà affidato uno d'ufficio.»

Boccheggio. Mi viene da ridere.

È uno scherzo?

Sì, magari è un gruppo di spogliarellisti. Quelli che si vestono da poliziotti o pompieri e ti regalano uno spettacolino divertente. Magari...

Il metallo delle manette si chiude attorno ai miei polsi, sfatando ogni mia ipotesi.

Mi giro verso i miei fratelli, ed è lì che capisco subito che non è uno scherzo di cattivo gusto. Hades sembra pronto a saltare addosso alla polizia, Haven lo tiene fermo stringendogli la mano così forte da avere le nocche bianche. Apollo, dall'altra parte, lo blocca per la spalla.

«Cosa significa? Perché lo state arrestando?» interviene Athena.

«Nel suo letto è stato trovato il cadavere di una studentessa. Era sparita da due giorni. Deve seguirci in centrale, subito.»

Il cadavere di una...

Cosa?

Non ho portato nessuno in camera, tra ieri e oggi. E un'ora fa, prima di uscire, eravamo solo io, Hades e Apollo.

L'agente Liakos mi fa un cenno impercettibile. «Seguili e non dire nulla» mima col labiale.

Grazie del prezioso aiuto, agente della CIA.

Due agenti mi si mettono ai lati, mentre quello che mi ha arrestato fa da apripista per condurci fuori dal campus, fino alla volante.

Beh, ho di certo le attenzioni che desidero. Ogni studente mi sta guardando, sta osservando la mia sfilata, ammanettato, verso la macchina della polizia. *Bello.*

Di certo non era questo il modo in cui volevo che iniziasse la mia storia.

Un arresto? Due minuti dopo aver assistito alla laurea della mia gemella morta cinque mesi fa?

Maledizione, è vero che mi piace l'adrenalina e che non sopporto la monotonia, ma questo è fin troppo.

Accade qualcosa di strano, dopo pochi passi, quando ci troviamo a debita distanza dalla folla. Qualcosa che, in qualche modo, avrei dovuto prevedere. Che avremmo dovuto tenere in conto tutti quanti.

L'agente davanti a me dice: «Urano ha un messaggio per te: inizia il gioco finale. Inizia il gioco di Pandora».

Certificato PEFC
Questo prodotto è realizzato con materia prima da foreste gestite in maniera sostenibile e da fonti controllate
PEFC
PEFC/18-31-226
www.pefc.it

GRAFICA VENETA
GV CARBON NEUTRAL

Questo libro è stato fabbricato da Grafica Veneta S.p.A.
con un processo di stampa e rilegatura certificato 100% carbon neutral
in accordo con PAS 2060 BSI

Finito di stampare presso Grafica Veneta S.p.A.
Via Malcanton, 2 – Trebaseleghe (PD)
su carta HOLMEN
con fibra vergine proveniente da foreste sostenibili holmen.com/paper
Printed in Italy

Prova d'acquisto
978-88-200-8114